Objectif :
réussir sa prépa !

Dictionnaire des Prépas

Histoire-Géographie et Géopolitique – Économie, Sociologie et Histoire

Première et deuxième années

Serge BOYER

Agrégé d'histoire-géographie,
professeur d'HGGMC en CPGE au Lycée Ozenne (Toulouse)
et chargé du cours d'histoire des faits économiques à la TSE
(Toulouse School of Economics).

Studyrama

À Sandrine,
sans ton soutien, ce neuvième ouvrage
aurait été impossible. Mille mercis !

La collection
« Objectif : réussir sa prépa ! »
« S'entraîner aux concours »

La collection « Objectif : Réussir sa prépa » propose déjà des manuels très complets – que nous vous conseillons vivement d'acquérir (voir la liste ci-dessous). Mais toujours soucieux de vous apporter les outils les plus performants – tant nous savons qu'il faut se démarquer dans les épreuves pour gagner des points – nous mettons à votre disposition également ce formidable *Dictionnaire des Prépas* qui vous aidera en HGGMC et en ESH.

Ce dictionnaire doit vous accompagner tout au long de votre classe préparatoire. Un doute, une date à vérifier ou encore un concept à mieux appréhender, ce dictionnaire d'un nouveau genre vous donne toutes les réponses. Il ne faut pas le laisser passer.

Si les manuels de cours de cette collection vous apportent la matière première indispensable à la réussite lors des concours, ce dictionnaire doit vous permettre de parfaire vos connaissances et de vous distinguer.

Chacun des manuels de cette collection a donc été pensé pour vous permettre d'avancer sereinement tout au long de vos deux années de préparation. Il est très important de tous les posséder…

L'ambition de notre collection « Objectif : Réussir sa prépa » est inscrit dans son nom : *vous faire réussir votre classe préparatoire économique et commerciale et ainsi vous permettre d'intégrer l'école de commerce de vos rêves.*

Éric Keslassy,
Directeur de collection

DANS LA MÊME COLLECTION

- *Économie, Sociologie et Histoire du monde contemporain. ECG 1re année*
- *Histoire, Géographie et Géopolitique du monde contemporain. ECG 1re année*
- *Mathématiques appliquées et Informatique. ECG 1re année*
- *Mathématiques approfondies et Informatique. ECG 1re année*
- *Lettres et Philosophie. ECG, 1re année*

Présentation

Édité une première fois en 2019, ce dictionnaire illustré a été mis à jour pour accompagner la réforme des prépa ECG. Il complète la collection de manuels d'HGGMC et d'ESH. Plus qu'un lexique, c'est un outil inédit en prépa ECG qui doit accompagner le quotidien des étudiants en proposant une explication précise de plus de 650 mots nécessaires à la compréhension des libellés des dissertations. Comment fonctionne la taxe carbone ? Que comprend de manière précise le *soft power* ? Quelles données statistiques de la puissance chinoise ? Qu'est-ce que le piège des pays à revenus intermédiaires ? Qu'est-ce que le ratio de Palma ? Voilà quelques exemples de questions auxquelles ce dictionnaire répond selon deux parties :

- La première partie est une boîte à outils : composée des statistiques essentielles comme les principaux ports, les 115 métropoles de plus de 5 millions d'habitants, les 7 puissances au programme (Brésil, Chine, États-Unis, France, Inde, Japon et Russie), de classements internationaux (*Forbes*, FTN, Soft Power 30)... mais aussi de chronologies utiles (noms des Premiers ministres en Inde ou de tous les Présidents de la Commission européenne depuis 1957, signification de l'acronyme Unesco...) et enfin d'une liste d'acronymes usuels (GATT, RCEP...). L'ensemble des informations doit être une aide précieuse et précise pour chaque étudiant.
- La seconde partie forme le cœur de cet ouvrage avec une explication de plus de 600 termes selon un ordre alphabétique. Une indication abrégée indique la ou les discipline(s) concernée(s) : cult pour culture, soc pour société, éco pour économie, hist pour histoire, géo pour géographie, géopol pour géopolitique et pol pour politique. Anticipant dès 2019 la fusion ECS-ECE, les termes économiques ont particulièrement été enrichis : shadow banking, carré magique... S'ajoutent aussi de nombreux espaces : tous les continents (Afrique, Amérique, Asie, Europe, Moyen-Orient, Océanie) sont présentés de manière exhaustive, les 35 premières puissances mondiales (avec une fiche de 25 ou 30 informations), les 4 premières villes mondiales, les principales organisations internationales et régionales... Une place a été consacrée au secteur automobile (toyotisme, Renault-Nissan...). Il faut noter que cette partie est illustrée de plus de 100 documents : 40 cartes, 35 graphiques ou schémas et surtout des centaines de données statistiques récentes et utiles à la compréhension des termes. Les cartes permettent de préparer aussi l'épreuve du croquis (au moins une carte par puissance au programme). Sens du mot soft power, PIB des premières puissances, localisation des villes mondiales... cette partie est un véritable méga-lexique illustré et adapté aux épreuves des concours d'HGG en ECG. Ainsi, certains termes sont accompagnés de citations courtes, à la fois pour rendre compréhensible le terme étudié et pour le mémoriser, ce qui peut être utile pour la dissertation (accroche, argumentation).

Inédit en prépa, ce dictionnaire illustré est sans équivalent par sa richesse : à la fois dictionnaire, atlas, recueil de statistiques et de citations, il doit apporter une aide quotidienne concrète et une réflexion si nécessaire pour la maîtrise du programme d'Histoire, Géographie et Géopolitique et d'Économie, Sociologie et Histoire en ECG. Avec 650 mots ou expressions définis et expliqués, 100 illustrations cartographiques, 100 dates, des centaines de données statistiques… c'est le compagnon idéal de vos cours et le complément des autres manuels de cette collection : « Objectif : Réussir sa prépa ».

PARTIE I : BOÎTE À OUTILS-MÉMO

PARTIE II : LES MOTS-CLÉS POUR COMPRENDRE

PARTIE I : BOÎTE À OUTILS-MÉMO

Repères statistiques : comparatif des 7 puissances du programme ECG

	États-Unis	Chine	Japon	Inde	Brésil	France	Russie
PIB en milliards de dollars en 2020	21 433	14 280	5 082	2 869	1 840	2 716	1 700
PIB à PPA en milliards de dollars en 2020	21 433	23 488	5 504	9 560	3 229	3 420	4 333
PIB/hab en dollars en 2020	63 051	8 583	38 550	1 852	10 020	39 673	10 249
Superficie en km²	9629000	9561000	378000	3287000	8515000	579000	17098000
Population en millions d'habitants en 2019	329	1 434	127	1 366	211	65	146
Population prévue en 2050 en millions d'habitants	379	1 402	106	1 639	229	68	136
IDH en 2018	0,920	0,758	0,915	0,647	0,761	0,891	0,824
Nombre de firmes parmi les 100 1res	37	19	8	0	1	7	2
Villes globales selon le Global Power City Index parmi les 44 premières	New York Los Angeles San Francisco Boston Washington	Hong Kong Beijing Shanghaï	Tokyo Osaka	Mumbaï	São Paulo	Paris	Moscou
Recherche et développement en % du PIB en 2015	2,7	2	3,4	0,7	1,3	2,3	1,1
Émissions de CO_2 en millions de tonnes en 2016	5312	10150	1209	2431	487	343,5	1635
Chômage en % (OCDE) en 2017	4,4	4,6	2,8	3,6	13,4	9,4	5,3
% de femmes au parlement en 2017	19	24	9	12	11	26	16
Indice de Gini en 2017	0,42	0,39	Non donné	0,35	0,54	0,32	0,38
Indice *Conflits* de puissance	76,4	45,5	26,4	22,7	16,8	32,2	33,0

Sources : *L'Année stratégique 2021*, sept 2020 (sauf PIB : *Le bilan du Monde*, HS du Monde, janvier 2021 et populations : INED)

Données démographiques et métropoles

Données continentales (2019)

Continent	Population en millions	Taux d'urbanisation en %	Indide de fécondité (enfants/ femme)	Espérance de vie à la naissance	Part de moins de 15 ans	Part des plus de 65 ans	Projection : population en 2050
Afrique	1308	43	2,4	63,5	41	3	2 489
Amérique	1 015	80	1,9	77	22	11	1 188
Asie	4 601	51	2,1	73,5	24	9	5 290
Europe	747	75	1,6	79	16	19	712
Océanie	42	68	2,3	78	24	12	58
Monde	7 714	56	2,4	73	26	9	9 738

Source : INED

Agglomérations de plus de 5 millions d'habitants en 2019

Rang	Nom	État	Population
1	Delta de la Rivière des Perles	Chine	65,7
2	Tokyo	Japon	42,8
3	Sao Paulo	Brésil	36,3
4	Jakarta	Indonésie	35,1
5	Manille	Philippines	28,6
6	Delhi	Inde	26,4
7	Shanghaï	Chine	26,3
8	Séoul	Corée du Sud	25,5
9	Le Caire	Egypte	24,4
10	Mumbai	Inde	24,3
11	Guangzhou (Canton)	Chine	23,4
12	Lagos	Nigéria	22,8
13	New York	États-Unis	22,6
14	Mexico	Mexique	21,6
15	Beijing (Pékin)	Chine	21,5
16	Moscou	Russie	20,2
17	Osaka-Kobe-Kyoto	Japon	19,8
18	Bangkok (Krung Thep)	Thaïlande	18,9
19	Los Angeles	États-Unis	18,7
20	Dacca	Bangladesh	18,6
21	Kolkata (Calcutta)	Inde	16,7
22	Karachi	Pakistan	16,6
23	Téhéran	Iran	16
24	Tianjin	Chine	15,6

Rang	Nom	État	Population
25	Chongqing	Chine	15,4
26	Buenos Aires	Argentine	15,1
27	Istanbul	Turquie	15,1
28	Hyderabad	Inde	14,7
29	Gauteng (Johannesbourg-Prétoria)	Afrique du Sud	14,7
30	Chengdu	Chine	14,7
31	Londres	Royaume-Uni	14,6
32	Shantou	Chine	14,3
33	Xiamen-Quanzhou	Chine	13,8
34	Ho-Chi-Minh-Ville	Vietnam	13,7
35	Surabaya	Indonésie	13,3
36	Bangalore	Inde	13,2
37	Paris	France	13,1
38	Bagdad	Irak	13
39	Chennai (Madras)	Inde	12,9
40	Xi'an	Chine	12,9
41	Shenzen	Chine	12,9
42	Rio de Janeiro	Brésil	12,7
43	Kinshasa	R. D. Congo	12,6
44	Lahore	Inde	12,3
45	Lima	Pérou	12,1
46	Nagoya	Japon	11,3
47	Bogota	Colombie	11
48	Wuhan	Chine	10,9
49	Suzhou	Chine	10,7
50	Rhin-Rhur	Allemagne	10,6
51	Hangzhou	Chine	10
52	Chicago	États-Unis	9,8
53	Washington-Baltimore	États-Unis	9,8
54	San Francisco-San José	États-Unis	9,7
55	Taipei	Taïwan	9,2
56	Luanda	Angola	9,2
57	Bandung	Indonésie	8,8
58	Yangon (Rangoun)	Myanmar (Birmanie)	8,6
59	Khartoum	Soudan	8,5
60	Nanjing	Chine	8,4
61	Shenyang	Chine	8,3
62	Boston	États-Unis	8,3
63	Dongguan	Chine	8,3
64	Milan	Italie	8,2
65	Kuala Lumpur	Malaisie	8,2
66	Singapour	Singapour	8,1

Rang	Nom	État	Population
67	Ahmeddabad	Inde	8,1
68	Dallas	États-Unis	8,1
69	Busan	Corée du Sud	8,1
70	Islamabad-Rawalpindi	Pakistan	7,9
71	Randstad	Pays-Bas	7,9
72	Faisalabad	Pakistan	7,9
73	Alger	Algérie	7,8
74	Nairobi	Kenya	7,6
75	Hanoï	Vietnam	7,6
76	Santiago	Chili	7,5
77	Hong Kong	Chine	7,4
78	Houston	États-Unis	7,3
79	Semarang	Indonésie	7,2
80	Philadelphie	États-Unis	7,2
81	Riyad	Arabie Saoudite	6,9
82	Miami	États-Unis	6,9
83	Atlanta	États-Unis	6,9
84	Surate	Inde	6,6
85	Toronto	Canada	6,6
86	Madrid	Espagne	6,5
87	Qingdao (Tsingtao)	Chine	6,4
88	Saint-Petersbourg	Russie	6,3
89	Pune	Inde	6,3
90	Amman	Jordanie	6,1
91	Colombo	Sri Lanka	6,1
92	Surakarta	Indonésie	6
93	Belo Horizonte	Brésil	5,9
94	Ibadan	Nigéria	5,9
95	Zhengzhou	Chine	5,8
96	Détroit-Windsor	États-Unis/Canada	5,7
97	Visakhapatnam	Inde	5,6
98	Dar es Salam	Tanzanie	5,6
99	Ankara	Turquie	5,5
100	Guatemala	Guatemala	5,5
101	Doubai	E.A.Unis	5,4
102	Barcelone	Espagne	5,4
103	Accra	Ghana	5,4
104	San Diego-Tijuana	E-Unis/Mexique	5,3
105	Sydney	Australie	5,3
106	Changsha	Chine	5,3
107	Harbin	Chine	5,3
108	Alexandrie	Egypte	5,3

Rang	Nom	État	Population
109	Guadalajara	Mexique	5,3
110	Monterrey	Mexique	5,2
111	Medan	Indonésie	5,2
112	Addis-Abeba	Éthiopie	5,2
113	Melbourne	Australie	5,1
114	Kaboul	Afghanistan	5
115	Phoenix	États-Unis	5

Source : PopulationData.net

Classements internationaux

Commerce et finance internationale

Rang	Port : trafic en millions d'EVP (équivalent vingt pieds) en 2019		Aéroports : nombre de passagers en 2019		Bourses : capitalisation en milliards de dollars en 2020	
1	Shanghaï	43	Atlanta	110	NYSE	25 500
2	Singapour	37	Pékin	100	Nasdaq	11 200
3	Ningbo	28	Los Angeles	89	Tokyo	5 100
4	Shenzen	26	Dubaï	86	Shanghaï	4 700
5	Canton	23	Tokyo	86	Hong Kong	4 200
6	Busan	22	Chicago	84	Euronext	3 700
7	Tsingtao	21	Londres	81	Shenzen	3 300
8	Hong Kong	18	Shanghaï	76	Londres	2 900
9	Tiangsin	17	Paris	76	TXM Canada	1 700
10	Rotterdam	15	Dallas	76	BSE Inde	1 500
	Source : site Wikipédia		Source : site Wikipédia		Source : site Financial Afrik	

Influence internationale

Rang	Soft power : classement du Soft Power 30		Universités : classement de Shanghaï			
1/11	France	Italie	Harvard	États-Unis	Yale	États-Unis
2/12	Royaume-Uni	Norvège	Stanford	États-Unis	Cornell	États-Unis
3/13	Allemagne	Espagne	Cambridge	Royaume-Uni	UCLA	États-Unis
4/14	Suède	Danemark	MIT	États-Unis	Paris Saclay	France
5/15	États-Unis	Finlande	Berkeley	États-Unis	Johns Hopkins	États-Unis
6/16	Suisse	Autriche	Princeton	États-Unis	London	Royaume-Uni
7/17	Canada	Nouvelle-Zélande	Columbia	États-Unis	Washington	États-Unis
8/18	Japon	Belgique	Caltech	États-Unis	California	États-Unis
9/19	Australie	Corée du Sud	Oxford	Royaume-Uni	Pennsylvania	États-Unis
10/20	Pays-Bas	Irlande	Chicago	États-Unis	ETH Zurich	Suisse
	Source : site Softpower30.com (Université de Portland)		Source : site shanghairanking.com			

Personnalités internationales

Rang	Classement *Forbes* des plus grandes fortunes en 2021 en milliards de dollars				Direction des grandes organisations onusiennes	
1	Jeff Bezos	États-Unis	113	Amazon	Secrétaire général de l'ONU	
2	Bill Gates	États-Unis	98	Microsoft	Antonio Guterres	Portugal
3	Bernard Arnaud	France	76	LVMH	Directrice de l'OMC	
4	Warren Buffet	États-Unis	67,5	Berkshire	Ngozi Okonjo-Iweala	Nigéria
5	Larry Ellison	États-Unis	59	Software	Procureur de la CPI	
6	Amancio Ortega	Espagne	55,1	Zara/Inditex	Karim Khan	Roy-Uni
7	Mark Zuckerberg	États-Unis	54,7	Facebook	Fonds monétaire international	
8	Jim Walton	États-Unis	54,6	Walmart	Kristalina Georgevia	Bulgarie
9	Alice Walton	États-Unis	54,4	Walmart	Directeur général de l'OMS	
10	S. Robson Walton	États-Unis	54,1	Walmart	Tedros Adhanom Ghebreyesus	Éthiopie
	Source : site *Forbes*					

Compétitivité internationale/recherche

Rang	Classement Doing Business en 2020	Pays	Valeur totale en milliards de dollars en 2014	Part de la recherche privée en %	Part du PIB en %	Nombre de chercheurs par million d'hab
1	Nouvelle-Zélande	États-Unis	476	71,5	2,7	4 205
2	Singapour	Chine	346	77,3	2	1 089
3	Hong Kong	Japon	170	77,8	3,4	5 328
4	Danemark	Allemagne	110	67,7	2,9	4 320
5	Corée du Sud	Corée du Sud	73	59,6	4,1	6 826
6	États-Unis	France	61	63,6	2,3	4 233
7	Géorgie	Inde	48	37,2	0,7	156
8	Royaume-Uni	Royaume-Uni	44	65,1	1,6	4 227
9	Norvège	Brésil	41	nc	1,3	887
10	Suède	Russie	40	59,6	1,1	3 075
11	Lituanie	Italie	29	56,7	1,3	1 956
12	Malaisie	Canada	28	53,2	1,7	4 541
13	Maurice	Australie	23	56,3	2,2	4 532
14	Australie	Espagne	19	52,9	1,2	2 613
15	Taïwan	Pays-Bas	16	56	2	4 512
16	E.A.U.					
17	Macédoine du Nord					
18	Estonie					
19	Lettonie					
20	Finlande					
Source : francais.doing business.org		Source : unesco.org				

Puissances militaires

Rang	Pays	Budget militaire en milliards de $	Évolution 2010-2019	Nombre de soldats	Nombre de porte-avions	Nombre d'avions de combat	Nombre de casques bleus	Exportations d'armes en millions de $
1	États-Unis	732	-15	1 380 000	11	2 100	31	10 508
2	Chine	261	+85	2 035	1	1 800	2 538	1 040
3	Inde	71,1	+37	1 455 000	1	750	5 433	46
4	Russie	65,1	+30	325 000	1	1 000	73	6 409
5	Arabie Saoudite	61,9	+14	227 000	0	340	0	nc
6	France	50,1	+3,5	204 000	1	205	697	1 768
7	Allemagne	49,3	+15	181 500	0	220	529	1 277
8	Royaume-Uni	48,7	-15	148 500	1	190	256	741
9	Japon	47,6	+2	247 000	0	350	4	3
10	Corée du Sud	43,9	+36	599 000	0	490	371	1 083
11	Brésil	26,9	+6,1	366 500	1	100	259	111
12	Italie	26,8	-11	165000	0	185	1055	611
13	Australie	25,9	+23	57 000	0	120	33	38
14	Canada	22,2	+27	67 400	0	75	43	84
15	Israël	20,5	+30	169 500	0	320	0	707
16	Turquie	20,4	+86	355 000	0	310	142	364
17	Espagne	17,2	-7,1	120 000	0	17	645	1 188
18	Iran	12,6	-36	610 000	0	300	2	nc
19	Pays-Bas	12,1	+9,8	35 400	0	65	26	369
20	Pologne	11,9	+51	120 500	0	95	228	21
	Total OTAN	1 035						
	Total monde	1 917	+7,2					

Source : *L'Année stratégique 2021* (sauf Wikipédia pour le budget militaire et son évolution)

Repères chronologiques de quelques grandes puissances et quelques organisations internationales

Afrique du Sud : les Présidents depuis la fin de l'Apartheid

Frederic de Klerk (parti national) : 1989-1994 ; permet la fin de l'Apartheid

Nelson Mandela (ANC African national congress) : 1994-1999

Thabo Mbeki (ANC) : 1999-2008 (premier Président à être réélu)

Kgalema Petrus Motlanthe : 2008-2009

Jacob Zuma : 2009-2018

Cyril Ramaphosa : depuis 2018

Allemagne : les chanceliers depuis 1949

Konrad Adenauer (*Christlich Demokratische Union Deutschlands*, union chétienne-démocrate d'Allemagne) : 1949-1963

Ludwig Ehrard (1963-1966) : 1963-1966

Kurt Kiesinger (CDU) : 1966-1969

Willy Brandt (SPD Sozialdemokratische Partei Deutschlands, Parti socialiste allemand) : 1969-1974

Helmut Schmidt (SPD) : 1974-1982

Helmut Kohl (CDU) : 1982-1998

Gerhard Schröder (SPD) : 1998-2005

Angela Merkel (CDU) : depuis 2005

Arabie Saoudite : les rois depuis la création du royaume

Abdelaziz ben Abderrahmane Al Saoud (fondateur du royaume) : 1932-1953

Saoud ben Abdelaziz Al Saoud (2e fils d'Abdelaziz) : 1953-1964

Fayçal ben Abdelaziz Al Saoud (3e fils, assassiné par son neveu) : 1964-1975

Khaled ben Abdelaziz Al Saoud (5e fils) : 1975-1982

Fahd ben Abdelaziz Al Saoud (8e fils et 1er des Saoudayri) : 1982-2005 (mais attaque cérébrale en 1995, d'où la régence d'Abdallah)

Abdallah ben Abdelaziz Al Saoud (10e fils) : 2005-2015

Salmane ben Abdelaziz Al Saoud (25e fils) : depuis 2015

BCE Banque centrale européenne : Présidents du directoire

Wim Duisenberg	Pays-Bas	1998-2003
Jean-Claude Trichet	France	2003-2011
Mario Draghi	Italie	2011-2019
Christine Lagarde	France	Depuis 2019

Brésil : les Présidents depuis la fin de la dictature (Nouvelle République)

Tancredo Nevès (parti du mouvement démocratique du Brésil, PMDB) : élu en 1985 mais décède avant son entrée en fonction

José Sarney (PMDB) : 1985-1990

Fernando Collor (parti de la reconstruction nationale) : 1990-1992 (démission)

Itamar Franco (PRN) : interim en octobre-décembre 1992

Itamar Franco (PRN) : 1992-1995

Fernando Henrique Cardoso (parti de la social-démocrate brésilienne) : 1995-2003 (1er président à être réélu en 1999)

Luis Inacio Lula da Silva (parti des travailleurs) : 2003-2001 (aussi réélu en 2007)

Dilma Rousseff (parti des travailleurs) : 2011-2016 (réélu en 2015 mais démission en 2016)

Michel Temer (mouvement démocratique brésilien) : 2016-2019…

Jair Bolsonaro (parti social-libéral) : depuis janvier 2019

Chine : Présidents de la Commission militaire centrale du parti communiste chinois depuis 1945

Mao Zedong : 1943-1976

Hua Guofeng : 1976-1981

Deng Xiaoping : 1981-1989

Jiang Zemin : 1989-2004

Hu Jintao : 2004-2013

Xi Jinping : depuis 2013

Corée du Nord : les dictateurs communistes depuis 1945

Kim Il-sung (fondateur du régime communiste) : 1948-1994

Kim Jong-il : 1994-2011

Kim Jong-un : depuis 2011

États-Unis : Présidents depuis 1945

Franklin Delano Roosevelt (démocrate) : 1933-1945

Harry Truman (démocrate) : 1945-1953

Dwight Eisenhower (républicain) : 1953-1961

John Kennedy (démocrate) : 1961-1963

Lyndon Johnson (démocrate) : 1963-1969

Richard Nixon (républicain) : 1969-1974

Gérald Ford (républicain) : 1974-1977

James Carter (démocrate) : 1977-1981

Ronald Reagan (républicain) : 1981-1989

Georges Bush (républicain) : 1989-1993

Bill Clinton (démocrate) : 1993-2001

George Bush (républicain) : 2001-2009

Barack Obama (démocrate) : 2009-2017

Donald Trump (républicain) : depuis 2017

Joe Biden (démocrate) : depuis 2021

FED Federal reserve : Présidents de la Banque centrale des États-Unis depuis 1979

Paul Volcker : 1979-1987

Alan Greenspan : 1987-2006

Ben Bernanke : 2006-2014

Janet Yellen : 2014-2018

Jerome Powell : depuis 2018

Fonds monétaire international : directeurs généraux depuis 1987

Michel Camdessus (France) : 1987-2000

Horst Köhler (Allemagne) : 2000-2004

Rodrigo Rato (Espagne) : 2004-2007

Dominique Strauss-Kahn (France) : 2007-2011

Christine Lagarde (France) : depuis 2011

Kristalina Georgevia (Bulgarie) : depuis 2019

France : Présidents de la Ve République française depuis 1945

Charles de Gaulle : 1958-1969

Georges Pompidou : 1969-1974

Valéry Giscard d'Estaing : 1974-1981

François Mitterrand : 1981-1995

Jacques Chirac : 1995-2007

Nicolas Sarkozy : 2007-2012

François Hollande : 2012-2017

Emmanuel Macron : depuis 2017

Inde : Premiers ministres depuis l'indépendance en 1947

Jawaharlal Nehru (parti du Congrès) : 1947-1964

Guizarilal Nanda (Congrès) : interim de 13 jours en mai-juin 1964 après la mort de Nehru

Lal Bahadur Shastri (Congrès) : 1964-1966

Guizarilal Nanda (Congrès) : nouvel interim en janvier 1966 après la mort de Shastri

Indira Gandhi (Congrès, fille de Nehru) : 1966-1977

Morarji Desai (Janata Party) : 1977-1979

Charan Singh (Janata Party) : 1979-1980

Indira Gandhi (Congrès) : 1980-1984 (assassinat)

Rajiv Gandhi (Congrès, fils d'Indira Gandhi) : 1984-1989 (assassinat)

V. P. Singh (Janata Dal) : 1989-1999

Chandra Shekhar (Janata party) : 1990-1991

Narasimha Rao (Congrès) : 1991-1996

Atal Bihari Vajpayee (BJP) : mai-juin 1996

H.D. Deve Gowda (Janata Dal) : 1996-1997

Inder Kumar Gujral (Janata Dal) : 1997-1998

Atal Bihari Vajpayee (BJP) : 1998-2004

Manmohan Singh (Congrès) : 2004-2014

Narendra Modi (BJP) : depuis mai 2014

Iran : les dirigeants depuis la révolution islamique : guide suprême de la révolution

Rouhollah Khomeini : 1979-1989

Ali Khamenei : depuis 1989

Japon : les Premiers ministres depuis l'ère Heisei (empereur Akihito depuis 1989)

Sosuke Uno (PLD Parti libéral démocrate) : juin-août 1989

Toshiki Kaifu (PLD) : août 1989-février 1990

Kiichi Miyazawa (PLD) : novembre 1991-août 1993

Morihiro Hosokawa (Nouveau parti du Japon) : août 1993-avril 1994

Tsutomu Hata (Parti de la renaissance) : avril-juin 1994

Tomiichi Murayama (Parti socialiste) : juin 1994-janvier 1996

Ryutaro Hashimoto (PLD) : janvier 1996-juillet 1998

Keizo Obuchi (PLD) : juillet 1998-avril 2000

Yoshiro Mori (PLD) : avril 2000-avril 2001

Jun'ichiro Koizumi (PLD) : avril 2001-septembre 2006

Shinzo Abe (PLD) : septembre 2006-septembre 2007

Yasuo Fukuda (PLD) : septembre 2007-septembre 2008

Taro Aso (PLD) : septembre 2008-septembre 2009

Yukio Hatoyama (PLD) : septembre 2009-juin 2010

Naoto Kan (Parti démocrate du Japon) : juin 2010-septembre 2011

Yoshihiko Noda (Parti démocrate du Japon) : septembre 2011-décembre 2012

Shinzo Abe (PLD) : 2012-2020

Yoshihide Suga : depuis 2020

Nigeria : les Présidents depuis l'établissement de la démocratie

Olusegun Obasanjo : 1999-2007

Umaru Yar'Adua : 2007-2010

Goodluck Jonathan : 2010-2015

Muhammadu Buhari : depuis 2015

OMC : directeurs généraux

Peter Sutherland (Irlande) : 1993-1995

Renato Ruggiero (Italie) : 1995-1999

Mike Moore (Nouvelle-Zélande) : 1999-2002

Supachai Panitchpakdi (Thaïlande) : 2002-2005

Pascal Lamy (France) : 2005-2013

Roberto Azevêdo (Brésil) : 2013-2021

Ngozi Okonjo-Iweala (Nigeria) : depuis 2021

ONU : Secrétaires généraux

Trigve Lie (Norvège) : 1946-1952

Dag Hammarskjöld (Suède) : 1953-1961 (accident d'avion)

U Thant (Birmanie) : 1961-1971

Kurt Waldheim (Autriche) : 1972-1981

Javier Pérez de Cuéllar (Pérou) : 1982-1991

Boutros Boutros-Ghali (Égypte) : 1992-1996

Kofi Annan (Ghana) : 1997-2006

Ban Ki-moon (Corée du Sud) : 2007-2016

António Guterres (Portugal) : depuis 2017

Royaume-Uni : les Premiers ministres depuis l'entrée dans la CEE

Harold Wilson (travailliste) : 1974-1976

James Callaghan (travailliste) : 1976-1979

Margaret Thatcher (conservateur) : 1979-1990

John Major (conservateur) : 1990-1997

Tony Blair (travailliste) : 1997-2007

Gordon Brown (travailliste) : 2007-2010

David Cameron (conservateur) : 2010-2016

Theresa May (conservateur) : 2017-2019

Boris Johnson (conservateur) : depuis 2019

Unesco : directeurs généraux

Federico Mayor (Espagne) : 1987-1999

Koichiro Matsura (Japon) : 1999-2009

Irina Bokova (Bulgarie) : 2009-2017

Audrey Azoulay (France) : depuis 2017

Union européenne : Présidents de la Commission européenne depuis 1957

Walter Hallstein (Allemand) : 1958-1967

Jean Rey (Belge) : 1967-1970

Franco Malfatti (Italien) : 1970-1972

Sicco Mansholt (Néerlandais) : 1972-1973

François-Xavier Ortoli (Français) : 1973-1977

Roy Jenkins (Britannique) : 1977-1981

Gaston Thorn (Luxembourgeois) : 1981-1985

Jacques Delors (Français) : 1985-1995

Jacques Santer (Luxembourgeois) : 1995-1999

Romano Prodi (Italien) : 1999-2004

José Manuel Barroso (Portugais) : 2004-2014

Jean-Claude Juncker (Luxembourgeois) : 2014-2019)

Ursula von der Leyen (Allemagne) : depuis 2019

URSS/Russie : Secrétaires généraux du PC de l'Union soviétique, puis Présidents de la Fédération de Russie

Staline : 1924-1953

Nikita Khrouchtchev : 1953-1964

Léonid Brejnev : 1964-1982

Iouri Andropov : 1982-1984

Konstantin Tchernenko : 1984-1985

Mikhaïl Gorbatchev : 1985-1991

Boris Eltsine : 1991-1999

Vladimir Poutine : depuis 1999 :

Président par interim de 1999 à 2000, puis président élu de 2000 à 2004, réélu en 2004, président de 2004 à 2008, premier ministre de 2008 à 2012, puis à nouveau président élu en 2012 avec allongement constitutionnel du mandat de 4 à 6 ans, réélu en 2018 pour 6 ans (renouvellement possible de deux mandats permis par réforme en 2020)

Turquie : évolution du statut politique de Recep Erdogan

Premier ministre de 2002 à 2014

Président depuis 2014 (renforcement du pouvoir présidentiel)

Vatican : papes depuis 1978

Jean-Paul II (Pologne) 1978-2005

Benoît XVI (Allemagne) 2005-2013 par démission

François (Argentine) depuis 2013

Repères textuels : signification des acronymes des principales organisations universelles (année de création)

Accords commerciaux nouvelle génération

CETA : *Comprehensive Economic and Trade Agreement*, Accord économique et commercial global entre l'Union européenne et le Canada (2016)

RCEP : *Regional Comprehensive Economic Partnership*, Partenariat économique régional (2020)

TAFTA : *Transatlantic Free Trade Agreement*, Partenariat stratégique de commerce et d'investissement en négociation

TPP : *Transpacific Partnership*, traité de libre-échange transpacifique (2018)

Énergie

AIEA : Agence internationale pour l'énergie atomique (1957)

OPEP : Organisation des pays exportateurs de pétrole (1960)

OPAEP : Organisation des pays arabes exportateurs de pétrole (1968)

Forum d'États

APEC : Coopération économique pour l'Asie-Pacifique (1989)

ASPA : Amérique du Sud-Pays arabes (2005)

IBAS : forum Inde-Brésil-Afrique du Sud ou G3 (2003)

Institutions/organisations africaines

CEDEAO : Communauté économique des États de l'Afrique de l'Ouest (1975)

UA : Union africaine 2002 (succède à l'OUA Organisation de l'Unité africaine 1963)

Institutions/organisations américaines

ALBA : « aube » en espagnol, Alliance bolivarienne pour les Amériques (2004)

ALENA : Association nord-américaine de libre-échange (1994)

MERCOSUR : Marché commun en Amérique du Sud (1992)

CELAC : Communauté d'États latino-américains et caraibes (2010)

UNASUR : Union des nations sud-américaines (2008)

Institutions/organisations asiatiques

ASEAN : Association des nations d'Asie du Sud-Est (1967)

BAII : Banque asiatique d'investissement pour les infrastructures (2014)

SAARC : *South Asian Association for regional Co-Operation* (1985)

Institutions/organisations européennes

ABE : Autorité bancaire européenne (2011)

AELE : Association européenne de libre-échange (1960)

AEM : Agence européenne du médicament (1995)

BCE : Banque centrale européenne (1998)

CEDH : Cour européenne des droits de l'homme (1950)

CEJ : Cour européenne de justice (1952)

EUROSTAT : Office européen des statistiques (1953)

FEDER : Fonds européen de développement régional (1975)

FEOGA : Fonds européen d'orientation de garantie agricole (1964)

FRONTEX : Agence européenne pour la gestion de la coopération opérationnelle aux frontières extérieures (2004)

MEF : Mécanisme européen de stabilité (2012)

OLAF : Office européen de lutte contre la fraude (1999)

OSCE : Organisation pour la sécurité et la coopération en Europe (1973)

UE : Union européenne (1992)

Organisations/programmes internationaux

BIRD : Banque internationale pour la reconstruction et le développement (1944)

BIT : Bureau international du travail (1919)

CIJ : Cour internationale de justice (1945)

CIO : Comité international olympique (1894)

CNUCED : Conférence des Nations unies pour le commerce et le développement (1962)

FAO : Fonds de l'ONU pour l'agriculture et l'alimentation (1945)

FIFA : Fédération internationale de football (1904)

FMI : Fonds monétaire international (1944)

GATT : *General Agreement on Tariffs and Trade* (1947)

GIEC : Groupe d'experts intergouvernemental sur l'évolution du climat (1988)

HCR : Haut-commissariat aux réfugiés (1950)

OCDE : Organisation de coopération et de développement économique (1960)

OICA : Organisation pour l'interdiction des armes chimiques (1997)

OIM : Organisation internationale pour les migrations (1951)

OIPC : Organisation internationale de police criminelle ou Interpol (1956)

OIT : Organisation internationale du travail (1919)

OMC : Organisation mondiale du commerce (1994)

OMI : Organisation maritime internationale (1975)

OMM : Organisation météorologique mondiale (1873)

OMPI : Organisation mondiale de la propriété intellectuelle (1974)

OMS : Organisation mondiale de la santé (1948)

PAM : Programme alimentaire mondial (1961)

UNESCO : Organisation des NU pour l'éducation, la science et la culture (1945)

Institutions/organisations moyen-orientales

CCG : Conseil de coopération du Golfe (1981)

Ligue arabe (1945)

Militaire/espace

ICBM : *Intercontinental ballistic missile* (1957)

Intelsat : Organisation internationale de communications par satellites (1971)

ISS : Station spatiale internationale (1998)

OCS : Organisation de coopération de Shanghaï (1996)

OTAN : Organisation du traité de l'Atlantique nord (1949)

Partis politiques/ONG

AfD : *Alternative für Deutschland*, Alternative pour l'Allemagne

AKP : Parti de la Justice et du développement

EELV : Europe écologie les verts

FARC : Forces armées révolutionnaires colombiennes

FLN : Front de libération National

RN : Rassemblement national

GOP : *Grand Old Party*, Parti républicain américain

LR : Les Républicains

MSF : Médecins sans frontières

PKK : Parti des travailleurs du Kurdistan

KKK : Ku Klux Klan

SNP : *Scottish National Party*

UKIP : *United Kingdom Independance Party*

WWF : *World Wife fund for nature*

PARTIE II : LES MOTS-CLÉS POUR COMPRENDRE

Les mots de transition dans les énoncés des dissertations

Et/face à : « et » est une conjonction de coordination courante dans les énoncés de dissertations ; elle implique de relier deux mots ou deux espaces à égalité, ce qui a des effets sur le plan à choisir. Chaque partie doit relier les deux termes à traiter. Auparavant moins courante, l'expression « face à » est présente en 2017 dans le sujet ESCP. Contrairement à « et », elle implique un ordre dans la compréhension du sujet. « X face à Y » positionne le sujet du point de vue de X. Le sujet ESSEC 2018 « L'Union européenne confrontée à la question de la nation » est une simple reformulation, mais revient au sujet « L'Union européenne face à la nation ». Il faut enfin noter que les jurys recherchent des expressions proches inusitées jusqu'à présent. C'est le cas pour le sujet ESSEC 2017 : « Le développement de l'Afrique à l'épreuve de la guerre » équivaut à « face à ».

Enjeu/défi : un enjeu est, selon le Robert, « ce que l'on peut gagner ou perdre » ; dans notre discipline, il nécessite de préciser qui joue, c'est-à-dire les différents acteurs spatiaux, et ce qui se joue. Le terme « défi » est plus large car il évoque d'abord les obstacles à surmonter (en quelque sorte les enjeux), mais il oblige aussi à une réflexion sur l'avenir. Par exemple, la répartition inégale de l'eau est un enjeu majeur et la question de sa pénurie éventuelle est un défi.

Question/objet de : terme simple équivalent à « problème » ou « enjeu ». Dans le sujet ESSEC cité plus haut, qu'on peut reformuler ainsi : « L'Union européenne face à la nation », le mot « question » ne fait qu'appuyer le fait qu'il s'agit d'un sujet complexe, épineux. L'expression « objet de » utilisée dans le sujet ESCP 2015 répond aussi au même objectif.

Les mots de causalité, de conséquences et d'analyse dans les énoncés de dissertation

Facteurs/causes : termes classiques en histoire qui visent à trier les éléments causals d'un phénomène ; les trouver va souvent consister à les trier en fonction des causes conjoncturelles (faits directement déclencheurs) et des causes structurelles (faits plus profonds et anciens). On peut aussi rechercher les causes par thèmes : économiques, politiques…

Conséquences/effets/impacts : ces trois termes ont la même signification ; fréquents dans les anciens programmes plus économiques, on les retrouve aujourd'hui dans les énoncés récents (ESCP 2017). Ce type de terme est au cœur du raisonnement historique, géographique ou économique. Comme pour les causes, il faut les étudier soit par thèmes, soit de manière temporelle (court terme, quelques mois ou quelques années ; moyen terme, plusieurs années ; et long terme, au moins une décennie et surtout changement durable).

Place/poids/rôle : « place » et « poids » sont très similaires et amènent à un constat, alors que le « rôle » semble un peu plus analytique. Dans tous les cas, le traitement du rôle d'un sujet ou d'une puissance implique un raisonnement spatial, en particulier régional ou mondial. L'étude des différentes puissances du programme doit être faite en fonction de cette double contextualisation spatiale. Dans une économie mondialisée, toutes les puissances sont dépendantes.

Acte unique européen (éco et pol)

L'Acte unique s'attaque, en 1986, à la mise en œuvre des quatre libertés : la liberté de circulation des marchandises et des services ; la liberté d'établissement et la liberté de prestation ; la liberté de circulation des personnes ; la liberté de circulation des capitaux. Le premier instrument sur lequel cette libéralisation des échanges va s'opérer est le principe de reconnaissance mutuelle des législations nationales. Ce principe découle d'un arrêt de la Cour de Justice rendu en 1979, l'arrêt Cassis de Dijon : si la fabrication d'un produit respecte la législation nationale d'un pays membre, ce produit doit être admis sur les marchés des autres pays de la CEE. Cet arrêt sert de base au travail entrepris par la Commission pour réduire les pratiques protectionnistes des États membres et permettre la circulation des biens sans uniformisation préalable des normes nationales. Il va également servir à partir de l'Acte unique pour faciliter les échanges de services financiers (banques, bourses, finances).

■ Voir Europe

Acteur (éco et pol)

Tout individu, groupe ou organisation dont les actions affectent la manière dont les ressources sont distribuées et les valeurs définies à l'échelle planétaire. L'État a longtemps été considéré comme l'acteur principal, voire unique, sur la scène internationale, mais avec l'intensification des échanges liée à la mondialisation, les acteurs non étatiques se sont multipliés : firme multinationale, organisation régionale ou internationale, organisation non gouvernementale, mafia, acteur religieux, expert, entrepreneur…

Acteur spatial (géo et géopol)

Un acteur spatial constitue une organisation (État ou firme) ou une population (individu ou société) qui transforme un espace en territoire. Le plus souvent, les acteurs spatiaux interagissent entre eux. Par exemple, la périurbanisation est accélérée par la vente de terres des agriculteurs, achetées par des promoteurs immobiliers dans un cadre législatif (État).

Vision synthétique des acteurs spatiaux selon les différents niveaux d'échelle

ÉCHELLES	ACTEURS
MONDIALE	OI (ex. : ONU) ONG (ex. : MSF) Entreprises globales (ex. : Nike) États puissants (197 reconnus par ONU) Diaspora (ex. : chinoise) C40 (groupe de 40 villes de l'archipel mégalopolitain mondial, Présidente Anne Hidalgo)
CONTINENTALE	Unions commerciales (ex. : Union européenne) Unions politiques (ex. : Ligue arabe) Lobbys de firmes ou d'organisations (Washington et Bruxelles) Associations politiques ou religieuses (ex. : Ligue islamique)
NATIONALE	États (fonctions régaliennes) Firmes multinationales (près de 100 000)
RÉGIONALE	Régions (tailles diverses) Métropoles (ex. : la métropole lyonnaise remplace le département du Rhône)
LOCALE	Individus (réseaux sociaux) Firmes historiques (ex. : FIAT à Turin)

Acteur transnational (éco, pol et géopol)

Tout acteur qui agit dans l'espace mondial en dépassant le cadre étatique national et qui échappe, au moins partiellement, au contrôle des États. Ces acteurs se forment souvent en réseaux.

Action/obligation (éco)

Les agents à besoin de financement peuvent émettre des actions pour se financer. Les actions représentent une part du capital social d'une entreprise. Ce financement consiste donc à élargir la base des propriétaires de l'entreprise. Un acheteur d'action ne devient pas le créancier de l'entreprise qui a émis cette action, il en devient le (co) propriétaire. Il n'en retire pas des intérêts mais des dividendes. Les agents à besoin de financement peuvent aussi émettre des obligations. Dans ce cas, les agents qui achètent les obligations prêtent du capital, ils deviennent des créanciers de l'agent à besoin de financement et ils retirent de ce prêt des intérêts. Les intérêts sont versés annuellement et, à la fin du prêt, le capital prêté est remboursé.

■ Voir Firme

Action collective (éco et pol)

Processus de mobilisation collective destiné à défendre les intérêts d'un groupe d'acteurs. Il désigne à la fois les actions de protestation, les mouvements sociaux ou les formes institutionnalisées de défense des intérêts (lobbying).

AFRIQUE (géo et pol)

Un continent

Un des cinq continents, l'Afrique est étendue sur 30,3 millions de km² et composée de 54 États (Sahara occidental non compris). Ses limites sont nettes : au nord, la Méditerranée, à l'ouest l'océan Atlantique, à l'est l'océan Indien ; surtout, l'isthme de Suez la sépare de l'Asie et Gibraltar de l'Europe. Les deux océans convergent vers le cap de Bonne espérance. Sont incluses de nombreuses îles : le Cap-Vert et Sao Tome côté occidental et les Comores, Madagascar (587 000 km²), l'île Maurice et les Seychelles.

Citations :

« Le drame de l'Afrique, c'est que l'homme africain n'est pas assez entré dans l'histoire [...]. Le défi de l'Afrique, c'est d'entrer davantage dans l'histoire. C'est de puiser en elle l'énergie, la force, l'envie, la volonté d'écouter et d'épouser sa propre histoire [...]. Le problème de l'Afrique, c'est qu'elle vit trop le présent dans la nostalgie du paradis perdu de l'enfance », Nicolas Sarkozy, président de la République française (2007-2012), discours de Dakar, 26 juillet 2007.

« L'Afrique redevient stratégique pour des raisons de sécurité, du fait de ses ressources en matières premières et de sa biodiversité (...). Le jeu est beaucoup plus ouvert entre les puissances mondiales, notamment avec l'entrée en scène des géants asiatiques, ce qui donne d'importantes marges de manœuvre aux États africains », Philippe Hugon, *Afriques. Entre puissance et vulnérabilité*, 2016.

Une organisation : l'Union africaine

Les États africains sont tous membres de l'Union africaine (fondée en 2002 et héritée de l'OUA), ainsi que le Sahara occidental. Avec l'intégration de ce dernier, le Maroc avait quitté l'organisation (à l'époque, c'est l'OUA, Organisation de l'Unité africaine). Dans l'immédiat, l'UA reste un simple forum d'États souvent en désaccord et dépendante de fonds extérieurs, en particulier de l'Union européenne.

Citations :

« Il faut des solutions africaines aux problèmes africains », Nkosazana Alamine-Zuma, présidente de la Commission de l'Union africaine, 2014.

« L'Union africaine reste en grande partie une mutuelle de protection pour chefs d'État », Frederick Cooper, *L'Afrique dans le monde*, 2014.

Organisations régionales en Afrique et au Moyen-Orient

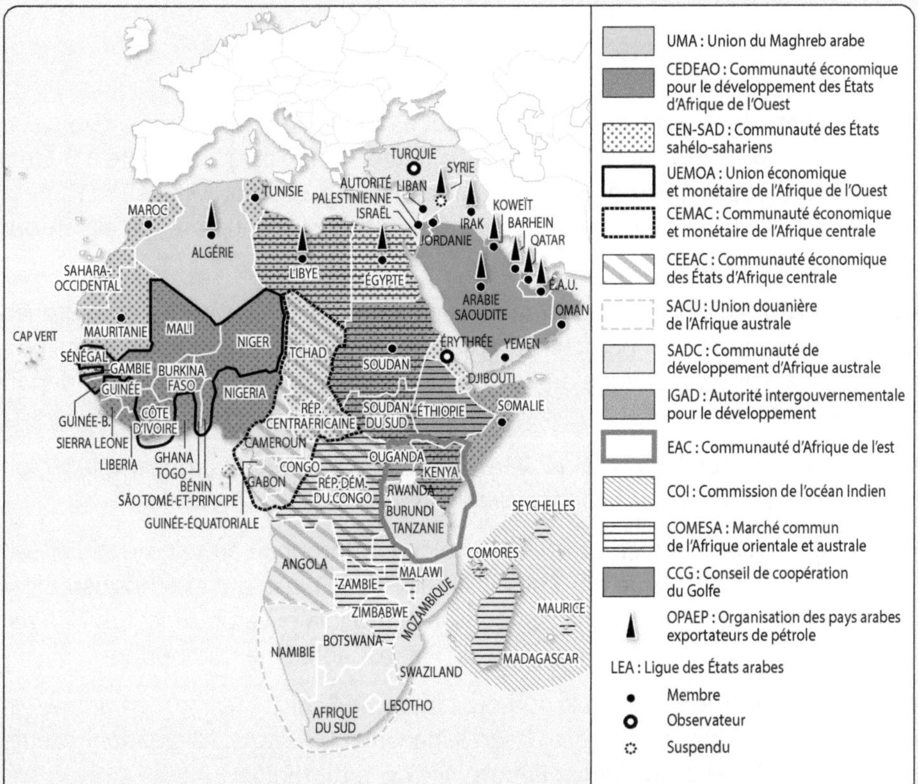

Deux parties distinctes : l'Afrique du Nord et l'Afrique subsaharienne

L'Afrique du Nord est une interface historique entre le cœur du continent, l'Afrique subsaharienne, l'Europe et le Moyen-Orient. Composé des États du Maghreb (Maroc, Algérie, Tunisie et Libye ; parfois la Mauritanie y est incluse) et du Machrek (Égypte). Avec l'Afrique australe, l'Afrique du Nord est beaucoup plus riche que le reste du continent grâce à cette fonction d'interface, mais aussi grâce à d'importantes réserves en hydrocarbures (l'Algérie est le 10e producteur mondial de gaz).

L'Afrique subsaharienne désigne ce qu'on nommait autrefois l'Afrique noire. Premier ensemble mondial de PMA (une trentaine de pays), l'ensemble des États ont un PIB proche de celui de l'Espagne. Depuis l'époque coloniale, ces pays sont tournés vers l'exportation de produits bruts agricoles (café et cacao pour la Côte d'Ivoire), miniers ou d'hydrocarbures (le Nigeria est le 13e producteur mondial de pétrole). En dehors de quelques périodes favorables comme le supercycle minier des années 2000, cette orientation économique est plutôt défavorable au développement de ces pays.

Les sous-régions à connaître

Afrique australe : nom à préférer à « Afrique du Sud » en raison de la confusion avec l'État d'Afrique du sud ; ensemble aux limites variables qui se limite à 5 États pour l'ONU (Afrique du Sud, Namibie, Zimbabwe, Lesotho et Malawi) mais peut être étendu à d'autres, en raison du dynamisme de l'intégration régionale autour de l'Afrique du Sud.

Afrique centrale : bloc de pays enclavés et de PMA, l'Afrique centrale est marquée de nombreux conflits, en particulier par la « première guerre mondiale africaine » qui touche la RDC, République démocratique du Congo, et les pays voisins depuis les années 1990.

Afrique des Grands Lacs : région de rivalités coloniales entre Européens, la région des Grands Lacs (Victoria et Tanganyika) reste une zone conflictuelle.

Afrique de l'ouest : région africaine peuplée et regroupée au sein de la Cedeao (Communauté économique des États d'Afrique de l'Ouest) qui est considérée par le FMI comme l'équivalent de la 25e puissance mondiale. La présence du Nigeria, première puissance africaine en termes de PIB, est un élément important.

Afrique sahélienne : désigne le sud du Sahara ; le Sahel, « rivage » en arabe, est une de zone de transition entre le désert saharien et la savane. La création récente d'un groupe G5 Sahel confirme l'importance de cette région.

Corne de l'Afrique ou Afrique de l'Est : composé de l'Érythrée, l'Éthiopie, Djibouti et la Somalie, plus éventuellement le Kenya, cette région de l'Afrique est très stratégique en raison de la route maritime Ormuz-Suez qui passe ici au détroit de Bab-el-Mandeb. Djibouti est certainement le seul État au monde à posséder des bases militaires appartenant à 5 nations différentes : France, États-Unis, Italie, Japon et Chine.

Afrique Caraïbes Pacifique ou ACP : groupe de 79 pays liés par un accord de coopération avec l'Union européenne depuis la convention de Lomé, renouvelé depuis 1975 jusqu'à la convention de Cotonou (2000).

Quelle intégration ?

La carte des organisations régionales donne une fausse impression au sujet de l'intégration régionale des pays africains. De par la domination du modèle rentier exportateur de produits bruts, les pays africains sont concurrents et dépendent avant tout des marchés extérieurs. De tout cela résulte une faible intégration régionale, partout inférieure à 20 %, voire à 10 %. Exemple : la part de commerce intrarégional au sein du COMESA (Marché commun de l'Afrique orientale et australe) est de 5 %.

Principales puissances

Le continent africain se caractérise par sa pauvreté globale et la faiblesse des grands États dont les problèmes internes freinent l'expression de leur puissance. Depuis la modification du calcul de son PIB, le Nigeria est devenu la première puissance en termes de richesse globale, mais l'Afrique du Sud reste plus influente sur le continent, en particulier *via* ses firmes.

Les principales puissances africaines selon leur PIB en 2017

	PIB en 2017 (en milliards de dollars)	Rang mondial du PIB	Indice *Conflits* de la puissance globale (37 États étudiés)	Rang mondial de l'indice *Conflits*
Nigeria	376	30	11,3	37
Afrique du sud	349	32	15,3	26
Égypte	235	41	13,9	32

Source : Banque mondiale et revue *Conflits* n° 17, printemps 2018

Villes et firmes mondiales

Logiquement, la faiblesse économique globale s'observe à travers les firmes dont la première, la Sonatrach, a un chiffre d'affaires 16 fois inférieur à celui du n° 1 mondial Walmart. De fait, les plus grandes firmes en Afrique ne sont pas africaines. Par exemple, dans la téléphonie, beaucoup d'opérateurs sont extra-africains comme Orange, leader en Afrique de l'ouest. La même faiblesse apparaît dans le classement des villes globales.

Les principales firmes africaines

Nom	Pays d'origine	Rang	Chiffre d'affaires en milliards de dollars	Activités
Sonatrach	Algérie	1	30	hydrocarbures
Steinhoff	Afrique du Sud	2	17	ameublement
Sonangol	Angola	3	14	hydrocarbures
Eskom	Afrique du Sud	4	13	énergie
Sasol	Afrique du Sud	5	13	chimie

Source : revue *Jeune Afrique*, hors-série n° 48 : « Les 500 premières entreprises africaines »

Les agglomérations africaines les plus puissantes selon le Global Power City Index (parmi les 44 premières)

Type	Nom	État	Rang	Population en millions d'habitants en 2014
Ville mondiale majeure	aucune			
Autre ville mondiale	Le Caire	Égypte	43	18,4
	Johannesburg	Afrique du Sud	44	9,2

Sources : http://www.mori-m-foundation.or.jp/ et World urbanization prospects

■ Voir Afrique du Sud et Nigeria

AFRIQUE DU SUD : 30 informations clés (année 2018, sauf autre indication)

PIB : 368 milliards de dollars (34e rang mondial)
Superficie : 1 219 090 km²
Capitale : Pretoria
Nature du régime : république, 9 provinces
Chef d'État en 2020 : Cyril Ramafosa
Population : 58 millions d'habitants
Espérance de vie : femmes 68 ans et hommes 61 ans
Indice de fécondité : 2,4 enfants/femme
PIB/hab en ppa : 12 900 dollars
Croissance moyenne 2010-2019 : + 1,68 %/an
Monnaie : rand
Coefficient de Gini : 0,63

Trafic en 2016 du premier aéroport (rang mondial) : aucun parmi les 20 premiers
Trafic en 2015 du premier port (rang mondial) : Richard's Bay 102 millions de tonnes (45e)
Rang mondial pour les exportations de marchandises en 2019 : 40e
Production automobile en 2018 (rang mondial) : 610 000 (16e)
Part de la recherche et du développement dans le PIB : 0,82 %
Taux de couverture énergétique : 120 %
Réserves officielles : 52 milliards de dollars
Émission de CO_2/hab : 7,4 tonnes
Ressources renouvelables en eau douce intérieure par habitant en m^3 en 1962 : 2 435
Ressources renouvelables en eau douce intérieure par habitant en m^3 en 2014 : 821
Dette publique en % du PIB : 57
Budget militaire : 3,5 milliards de dollars
Casques bleus : 1 150
Prévision de population en 2050 en millions de personnes : 76
Prévision du PIB à parité de pouvoir d'achat en milliards de dollars en 2050 (rang mondial) : 2 570 (27e)

Sources : *Année stratégique 2021*, INED, *Images économiques du monde 2018*, ONU et PwC.

Citation :

« Être Sud-Africain en Afrique, c'est comme être Américain dans le reste du monde. On nous regarde avec un mélange d'envie et de ressentiment », Simon Allison, *L'Afrique du Sud, puissance détestée et adulée*, 2012.

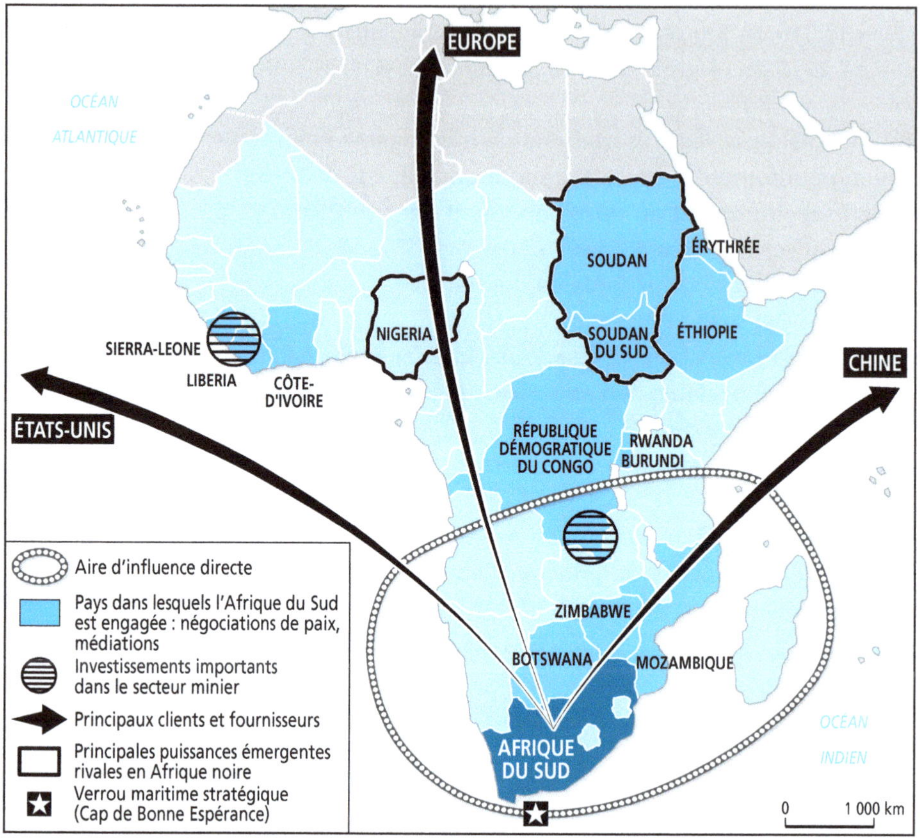

■ Voir Afrique, Union africaine et chronologie des chefs d'État

Agflation (éco)

Inflation découplée des prix alimentaires et agricoles en raison des tensions créées par les nouvelles utilisations des produits agricoles (agrocarburants, produits financiers).

Agglomération (géo)

■ Voir Aire urbaine, Mégapole ou Ville

Agribusiness/agrobusiness (éco)

Système agro-industriel dans lequel l'agriculture est l'élément central d'un ensemble qui va de la production des intrants en amont à, en aval, la distribution des produits transformés. Il correspond ainsi à ce qu'on nomme aussi agriculture intégrée, soit l'insertion des agriculteurs dans l'ensemble de la filière avec, en amont, des politiques de l'État et les industriels qui fournissent matériel et services et, en aval, l'industrie agroalimentaire qui transforme les produits agricoles et tous les services tels que la restauration.

Agrocarburant (éco)

Carburants liquides issus de plantes cultivées oléagineuses (huile de palme), céréalières (maïs, blé) ou de canne à sucre. Ils permettent le remplacement partiel du pétrole, mais sont critiqués pour la concurrence à laquelle ils soumettent la production alimentaire.

Aide/aide publique au développement ou APD (éco, pol et géopol)

Ensemble des dons et des prêts accordés par les pays développés (aide bilatérale qui représente les deux tiers de l'APD) et les institutions internationales (aide multilatérale) aux pays en développement et aux pays les moins avancés. Il s'agit d'aide alimentaire, d'assistance technique ou militaire, de remises de dettes… Mise en place après 1945 dans le cadre de la Guerre froide, l'APD reste un outil d'influence. L'objectif des pays développés, fixé en 1970 par l'ONU, de la porter à 0,7 % de leur PIB n'est atteint que par quelques pays comme les États scandinaves.

L'évolution globale de l'APD depuis 1960

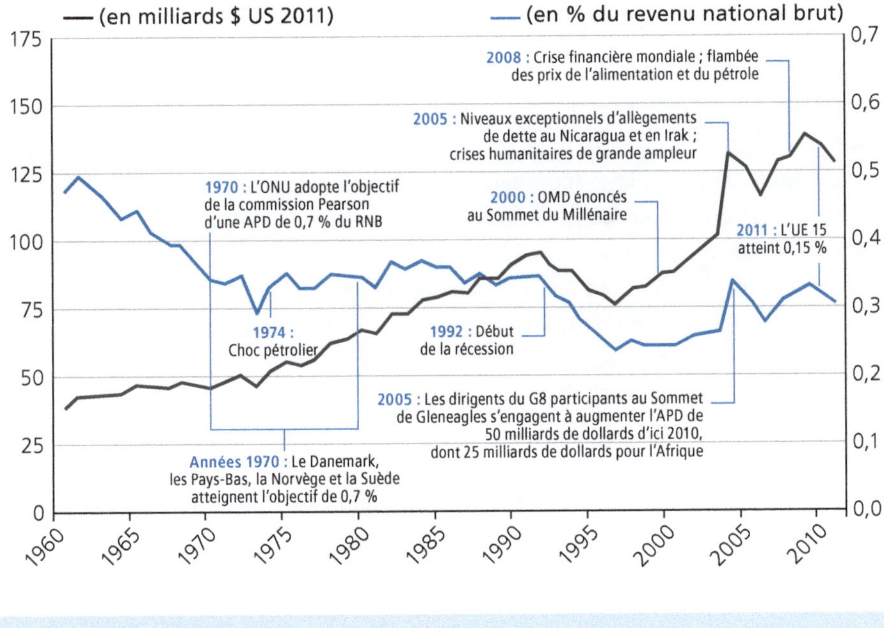

Aires culturelles (soc et cult)

Ce sont des étendues qui sont des zones d'influence voire de domination d'une culture, cet ensemble de phénomènes matériels et idéologiques qui caractérise un groupe en l'unissant par des liens d'intérêt, des habitudes communes…

■ Voir Civilisation ou Culture

Aire urbaine (géo)

En France, le découpage du territoire en aires urbaines par l'Insee a pris le relais, en 1990, des Zones de Peuplement Industriel et Urbain (ZPIU) en vigueur depuis 1954. Ainsi une aire urbaine est-elle un ensemble de communes d'un seul tenant et sans enclave, constituée par un pôle urbain (unité urbaine offrant au moins 1 500 emplois et n'étant pas elle-même attirée à plus de 40 % par une autre unité urbaine) et une couronne périurbaine, composée de communes rurales et/ou d'unités urbaines dont au moins 40 % de la population résidente possédant un emploi travaille dans le reste de l'aire urbaine. Aux États-Unis, les aires urbaines font l'objet de plusieurs définitions : les *Standard Metropolitan Statistical Areas* (SMSA) correspondent à peu près aux agglomérations et les *Consolidated Metropolitan Statistical Area* (CMSA) sont des conurbations regroupant plusieurs SMSA.

■ Voir Mégapole, Métropole et Ville

ALLEMAGNE : 30 informations clés (année 2018, sauf autre indication)

PIB : 3 951 milliards de dollars (4e rang mondial)
Superficie : 357 022 km²
Capitale : Berlin
Nature du régime : république fédérale, 13 États fédérés
Chef de gouvernement en 2020 : Angela Merkel
Population en 2020 : 82,9 millions d'habitants
Espérance de vie : femmes 84 ans et hommes 79 ans
Indice de fécondité : 1,6 enfant/femme
PIB/hab en ppa : 54 500 dollars
Croissance moyenne 2010-2019 : + 1,96 %/an
Monnaie : euro
Coefficient de Gini : 0,32
Trafic en 2016 du premier aéroport (rang mondial) : Francfort, 61 millions de passagers (13e)

Trafic en 2016 du premier port (rang mondial) : Hambourg, 138 millions de tonnes (34e)
Rang mondial pour les exportations de marchandises en 2019 : 3e
Production automobile en 2018 (rang mondial) : 5,1 millions (5e)
Part de la recherche et du développement dans le PIB : 3,1 %
Taux de couverture énergétique : 37 %
Réserves officielles : 198 milliards de dollars
Émission de CO_2/hab : 8,7 tonnes
Ressources renouvelables en eau douce intérieure par habitant en m³ en 1962 : 1 445
Ressources renouvelables en eau douce intérieure par habitant en m³ en 2014 : 1 321
Dette publique en % du PIB : 62
Budget militaire : 54 milliards de dollars
Prévision de population en 2050 en millions de personnes : 79,2
Prévision du PIB à parité de pouvoir d'achat en milliards de dollars en 2050 (rang mondial) : 6 138 (9e)

Sources : *Année stratégique 2021*, INED, *Images économiques du monde 2018*, ONU et PwC.

■ Voir Europe, Union européenne et chronologie des chanceliers

ALENA/Nafta en anglais (éco)

Accord de libre-échange conclu en 1992 et appliqué en 1994 entre les trois pays d'Amérique du Nord (États-Unis, Canada, Mexique). Renégocié en 2018, il est devenu AEUMC, Accord économique États-Unis-Mexique-Canada.

■ Voir Amérique

Alliance (géopol)

Engagement entre deux États ou plus, une alliance vise à assurer la coopération au niveau militaire. Il s'agit de créer une menace dissuasive face à un État tiers, d'accroître la puissance de ses membres dans la perspective d'un conflit. On observe deux types d'alliances : permanentes comme l'OTAN ou temporaires comme lors de la première guerre du Golfe. Pour les firmes globales, les alliances stratégiques sont des accords techniques (commerciaux, de production) qui visent à optimiser les coûts.

La première guerre du Golfe, exemple d'alliance temporaire : nombre de soldats en service actif d'août 1990 à juin 1991

États-Unis	697 000	Australie	700
Arabie Saoudite	100 000	Pays-Bas	600
Royaume-Uni	45 400	Niger	600
Égypte	33 600	Espagne	500
France	14 600	Sénégal	500
Syrie	14 500	Bahreïn	400
Maroc	13 000	Belgique	400
Koweït	9 900	Afghanistan	300
Oman	6 300	Argentine	300
Pakistan	4 900	Corée du Sud	200
Émirats arabes unis	4 300	Grèce	200
Qatar	2 600	Pologne	200
Bangladesh	2 200	Danemark	100
Canada	2 000	Hongrie	50
		Norvège	50

Alter/antimondialistes (pol)

Partisans d'une mondialisation plus équitable et humaine. Appelés d'abord antimondialistes, les altermondialistes ne s'opposent pas à toute la dynamique de la mondialisation, mais surtout à sa version libérale actuelle. Divisée, la nébuleuse agrège des mouvements locaux, nationaux et transnationaux. Depuis 2002, le forum social mondial, lieu de rassemblement annuel, est un espace d'échanges, d'expériences et de débats qui se poursuit jusqu'à aujourd'hui. L'altermondialisme a été renouvelé par la crise économique de 2008 (mouvements Occupy Wall Street, Indignés) et les printemps arabes (2011).

Alternative (pol)

Qui présente une alternance ; solution de remplacement. Le Premier ministre britannique Margaret Thatcher utilise l'expression « *There is no alternative* » (TINA) pour justifier sa politique néolibérale. Ainsi, l'alternative est une solution différente des idées et pratiques libérales dominantes.

■ Voir Altermondialisme

Aménités (géo)

Ensemble d'éléments contribuant à l'agrément d'un lieu pour ceux qui y vivent : climat, paysage, ambiance, culture régionale… S'opposent aux contraintes.

■ Voir Contraintes et Écoumène

AMÉRIQUE

Un grand continent

L'Amérique est un continent de 40 millions de km², et même 42,2 millions si l'on inclut le Groenland (qui appartient au Danemark). Cela en fait le plus grand continent, après l'Asie. De l'Alaska à la Terre de Feu, on compte 35 États aux superficies inégales avec plusieurs États-continents et de nombreux micro-États. Ouvert sur l'océan Atlantique à l'est et l'océan Pacifique à l'ouest, l'Amérique est séparée de l'Asie par le détroit de Béring long d'environ 83 km ; au sud, le passage de Drake sépare l'Amérique du continent Antarctique sur une distance 10 fois plus importante (830 km).

Citations :

« L'Amérique peut tomber, la civilisation américaine ne périra pas : elle est déjà maîtresse du monde », Georges Duhamel, *Scènes de la vie future*, 1930.

« Au niveau politico-militaire, nous restons dans le monde d'une superpuissance unique. Mais dans toutes les autres dimensions – industrielle, financière, éducative, sociale, culturelle – la distribution du pouvoir se déplace, échappe à la domination américaine. Cela ne signifie pas que nous entrions dans un monde anti-américain. Mais nous nous acheminons vers un monde d'après l'Amérique, défini et dirigé depuis plusieurs pôles et par quantité de gens », Fareed Zakaria, *Le Monde post-américain*, 2008.

Une organisation : l'OEA

L'Organisation des États américains est née en 1948, au début de la Guerre froide. Ce forum d'État a été pendant longtemps sous la mainmise états-unienne, d'où l'exclusion de Cuba en 1962. Désormais, les relations entre les États-Unis et les autres États membres sont plus apaisées. Sous la pression des pays latino-américains, les États-Unis ont accepté de réintégrer Cuba en 2009. Le rôle de l'OEA est avant tout politique (défense de la démocratie) et moral (lutte contre la corruption et la drogue).

Trois régions principales : l'Amérique du Nord, l'Amérique centrale-Caraïbes et l'Amérique du Sud.

L'Amérique du Nord au sens strict ne regroupe que le Canada et les États-Unis, mais avec la création de l'ALENA en 1994, le Mexique est le plus souvent inclus en Amérique du Nord et non en Amérique latine ou centrale. La dissymétrie entre l'oncle Sam et les autres États est importante puisque les États-Unis sont 11 fois plus riches que le Canada et 15 fois plus que le Mexique. C'est un des talus économiques les plus importants du monde, générateur de flux très importants.

L'Amérique centrale-Caraïbes désigne les États allant de la frontière sud du Mexique jusqu'à Panama ainsi que les États insulaires des Caraïbes. Composés de 14 États souvent de petite taille, ils forment ce que certains nomment la Méditerranée du Nouveau monde, formant en effet une interface entre Amérique du Nord, du Sud et Europe (de nombreux territoires ultra-périphériques). La petite taille, l'aspect insulaire et la faiblesse de l'industrie ont impliqué une double orientation vers le tourisme et l'activité fiscale.

L'Amérique du Sud désigne les 12 États au sud de Panama jusqu'à la Terre de Feu. Tous membres de l'UNASUR, nouveau mécanisme d'intégration régionale (née en 2008), les États d'Amérique du Sud forment le plus vaste ensemble politico-économique de la planète (17 millions de km^2). Comme l'Amérique centrale-Caraïbes ces États ont été marqués par l'influence européenne jusqu'au XIXe siècle, puis l'influence états-unienne. L'émergence ancienne (Argentine) ou récente (Brésil) de certains États est vecteur d'une plus forte autonomie de ce sous-continent, à l'image du MERCOSUR, vue comme un outil de résistance à la zone de libre-échange des Amériques voulue par les États-Unis.

Les sous-régions et noms à connaître

Amérique latine : vers 1850, notion culturelle utilisée par des intellectuels colombiens et chiliens influencés par le philosophe français Lamennais qui évoquent une « Amérique catholique et latine » ; l'expression est reprise par Napoléon III avec un objectif de différenciation et de protection (expédition du Mexique en 1861) de ce vaste espace face à l'Amérique protestante anglo-saxonne (au moment de la montée de la puissance états-unienne visible en 1823 avec la doctrine Monroe). Aujourd'hui, l'expression est plus neutre et désigne l'ensemble des États d'Amérique anciennement colonisés par l'Espagne et le Portugal.

Amérique andine : au-delà de la présence de la cordillère des Andes, cela désigne surtout une Amérique indienne où la part des populations autochtones reste élevée comme en Bolivie (55 % de la population).

Amérique hispanique : ensembles des États d'Amérique latine, à l'exclusion du Brésil et d'autres États plus petits et non hispanophones comme dans les trois Guyanes.

Amérique lusophone : désigne seulement le Brésil, membre fondateur en 1996 de la CPLP, Communauté des pays de langue portugaise, composé de 8 autres États anciennement colonisés par le Portugal et ayant souhaité retisser des liens culturels, politiques et économiques.

Mexamerica : expression du journaliste américain Joël Garreau dans *Les 9 nations de l'Amérique du Nord*, sorti en 1981 ; elle désigne l'ensemble transfrontalier qui couvre tous les États du Nord mexicain et les anciens territoires mexicains appartenant aujourd'hui aux États-Unis (surtout le sud-ouest). Ce concept est très populaire chez certains Mexicains qui y voient un moyen de transcender les différences de niveau de vie, de refuser la frontière (comme ligne de partage) et de la voir comme un espace dynamique.

Bassin fluvial amazonien : un des plus vastes bassins fluviaux (7 millions de km^2), il couvre non seulement la partie nord du Brésil, mais aussi la Colombie, l'Équateur, le Pérou, la Bolivie et le Venezuela.

Groenland : territoire autonome au sein du royaume danois, le Groenland est quatre fois plus grand que la France (2,2 millions de km^2), mais très peu peuplé (56 000 habitants), le Groenland est le principal espace terrestre de l'Arctique.

Une intégration tripolaire entre Nord, Sud et Pacifique

L'essor d'organisations régionales est en Amérique assez ancien : OEA en 1948, Marché commun centraméricain en 1960, Communauté andine en 1969... Mais les deux principales organisations naissent par écho dans les années 1990, au moment d'une nouvelle étape de la mondialisation : le Mercosur, né le 26 mars 1991 autour du couple Argentine-Brésil, est de nature protectionniste, alors que l'ALENA, née le 17 décembre 1992, devait être les prémices d'une ZLEA, zone de libre-échange des Amériques. Limitée géographiquement, l'ALENA a permis une forte intégration en Amérique du nord (35 % des échanges sont internes) tandis que le Mercosur a intégré de nouveaux États et signés de nombreux accords d'associations. Mais la carte ci-dessous n'évoque pas l'attraction plus récente de l'APEC (*Asia-Pacific Economic Cooperation*) dont font partie le Canada, le Mexique, le Pérou et le Chili. Désormais, le premier partenaire commercial du Chili est la Chine. De fait, l'intégration est en Amérique (surtout latine) comparable à celle de l'Afrique : l'orientation rentière des économies des États sud-américains les rend plus concurrents que partenaires.

L'intégration régionale de l'Amérique

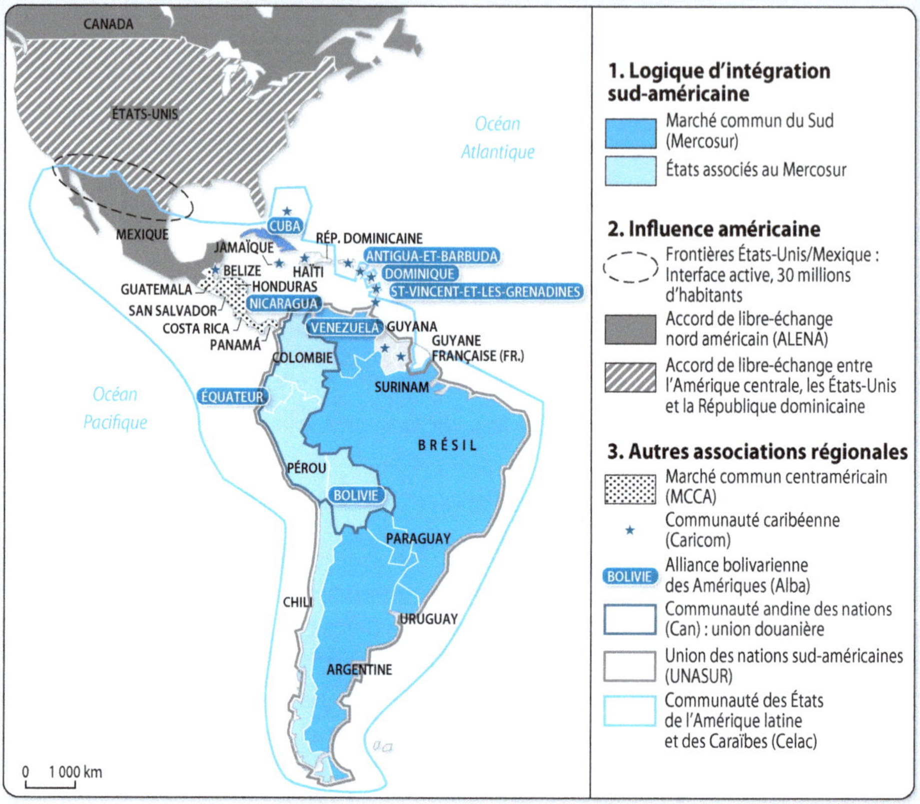

Source : *Documentation photographique*, n° 8089

Principales puissances

L'asymétrie entre les États-Unis et les autres pays américains est forte et se maintient, malgré les émergents comme le Brésil. Aujourd'hui, le PIB états-unien est trois fois supérieur à l'ensemble des PIB des autres États américains.

Les principales puissances américaines selon leur PIB

	PIB en 2017 en milliards de dollars	Rang mondial	Indice *Conflits* de la puissance globale (37 États étudiés)	Rang mondial
États-Unis	199391	1	76,4	1
Brésil	2056	8	16,8	20
Canada	1653	10	27,8	7
Mexique	1150	15	15,6	25
Argentine	638	21	14,4	30
Chili	277	39	Non classé	

Source : Banque mondiale et revue *Conflits* n° 17, printemps 2018

Firmes et villes mondiales

L'asymétrie se retrouve à travers les villes et firmes mondiales. Seuls le Mexique et surtout le Brésil émergent grâce aux secteurs de l'énergie, la finance ou la téléphonie.

Les principales firmes états-uniennes parmi les 500 premières

Nom	Pays d'origine	Rang	Chiffre d'affaires en milliards de dollars	Activités
Walmart	États-Unis	1	486	distribution
Berkshire Hathaway	États-Unis	8	224	services financiers
Apple	États-Unis	9	216	électronique
Exxon Mobil	États-Unis	10	205	énergie
McKesson	États-Unis	11	200	pharmacie
UnitedHealth Group	États-Unis	13	185	santé
CVS Health	États-Unis	14	178	santé
General Motors	États-Unis	18	166	automobile
ATT	États-Unis	19	164	téléphonie
Ford	États-Unis	21	152	automobile

Source : Fortune.com/global500/list

Les principales firmes américaines non états-uniennes parmi les 500 premières

Nom	Pays d'origine	Rang	Chiffre d'affaires en milliards de dollars	Activités
Petrobras	Brésil	75	81	énergie
Itaú Unibanco Holding	Brésil	113	67	banque
Banco do Brasil	Brésil	151	58	banque
Pemex	Mexique	152	58	énergie
Banco Bradesco	Brésil	154	58	banque
América Móvil	Mexique	176	52	téléphonie
JBS	Brésil	191	49	agroalimentaire
Manulife Financial	Canada	250	40	assurances
Power corp of Canada	Canada	266	38	services financiers
Magna International	Canada	290	36	automobile

Source : fortune.com/global500/list

Les agglomérations du continent américain les plus puissantes selon le Global Power City Index (parmi les 44 premières)

Type	Nom	État	Rang	Population en millions d'habitants en 2014
Ville mondiale majeure	New York	États-Unis	2	18,6
Autre ville mondiale	Los Angeles	États-Unis	11	1
	San Francisco	États-Unis	17	3,3
	Toronto	Canada	19	5,9
	Chicago	États-Unis	22	8,7
	Boston	États-Unis	25	4,3
	Vancouver	Canada	28	2,4
	Washington	États-Unis	29	4,9
	Mexico	Mexique	38	20,8
	São Paulo	Brésil	39	20,8
	Buenos Aires	Argentine	40	15

Sources : http://www.mori-m-foundation.or.jp/ et World urbanization prospects

■ Voir États-Unis, Brésil, Canada, Mexique et Argentine

Angle mort (géopol)

En géographie, il s'agit d'un espace périphérique, souvent peu peuplé et répulsif. La vision géopolitique y apporte l'idée que l'angle mort est peu stratégique, soit par absence de ressources, soit par la faiblesse des liens avec l'extérieur. Il peut devenir une périphérie en essor en s'intégrant à des espaces centraux.

Anthropisation (géo et soc)

Transformation d'un milieu par l'homme. Elle s'exprime par les aménagements ou les dégradations opérés par les sociétés humaines. L'invention de l'agriculture, l'industrialisation et l'augmentation de la population mondiale sont les trois principaux facteurs d'anthropisation.

Anthropocène (éco)

Terme forgé en 1995 par le prix Nobel de chimie Paul Crutzen, qui illustre l'idée que la Terre est dans un nouvel âge géologique, dans lequel l'humanité est entrée depuis le XIXe siècle ; un âge caractérisé par l'impact majeur de l'homme sur le système terrestre et atmosphérique.

Antiaméricanisme (pol et géopol)

Sentiment ou comportement méfiant, voire hostile vis-à-vis des États-Unis, il peut concerner tous les acteurs spatiaux, de l'individu aux États. Le mouvement s'est d'abord développé en Amérique latine, terre de la doctrine Monroe. Après 1945, la Guerre froide a été aussi une longue phase d'antiaméricanisme avec comme leader l'URSS. Aujourd'hui, il concerne surtout l'idéologie néolibérale et se cristallise sur la personnalité de Trump.

Antimonde (géo et éco)

Concept du géographe français Roger Brunet pour qualifier les espaces négatifs, informels et marginaux. C'est une autre facette de la mondialisation dont profitent les mafias et les organisations illégales.

Le trafic de drogue, reflet de l'antimonde

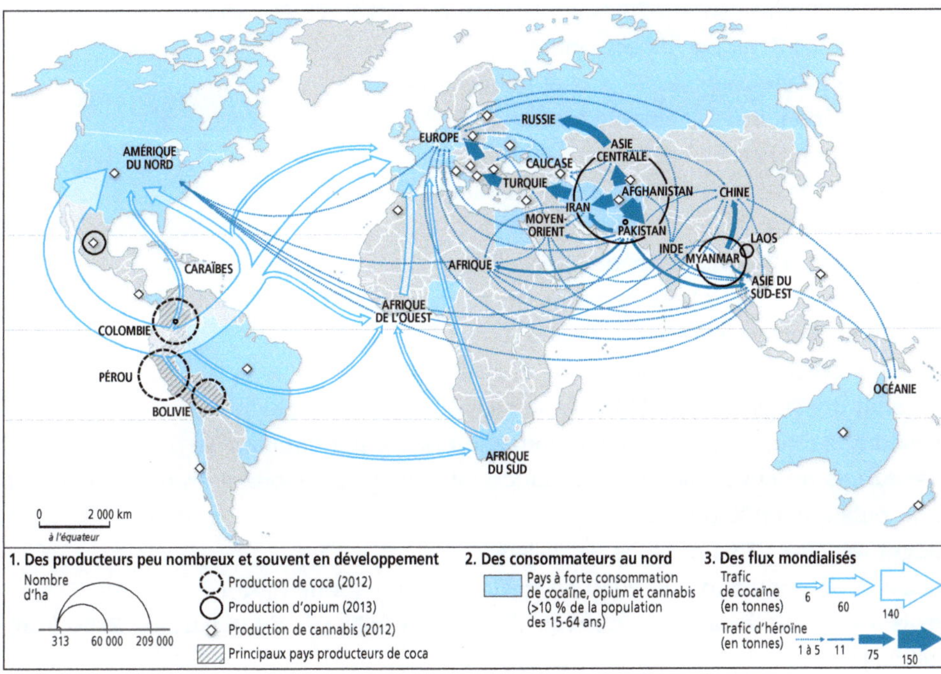

Source : D'après les données de l'ONUDC, *Rapport mondial sur les drogues*, 2010 et 2014

■ Voir Mafias et Zones grises

Approfondissement/élargissement (éco)

La construction européenne se définit par deux axes : l'intégration (ou approfondissement) consiste en un rapprochement économique et politique par la mise en place de politiques communes ; l'élargissement correspond à l'entrée de nouveaux pays membres, de 6 en 1957 à 28 depuis 2013.

■ Voir Organisation régionale, Intégration et Union européenne

ARABIE SAOUDITE : 25 informations clés (année 2018, sauf autre indication)

PIB : 787 milliards de dollars (18e rang mondial)
Superficie : 2 149 690 km²
Capitale : Ryad
Nature du régime : monarchie théocratique, 13 provinces
Chef de gouvernement en 2020 : roi Salman bin Abdelaziz Al-Saoud
Population : 33,7 millions d'habitants
Espérance de vie : femmes 77 ans et hommes 74 ans
Indice de fécondité : 2,3 enfants/femme
PIB/hab en ppa : 48 800 dollars
Croissance moyenne 2010-2019 : + 3,42 %/an
Monnaie : riyal saoudien
Coefficient de Gini : non donné
Part de la recherche et du développement dans le PIB en 2013 : 0,82
Taux de couverture énergétique : 306 %
Réserves officielles : 509 milliards de dollars
Émission de CO_2/hab en 2014 : 16,2 tonnes
Ressources renouvelables en eau douce intérieure par habitant en m³ en 1962 : 550
Ressources renouvelables en eau douce intérieure par habitant en m³ en 2014 : 78
Dette publique en % du PIB : 19
Budget militaire : 78,4 milliards de dollars
Prévision de population en 2050 en millions de personnes : 45,1
Prévision du PIB à parité de pouvoir d'achat en milliards de dollars en 2050 (rang mondial) : 4 694 (13e)

Sources : *Année stratégique 2021*, INED, *Images économiques du monde 2018*, ONU et PwC.

■ Voir Moyen-Orient et Chronologie des rois

Archipel mégalopolitain mondial/mégalopole (géo)

Dans les années 1960, le géographe français Jean Gottmann décrit la Mégalopolis américaine comme un ensemble d'agglomérations considérable (conurbation), reliées entre elles par des axes structurants de transport ainsi qu'au monde (par des aéroports internationaux) et concentrant capitaux et pouvoirs. Plus tard, Roger Brunet distingue trois mégalopoles : la côte est des États-Unis, l'ensemble Tokyo-Osaka-Kobe au Japon et la dorsale européenne de Londres à Milan. Dans les années 1990, au moment où éclôt la dernière mondialisation, Olivier Dollfus parle d'un « un archipel mégalopolitain mondial » pour caractériser l'ensemble des grandes villes du monde qui concentrent les activités de commandement et d'innovations.

Le réseau des métropoles mondiales et son fonctionnement en archipel

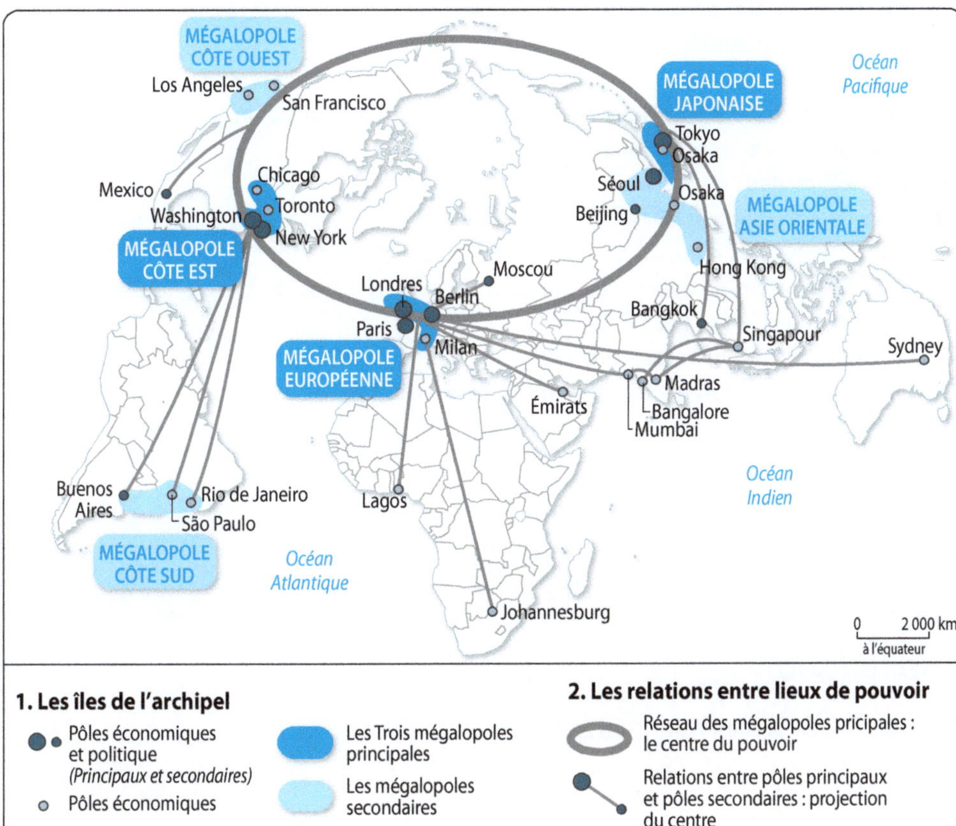

■ Voir Mégapole

ARGENTINE : 25 informations clés (année 2018, sauf autre indication)

PIB : 519 milliards de dollars (25e rang mondial)
Superficie : 2 780 400 km²
Capitale : Buenos Aires
Nature du régime : république fédérale, 23 provinces, 1 district fédéral
Chef de gouvernement en 2020 : Alberto Fernandez
Population : 44,5 millions d'habitants
Espérance de vie : femmes 80 ans et hommes 73 ans
Indice de fécondité : 2,2 enfants/femme
PIB/hab en ppa : 23 300 dollars
Croissance moyenne 2010-2019 : + 1,29 %/an
Monnaie : peso argentin
Coefficient de Gini en 2016 : 0,42
Part de la recherche et du développement dans le PIB en 2014 : 0,54 %
Taux de couverture énergétique : 87 %
Réserves officielles : 66 milliards de dollars
Émission de CO_2/hab en 2014 : 4,1 tonnes
Ressources renouvelables en eau douce intérieure par habitant en m³ en 1962 : 13 717
Ressources renouvelables en eau douce intérieure par habitant en m³ en 2014 : 6 794
Dette publique en % du PIB : 86
Budget militaire : 3,3 milliards de dollars
Prévision de population en 2050 en millions de personnes : 55,2
Prévision du PIB à parité de pouvoir d'achat en milliards de dollars en 2050 (rang mondial) : 2 365 (29e)

Sources : *Année stratégique 2021*, INED, *Images économiques du monde 2018*, ONU et PwC.

■ Voir Amérique

Aridité (géo)

Définie par des précipitations inférieures à 200 mm/an.

Arrière-pays/*hinterland* en allemand (géo)

Espace continental terrestre qui fournit à un port ses clients, soit les entreprises qui exportent ou importent des biens.

■ Voir Avant-pays

ASIE

Un continent très vaste

Le terme Asie dérive de l'assyrien *assur* qui signifie « levant » ou « est ». Le mot « Orient » recoupe cette étymologie car il vient du latin *oriens* qui veut dire « se lever ». L'Asie est le continent le plus vaste avec plus de 44 millions de km^2 sans la Russie ; il est ainsi composé de 49 États. C'est aussi le plus peuplé, contenant près de 60 % de l'humanité. Ses limites sont peu évidentes : le premier problème vient de la Russie, dont l'intégration européenne dans sa partie à l'ouest de l'Oural a été voulue par le tsar Pierre le Grand et reste arbitraire. De fait, la Russie est une puissance tout autant européenne qu'asiatique, d'où son projet eurasiatique. Deuxième limite problématique : la séparation avec l'Occident. Les géographes arabes comme Al-Idrisi (XIIe siècle) situent la séparation Occident-Orient sur un méridien en Irak. Pour les Européens, le Moyen-Orient est une région géopolitique spécifique. Pour l'ONU, c'est l'Asie de l'ouest. Troisième limite discutable, celle avec l'Océanie. La séparation officielle coupe l'île de Nouvelle-Guinée en deux : partie orientale à l'Indonésie, État asiatique et partie orientale à l'État de Nouvelle-Guinée-Papouasie. C'est donc la colonisation, hollandaise d'un côté et anglaise de l'autre, qui explique la limite Asie-Océanie. Certains proposent la ligne du naturaliste Wallace pour séparer les deux continents, mais cette ligne incluant entièrement la Nouvelle-Guinée en Océanie donnerait une bi-continentalité à l'Indonésie. Les Asiatiques se sentent d'abord Chinois, Japonais…

Citations :

« L'Asie est le chaudron des civilisations », Samuel Huntington, *Le Choc des civilisations*, 1996.

« L'histoire du XXIe siècle sera en grande partie rédigée en Asie », discours d'Hillary Clinton, secrétaire d'État, à Honolulu, 2010.

Pas d'organisation asiatique globale, reflet de la pluralité de l'Asie

S'étendant des steppes sibériennes au nord à la jungle indonésienne au sud, la richesse physique, culturelle et historique de ce continent donne à l'Asie un aspect de mosaïque extraordinaire. Pour les Asiatiques, l'Asie n'existe pas. La seule organisation régionale dynamique est l'ASEAN, assise en Asie du Sud-Est. En fait, il faut différencier au moins deux Asies : une Asie humide et assez littorale (des Moussons et équatoriale) et une Asie plus continentale et plus sèche. La mise en perspective des climats et de la répartition de la population oppose nettement une moitié septentrionale de l'Asie, peu peuplée avec des densités parfois très faibles comme en Mongolie (moins de 2 hab/km^2) et une moitié méridionale composée des trois foyers historiques de peuplement, l'Asie de l'Est (Chine, Corée, Japon, Taïwan), l'Asie du Sud (Pakistan, Inde, Bangladesh) et l'Asie du Sud-Est (Malaisie, Indonésie).

Climats en Asie

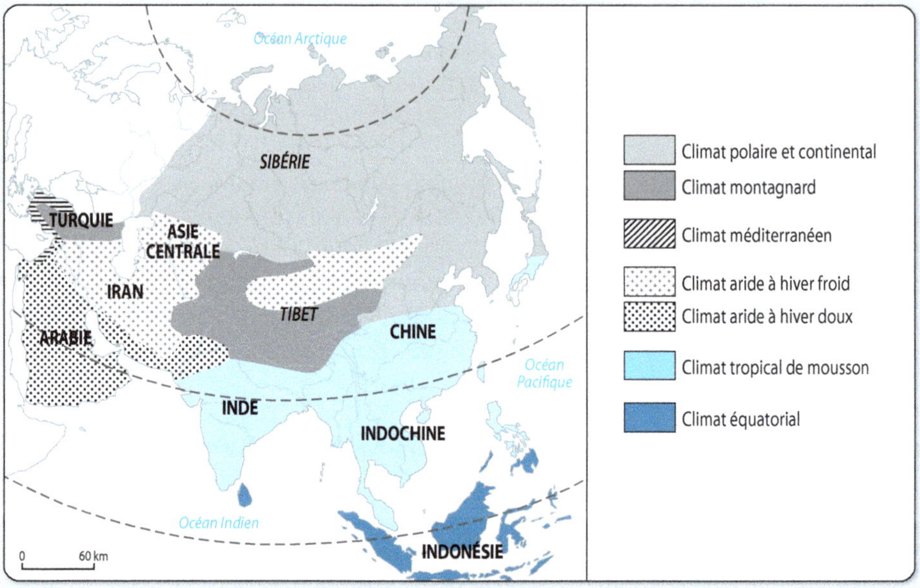

Source : Vikidia

Fortes densités en Asie

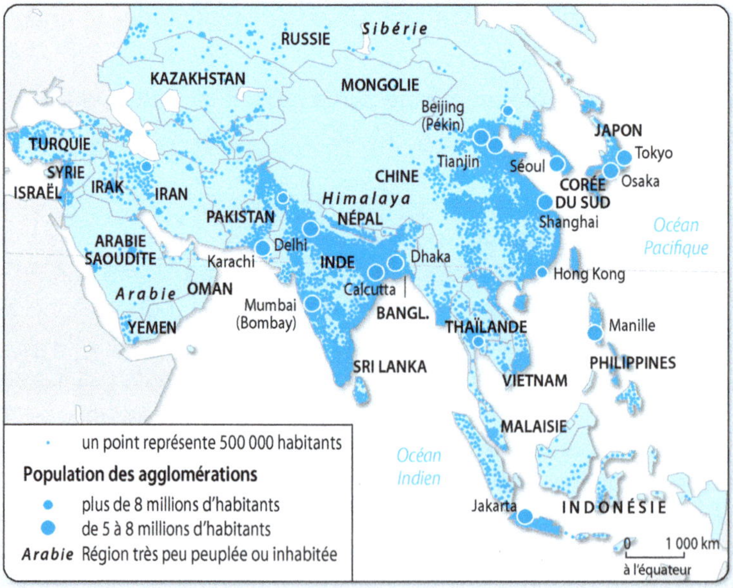

Source : Denis ECKERT, étude CNRS

Quatre régions spécifiques

L'Asie orientale : centrée pour Élisée Reclus (1882) sur l'empire chinois, l'essor de Singapour dans les années 70-80 l'étend à l'ensemble des États asiatiques de la façade orientale pacifique, même si certains sont enclavés (Mongolie, Laos). En fait, l'Asie orientale est composée de deux sous-ensembles : d'une part l'Asie du nord-est composée de la Chine, Taïwan, les deux Corées et le Japon, et d'autre part l'Asie du Sud-Est, région définie dès le XIXe siècle et composée des États à l'est du Bangladesh (Birmanie, Thaïlande, Laos, Cambodge, Vietnam) et des États insulaires (Malaisie, Brunei, Singapour et Indonésie). Cet espace régional est le plus dynamique du monde depuis 30 ans.

L'Asie méridionale ou du Sud : également nommée sous-continent indien, cet espace de 4,5 millions de km^2 est composé d'anciennes colonies britanniques. Il s'agit du Pakistan, de l'Union indienne, du Bangladesh et des États himalayens (Népal et Bhoutan). En raison d'un accroissement naturel élevé (2,7 enfants/femme en 2013), c'est désormais le premier foyer mondial de peuplement (près de 2 milliards d'habitants) ; la population indienne va d'ici quelques années dépasser celle de la Chine. En retard par rapport au développement de l'Asie orientale, cette région connaît un dynamisme économique fort à l'image de l'Inde dont les taux annuels de croissance sont comparables à ceux de la Chine.

L'Asie centrale : l'intégration progressive de cette région dans l'empire russe fait disparaître l'Asie centrale des « radars géopolitiques » ; elle renaît en 1991. Dans une vision restrictive, elle se réduit à 5 États : le Kazakhstan (2,7 millions de km^2), le Kirghizistan, l'Ouzbékistan, le Tadjikistan et le Turkménistan, mais on peut l'étendre à d'autres États comme l'Afghanistan ou la Mongolie et même des régions nationales comme le Xinjiang chinois ou le nord du Pakistan. Dans ses limites restrictives, l'Asie centrale est assez vaste (4 millions de km^2), mais peu peuplée (67 millions de personnes, soit l'équivalent de la France) et peu riche (PIB de 345 milliards de dollars en 2015, soit un peu plus que l'Égypte (33e rang mondial)). Pour autant, ses richesses naturelles, en particulier l'uranium et les hydrocarbures, la rendent attractive.

L'Asie de l'Ouest : correspond au Moyen-Orient dans les divisions géographiques onusiennes.

■ Voir Moyen-Orient

Les sous-régions ou noms à connaître

Asie des moussons : expression du géographe français Jules Sion pour désigner les régions marquées par ce couple climato-civilisationnel où le riz joue un rôle important.

NPIA : Nouveau pays industrialisé asiatique dont le modèle initial est le Japon transformé par l'empereur Mutsu-Hito à la fin du XIXe siècle. Après 1945, on observe plusieurs générations de NPIA : les « Quatre dragons » dans les années 1960-70 (Corée du Sud, Hong Kong, Singapour et Taïwan), la Chine dans les années 1990-2000 et désormais le Vietnam ou l'Indonésie.

■ Voir aussi pays émergents

Asie-Pacifique : terme utilisé par les Japonais dans les années 1960 pour désigner l'Asie orientale ; à ce moment la puissance japonaise réémerge, suivie par une nouvelle génération de NPIA comme Singapour. L'ouverture chinoise des années 1980-1990 fait dire à W. Lord, sous-secrétaire d'État de Bill Clinton que « si la tendance actuelle se poursuit, le XXIe siècle sera celui du Pacifique ».

Asiatisme : idéologie développée par les Japonais au début du XXe siècle, décrédibilisée en 1945, puis remise en avant par Lee Kuan Yew, Premier ministre de Singapour de 1959 à 1990. Elle est la promotion de valeurs spécifiques à l'Asie comme la discipline personnelle, l'esprit collectif, l'autorité de l'État ou le consensus. Les succès économiques de l'Asie dans les NPIA semblent les valider. Quoi qu'il en soit, l'asiatisme est une différenciation vis-à-vis des valeurs occidentales fondées sur l'individu.

Extrême-Orient : concept développé par l'école géographique française au début du XXe siècle pour caractériser une unité culturelle allant de l'Inde au Japon. Certains, comme Pierre Gourou, le limitent à l'Asie du Nord-Est. Son usage est aujourd'hui faible de même que l'expression « insulinde » qui désignait la partie insulaire de l'Asie du Sud-Est.

Une intégration régionale non institutionnelle, mais économique

La diversité de l'Asie n'implique pas comme en Amérique latine ou en Afrique une multiplicité d'organisations régionales. L'ASEAN est, au niveau économique, l'intégration la plus aboutie. Née en pleine Guerre froide, elle se veut une protection contre les tensions entre les grandes puissances régionales. L'OCS concerne plus des aspects politiques et militaires : il s'agit d'un forum d'États d'Asie du Sud-Est et non d'une alliance. En fait, l'intégration économique asiatique est surtout liée aux firmes dans le cadre de flux.

■ Voir DIPP

Le développement des associations régionales en Asie

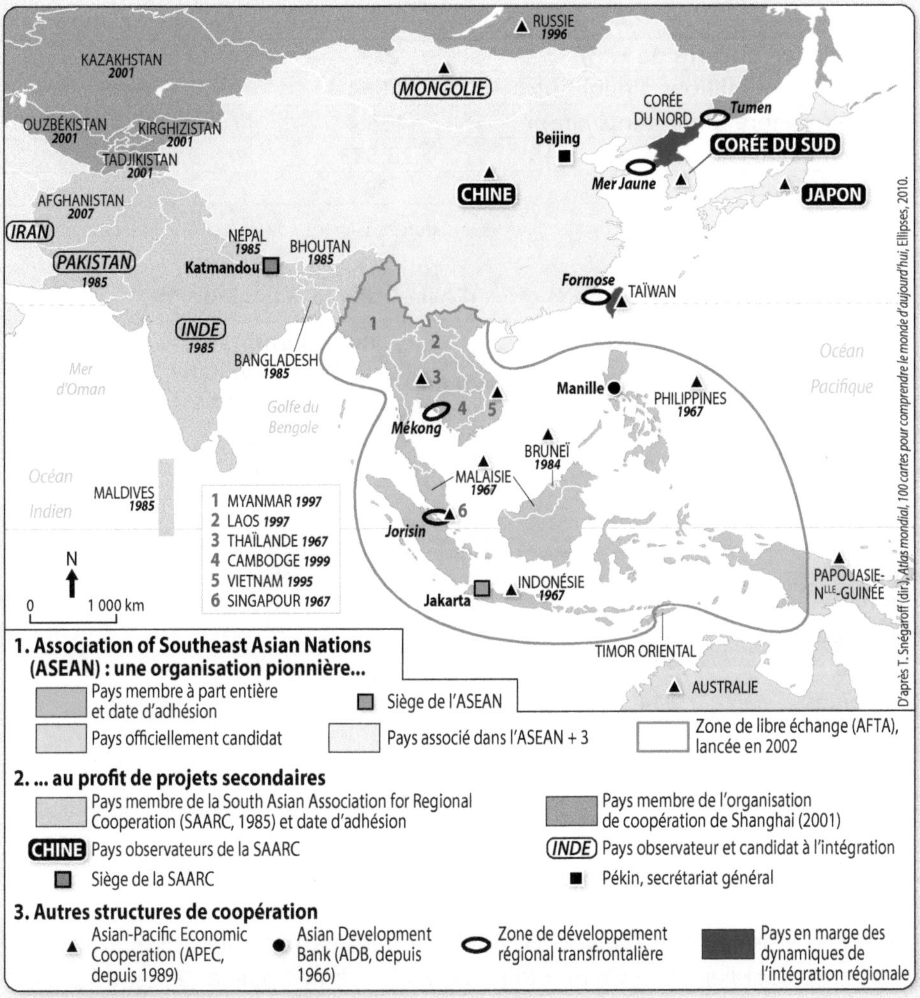

Principales puissances

L'Asie est un continent multipolaire composé de 3 puissances majeures, la Chine, le Japon et l'Inde. S'ajoutent les NPIA, en particulier la Corée du Sud et Singapour. Dans l'avenir, de nouveaux États vont émerger. La société PwC prévoit qu'en 2050, sur les 25 premières puissances mondiales, 11 seront asiatiques, en particulier l'Indonésie qui pourrait se classer au 4e rang mondial. Cet essor est à relier au poids démographique de l'Asie : en plus de la Chine et l'Inde, l'ONU prévoit que 4 autres États asiatiques dépasseront 150 millions d'habitants : le Bangladesh, l'Indonésie, le Pakistan et les Philippines.

Données générales sur l'Asie-Océanie en 2016 (CEI et Moyen-Orient exclus)

		% du total mondial
Superficie (en millions de km^2)	29,9	22,4
Population (en millions d'habitants)	4054	54,6
Densité (nombre d'habitants/km^2)	135,4	
PIB (en milliards de dollars en 2015)	23,553	32,3
Nombre d'États	39	

Source : *L'Année stratégique 2019*, septembre 2018

Les principales puissances d'Asie-Océanie selon leur PIB

	PIB en 2017 en milliards de dollars	Rang mondial	Indice *Conflits* de la puissance globale (37 États étudiés)	Rang mondial
Chine	12579	2	45,5	2
Japon	4872	3	26,4	8
Inde	2597	6	22,7	11
Corée du Sud	1531	11	20,8	13
Australie	1323	13	24,5	9
Indonésie	1016	16	16,2	21
Thaïlande	455	26		
Malaisie	315	38		
Philippines	314	39		
Pakistan	305	41		
Bangladesh	250	43		

Source : Banque mondiale et revue *Conflits* n° 17, printemps 2018

Firmes et villes mondiales

La place des firmes et des villes mondiales reflète parfaitement l'émergence de l'Asie, en particulier de la Chine qui possède des firmes puissantes et de plus en plus internationalisées comme Alibaba qui pourrait devenir un sérieux concurrent d'Amazon.

Les principales firmes d'Asie-Océanie parmi les 500 premières

Nom	Pays d'origine	Rang	Chiffre d'affaires en milliards de dollars	Activités
State Grid	Chine	2	316	énergie
Sinopec Group	Chine	3	268	énergie
China national Petroleum	Chine	4	263	énergie
Toyota Motor	Japon	5	256	automobile

Nom	Pays d'origine	Rang	Chiffre d'affaires en milliards de dollars	Activités
Samsung Electronics	Corée du Sud	15	174	électronique
Ind and Commercial Bank of China	Chine	22	148	banque
China State Construction	Chine	24	146	BTP
Hon Hai Precision industry	Taïwan	27	135	électronique
China construction Bank	Chine	28	135	banque
Honda	Japon	29	130	automobile

Source : FMI et fortune.com/global500/list

Les agglomérations d'Asie-Océanie les plus puissantes selon le Global Power City Index (parmi les 44 premières)

Type	Nom	État	Rang	Population en millions d'habitants en 2014
Ville mondiale majeure	Tokyo	Japon	3	37,9
Autre ville mondiale	Singapour	Singapour	5	5,5
	Séoul	Corée du Sud	6	9,8
	Hong Kong	Chine	9	7,3
	Sydney	Australie	10	4,5
	Beijing	Chine	13	19,5
	Shanghaï	Chine	15	23,0
	Osaka	Japon	26	20,1
	Kuala-Lumpur	Malaisie	31	6,6
	Bangkok	Thaïlande	33	9,1
	Taï-Peï	Taïwan	36	6,8
	Fukuoka	Japon	37	5,5
	Jakarta	Indonésie	41	10,2
	Mumbai	Inde	42	20,7

Sources : http://www.mori-m-foundation.or.jp/ et World urbanization prospects

■ Voir Chine, Japon, Inde, Corée du Sud, Indonésie, Thaïlande, Singapour et Malaisie

Association des États d'Asie du Sud-Est ou ASEAN

Entente politico-économique des pays d'Asie du Sud-Est fondée en 1967.

Association régionale ou organisation régionale (géopol)

Il s'agit de regroupements d'États souhaitant mettre en place des partenariats et des coopérations plus ou moins poussés. Les associations régionales les plus actives développent surtout des communautés économiques. Elles participent à l'essor des flux de biens et de services.

Les organisations régionales dans le monde

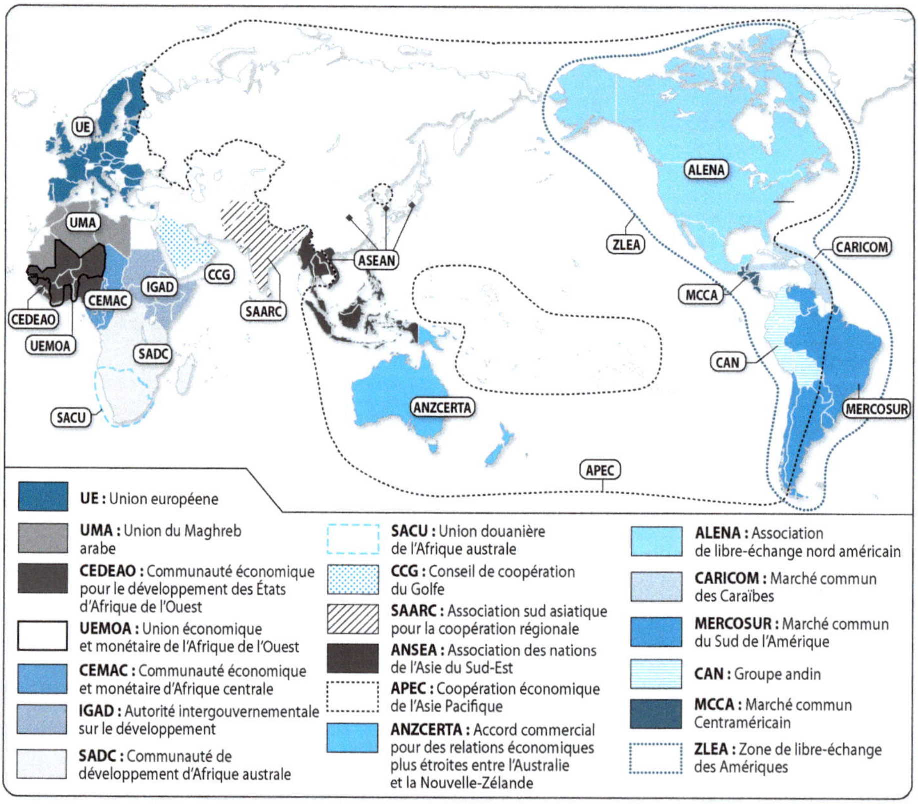

AUSTRALIE : 25 informations clés (année 2018, sauf autre indication)

PIB : 1 420 milliards de dollars (14e rang mondial)
Superficie : 7 741 220 km^2
Capitale : Canberra
Nature du régime : monarchie constitutionnelle à régime parlementaire, 6 États, 2 territoires
Chef de gouvernement en 2020 : Scott Morrison
Population : 25 millions d'habitants
Espérance de vie : femmes 84,5 ans et hommes 80,5 ans
Indice de fécondité : 1,8 enfant/femme
PIB/hab en ppa : 51 000 dollars
Croissance moyenne 2010-2019 : + 2,58 %/an
Monnaie : dollar australien
Coefficient de Gini : 0,34
Part de la recherche et du développement dans le PIB : 1,9 %
Taux de couverture énergétique : 319 %
Réserves officielles : 54 milliards de dollars
Émission de CO_2/hab en 2014 : 15,6 tonnes
Ressources renouvelables en eau douce intérieure par habitant en m^3 en 1962 : 45 802
Ressources renouvelables en eau douce intérieure par habitant en m^3 en 2014 : 20 932
Dette publique en % du PIB : 41
Budget militaire : 25,5 milliards de dollars
Prévision de population en 2050 en millions de personnes : 33,2
Prévision du PIB à parité de pouvoir d'achat en milliards de dollars en 2050 (rang mondial) : 2 564 (28e)

Sources : *Année stratégique 2018*, septembre 2017, ONU, Banque mondiale et PwC.

■ Voir Asie-Océanie

Autochtones (soc pol)

Les peuples autochtones sont les descendants de ceux qui habitaient dans un pays ou une région géographique à l'époque où des groupes de population de cultures ou d'origines ethniques différentes y sont arrivés et sont devenus prédominants, par l'occupation ou la colonisation. Ces peuples représentent environ 370 millions de personnes dans le monde, vivant dans plus de 70 pays. D'autres termes sont parfois utilisés pour les désigner, comme aborigène, « peuple premier », ou « peuple natif », succédant à l'appellation péjorative de « peuple primitif », mais tous délaissés au profit de peuple autochtone. Bien qu'il n'existe pas de définition mondialement acceptée de la notion de peuple autochtone, celle proposée par José Martinez Cobo, rapporteur spécial du Groupe de Travail sur les Peuples Autochtones de la Sous-commission des droits de l'homme de l'ONU (organe du Conseil économique et social des Nations unies), en 1987, est aujourd'hui communément utilisée. Elle se base sur plusieurs critères fondamentaux : la continuité historique (occupation ancestrale des terres, culture, langue...) et l'auto-identification comme individu appartenant à un groupe autochtone. Aujourd'hui, les peuples autochtones sont déterminés à préserver et transmettre aux futures générations leurs territoires ancestraux et leur identité ethnique.

Autoconsommation (éco)

Système productif où l'essentiel de la production est voué à être consommée au détriment d'échanges. Terme surtout utilisé pour l'agriculture, il l'est aussi pour l'énergie *via* l'expression « taux d'indépendance énergétique ».

Automobile (éco)

Secteur économique devenu important à partir du début du XXe siècle. Au départ réservée à l'élite aristocratique et fabriquée par des artisans, Henry Ford, par l'adoption du taylorisme et la monoproduction de la Ford T, fait de l'automobile un bien de consommation de masse. Alfred Sloan, patron de General Motors, comprend la nécessité de diversifier le produit en proposant un véhicule par type de client. Absorbant d'autres constructeurs nationaux ou étrangers (Opel en Allemagne), il fait de son groupe le premier constructeur automobile jusqu'aux années 2000. Mais GM perd sa position de leader après la crise de 2008 au profit de Toyota dont les méthodes de production (fordisme renouvelé) permettent une meilleure productivité. Longtemps dominée par des firmes triadiques, la géographie automobile évolue en raison de la DIPP et de l'essor de la consommation dans les pays émergents. Désormais, le premier marché est la Chine, qui est aussi devenue le premier pays de construction automobile, même si les constructeurs les plus importants ont longtemps été étrangers. Depuis plus d'un siècle, l'automobile est ainsi devenue un élément clé de la civilisation industrielle et en symbolise les mutations à l'image de Tesla, fondée par l'entrepreneur Elon Musk, qui tente de percer dans le secteur de l'automobile électrique. L'essor de la voiture autonome, où investissent beaucoup des firmes non automobiles comme Google, montre que l'automobile va rester un enjeu clé du XXIe siècle. La géographie de la construction automobile illustre bien les bouleversements dans la hiérarchie industrielle mondiale.

■ Citation

« Je crois que l'automobile est aujourd'hui l'équivalent assez exact des grandes cathédrales gothiques : je veux dire une grande création d'époque, conçue passionnément par des artistes inconnus, consommée dans son image, sinon dans son usage, par un peuple entier qui s'approprie en elle un objet parfaitement magique ». Roland Barthes cité dans la revue *Alternatives économiques*.

Top 10 des constructeurs automobiles*

Rang	Production en millions de véhicules	Groupe	origine	Marques du groupe
1	10,9	Volkswagen	Allemagne	Volkswagen, Audi, Porshe, Seat, Skoda, Lamborghini, Bugatti, Bentley
2	10,7	Toyota	Japon	Toyota Lexus Daihatsu Subaru Scion Hino Trucks
3	10,1	Renault-Nissan	Franco-japonais	Renault Dacia Alpine Lada Nissan Infinity Mitsubishi
4	8,3	General Motors	États-Unis	Chevrolet Cadillac GMC Buick Cami OnStar
5	7.8	Stellantis	Italo-franco-états-unien	Fiat Alfa Roméo Lancia Maserati Abarth Jeep Chrysler Dodge Ram Trucks Peugeot Citröen Ds Opel
6	7,1	Hyundai-Kia	Corée du Sud	Hyundai, Kia
7	6	Ford	États-Unis	Ford
8	5,1	Honda	Japon	Honda
9	2,9	Suzuki	Japon	Suzuki
10	2.8	Daimler	Allemagne	Mercedes Smart

* D'autres constructeurs importants émergent en Chine, pour l'instant plutôt sous-traitants ou en co-entreprises

■ Voir Fordisme, Toyotisme et Renault-Nissan

Évolution de la hiérarchie automobile mondiale selon la production de véhicules particuliers et utilitaires en millions de véhicules en 1974, 1989 et 2016

Années	1974		1989		2016		Évolution 1989-2016 en %
Rang	Pays	Production	Pays	Production	Pays	Production	
1	États-Unis	10,1	Japon	13,0	Chine	28,1	+ 93 567
2	Japon	6,6	États-Unis	10,9	États-Unis	12,2	+ 21
3	France	3,5	Allemagne	4,9	Japon	9,2	– 29
4	Allemagne	3,1	France	3,9	Allemagne	6,1	+ 24
5	Royaume-Uni	1,9	Italie	2,2	Inde	4,5	
6	Italie	1,8	URSS	2,1	Corée du Sud	4,2	+ 367
7	URSS	1,8	Espagne	2,0	Mexique	3,6	+ 500
8	Canada	1,5	Canada	1,9	Espagne	2,9	+ 45
9	Brésil	0,9	Royaume-Uni	1,6	Canada	2,4	+ 26
10	Belgique	0,9	Belgique	1,2	Brésil	2,2	+ 120
11	Espagne	0,8	Brésil	1	France	2,1	– 46
12	Australie	0,6	Corée du Sud	0,9	Thaïlande	1,9	
13	Suède	0,4	Mexique	0,6	Royaume-Uni	1,8	+ 12
14	Mexique	0,4	Suède	0,5	Turquie	1,5	
15	Corée du Sud	0,3	Australie	0,4	Russie	1,3	
	Chine	0,03	Chine	0,3			
	Total des 15 (%)	34,6 (99 %)	Total des 15 (%)	47,4 (95 %)	Total des 15 (%)	81 (81 %)	
	Total monde	35	Total monde	50	Total monde	100	+ 50

Sources : *Images économiques du monde 1990* et *2018*

Autoritarisme/dictature/totalitarisme (pol)

Les régimes politiques autoritaires comportent une gamme étendue de types. Au XXe siècle, les dictatures traditionnelles s'appuient sur deux piliers classiques du pouvoir (l'armée et l'Église). Les régimes totalitaires mettent en avant le rôle clé du chef et de son parti avec un objectif futuriste de construction d'un homme nouveau (alors que les dictateurs « classiques » comme Pétain ou Franco sont tournés vers le passé). À l'extrême-droite, l'homme nouveau se construit sur une base ethnique (race aryenne) alors qu'à l'extrême-gauche l'« homo sovieticus » est lié à une volonté égalitaire. Dans les deux cas, le pouvoir est centralisé par le parti unique (qui remplace l'État) et son leader. Si le nazisme est décrédibilisé dès 1945 par ses génocides, il faut attendre les années 1980 pour assister au déclin du stalinisme. Cependant le monde post-Guerre froide n'a pas fait disparaître les régimes autoritaires. On assiste à une présidentialisation croissante de certaines démocraties, soit en relation directe avec les régimes communistes précédents (Kazakhstan dirigé par Noursoultan Nazarbaiev depuis 1990), soit par une dérive autoritaire progressive (Russie, Hongrie, Pologne, Turquie). Dans les deux cas, cette évolution implique une résurgence nationaliste et forme un des éléments d'un populisme renouvelé.

■ **Voir Régime politique**

AUTRICHE : 23 informations clés (année 2018, sauf autre indication)

PIB : 456 milliards de dollars (27e rang mondial)
Superficie : 83 871 km^2
Capitale : Vienne
Nature du régime : république, 9 États confédérés
Chef de gouvernement en 2020 : Sebastian Kurz
Population : 8,9 millions d'habitants
Espérance de vie : femmes 84 ans et hommes 79 ans
Indice de fécondité : 1,5 enfant/femme
PIB/hab en ppa : 56 000 dollars
Croissance moyenne 2010-2019 : + 1,57 %/an
Monnaie : euro
Coefficient de Gini : 0,30
Part de la recherche et du développement dans le PIB : 3,2 %
Taux de couverture énergétique : 36 %
Réserves officielles : 23 milliards de dollars
Émission de CO_2/hab en 2014 : 7,4 tonnes

Ressources renouvelables en eau douce intérieure par habitant en m³ en 1962 : 7714
Ressources renouvelables en eau douce intérieure par habitant en m³ en 2014 : 6435
Dette publique en % du PIB : 74
Budget militaire : 3,2 milliards de dollars
Prévision de population en 2050 en millions de personnes : 8,9

Sources : *Année stratégique 2021*, INED, *Images économiques du monde 2018*, ONU et PwC.

■ Voir Europe

« Avantages comparatifs » (éco)

David Ricardo démontre, dans *Des principes de l'économie politique et de l'impôt* (1817), que le libre-échange est favorable à la croissance des participants au commerce international. Ricardo reprend le modèle développé par Smith avec deux pays (Angleterre et Portugal) et deux biens différents (vin et drap).

Nombre d'hommes pour une unité avant la spécialisation

Nombre d'hommes pour une unité	Angleterre	Portugal
Drap	100	90
Vin	120	80

On observe que le Portugal est plus productif que l'Angleterre dans les deux branches : drap et vin. Selon Ricardo, le pays qui possède les deux avantages absolus doit se spécialiser dans la branche où son avantage est le plus important ; le pays qui possède les deux désavantages absolus doit se spécialiser dans la production où son désavantage est le plus faible. Pour déterminer les avantages comparatifs, il procède à des calculs d'écarts de productivité où il aboutit à l'idée que le Portugal doit se spécialiser dans le vin et l'Angleterre dans le drap. Chaque pays doit abandonner la production de l'autre bien. Les travailleurs du drap au Portugal vont désormais produire du vin. Les travailleurs du vin en Angleterre produisent maintenant du drap.

Nombre d'hommes pour une unité après la spécialisation

	Angleterre	Portugal
Drap	220	0
Vin	0	170

Avant la spécialisation (premier tableau), la production globale était de quatre unités (2 unités de drap et 2 unités de vin). Après la spécialisation (second tableau), elle est de 4,325 (2,2 unités de drap fabriquées en Angleterre et 2,125 unités de vin fabriquées au Portugal). Le libre-échange fait donc augmenter le bien-être collectif puisque la production réalisée et consommée est désormais plus élevée. Le libre-échange produit le même effet que le progrès technique : il permet une meilleure utilisation des ressources productives. La production totale est supérieure après la spécialisation.

Avant-pays/*foreland* (géo)

Espace maritime avec lequel un port communique pour fournir ou recevoir des marchandises ou des passagers. Dans le cas des grands ports, l'avant-pays est mondial.

Balance des paiements (éco)

Document comptable qui enregistre toutes les transactions effectuées entre les résidents d'un pays et le reste du monde pendant une période donnée. Elle se décompose en plusieurs balances : la balance commerciale (solde de la valeur des marchandises importées et exportées), la balance des invisibles (solde de la valeur des services importés et exportés comme le tourisme) et la balance des capitaux (solde de la valeur des capitaux à court ou long terme qui entrent et sortent).

■ Voir Termes de l'échange et Dégradation des termes de l'échange

Balkanisation (géopol)

Se dit de la division en plusieurs États ou territoires d'une entité politique plus vaste, comme l'ancien empire Ottoman dont les territoires ont été progressivement attribués à de nouveaux États constitués à ses dépens.

Banlieue (géo)

Espace géographique (composé d'un quartier ou d'une, voire plusieurs communes) aggloméré à un grand centre urbain et sous la dépendance de ce centre. Même si le terme est souvent utilisé de manière péjorative, ciblant des quartiers difficiles, il existe également des banlieues plus aisées.

■ Voir Zone grise

Banque (éco)

On distingue trois types de banques. La banque d'affaires : banque qui se caractérise par un passif peu liquide puisqu'il prend la forme de fonds propres et de produits d'épargne longue. Elle peut donc prendre des participations en actions et financer les projets d'investissement industriels de long terme. La banque de dépôts : banque qui se caractérise par un passif constitué essentiellement par les dépôts à vue de ses clients. Ses ressources sont donc très liquides. Pour éviter le risque d'illiquidité, elle se contente de réaliser des crédits à court terme, en pratiquant par exemple l'escompte d'effets de commerce. Enfin, la banque universelle : banque qui exerce à la fois les activités de banque de dépôts et celles de banque d'affaires. Ce modèle bancaire permet une large mobilisation des ressources ainsi que des rapports étroits et durables entre les banques et les entreprises. Il a été un des ingrédients essentiels de la rapide industrialisation allemande. La France a été un des premiers pays de naissance des banques universelles qui restent aujourd'hui présentes et puissantes : la BNP est la 43e firme mondiale en 2017.

Banque centrale (éco)

Les banques commerciales ont l'autorisation de la banque centrale de pouvoir créer de la monnaie et chaque banque commerciale possède un compte à la banque centrale, sur lequel elle détient ses réserves en monnaie centrale. C'est pour cela que le système bancaire est dit hiérarchisé avec à son sommet la banque centrale et au-dessous les banques commerciales. La banque centrale est la banque des banques. Elle est la seule à produire la monnaie qui a cours légal, et ce cours légal est imposé par la puissance publique.

■ Voir BCE et Fed

Banque centrale européenne ou BCE (éco)

La BCE est créée en 1998. La BCE et les banques centrales de tous les pays de l'UE forment le système européen de banques centrales (SEBC) ou eurosystème. Les décisions de la BCE sont prises par le Conseil des gouverneurs, composé des gouverneurs des banques centrales des pays membres de la zone euro et de six membres du directoire de la BCE dont le président et le vice-président. Les banques centrales nationales (BCN) participent donc à l'élaboration de la stratégie de la BCE. Mais à la différence des ministres qui défendent les intérêts nationaux au Conseil des ministres, les gouverneurs des BCN adoptent un point de vue fédéral. Le directoire de la BCE met en œuvre la politique monétaire. Le premier objectif de la BCE est d'assurer la stabilité des prix (avec un objectif de 2 %). Les autres objectifs (croissance) ne peuvent être visés que dans le respect du premier. Avec la création de l'union bancaire, les missions de la BCE s'élargissent à la supervision des grandes banques européennes. La BCE est indépendante du pouvoir politique européen et des gouvernements des États membres (article 130). C'est un organe fédéral dans une Europe politique qui ne l'est pas. Il lui est donc difficile de trouver un interlocuteur politique légitime. Agnès Benassy-Quéré et Benoît Cœuré parlent de « solitude de la BCE » (*Économie de l'euro*, 2002). Elle dispose de son budget propre, indépendamment de celui de l'UE. Elle ne peut prêter directement aux États membres ou aux organes de l'UE, mais elle peut racheter des titres publics déjà détenus par des établissements financiers. Ce qu'elle fera en 2011 en rachetant des titres aux créanciers de la Grèce.

■ Voir Euro et Chronologie des Présidents de la BCE

Banque mondiale (éco)

La Banque mondiale, créée en 1945 dans le cadre des accords de Bretton Woods, avait d'abord pour but de contribuer au redressement des pays durement touchés par la Seconde Guerre mondiale (Europe et Japon). Avec le processus de décolonisation, elle s'est réorientée vers l'aide aux pays en développement, puis, après la chute de l'URSS, vers les pays en transition. Elle finance des prêts à ces États et peut aussi contribuer plus directement à des projets, y compris en collaboration avec des ONG.

■ Voir GATT/OMC et FMI

« *Bank run* » (éco)

Le *bank run* apparaît lorsque les agents retirent massivement leurs dépôts de la banque. C'est l'image de la course aux guichets devant les banques en 1929. Lorsque ces retraits dépassent les réserves de liquidité que possède la banque, cette dernière doit obtenir rapidement ces liquidités qui lui manquent en vendant certains de ses actifs ou en se faisant rembourser des créances qu'elle possède. Dans le cas du *bank run*, la crise de liquidité provient du décalage temporel entre la demande immédiate de liquidité des agents qui se présentent à son guichet et sa capacité, plus lente, à transformer les actifs qu'elle possède sous forme liquide. Ce risque est lié à la nature de l'activité de transformation que réalisent les intermédiaires financiers : ils perçoivent des dépôts « courts » des agents à capacité de financement et, en contrepartie, ils prêtent « long » à des agents à besoin de financement. Dans le cas spécifique des banques, une seconde source vient alimenter ce risque : les banques créent de la monnaie immédiatement disponible à l'occasion d'un prêt, monnaie que les agents ne s'engagent à rembourser qu'ultérieurement. Le *bank run* provoque une crise de liquidité et non pas une crise de solvabilité. L'actif de la banque n'a pas été détérioré par une défaillance des emprunteurs ou une chute de la valeur des titres détenus. Le montant de l'actif correspond toujours à celui du passif. Mais la banque n'est pas en mesure de fournir immédiatement la liquidité demandée par les déposants. Dans le cas où elle est incapable de trouver cette liquidité rapidement sur le marché monétaire interbancaire, elle peut, là aussi, faire faillite. Récemment, on a assisté à un mouvement de *bank run* lors de la crise grecque.

■ Voir Crise financière

Baril (éco)

Unité de mesure qui équivaut à 159 litres. Très utilisée pour quantifier les exportations de pétrole. Exemple : total de 40 millions de barils exportés par jour dont plus de 7 millions pour l'Arabie Saoudite.

BATX (éco)

Comme aux États-Unis, l'économie chinoise se caractérise par l'essor de firmes dans le secteur des NTIC. L'acronyme BATX correspond aux firmes Baidu (moteur de recherche), Alibaba (commerce en ligne), Tencent (messagerie, jeux vidéo) et Xiaomi (smartphones). Fin 2019, le total de leurs capitalisations était inférieur à 1 000 milliards de dollars.

BELGIQUE : 23 informations clés (année 2018, sauf autre indication)

PIB : 532 milliards de dollars (24e rang mondial)
Superficie : 30 528 km²
Capitale : Bruxelles
Nature du régime : monarchie constitutionnelle à régime parlementaire
Chef de gouvernement : Sophie Wilmès
Population : 11,4 millions d'habitants
Espérance de vie : femmes 84 ans et hommes 79 ans
Indice de fécondité : 1,7 enfant/femme
PIB/hab en ppa : 52 300 dollars
Croissance moyenne 2010-2019 : + 1,56 %/an
Monnaie : euro
Coefficient de Gini : 0,27
Part de la recherche et du développement dans le PIB : 2,6 %
Taux de couverture énergétique : 27 %
Réserves officielles : 27 milliards de dollars
Émission de CO_2/hab : 8 tonnes
Ressources renouvelables en eau douce intérieure par habitant en m³ en 1962 : 1 301
Ressources renouvelables en eau douce intérieure par habitant en m³ en 2014 : 1 071
Dette publique en % du PIB : 102
Budget militaire : 4,8 milliards de dollars
Prévision de population en 2050 en millions de personnes : 12,5

Sources : *Année stratégique 2021*, INED, *Images économiques du monde 2018*, ONU et PwC.

■ Voir Europe et Union européenne

« *Belt* » (géo)

Littéralement « ceinture » en anglais, désigne au départ une région agricole spécialisée comme la « *corn belt* », ceinture du maïs dans les grandes plaines états-uniennes. Puis, le terme a été utilisé pour une région comportant des caractéristiques comme la « *sun belt* » ou bien « *green belt* » (ceinture verte développée pour préserver des espaces récréatifs au sein des grandes métropoles).

Bidonvilles (géo)

Quartiers de constructions de matériaux précaires, établis sur des terrains illégaux. Présents encore dans les pays du Nord après 1945 à l'image de l'appel de l'abbé Pierre en France en 1954, ils y ont disparu alors qu'ils se sont développés dans les pays du Sud en raison d'une urbanisation accélérée et non contrôlée. Dans certains pays, la proportion de bidonvilles au sein de la population urbaine dépasse les 50 %. Les termes qui qualifient les bidonvilles varient beaucoup selon les pays.

Quelques-uns des nombreux mots désignant les quartiers d'habitat spontané

Dénomination	Langue	Sens du mot en français	Aire géographique
barriada	espagnol	quartier	Pérou
barrio	espagnol	quartier	Venezuela, Panama, République dominicaine
barrio de ranchos	espagnol	quartier de fermes	Venezuela
favela	portugais	fève, aliment des pauvres	Brésil
gecekondu	turc	construit la nuit	Turquie
invasión	espagnol	invasion	Colombie, Équateur
kampung	javanais	quartier	Indonésie
pueblo jóven	espagnol	village jeune	Pérou
shanty town	anglais		anglophonie
slum	anglais	pièce, taudis	anglophonie
shammasa	arabe ?	?	Soudan
township	anglais	parcelle cadastrale	Afrique du Sud
umjondolo	zoulou	?	Afrique australe
villa miseria	espagnol	ville de misère	Argentine

Source : site Géoconfluences

Biens collectifs/biens communs/biens publics mondiaux (éco)

Principalement à partir des travaux de Paul Samuelson (notamment, *The Pure Theory of Public Expenditure*, 1954), il est possible de distinguer quatre types de biens.

	Exclusion L'accès au bien est contrôlé	**Non-exclusion** L'accès au bien se fait sans entrave
Rivalité	**Biens privatifs :** un blouson, une télévision.	**Bien commun (ou bien collectifs mixtes) :** les ressources naturelles comme les ressources halieutiques (bancs de poissons) et les ressources terrestres comme les forêts ou les pâturages.
Non-rivalité : la consommation d'une unité de bien par un agent n'empêche pas d'autres agents de le consommer	**Biens de club :** – programmes cryptés de télévision ; – autoroutes à péage ; – connaissances protégées par la propriété intellectuelle.	**Biens collectifs :** la défense nationale, les connaissances non brevetées, la radio.

Les biens collectifs sont des biens non rivaux et non excluables. L'éclairage est un exemple classique : chaque passant consomme l'intégralité du bien (en bénéficiant de la lumière diffusée) sans restreindre la consommation des autres passants. Les biens collectifs sont théoriquement proches des externalités positives dans la mesure où ils bénéficient à la collectivité sans que l'émetteur puisse être complètement récompensé.

Les biens communs sont des biens rivaux mais non excluables. Compte tenu de leur non-excluabilité, les biens communs ont tendance à la fois à être surconsommés lorsqu'ils sont désirés et à ne pas être présents en quantité suffisante. C'est le cas des arbres primaires qui, une fois coupés, ne peuvent plus être obtenus à l'identique (ou pas avant des centaines d'années). En 1968, Garrett Hardin publie « The tragedy of the commons » (La tragédie des biens communs), un article dans lequel il explique qu'un bien commun convoité est nécessairement surexploité.

À l'échelle mondiale, la notion de **biens communs planétaires** invite à la gestion indivisible d'un patrimoine commun de l'humanité, matériel (santé, environnement) et immatériel (paix, droits de l'homme, valeurs transculturelles). Certains biens sont ainsi placés hors de la juridiction des États (haute mer, espace atmosphérique) ou mis d'un commun accord hors de cette juridiction (Antarctique).

Les biens publics mondiaux sont définis par Charles Kindleberger (*International public goods without international government*, 1986) comme « l'ensemble des

biens accessibles à tous les États qui n'ont pas nécessairement un intérêt individuel à les produire». Il s'agit donc de biens universels qui réclament une coordination et une coopération des États.

Biodiversité (pol)

Forgée durant les travaux préparatoires du Sommet de la Terre à Rio en 1992, elle désigne au sens strict la diversité du monde vivant et souligne son unité dans les trois composantes que sont gènes, espèces et écosystèmes. Ce concept fait sortir le vivant du seul champ des sciences de la nature pour l'inscrire au cœur des débats internationaux.

Bitcoin (éco)

De l'anglais *bit*, unité d'information binaire, et *coin*, pièce de monnaie, le bitcoin est une cryptomonnaie autrement appelée « monnaie cryptographique ». L'idée fut présentée pour la première fois en 2008 par une personne, ou un groupe de personnes, sous le pseudonyme de Satoshi Nakamoto. Le G20 considère que le Bitcoin est un « crypto-actif » qui ne remplit pas le rôle d'une monnaie car c'est un instrument monétaire désincarné. Il est une innovation privée, détachée de la notion de bien public et déconnecté de toute autorité souveraine. Il entretient l'illusion d'une communauté virtuelle. Le bitcoin ne repose ni sur un système bancaire hiérarchisé et chapeauté par une banque centrale, ni sur un système de compensation permettant d'assurer la pérennité des paiements. Complètement décentralisé, il n'est donc pas en mesure d'assurer la liquidité nécessaire aux besoins du circuit économique de la production de biens et services par des avances pour le financement de l'économie réelle. En cas de fléchissement des activités économiques, il est incapable de permettre des actions publiques de relance. Sa détention est d'autant plus risquée qu'aucune garantie de convertibilité en monnaie officielle par les pouvoirs publics n'est assurée. L'anonymat des transactions en bitcoin (du moins la difficulté à tracer les opérations) constitue une aubaine pour la cybercriminalité et le blanchiment. Si l'on se réfère aux thèses cryptoanarchistes et libertariennes qui inspirent le bitcoin, il séduit car il donne l'illusion qu'ils s'approprient la monnaie et se débarrassent de l'intervention jugée nocive des acteurs qui sont censés la contrôler (États, banques centrales et banques).

Brain drain (éco)

Émigration des personnes qualifiées. C'est un atout économique considérable pour les pays d'accueil et un problème grave pour les pays de départ.

BRÉSIL : 30 informations clés (année 2015 sauf autre indication)

PIB : 1 869 milliards de dollars (9e rang mondial)
Superficie : 8 514 877 km²
Capitale : Brasilia
Nature du régime : république fédérale, 26 États
Chef de gouvernement : Jair Bolsonaro
Population : 209 millions d'habitants
Espérance de vie : femmes 80 ans et hommes 72 ans
Indice de fécondité : 1,6 enfant/femme
PIB/hab en ppa : 15 000 dollars
Croissance moyenne 2010-2019 : + 1,34 %/an
Monnaie : real
Coefficient de Gini : 0,54
Trafic en 2016 du premier aéroport (rang mondial) : aucun parmi les 20 premiers
Trafic en 2016 du premier port (rang mondial) : Itaqui 180 millions de tonnes (32e)
Rang mondial pour les exportations de marchandises en 2019 : 2,9 millions (8e)
Production automobile en 2018 (rang mondial) : 2,9 millions (8e)
Part de la recherche et du développement dans le PIB : 1,3 %
Taux de couverture énergétique : 100 %
Réserves officielles : 375 milliards de dollars
Émission de CO_2/hab en 2014 : 2 tonnes
Ressources renouvelables en eau douce intérieure par habitant en m³ en 1962 : 73 929
Ressources renouvelables en eau douce intérieure par habitant en m³ en 2014 : 27 721
Dette publique en % du PIB : 88
Budget militaire : 27,5 milliards de dollars
Prévision de population en 2050 en millions de personnes : 232,7
Prévision du PIB à parité de pouvoir d'achat en milliards de dollars en 2050 (rang mondial) : 7 540 (5e)

Sources : *Année stratégique 2021*, INED, *Images économiques du monde 2018*, ONU et PwC.

Citations :

« L'adéquation entre l'émergence de la puissance et la distribution de ses effets n'est pas simple », Yves Gervaise, *Géopolitique du Brésil, Les chemins de la puissance*, 2012.
« Entre développement et dysfonctionnements, le Brésil va-t-il tenir ses promesses ? », Olivier Dabène et Frédéric Louault, *Atlas du Brésil*, 2018.
« Empêtrée dans les archaïsmes, la gauche s'est embourbée dans la corruption et le détournement de fonds publics », Jean-Yves Carfantan, *Brésil, les illusions perdues, Du naufrage au redressement*, 2018.

Le territoire brésilien au cœur de la mondialisation

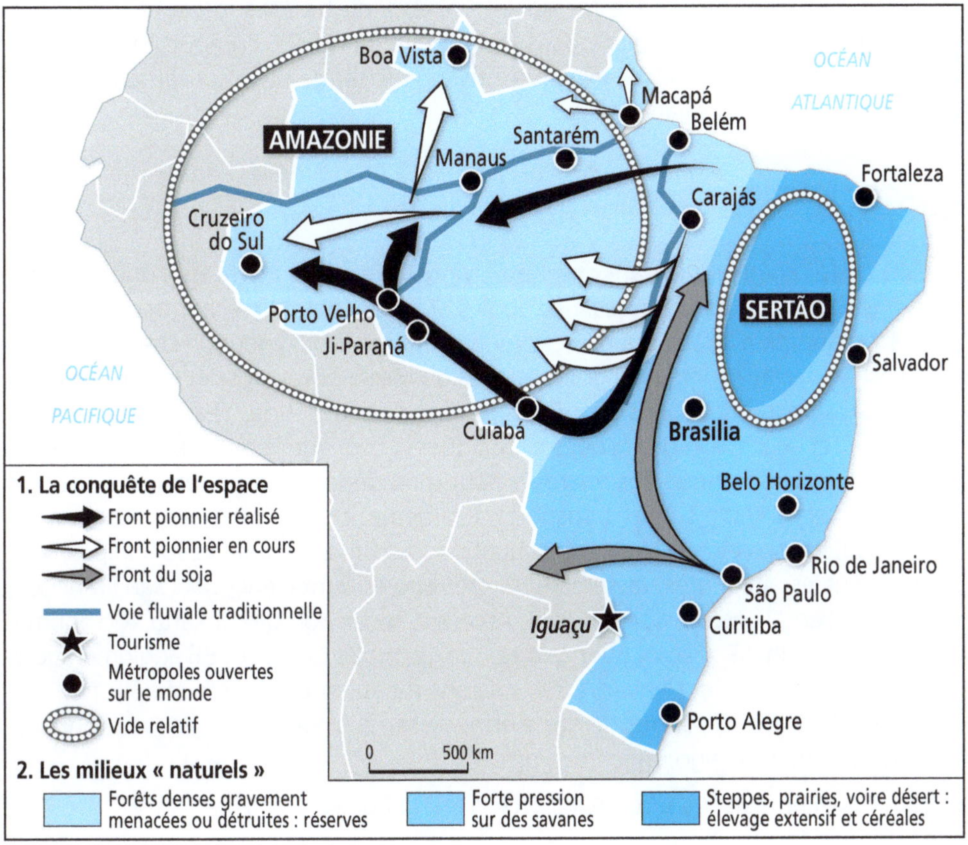

■ Voir Amérique, Tableau des 7 puissances et Chronologie des chefs d'État

BRICS (géopol)

L'acronyme BRIC apparaît pour la première fois sous la plume de Jim O'Neill en 2001. Alors chef économiste de la Banque Goldman Sachs, il publie une note intitulée « Building Better Global Economic BRICs » pour conseiller ses clients-investisseurs. Il y montre combien le Brésil, la Russie, l'Inde et la Chine sont des pays à forte croissance, dont le poids dans l'économie mondiale est amené à se renforcer considérablement. Les BRIC se réunissent en sommet tous les ans depuis 2009. Même si sa position économique est plus fragile, c'est d'abord en tant que représentant d'un continent trop longtemps marginalisé dans la mondialisation que l'Afrique du Sud rejoint les pays du BRIC pour donner BRICS. Les BRICS représentaient 16 % du PIB mondial en 2001, et détiennent aujourd'hui 27 % du PIB mondial, un chiffre qui pourrait atteindre 40 % en 2025 selon la Banque mondiale. Cependant, tous les membres des BRICS ne possèdent pas la même place dans l'économie mondiale. En août 2013, dans le *Wall Street Journal*, Jim O'Neil explique ainsi que le terme qu'il a inventé est désormais beaucoup moins valable.

C40 (géo)

Le C40 a été créé il y a dix ans par Ken Livingstone, alors maire de Londres, pour fédérer les initiatives des grandes métropoles et lutter contre le réchauffement climatique. L'organisation a pour but d'accélérer la mutation écologique à l'échelle des villes. « C40 est un réseau mondial de grandes villes qui vise à développer et mettre en place des mesures politiques et des programmes afin d'aboutir à des réductions notables du gaz à effet de serre et des risques climatiques », explique le groupe. Le C40 réunit plusieurs fois dans l'année des maires autour d'un dénominateur commun. Les élus réfléchissent ensemble sur les transports, l'alimentation, la voirie, les migrations et d'autres sujets au cœur de leurs préoccupations. Le Cities Climate Leadership Group, dont le siège est à Londres, rassemble 85 métropoles dont New York, San Francisco, Vancouver, Paris, Moscou, Rome, Milan, Athènes, Séoul, Bombay, Jakarta, Melbourne, Hong Kong, Pékin, São Paulo, Buenos Aires, Le Cap et Le Caire. Les 86 agglomérations (bientôt 90) représentent environ 600 millions d'habitants et 25 % du PIB mondial mais aussi 70 % des émissions de gaz à effet de serre. Depuis 2016, la Présidente est la française Anne Hidalgo, maire de Paris.

■ Voir Ville mondiale, Londres, Paris, New York et Tokyo

CANADA : 25 informations clés (année 2018, sauf autre indication)

PIB : 1 712 milliards de dollars (11e rang mondial)
Superficie : 9 984 670 km²
Capitale : Ottawa
Nature du régime : monarchie constitutionnelle à régime parlementaire, 10 provinces, 3 territoires
Chef de gouvernement : Justin Trudeau
Population : 37 millions d'habitants
Espérance de vie : femmes 84 ans et hommes 80 ans
Indice de fécondité : 1,5 enfant/femme
PIB/hab en ppa : 50 000 dollars
Croissance moyenne 2010-2019 : + 2,16 %/an
Monnaie : dollar canadien
Coefficient de Gini : 0,34
Part de la recherche et du développement dans le PIB : 1,6 %
Taux de couverture énergétique : 176 %
Réserves officielles : 84 milliards de dollars
Émission de CO_2/hab : 15 tonnes
Ressources renouvelables en eau douce intérieure par habitant en m³ en 1962 : 153 111
Ressources renouvelables en eau douce intérieure par habitant en m³ en 2014 : 80 202
Dette publique en % du PIB : 92
Budget militaire : 22,3 milliards de dollars
Prévision de population en 2050 en millions de personnes : 44,9
Prévision du PIB à parité de pouvoir d'achat en milliards de dollars en 2050 (rang mondial) : 3 100 (22e)

Sources : *Année stratégique 2021*, INED, *Images économiques du monde 2018*, ONU et PwC.

■ Voir Amérique

Canal transocéanique/route transocéanique (géo)

Au XIXe siècle, l'ouverture des canaux transocéaniques de Suez (1869) et de Panama (1914) participa à l'essor des flux : le raccourcissement des distances et l'augmentation de la vitesse permise par l'adoption du bateau à vapeur sont moteurs de l'internationalisation. Avec l'ère des containers, l'expression « route » reflète un trafic dense. Au XXIe siècle, beaucoup d'espoirs se portent sur les deux routes du Nord (nord-ouest

Europe-Canada et nord-est Europe-Russie). Le réchauffement climatique doit en effet permettre l'essor des flux passant *via* les espaces arctiques qui sont devenus une priorité pour la Russie.

Les progrès apportés par l'ouverture du canal de Suez

Gain de distance	De Liverpool à Bombay	Par le Cap = 10680 milles	
		Par Suez = 6623 milles	Gain de 40 %
	De Liverpool à Yokohama	Par le Cap = 14436 milles	
		Par Suez = 11130 milles	Gain de 18 %
Hausse du trafic	1870	450000 tonneaux	
	1912	20275000 tonneaux	Trafic multiplié par 45

■ Voir Conteneur

Capabilité (éco)

Une capabilité correspond, pour Amartya Sen, à la capacité d'un individu à utiliser ses biens pour choisir son mode de vie. Il ne faut donc pas seulement tenir compte de ce que possèdent les hommes, mais bien s'interroger sur leur liberté d'accéder à des « fonctionnements » (se nourrir suffisamment, se déplacer sans entraves, savoir lire et écrire) leur permettant de choisir entre différentes conditions de vie. Dans ce cadre théorique, la pauvreté est appréhendée comme une privation de capabilités élémentaires et non pas seulement comme une faiblesse des revenus. Avec la notion de capabilité, la théorie d'Amartya Sen se construit en opposition à l'utilitarisme (qui recherche l'égalité des utilités) et se montre critique avec la « justice comme équité » de John Rawls puisqu'elle prône l'égalité des capabilités.

Capitalisme(s) (éco)

« Le capitalisme est une notion de combat » selon l'économiste François Perroux, ce qui implique de longues controverses entre les marxistes qui rendent responsable ce système économique de l'exploitation des travailleurs tandis que les libéraux affirment qu'il permet l'enrichissement de la population. Malgré leurs divergences, tous s'accordent sur les principes du capitalisme : propriété privée, libre entreprise et accumulation de capital. Le libéralisme est l'idéologie qui justifie le capitalisme alors que le marxisme le condamne. L'historien Fernand Braudel analyse dans *Civilisation matérielle, économie et capitalisme* (1979) l'évolution du capitalisme dans le temps : à partir du XVIe siècle, essor d'un capitalisme marchand lié à la colonisation européenne, suivi à partir du XIXe siècle d'un capitalisme industriel né en Angleterre. Nous pouvons ajouter aujourd'hui une nouvelle ère, celle du capitalisme financier. Évolutif dans le temps, le capitalisme l'est aussi dans l'espace. En 1991, Michel Albert, dans *Capitalisme contre capitalisme* oppose le

système économique anglo-saxon au capitalisme rhénan. Cette typologie peut être complétée par un capitalisme d'État maintenu en Russie ou en Chine. La mondialisation correspond à l'extension en trois étapes (Renaissance, révolution industrielle, années 1980) du capitalisme dans le temps et dans l'espace.

Capital humain (éco)

Le capital humain mesure l'ensemble des connaissances acquises par les actifs durant leur formation initiale mais aussi par leurs expériences professionnelles, et qui sont valorisables économiquement.

Citations

« Il n'est de richesses que d'hommes », Jean Bodin, *Les Six Livres de la République*, 1576.

« Une bouche supplémentaire, c'est aussi deux bras de plus », Mao Zedong (au milieu des années 1960).

Capital public (éco)

Le capital public est une forme de capital physique qui correspond aux dépenses de l'État en matière d'infrastructures de transports, dans l'éducation, la santé et la recherche.

Capital-risque (éco)

Le prêteur mise sur une entreprise à la viabilité incertaine mais qui repose sur un concept ou une innovation technologique révolutionnaire. C'est ainsi que Steve Jobs a créé Apple en 1977. Le bailleur de fonds est motivé par les perspectives de profit (le bénéfice dégagé étant souvent équivalent à 10 fois l'investissement de départ).

Capitalocéne (soc éco pol)

Très récent, le terme capitalocéne a été créé en 2009 par le géographe suédois Andreas Malm et repris par l'historien américain Jason W. Moore. À la différence du concept d'anthropocène, sur lequel il est calqué, il ne rend pas l'ensemble de l'humanité responsable de la destruction de l'écosystème planétaire. L'accusation est portée plus directement contre le capitalisme : la recherche sans limites du profit, l'appropriation privée des ressources communes, la marchandisation à outrance...

« *Care drain* » (éco)

Émigration des personnels de santé.

■ Voir Brain drain

« Carré magique » (éco)

Élaboré par l'économiste britannique Nicholas Kaldor, le carré magique est le signe de la réussite de la politique économique d'un pays selon quatre critères : croissance, plein-emploi, balance commerciale équilibrée voire excédentaire, stabilité des prix. C'est en rejoignant les 4 points que l'on obtient un quadrilatère qualifié de « magique » car irréalisable : plus la surface du quadrilatère est étendue, meilleure est la situation macroéconomique du pays. Dans la décennie 1980, Japon et surtout Allemagne se rapprochent de cette situation. Ils cumulent des excédents commerciaux records alors que leurs concurrents européens et les États-Unis s'enfoncent dans des déficits commerciaux importants. Dans les années 1990, la croissance plus faible du Japon et le coût de la réunification allemande entraînent des résultats macroéconomiques moins bons. Depuis les années 1990, les économistes y ont ajouté la soutenabilité de la dette.

Casques bleus (géopol)

Forces militaires de maintien de la paix de l'ONU. Leur nombre était de 91 600 en mai 2018. Les principaux pays fournisseurs de troupes sont : Éthiopie 8 400, Bangladesh 7 100, Rwanda 7 000, Inde 6 700, Pakistan 6 000 et Népal 5 500. L'armement et la formation sont financés par l'ONU.

■ Voir Missions de paix de l'ONU et Guerre juste/Guerre préventive

Central business district ou CBD (géo)

Quartier d'affaires aux États-Unis, désormais étendu aux autres pays. En Europe, le quartier de La Défense, à l'ouest de Paris, est le premier quartier d'affaires avec les sièges de firmes comme Total ou la Société Générale.

Centres et périphéries (géo et éco)

Le couple centre/périphérie est théorisé par Marx. Il est une traduction spatiale des relations de domination et de dépendance entre des économies développées et puissantes et des économies peu développées. L'historien français Braudel identifie une économie-monde, organisée autour d'une ville-monde, qui exerce une influence majeure sur les autres espaces. Son disciple américain Immanuel Wallerstein distingue les espaces semi-périphériques (indépendants politiquement, mais pas économiquement) et les périphéries (qui cumulent une double dépendance vis-à-vis des centres, à la fois politique et économique). Ainsi, le rapport centres/périphéries illustre un rapport de dominant/dominé. Après 1945, le vocabulaire a une connotation plus économique (pays développés/sous développés avec Truman par exemple); puis il devient géographique dans les années 1960 avec le couple Nord-Sud. Dans les années 1980, le Japonais Kenichi Ohmae intègre le Japon dans les centres, qualifiés de Triade. Aujourd'hui, l'arrivée des émergents comme la Chine qui, depuis 2014, a un PIB à parité de pouvoir d'achat supérieur à celui des États-Unis, brouillent les pistes de cette opposition ancienne entre centres et périphéries.

Cercle polaire (géo)

Les cercles polaires correspondent aux parallèles de latitude 66°34' Nord ou Sud selon l'hémisphère où ils se trouvent. Ils forment une des limites possibles des espaces arctiques ou antarctiques.

■ Voir Océan glacial Arctique et Espace

Chaebols (éco)

Conglomérats diversifiés à structure familiale, qui n'ont pas leur banque propre. Exemple : Hyundaï.

Chaîne de valeur ou sourire d'Apple (éco)

Le PDG de la firme informatique taïwanaise Acer, Stan Shih applique l'idée de chaîne de valeur de Mickael Porter au secteur informatique. Son schéma en forme de sourire illustre que dans l'élaboration d'un produit, l'assemblage rapporte la plus faible valeur ajoutée. Ainsi, la fabrication en Chine d'un iPad d'environ 200 dollars génère moins de 10 dollars pour le pays. À l'inverse, les logiciels, les composants techniques (batterie à plus de 50 dollars) ou la distribution ont une meilleure profitabilité. Ainsi, l'enjeu est pour les anciennes puissances est de conserver une avance technologique et, pour les émergents, de rattraper leur retard.

Schéma du « *smile curve* »

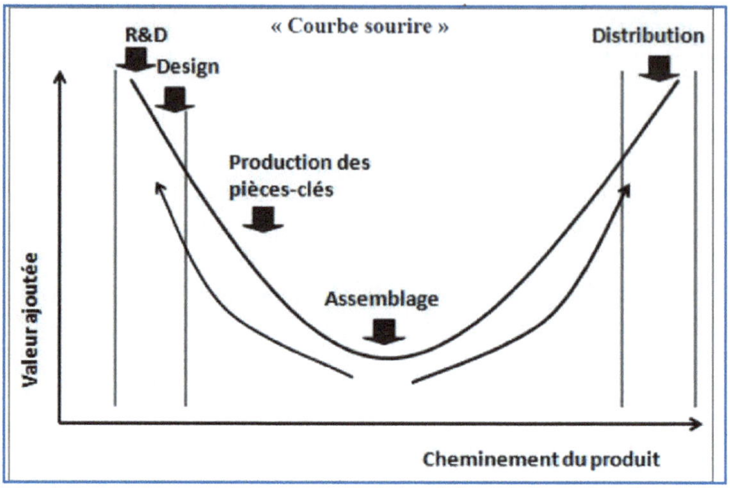

Charte sociale européenne (soc)

En 1961, le Conseil de l'Europe signe la charte sociale européenne afin d'élargir au domaine social les droits fondamentaux établis par la convention européenne des droits de l'homme (1950). Cette charte concerne notamment la santé, l'éducation, le logement, mais aussi les conditions de travail, le droit de grève, la convention collective, la non-discrimination, la protection contre la pauvreté ou l'exclusion sociale. En 1986, l'Acte unique rappelle l'importance des droits fondamentaux reconnus dans les constitutions et lois des États membres ainsi que dans la charte sociale européenne. En 1989, le Conseil de l'Europe demande aux institutions de la Communauté européenne d'adopter la charte sociale européenne. Mais le Conseil européen préfère se doter de son propre texte : la charte des droits sociaux fondamentaux des travailleurs. Elle a été adoptée le 9 décembre 1989 lors du Conseil européen de Strasbourg par 11 États membres sur 12 (le Royaume-Uni ne l'a pas signée). La charte sociale européenne et la charte des droits sociaux fondamentaux des travailleurs sont mentionnées dans l'article 151 du TFUE du traité de Lisbonne.

CHINE : 30 informations clés (année 2018, sauf autre indication)

PIB : 13 368 milliards de dollars (2e rang mondial)
Superficie : 9 562 911 km²
Capitale : Beijing
Nature du régime : république, 22 provinces
Chef de gouvernement en 2020 : Li Keqiang (Xi Jinping chef d'État)
Population : 1 393 millions d'habitants
Espérance de vie : femmes 79 ans et hommes 75 ans
Indice de fécondité : 1,7 enfant/femme
PIB/hab en ppa : 15 400 dollars
Croissance moyenne 2010-2019 : + 7,65 %/an
Monnaie : renminbi yuan
Coefficient de Gini : 0,39
Trafic en 2016 du premier aéroport (rang mondial) : Pékin 94 millions de passagers (2e)
Trafic en 2016 du premier port (rang mondial) : Ningbo 890 millions de tonnes (1er)
Rang mondial pour les exportations de marchandises en 2015 : 1er
Production automobile en 2018 (rang mondial) : 27,8 millions (1er)
Part de la recherche et du développement dans le PIB : 2,15 %
Taux de couverture énergétique : 80 %
Réserves officielles : 3 168 milliards de dollars
Émission de CO_2/hab : 6,7 tonnes
Ressources renouvelables en eau douce intérieure par habitant en m³ en 1962 : 4 225
Ressources renouvelables en eau douce intérieure par habitant en m³ en 2014 : 2 062
Dette publique en % du PIB : 51
Budget militaire : 181 milliards de dollars
Prévision de population en 2050 en millions de personnes : 1 373
Prévision du PIB à parité de pouvoir d'achat en milliards de dollars en 2050 (rang mondial) : 58 499 (1er)

Sources : *Année stratégique 2021*, INED, *Images économiques du monde 2018*, ONU et PwC.

Citations :

« En Chine, tous les problèmes sont multipliés par 1,3 milliard, et tous les succès sont divisés par le même nombre », Zeng Bijan, théoricien du PCC, 2004.

« Le vieux modèle n'est plus fiable. Nous avons besoin d'une stratégie orientée sur l'innovation », Xi Jinping (2016).

« [La Chine] ne cherchera pas l'hégémonie, l'expansion ou une sphère d'influence, quelle que soit l'évolution de la situation internationale et quelle que soit sa puissance », Xi Jinping, discours aux Nations unies du 26 septembre 2016.

Chine : une ouverture progressive renforçant les déséquilibres entre littoral et intérieur

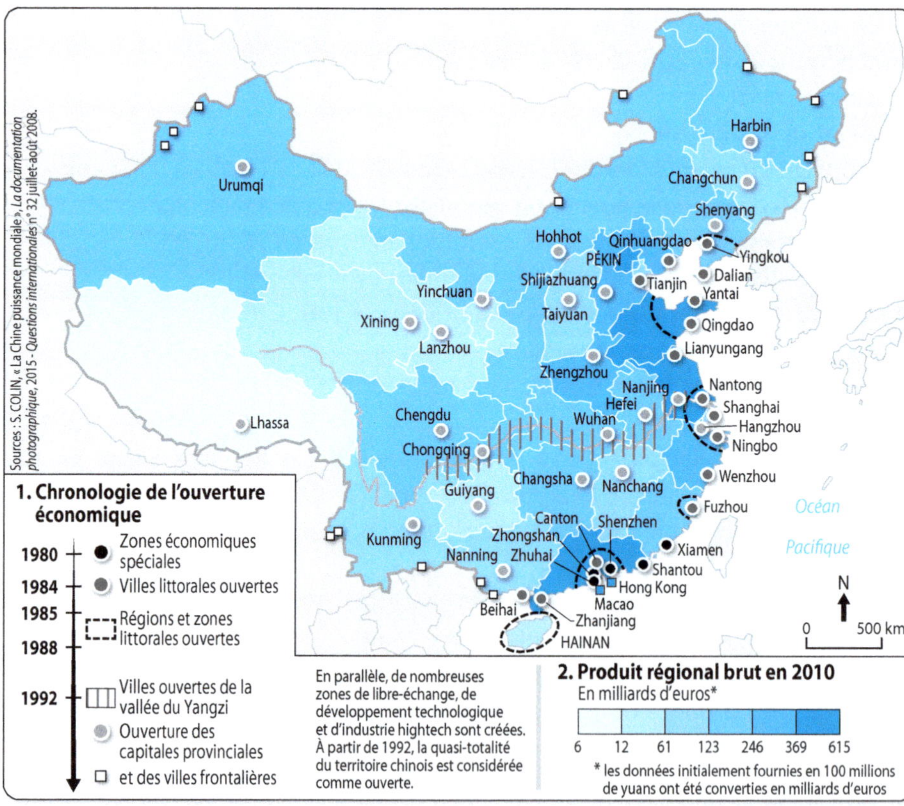

- Voir Asie-Océanie, Tableau des 7 puissances et Chronologie des Présidents de la Commission militaire du PCC
- Voir Asie et Mémo-boîte à outil avec Carte des régions chinoises, Chronologie des Présidents de la Commission militaire centrale du parti communiste chinois et Comparatif statistique des puissances

Choc asymétrique (éco)

Un choc asymétrique est un choc d'offre ou de demande qui affecte de manière différente deux pays ayant décidé de faire monnaie commune.

Choc de civilisations (pol, cult et géopol)

Thèse du politologue américain Samuel Huntington établie en 1993 (article de la revue *Foreign Affairs*), reprise dans un ouvrage en 1996, *Le choc des civilisations et le nouvel ordre mondial*. Divisant le monde en neuf civilisations majeures, l'auteur s'attarde peu sur les caractéristiques d'une civilisation (« sang, langue, religion, manière de vivre ») afin de proposer un outil d'interprétation des relations internationales. Sa thèse est que l'Occident a atteint son âge d'or par rapport aux deux civilisations montantes (Islam et Chine), ce qui va provoquer un regain de tensions entre États. L'« axe islamo-confucéen » faisant face au déclin occidental, Huntington appelle à la mobilisation en soulignant l'influence néfaste du multiculturalisme, responsable de l'affaiblissement des États-Unis. Ainsi, selon lui, les principaux conflits post-Guerre froide expriment un antagonisme civilisationnel. Pour autant, il n'est pas le prophète d'une quelconque guerre de civilisations ; il sera contre l'invasion de l'Irak en 2003, préconisant plutôt une règle de l'abstention. Au contraire, il pense que l'Occident doit admettre son déclin et cesser cette prétention à l'universalisme.

■ Voir Civilisation

Le choc des civilisations, entre mythe et réalité

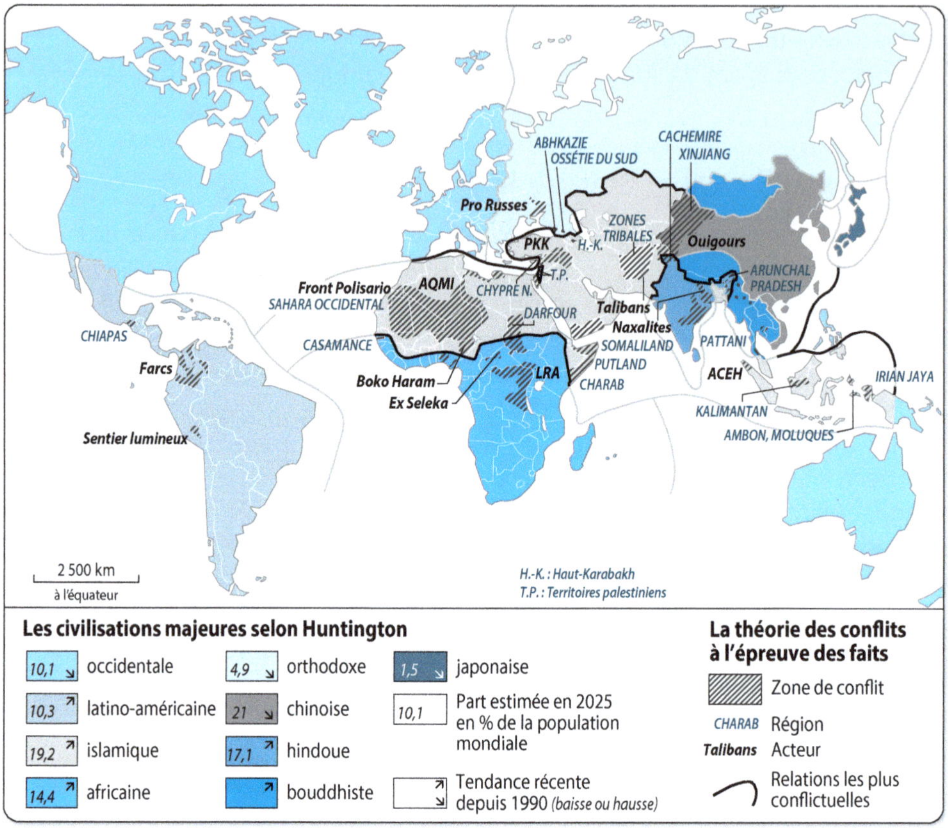

Source : *L'Atlas des civilisations*, 2015

Chômage/chômage structurel (soc et éco)

Un chômeur est une personne sans emploi, à la recherche d'un emploi et disponible pour un emploi (définition selon le BIT, Bureau international du travail). Le taux de chômage mesure le rapport entre le nombre de chômeurs et le nombre d'actifs. La vulnérabilité au chômage désigne le risque pour un actif occupé de devenir chômeur. Par exemple, les actifs ayant bac + 2 sont en moyenne 2,7 fois moins au chômage qu'une personne sans diplôme. Le chômage structurel est la part du chômage qui découle du fonctionnement du marché du travail : on y trouve le chômage frictionnel, le chômage volontaire, les formes de chômage provenant de la rigidité à la baisse du taux de salaire réel et celles provenant des difficultés d'appariement entre l'offre et la demande de travail.

■ Citations

« Si un jour, on atteint les 500 000 chômeurs en France, ce sera la révolution », Georges Pompidou, Premier ministre (1962-1968), 1967.

« Dans la lutte contre le chômage, on a tout essayé », François Mitterrand, président de la République (1981-1995), 1993.

Taux de chômage BIT en France (1970-2018)

1970	1975	1980	1985	1990	1995	2000	2005	2010	2015	2017	2018
2,6	3	6,8	10,2	8,9	11,5	8,9	9,6	9,5	10,2	9,8	9,2

Source : Insee, 2016 et 2018

Citoyen/citoyenneté (pol)

Issue de l'Antiquité, la citoyenneté désigne la jouissance des droits civiques et politiques au sein des régimes démocratiques (droit de vote, d'éligibilité, exercice des libertés publiques). Les citoyens forment une communauté politique (théorie du contrat social entre l'État et le citoyen), mais parfois la citoyenneté est refusée à certaines catégories de population : femmes, esclaves, analphabètes ou pauvres autrefois et étrangers aujourd'hui.

City (géo)

À Londres, la City est le quartier qui concentre des activités de banque, d'assurances, de bourse et de direction de firmes. Il est considéré comme la première place financière mondiale concentrant 13 % du PIB du Royaume-Uni.

■ Voir Londres

Civilisation (pol)

Système d'organisation sociale, économique et politique partagé par un nombre conséquent de sociétés. Apparue au XVIIIe siècle, la notion de civilisation est généralement utilisée de façon discriminatoire par opposition à la non-civilisation. Aujourd'hui, le terme est plus utilisé au pluriel afin de montrer la variété civilisationnelle et non une hiérarchie. Ainsi le qualificatif d'« arts primitifs » laisse la place aujourd'hui à celui d'« arts premiers » à l'image du musée parisien ouvert en 2006.

■ Voir Aire culturelle ou Culture

Civilisation automobile (soc)

- Voir Automobile, Fordisme, Toyotisme, Renault-Nissan

Classes moyennes (soc)

Au XIXe siècle, l'expression « classe moyenne » est synonyme de bourgeoisie. Elle regroupe tous les individus qui, disposant de la propriété, veulent exercer leurs talents et s'enrichir par leurs activités. Cette classe moyenne se caractérise également par la volonté d'accéder au pouvoir politique pour faire émerger un nouvel ordre politique et social. Au XXe siècle, la classe moyenne peut se définir comme la classe située dans une position intermédiaire entre la classe populaire et la classe dominante. L'observatoire des inégalités fonde ce caractère intermédiaire sur le niveau de vie. Dans cette optique, les classes moyennes représentent les individus situés entre les 30 % les plus pauvres et les 20 % les plus riches. Dans *Les classes moyennes à la dérive* (2006), Louis Chauvel propose une définition extensive des classes moyennes, intégrant pêle-mêle hauts fonctionnaires, employés ou ouvriers qualifiés, chefs d'entreprise, artisans modestes, etc. Ceci montre la diversité des classes moyennes : entre les très riches et les pauvres, entre les très diplômés et ceux qui ne le sont pas du tout, il existe une diversité des situations possibles. On peut aussi douter de l'homogénéité des comportements, des attitudes et des actions menées par les membres de ces groupes. Dans *Les Nouvelles Classes moyennes* (2012), Éric Maurin dresse une définition plus restreinte des classes moyennes fondée sur les professions intermédiaires salariées et les artisans commerçants. Il obtient donc un groupe plus homogène et le pluriel sert uniquement à distinguer les anciennes classes moyennes (artisans et commerçants qui constituent une figure mineure et menacée des classes moyennes) et les nouvelles classes moyennes (les professions intermédiaires salariées en plein essor). Si l'on se penche maintenant sur le sentiment d'appartenance aux classes moyennes, la réponse peut paraître surprenante car l'adhésion à ce groupe social est plus large que le nombre d'individus qui devraient objectivement en faire partie. Si l'approche par les niveaux de vie postule que les classes moyennes sont constituées par 50 % de la population, c'est plus des deux tiers de la population qui déclarent appartenir aux classes moyennes, dont 50 % des ouvriers. Les travaux de l'historien Serge Berstein (*Les classes moyennes devant l'histoire*, 1993) permettent de comprendre ce paradoxe. Pour ce dernier, les classes moyennes se définissent plus par un sentiment commun que par des critères objectifs, leur identité se trouvant simplement dans « une philosophie sociale où le progrès résulterait non d'une dialectique de lutte des classes, mais de possibilités de promotion ». Ce qui unit les classes moyennes, c'est leur volonté de s'élever socialement. Henri Mendras dans *La Seconde Révolution française 1964-1985* (1988), évoque une hiérarchisation sociale dans laquelle les frontières entre les classes se brouillent et disparaissent. La moyennisation décrite par Mendras, c'est la disparition des classes sociales et donc des classes moyennes puisque plus personne n'est pris en sandwich entre la bourgeoisie et le peuple.

La vision cosmographique de la société d'Henri Mendras

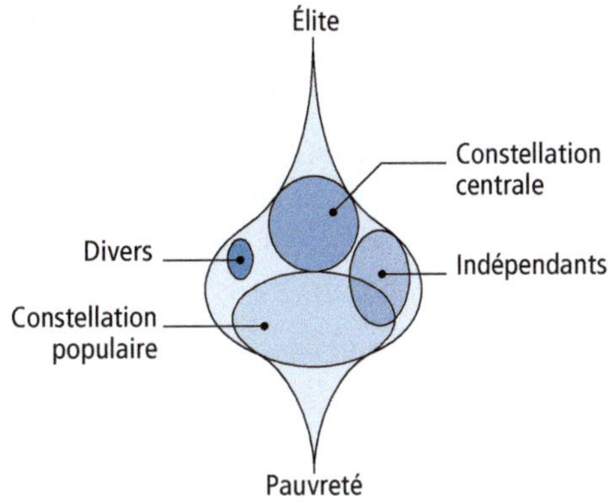

Source : Henri Mendras, *La Seconde Révolution française (1964-1985)*, 1988

Au XXIe siècle, les succès économiques des émergents devraient faire exploser les effectifs mondiaux des classes moyennes.

L'essor des classes moyennes dans le monde

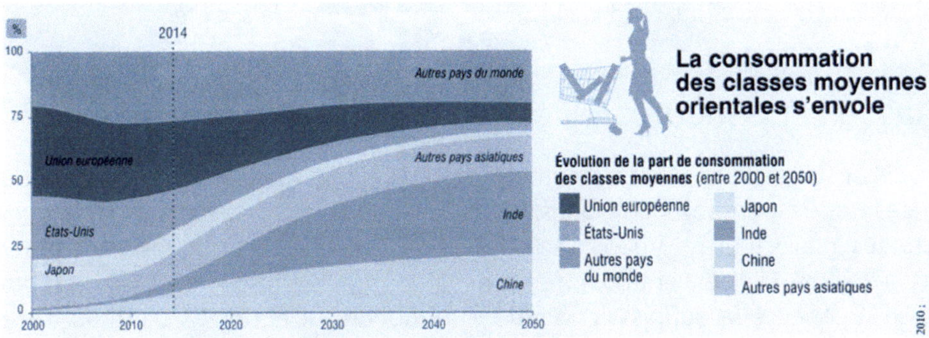

Source : OCDE, 2010

■ Voir Déclassement

Classes populaires/classe ouvrière (soc)

Dans *Peut-on parler des classes populaires ?* (2011), Olivier Schwartz insiste sur deux points pour définir les classes populaires. D'une part, les classes populaires regroupent l'ensemble des groupes sociaux occupant une position dominée dans les rapports économiques et sociaux qui les expose à une certaine vulnérabilité économique et sociale, à l'assignation de statuts inférieurs ainsi qu'à une fermeture des possibles. D'autre part, les classes populaires se caractérisent par des pratiques et des comportements culturels spécifiques qui tendent à les séparer de la classe dominante et de ses normes. Le singulier de la classe ouvrière présuppose une unité du groupe rendue possible par une forte conscience de classe. Au contraire, le pluriel des classes populaires indique l'existence d'une pluralité et d'une diversité de groupes sociaux qui, par leur condition dominée et leur séparation culturelle avec les classes dominantes, se rapprochent les uns des autres mais dont les différences les rendent irréductibles à l'unicité. La notion de classes populaires est donc particulièrement adaptée pour analyser la formation de la classe ouvrière mais aussi pour étudier les classes dominées dans la société française contemporaine.

Classe sociale (soc)

Ensemble d'individus qui partagent des conditions objectives d'existence communes (revenu, diplôme, qualification…). Il existe une dimension objective de l'appartenance à une classe sociale. Les situations de vie communes induisent des comportements, des opinions, des croyances en commun, c'est-à-dire une culture commune qui donne du sens à l'expérience sociale et forge une identité de classe. Cette identité commune peut conduire le groupe social à se mobiliser pour défendre ses intérêts. C'est le domaine de l'action collective, qui rend la classe sociale visible dans la société.

Classes supérieures/élites (soc)

Les classes supérieures ne se résument pas aux élites, c'est-à-dire aux catégories dirigeantes (responsables politiques, hauts fonctionnaires, dirigeants économiques, autorités intellectuelles). Au XIXe siècle, les classes supérieures ne se résumaient déjà pas aux élites. Elles étaient composées de la bourgeoisie et de l'aristocratie. Cette classe supérieure se définissait comme « un monde social non assujetti au travail (surtout manuel), bien pourvu en patrimoine, jouissant d'un train de vie confortable, ayant accès aux biens et services les plus valorisés et disposant de relations sociales étendues » (Serge Bosc, *Stratification et classes sociales*, 2013). Aujourd'hui, la très grande majorité des classes supérieures est professionnalisée. Thomas Piketty explique dans *Les Hauts Revenus en France au XXe siècle. Inégalité et redistribution (1901-1998)* (2001) que la part du centile supérieur des revenus dans le revenu national passe de 20 % en 1910 à 8 % en 1998. Selon lui, cette baisse s'explique principalement par la disparition des rentiers parce que, dans le même temps, la part du centile supérieur dans la masse salariale reste relativement stable. Le XXe siècle acte donc le passage d'une « société de rentiers » à une « société de cadres ». Le haut de la hiérarchie des revenus est désormais composé de personnes tirant l'essentiel de leurs ressources de leur travail. Selon Thomas Piketty, cet effondrement des rentiers s'explique par les chocs profonds subis par les détenteurs de patrimoine sur la période 1914-1945 : destruction physique de capital lors des deux guerres mondiales, faillites d'entreprises durant la crise économique des années 1930, élagage des patrimoines par l'inflation, essor des impôts après 1945. Dans *Le Capital au xxᵉ siècle* (2013), Thomas Piketty montre que les inégalités de revenus repartent à la hausse à partir des années 1980. Le phénomène est identifiable en France mais est surtout exacerbé aux États-Unis. Alors que le décile (voir définition) supérieur américain percevait 35 % du revenu national en 1980, il en perçoit 48 % en 2010. En s'intéressant à la part du centile supérieur dans les revenus, on peut remarquer que l'accroissement des inégalités s'explique principalement par la hausse des revenus des catégories particulièrement privilégiées : en 1980, le centile supérieur américain percevait 10 % du revenu national ; en 2010, il en perçoit 20 %. Cet accroissement des inégalités aux États-Unis s'explique pour deux tiers par la montée des très hauts salaires des « super-cadres » et pour un tiers par l'accroissement des revenus du capital. Cette évolution est d'autant plus probable que la bourgeoisie constitue aujourd'hui, selon Michel Pinçon et Monique Pinçon-Charlot dans *Sociologie de la bourgeoisie* (2007), la seule classe sociale au sens fort du terme, c'est-à-dire une classe en soi qui prélève la plus-value et en vit concrètement, mais aussi et surtout une classe pour soi, c'est-à-dire une classe qui se construit dans la pratique en se mobilisant collectivement pour défendre ses intérêts.

Colonisation/colonial (éco et pol)

Les vagues de colonisation forment un processus historique qui lie l'Europe et le reste du monde pendant plus de quatre siècles. La première vague est lancée à partir des Grandes Découvertes par l'Espagne et le Portugal, puis l'Angleterre, la France et la Hollande entrent en concurrence à partir de la fin du xviᵉ siècle. D'abord limitée à l'établissement de comptoirs par des compagnies à charte, la colonisation devient continentale et étatique avec la conquête de l'Amérique. L'industrialisation et l'impérialisme poussent à occuper plus intensément l'Asie (établissement de concessions en Chine par exemple) ainsi que l'Afrique, dernier continent colonisé à la fin du xixᵉ siècle. On observe deux types de colonisation : la gestion indirecte anglaise ou hollandaise s'appuie sur les élites locales tandis que la gestion française ou portugaise se veut plus directe. La réalité est cependant souvent plus complexe. Une autre différence s'observe en termes de colonisation au sens strict d'arrivée de colons. Alors que l'émigration française est faible (en dehors de l'Algérie), les départs du Royaume-Uni sont beaucoup plus massifs vers le Canada, l'Afrique du Sud ou l'Australie, mais en fait ils concernent surtout les États-Unis (ancienne colonie britannique). La colonisation transforme les économies des pays colonisés en développant l'exportation de produits agricoles (blé algérien), miniers (or d'Afrique du Sud) ou énergétiques (charbon australien). Si les colonies sont ainsi insérées dans le processus de la mondialisation, cette ouverture profite peu aux populations en raison d'une division internationale du travail qui se limite à des produits peu valorisés alors que les puissances coloniales exportent des produits industriels à haute valeur ajoutée.

■ Citation

« La politique coloniale est la fille de la politique industrielle », Jules Ferry, discours du 28 juillet 1885.

Le monde colonisé en 1914

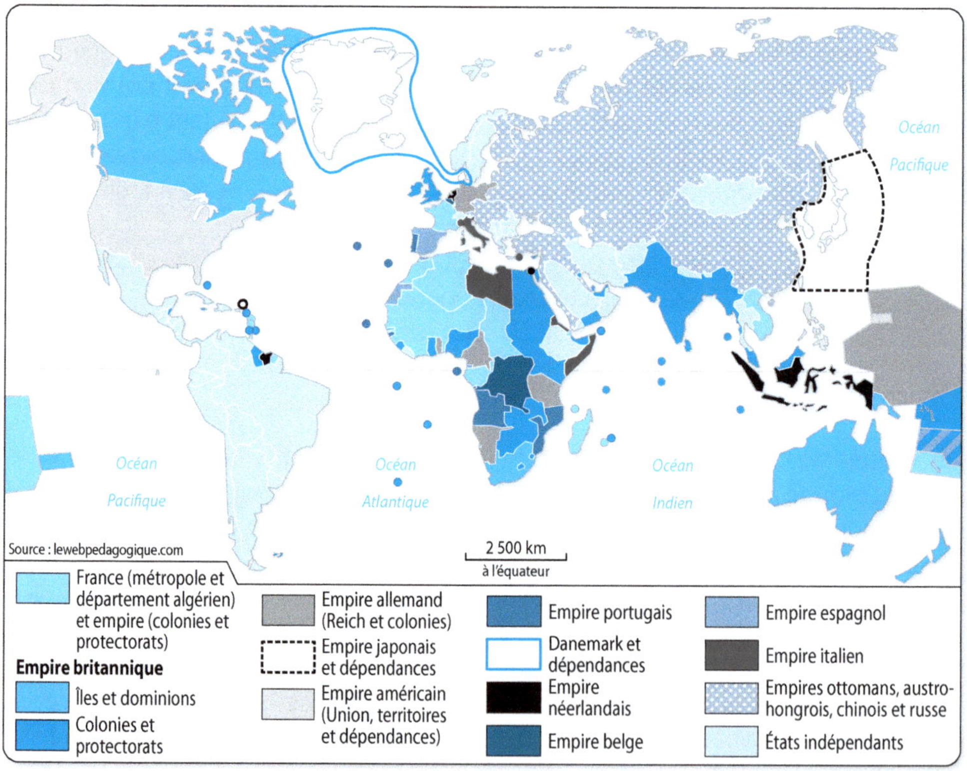

Commodité (éco)

Le terme anglais *commodity* qualifie une denrée de base comme le riz ou le fer dont les cours sont fixés sur des marchés à terme (Londres, Chicago).

Commonwealth (pol)

En anglais « British Commonwealth » ou communauté des nations britanniques qui regroupe la quasi-totalité des anciennes possessions de l'empire britannique. Son organisation est souple et non contraignante. Elle est composée de 53 États.

Communautaire/communautarisme (pol)

Apparu à la fin des années 1970 dans le champ scientifique, le communautarisme désigne la construction d'une identité sur des bases ethniques, linguistiques, religieuses ou sociologiques, hors de – voire contre – l'État et le contrat social qu'il est censé garantir. La mondialisation modifie le rôle des individus : internet et des voyages moins chers et donc plus fréquents freinent l'intégration des immigrés, alors qu'auparavant la faiblesse des liens avec les populations et pays d'origine motivaient une insertion volontaire dans la société d'accueil.

Communauté (soc et pol)

Selon le sociologue allemand Ferdinand Tönnies (1887), le concept de communauté s'oppose à celui de société et désigne toute forme d'organisation sociale dans laquelle les individus sont liés entre eux par une solidarité et animés par des objectifs communs. Aujourd'hui, l'usage est moins strict et peut concerner une collectivité sociale ou une organisation régionale, voire internationale.

■ Voir ci-dessous Communauté internationale

Communauté internationale/gouvernance mondiale (géopol)

Cette expression, couramment utilisée par les médias et parfois aussi par les acteurs politiques eux-mêmes, est ambiguë et soulève de nombreuses interrogations. Utilisée pour désigner un ensemble vague d'acteurs politiques (États, organisations internationales, individus) unis pour la défense de la paix, elle véhicule l'idée d'une humanité unie par une solidarité, par des valeurs partagées, par des objectifs communs ou encore par une même allégeance à des institutions politiques centrales comme l'ONU, née en 1945. Si l'idée de communauté internationale naît donc des atrocités de la Seconde Guerre mondiale, elle est issue d'un courant intellectuel plus ancien. Ainsi, le Français Léon Bourgeois propose dans son ouvrage publié en 1909, *La Société des Nations*, la création d'une instance internationale. Cette idée est reprise par le Président américain Wilson dans ses « 14 points » en janvier 1918. Aujourd'hui, de nombreux spécialistes considèrent encore que le concept de communauté internationale reste un vœu pieux : « Il n'y

a pas de gouvernance mondiale grâce à laquelle l'intérêt collectif serait arbitré par des décisions non contestées; on en reste à la somme des intérêts individuels et contradictoires des États» (Pascal Boniface, *50 idées reçues sur l'état du monde*, 2015). Ainsi l'idée de communauté internationale implique celle de gouvernance internationale ou mondiale. Utilisée depuis les années 1990, celle-ci désigne une forme de régulation collective fondée sur les relations entre acteurs publics et privés. Mais, comme la communauté internationale, il s'agit plus d'un objectif à atteindre que d'une réalité. Le géopoliticien français Serge Sur parle de «fantôme de la gouvernance» (*Un monde en miettes*, 2010).

La SDN, début d'une communauté internationale

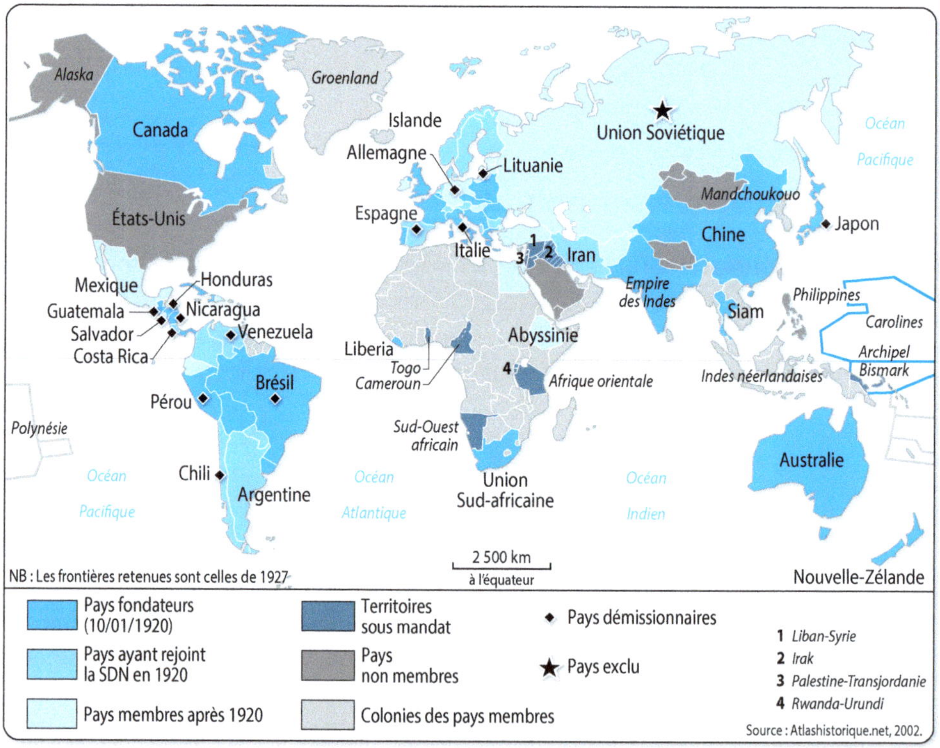

■ Voir Ordre mondial

Communisme (pol)

■ Voir Socialisme

Compétitivité (éco)

La compétitivité représente la capacité d'une entreprise, d'un secteur ou d'une économie à faire face à la concurrence étrangère. La part de marché est la principale mesure de la compétitivité, que l'on peut classer en deux catégories. La compétitivité-prix est liée souvent à des bas salaires et au taux de change comme en Chine dans les années 2000 ou au Vietnam aujourd'hui. La compétitivité structurelle est liée à la qualité, l'innovation et l'image de marque. L'Allemagne en est le parfait exemple.

Les pays les plus compétitifs selon l'indice du Forum économique mondial

Rang	Pays	Rang	Pays	Rang	Pays
1	Suisse	11	Norvège	21	Australie
2	États-Unis	12	Danemark	22	France
3	Singapour	13	Nouvelle-Zélande	23	Malaisie
4	Pays-Bas	14	Canada	24	Irlande
5	Allemagne	15	Taïwan	25	Qatar
6	Hong Kong	16	Israël	26	Corée du Sud
7	Suède	17	Émirats arabes unis	27	Chine
8	Royaume-Uni	18	Autriche	28	Islande
9	Japon	19	Luxembourg	29	Estonie
10	Finlande	20	Belgique	30	Arabie Saoudite

Source : *Capital, l'économie en chiffres*, hors-série n°47, mai 2018

■ Voir Coût du travail

Complexe militaro-industriel/lobby militaro-industriel (éco).

Ensemble des industries à usage militaire ainsi que les activités annexes comme la recherche. Tous les grands États possèdent un complexe militaro-industriel qui joue un rôle économique important, d'où des liens importants avec les dirigeants politiques. Exemple : soutien de l'État français à Serge Dassault. Lorsqu'il quitte le pouvoir en 1961, le Président Eisenhower évoque une « influence non justifiée du complexe militaro-industriel » (qu'il connaît de l'intérieur) ainsi qu'un « accroissement funeste des abus de pouvoir », considérant ainsi que ce lobby porte ombrage à la démocratie.

Concentration (éco)

Le processus de concentration désigne l'augmentation de la taille des entreprises et la réduction de leur nombre sur un même marché. La concentration peut s'opérer par absorption (une entreprise acquiert l'autre) ou par fusion (les deux entreprises disparaissent pour en former une troisième). On différencie quatre types de concentration : la **concentration horizontale** correspond à l'achat d'une firme concurrente du même secteur économique (exemple achat de Citroën par Peugeot en 1976) ; **la concentration verticale** vise à acheter d'autres firmes au sein de la même filière (exemple : Ford acquiert des forêts et des mines de fer pour fournir ses usines au début du xxe siècle) ; la **concentration financière** est un regroupement de firmes autour d'une même banque (cas des conglomérats japonais comme Mitsubishi) et enfin le **cartel** est une forme d'entente sur les prix (souvent une réponse à une baisse des prix comme l'OPEP fondé en 1960). Parfois, la concentration aboutit à un oligopole, voir un monopole. Dans le football, la concentration des recettes au sein d'une trentaine de clubs implique une incertitude très diminuée des résultats avec les mêmes clubs qui gagnent à l'exemple du Real Madrid coaché par Zinedine Zidane. Ainsi, si dans la période 1985-1996, les championnats espagnols, italiens, allemands et anglais accaparaient 40 % des demi-finalistes de la Ligue des champions, pour la période 2007-2016, ils s'assurent 97 % !

■ Voir Avantages comparatifs

Concurrence monopolistique (éco)

La concurrence monopolistique est une situation de marché qui présente des producteurs s'efforçant de différencier leurs produits de ceux des concurrents, de façon à être seuls à proposer un bien (ou un service) ayant certaines caractéristiques (innovation, marque, qualité, etc.). Il s'agit donc de détenir un pouvoir de monopole sur des marchés qui sont pourtant concurrentiels. Les entrepreneurs s'appuient sur la différenciation de leur produit, rendue possible par le fait que les biens ne sont plus considérés comme homogènes. La firme Apple, liée à la volonté de son fondateur Steve Jobs de créer des produits nouveaux tels que l'iPad, a permis à la firme d'avoir pendant quelques années une position monopolistique.

Conférence de Munich sur la sécurité (géopol)

Sommet annuel organisé depuis 1963 qui est devenu un événement international majeur où s'expriment plus de 300 intervenants sur les questions de sécurité.

■ Citation

« Qu'est-ce qu'un monde unipolaire ? Malgré toutes les tentatives d'embellir ce terme, il ne signifie en pratique qu'une seule chose : c'est un seul centre de pouvoir, un seul centre de force et un seul centre de décision. C'est le monde d'un unique maître, d'un unique souverain. En fin de compte, cela est fatal à tous ceux qui se trouvent au sein de ce système aussi bien qu'au souverain lui-même, qui se détruira de l'intérieur », discours de Vladimir Poutine, Munich, 2007.

Conference of the Parties ou COP 21 (géopol)

Réunie à Paris en décembre 2015, la COP 21 est parvenue à produire un accord final, adopté à l'unanimité par les participants. Le texte fixe pour horizon de limiter le réchauffement climatique global à moins de 2 degrés, en visant une limite de 1,5 degré, ce qui était une revendication des petits États insulaires menacés par la submersion. L'accord mentionne un pic d'émission de gaz à effet de serre « dès que possible », sans donner de calendrier précis (tandis que le GIEC affirme que la réduction des gaz à effet de serre doit être comprise entre 40 % et 70 % d'ici 2050 pour éviter un emballement climatique incontrôlable). Il reconnaît également des responsabilités communes mais différenciées entre les pays. Ainsi les pays développés doivent-ils « montrer la voie » tandis que les pays en voie de développement doivent « continuer d'accroître leurs efforts ». Un soutien doit d'ailleurs leur être fourni par les pays développés, un fonds vert abondé de 100 milliards de dollars par an d'ici 2020 ayant été acté. En revanche, le texte exclut toute compensation et responsabilité des pays du Nord envers les pays du Sud. La COP 22 qui s'est déroulée à Marrakech en novembre 2016 a avancé la date de ratification de l'accord à 2018. Pour qu'il soit validé, au moins 55 pays représentant 55 % des émissions mondiales de gaz à effet de serre doivent l'approuver. À l'occasion de cette nouvelle conférence, de nombreux pays (Allemagne, Canada, Mexique) ont présenté leur feuille de route nationale pour atteindre les objectifs fixés, notamment la neutralité carbone, c'est-à-dire ne pas rejeter plus de gaz à effet de serre que le pays ne peut en compenser. Cet accord demeure critiqué car il n'est pas contraignant et semble insuffisamment ambitieux pour satisfaire les critères permettant d'éviter le choc climatique. Le retrait américain proclamé par Trump de juin 2017 n'a pas été suivi, mais pose le problème du financement.

■ Voir Réchauffement climatique

Conflits/guerres (géopol)

Un conflit est une contestation qui oppose deux ou plusieurs États ou d'autres types d'acteurs. On peut observer toute une graduation : d'abord, une situation de relations d'amitiés, puis de différends (territorial, économique ou politique) ; cela peut provoquer des tensions jusqu'à une rupture diplomatique, puis finalement une guerre. Celle-ci est ainsi l'aboutissement de cette rivalité. On différencie de plusieurs manières les conflits : d'abord selon l'échelle, soit infra-étatique soit interétatique ; dans ce cas, le conflit est international, voire mondial. On peut également différencier la gravité du conflit avec, d'une part, les conflits de basse intensité qui restent confinés à un territoire et, d'autre part, les conflits de haute

intensité, plus meurtriers et plus dangereux en termes de stabilité internationale. On peut aussi différencier la nature du conflit: idéologique, civile, humanitaire, technologique... Le XXe siècle est marqué par l'intensité des conflits. L'Allemand Erich Ludendorff dans un ouvrage de 1935 parle de « guerre totale ». Ce siècle voit aussi l'essor de guerres asymétriques (que le géopolitologue français Gérard Challiand préfère nommer « guerres irrégulières » (*Nouvelles guerres. L'état du monde 2015*, septembre 2014) qui opposent deux acteurs inégaux en termes de moyens financiers et technologiques. Le politologue Bertrand Badie, au sujet du rôle croissant des populations dans les conflits, parle de « sociétés guerrières ». On assiste en effet, depuis 1945, à un essor des guerres civiles. Enfin, tout conflit pose la question de sa justification : qu'est-ce qu'une guerre juste ?

Les facteurs positifs et négatifs qui expliquent un conflit

	Impact sur la probabilité de conflit militaire entre 2 pays
Commerce bilateral	Négatif
Commerce multilatéral	Positif
Accord d'intégration régionale	Négatif
Distance	Négatif
Nombre d'années de paix	Négatif
Frontière commune	Positif
Langue commune	Non significatif
Lien colonial passé entre les deux pays	Positif
Colonisateur commun	Non significatif
Membres du Gatt ou OMC	Négatif
Surface des pays	Positif
Démocratie	Négatif
Corrélation des votes à l'ONU	Négatif
Membre permanent du Conseil de Sécurité	Positif
Régime communiste	Négatif
Un des pays éxporte du pétrole	Positif
Sanctions commerciales bilatérales	Positif
Moyenne du PIB/hab.	Non significatif
Différence de PIB/hab.	Non significatif
Moyenne des dépenses militaires	Positif
Différence des dépenses militaires	Négatif

■ Voir Guerre totale/Guerre juste, Guerre froide et Guerre économique

Conflit asymétrique (géopol)

La doctrine militaire de guerre asymétrique est apparue aux États-Unis au milieu des années 1990. Elle désigne un conflit caractérisé par le déséquilibre entre les forces engagées dans chaque camp, mais aussi par la divergence des moyens et des objectifs de ces mêmes forces.

Conjoncture (éco)

Évolution de l'activité économique sur le court terme.

■ Voir Cycle économique, Crise et Croissance

Connectivité (géo)

Aptitude de lieux à entrer en relation les uns aux autres. Le hub en est le meilleur exemple.

■ Voir Hub

Consensus de Washington (éco)

Énoncé en 1989 par l'économiste américain John Williamson pour désigner les recommandations à l'usage des États désireux de libéraliser leurs économies (surtout en Amérique latine), il impose aux pays endettés la mise en place des politiques d'ajustements structurels (P.A.S.), autour du triptyque « libéralisation, privatisation et déréglementation », ce qui leur permet d'avoir accès à des prêts. Les prescriptions du consensus de Washington peuvent se résumer en un mot d'ordre : « stabiliser, libéraliser, privatiser ». Stabiliser les déséquilibres macroéconomiques comme l'inflation ou les déficits extérieurs. Libéraliser les marchés pour inciter aux échanges. Privatiser pour faire reculer le rôle économique de l'État. Il s'agit de s'attaquer aux formes d'intervention de l'État qui handicapent la croissance et le développement économique. En matière de commerce extérieur, l'idée défendue se résume à : « plus d'insertion dans les échanges commerciaux et de capitaux entraîne nécessairement plus de croissance ». Les gains de croissance produisent alors un effet de ruissellement, c'est-à-dire se diffusent progressivement dans toute la société. Il ne peut pas y avoir de perdants dans l'intégration économique des marchés mondiaux. Le FMI et la BM conditionnent leurs aides aux pays qui la demandent à la mise en œuvre de réformes structurelles visant à appliquer ce mot d'ordre. Il n'existerait qu'un seul modèle de développement économique et de croissance. Pour quels résultats ? Il suffit d'observer l'évolution des demandes d'aide adressées au FMI pour se rendre compte que cette thérapie de choc n'a pas fonctionné et que les États ont choisi massivement de s'en détourner. Au lieu de produire de la croissance, les réformes structurelles ont eu des effets dévastateurs sur les économies. On parle de décennie perdue dans le cas du Mexique par exemple après l'intervention du FMI de 1982. Dénoncés par les altermondialistes, ces principes d'inspiration libérale sont aussi remis en question par les émergents (consensus de Beijing).

■ Citation

« Les trois cavaliers de l'Apocalypse de la faim organisée sont l'OMC, le FMI et, dans une moindre mesure, la Banque mondiale [...]. Là où sévit le FMI, les champs de manioc, de riz, de mil se rétrécissent. L'agriculture vivrière meurt [...] le libre-échange porte le masque hideux de la famine et de la mort », Jean Ziegler, *Destruction massive, géopolitique de la faim*, 2011.

■ Voir Consensus de Beijing/Buenos Aires

Consensus de Beijing/Buenos Aires (éco)

Idée émise par Joshua Cooper Ramo (journaliste et homme d'affaires) en 2004, le consensus de Beijing est un terme décrivant la diplomatie et le modèle de développement proposé par la République populaire de Chine, en particulier auprès des pays en voie de développement, notamment en Afrique. L'Occident et la Chine ont ici des positions très différentes sur les besoins et méthodes pour soutenir le développement de ces pays. Quatre points importants le caractérisent : la non-ingérence, l'amitié Sud-Sud, le développement structurel (réseaux de transports, hôpitaux), la priorité à l'économie vis-à-vis de la démocratie, la tolérance à la corruption. Un consensus de Buenos Aires assez similaire est aussi évoqué pour les pays latino-américains.

■ Citation

« Les contrats qui prennent 5 ans à être signés avec la Banque mondiale prennent 3 mois avec les autorités chinoises ; la Chine, s'étant battue pour se moderniser, a un sens beaucoup plus grand des besoins de développement de l'Afrique, et est plus adaptée au commerce africain que les Occidentaux ». Abdoulaye Wade, Président du Sénégal de 2000 à 2012.

Conservationnisme (pol)

Le mouvement pour la conservation des ressources naturelles naît aux États-Unis dans les années 1890 en réponse à l'exploitation intensive des ressources en eau, des forêts... Les conservationnistes ont une vision cependant utilitariste de la nature. En 1892, le Sierra Club obtient la création des premiers parcs nationaux.

Consommation (éco)

Consommer consiste à détruire ou transformer des biens et services en vue de satisfaire un besoin ou de produire d'autres biens et services.

Citation

« Qu'est-ce que consommer ? C'est détruire l'utilité qui est dans un produit, et par là lui ôter la valeur que cette utilité lui donnait », Jean-Baptiste Say, *Catéchisme d'économie politique*, 1815.

Conteneur ou container (éco)

Boîte métallique de dimensions normalisées (2,4 m de large, 6 ou 12 m de long) contenant du fret et destinée à faciliter la rotation des navires porte-conteneurs. Inventée par le transporteur américain Mac Lean en 1956, son utilisation se développe dans les années 1960 lors de la guerre du Vietnam et explose dans les années 1990.

Les ports asiatiques, au sommet de la hiérarchie mondiale

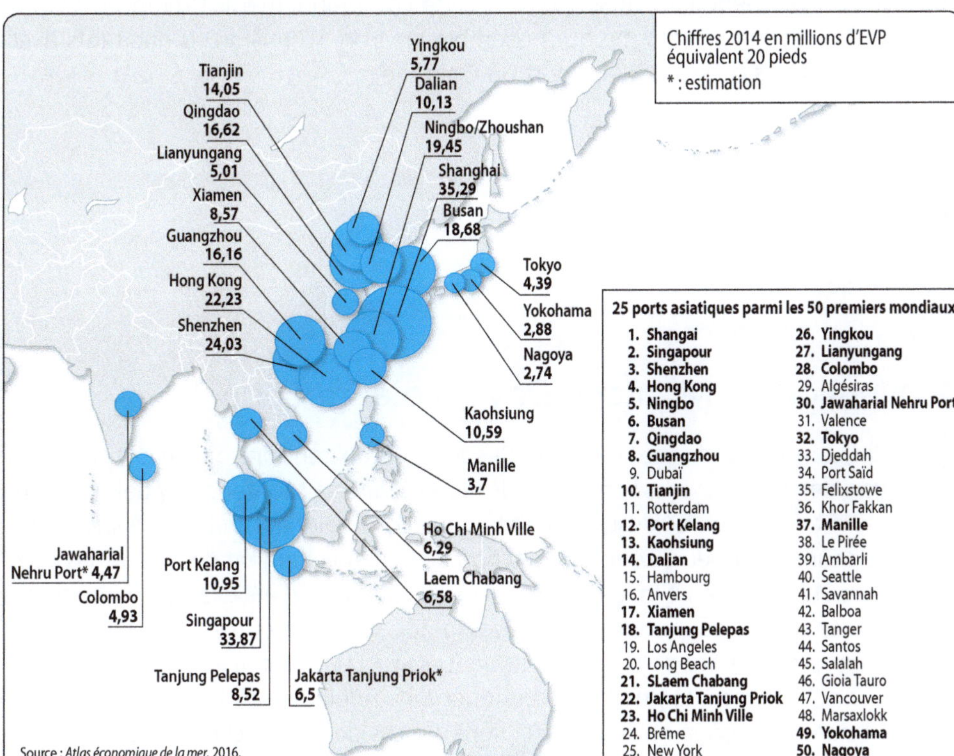

Source : *Atlas économique de la mer*, 2016.

Continentalité (géo)

Éloignement des influences maritimes. Le phénomène est net au niveau climatique avec des contrastes de températures élevés entre l'hiver et l'été.

Contraintes (géo)

Éléments du milieu qui gênent et parfois bloquent la mise en valeur par les sociétés humaines : hautes latitudes, grands déserts, reliefs sont des contraintes majeures. S'opposent aux aménités.

- Voir Aménités

Conurbation (géo)

Réunion de plusieurs agglomérations. On ne peut donner le nom d'une conurbation à la réunion d'une ville avec les communes de sa banlieue (qui est alors un simple processus d'urbanisation). À l'intérieur d'une conurbation, chaque agglomération conserve son indépendance et ses fonctions de commandement. Exemples : conurbation Rhin-Ruhr en Allemagne qui rassemble environ 10 millions d'habitants avec les agglomérations d'Essen, Düsseldorf ou Cologne.

- Voir Aire urbaine, Métropole et Ville

Convention de Genève (pol)

- Voir Société mondiale

Convention de Montego Bay (géo et géopol)

En 1982, face à l'importance croissante des mers et aux tensions qui en découlent, la convention des Nations unies sur le droit de la mer signée à Montego Bay définit clairement un droit de la mer, qui jusque-là n'était que coutumier et fondé sur la liberté des mers. Elle délimite plusieurs zones en fonction de leur éloignement de la côte : les eaux territoriales (12 miles + 12 miles), sur lesquels les États bordiers exercent leur souveraineté, et les zones économiques exclusives (à 200 miles des côtes), sur lesquelles les États détiennent un monopole d'exploitation. Les États peuvent revendiquer 300 miles s'ils prouvent la continuité du plateau continental au-delà des 200 miles. Au-delà, on parle de haute mer, où la navigation est libre. En cas de chevauchement des ZEE, les États bordiers sont contraints à une négociation bilatérale. Les États-Unis n'ont pas ratifié le traité. Dans certaines régions, la multiplicité des revendications est source de tensions comme en mer de Chine méridionale.

L'entremêlement des revendications territoriales en mer de Chine méridionale

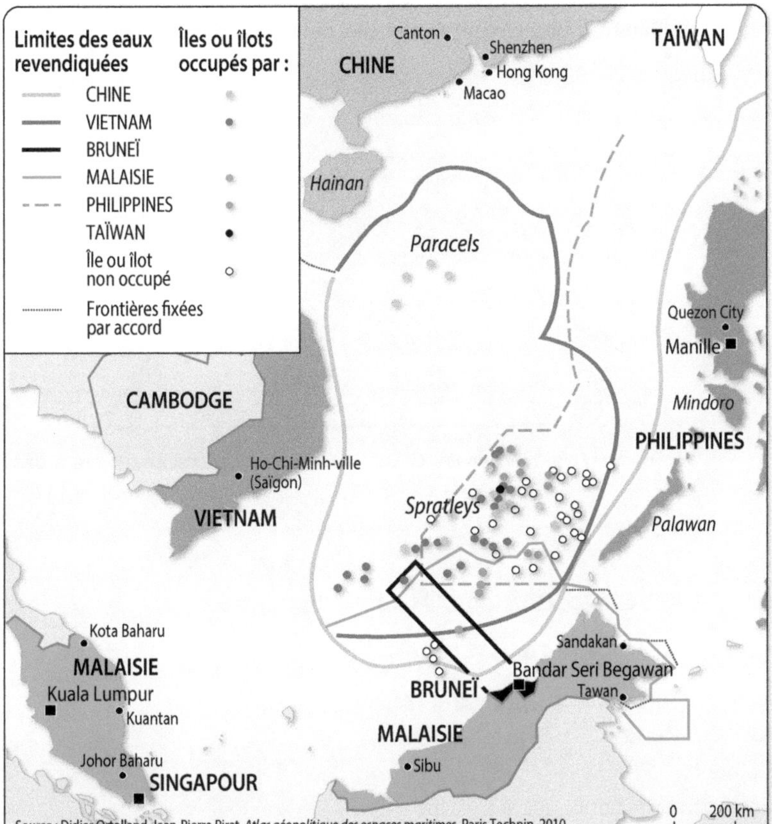

Source : Didier Ortolland, Jean-Pierre Pirat, *Atlas géopolitique des espaces maritimes*, Paris Technip, 2010.

■ Voir ZEE

Coopérations (éco et géopol)

Du latin *cooperor*, action de participer à une œuvre commune. Après les indépendances africaines, l'État français a ainsi développé une politique de coopération, dans ces nouveaux pays, par l'envoi de techniciens et d'enseignants. Dans le cadre de l'entreprise, on parle plutôt de collaboration.

Coopétition (éco)

Il s'agit d'une coopération de circonstance ou d'opportunité entre des acteurs économiques qui sont concurrents. Les logiciels libres (Linux, Openoffice...) financés par des firmes concurrentes. Dans le domaine spatial, la coopétition est aussi courante. La co-entreprise est la forme principale de coopération entre deux firmes qui consiste à fonder une filiale commune, co-entreprise ou joint-venture en anglais.

Schéma des stratégies et des relations des firmes

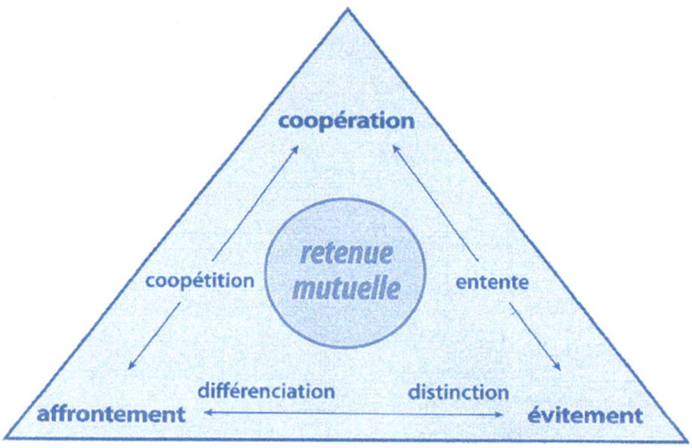

Source : *Revue Diplomatie*, GD n° 24 La guerre économique mondiale, décembre 2014

CORÉE DU SUD : 28 informations clés (année 2018, sauf autre indication)

PIB : 1720 milliards de dollars (10e rang mondial)
Superficie : 100280 km²
Capitale : Séoul
Nature du régime : république, 9 provinces
Président de la République en 2020 : Moon Jae-In
Population : 51,6 millions d'habitants
Espérance de vie : femmes 86 ans et hommes 80 ans
Indice de fécondité : 1,1 enfant/femme
PIB/hab en ppa : 39700 dollars
Croissance moyenne 2010-2019 : + 3,28 %/an
Monnaie : won
Coefficient de Gini : non donné
Trafic en 2016 du premier aéroport (rang mondial) : Séoul 58 millions de passagers (19e)
Trafic en 2016 du premier port (rang mondial) : Buzan 350 millions de tonnes (14e)

Rang mondial pour les exportations de marchandises en 2019 : 6e
Production automobile en 2018 (rang mondial) : 4 millions (7e)
Part de la recherche et du développement dans le PIB : 4,6 %
Taux de couverture énergétique : 17 %
Réserves officielles : 403 milliards de dollars
Émission de CO_2/hab : 0,8 tonnes
Ressources renouvelables en eau douce intérieure par habitant en m³ en 1962 : 2 446
Ressources renouvelables en eau douce intérieure par habitant en m³ en 2014 : 1 278
Dette publique en % du PIB : 38
Budget militaire : 39,8 milliards de dollars
Prévision de population en 2050 en millions de personnes : 50,5
Prévision du PIB à parité de pouvoir d'achat en milliards de dollars en 2050 (rang mondial) : 3 539 (18e)

Sources : *Année stratégique 2021*, INED, *Images économiques du monde 2018*, ONU et PwC.

■ Voir Asie

Courbe de Kuznets (éco)

Simon Kuznets publie en 1955 « Economic growth and income inequality » dans *l'American Economic Review*. Il y analyse les relations entre inégalités et progression du revenu par habitant. À travers une courbe en cloche, il montre que l'inégalité tend à augmenter dans les premières phases du développement, à partir d'une situation de relative égalité dans la pauvreté générale. Dans cette première étape, l'écart se creuse entre gagnants et perdants du phénomène de croissance. Après avoir dépassé un certain seuil de développement, les inégalités diminueraient, ce que diverses études tendent à confirmer. Il apparaît que le rôle de l'État est central dans cette perspective car il peut mettre en place des dispositifs redistributifs qui accélèrent cette réduction. À noter que cette vision se situe dans un contexte d'enrichissement et de moyennisation des sociétés lors des Trente Glorieuses avec en particulier une mise en place d'un État-providence. Depuis, l'essor de l'idéologie et des politiques néolibérales ont largement remis en question la courbe de Kuznets.

Courbe de Laffer (éco)

La théorie de Laffer nous enseigne qu'un niveau trop élevé de prélèvements obligatoires peut se révéler contre-productif. Chef de file des économistes de l'offre, Arthur Laffer a dessiné une courbe qui illustre son slogan « trop d'impôt tue l'impôt » (publiée pour la première fois par Jude Wanniski, *Taxes, revenues, and the Laffer curve*, 1978).

La courbe de Laffer

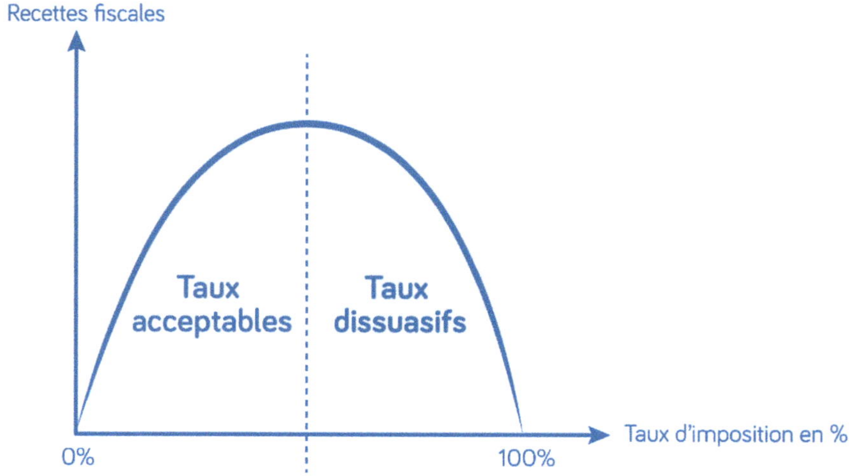

Passé un taux d'imposition T, les recettes fiscales se mettraient à plonger car les acteurs préféreraient réduire leur activité économique plutôt que de payer des impôts (ils limitent leur offre de travail et leurs projets d'investissement) ; ils peuvent également privilégier des formes de contournement (évasion fiscale, travail au noir…). La courbe de Laffer pose un problème scientifique : elle se vérifie mal sur le plan empirique et il n'est pas possible de déterminer où se situe le taux d'imposition maximal. Un point qui varie nécessairement d'une économie nationale à une autre tant il dépend de nombreux facteurs (niveau de la croissance économique, importance du consentement à l'impôt, etc.). Mais dans une économie mondialisée, il n'est pas possible d'ignorer que le taux de prélèvement obligatoire est un des facteurs qui jouent sur la compétitivité des produits nationaux à l'export.

Cour pénale internationale ou CPI (pol)

Le statut de cette première juridiction pénale internationale permanente a été adopté à Rome en 1998 et entré en vigueur en 2002, mais avec alors seulement 60 États. La CPI, qui siège à La Haye, complète mais ne remplace pas les systèmes judiciaires nationaux et n'intervient qu'en cas d'incapacité ou d'absence de volonté de juger des États. La CPI est compétente pour juger des crimes de guerre, de génocide et les crimes contre l'humanité. Certains États dont l'Afrique du Sud sont très critiques en raison de la prédominance des procès qui concernent des Africains, d'où leur démission de la CPI.

« Coût Brésil » (éco)

Expression utilisée par Jean-Yves Carfantan dans *Brésil. Les illusions perdues* (2018) pour caractériser l'ensemble des coûts (fiscalité, bureaucratie, faible niveau de qualification) qui pénalisent l'économie brésilienne et font que, malgré le supercycle minier des années 2000, la croissance du Brésil a été très inférieure aux autres émergents.

■ Voir Brésil, Super cycle minier et Compétitivité

Coût salarial (éco)

Le coût salarial désigne l'ensemble des charges impliquées par les salariés. Dans certains secteurs dits de « main-d'œuvre » comme le textile ou bien l'État, leur place est prédominante. Dans une économie mondialisée, il représente un des deux éléments de compétitivité d'une économie.

Un coût du travail compétitif à l'échelle mondiale, l'exemple du coût horaire du travail dans l'industrie textile

Source : Werner International Management Consultants, 2015

■ Voir Compétitivité

Coutume (soc)

Manière d'agir établie par l'usage chez un peuple ou dans un groupe social. La coutume devient règle lorsque l'usage est général et répété et lorsque l'autorité est reconnue par tous. Elle peut entrer en opposition avec la loi, normalement supérieure en droit.

« *Credit crunch* » (éco)

Le *credit crunch* est le terme anglais qui désigne un assèchement du crédit. Il correspond à une situation où les banques ne jouent plus leur rôle dans le financement de l'économie. Cet assèchement du crédit peut provenir d'une crise bancaire. Mais il peut également provenir d'asymétries d'informations. Un des derniers « *credit crunch* » a eu lieu lors de la crise des *subprimes* en 2008.

Crise/récession/dépression (éco)

Une crise correspond à une rupture, à un retournement brutal de la conjoncture économique qui marque la fin d'une période d'expansion. La crise est donc le moment où tout bascule et ouvre à une période de récession, caractérisée par une baisse ou un ralentissement des taux de croissance de la production et une hausse du chômage. L'entrée en récession implique deux trimestres consécutifs de chute du PIB. Au-delà des chiffres, la dépression se caractérise par des signes négatifs et un pessimisme des acteurs économiques (entreprises, consommateurs) qui les incitent à la prudence en raison de doutes sur l'avenir économique.

Citation :

« La crise est inéluctable, mais le moment de son déclenchement est imprévisible », Michel Aglietta, *La Monnaie. Entre dettes et souveraineté*, 2016.

Crises de change (éco)

La crise de change est une situation fréquente dans les années 1920-30 et dans la décennie 1990 dans laquelle un État est obligé de dévaluer sa monnaie. Les crises de première génération (Mexique 1994) sont provoquées par un déséquilibre croissant de la balance des paiements qui requiert l'intervention de la Banque centrale pour défendre une parité fixe. Les réserves de change s'épuisent, la crainte d'une dévaluation se développe, les capitaux quittent le pays, ce qui assèche définitivement les réserves de change et conduit à la dévaluation.

La fréquence des crises de change (1800-2010)

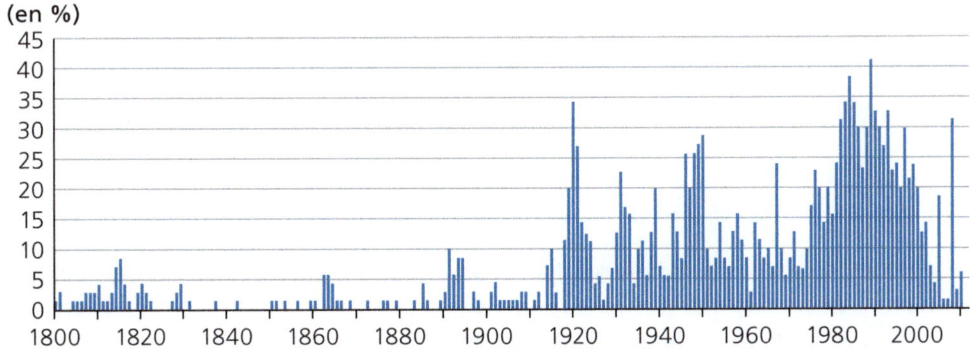

Source : Agnès Benassy-Quéré, *Économie monétaire internationale*, 2014

Les crises de deuxième génération (sortie de la livre sterling du SME en 1992) sont provoquées par la défiance des investisseurs vis-à-vis de la politique monétaire. Lorsque les investisseurs anticipent l'inflation parce qu'ils jugent la politique monétaire trop expansionniste, ils anticipent une dévaluation du taux de change. Un mécanisme autoréalisateur se met alors en marche : anticiper la dévaluation provoque la dévaluation. Les crises de troisième génération (Asie 1997-98) articulent crise de change et crise bancaire (on parle de crise jumelle). Un reflux soudain d'investissements étrangers (*sudden stop*) provoque des pressions à la baisse sur le taux de change et une spéculation sur une probable dévaluation. Une fois la dévaluation réalisée, le montant des dettes contractées en devises étrangères (en dollars) explose. Si les emprunteurs sont des banques domestiques, cela provoque une crise bancaire, qui renforce la défiance envers l'économie.

■ Voir Crise financière

Crise de dette souveraine (éco)

Le relâchement de la contrainte de financement en économie fermée permet d'accéder à un financement international. Ce financement auprès d'agents non-résidents implique le respect d'une contrainte intertemporelle, c'est-à-dire la capacité à pouvoir rembourser l'emprunt dans le futur. Lorsque l'endettement concerne l'État et que la dette devient insoutenable, on assiste à une crise de la dette souveraine. Le Mexique qui s'endette en eurodollars durant les années 1970 est frappé par l'envolée du dollar du début des années 1980, ce qui rend sa dette souveraine insolvable. Le financement des déficits publics grecs s'ouvre aux capitaux européens avec la mise en œuvre de l'Union économique et monétaire. Dans un contexte de déséquilibres courants croissants, le poids de la dette progresse en % du PIB. La confiance dans la capacité de la Grèce à rembourser sa dette publique s'effondre en 2010, les taux d'intérêt explosent et rendent insoutenable le remboursement des échéances futures.

Crise diplomatique (géopol)

Moment de désaccord entre deux États qui se résout par la discussion. La crise de Cuba en 1962 en est un parfait exemple.

■ Voir Guerre froide

Crise financière (éco)

Une crise financière se définit par l'incapacité du système financier à orienter de manière efficace les financements entre agents à besoin et agents à capacité de financement. L'étude historique des crises financières montre qu'il ne s'agit pas d'un phénomène récent. Les crises financières sont une caractéristique des économies de marché. On observe néanmoins une accélération de ce type de crise depuis les années 1970. Dans *Stabilité financière* (2013), O. de Brandt, F. Drumetz et C. Pfister distinguent trois types de crises financières : les crises et paniques bancaires, les frictions financières et les crises de change, qui peuvent s'articuler les unes avec les autres.

Les différentes formes de crises financières

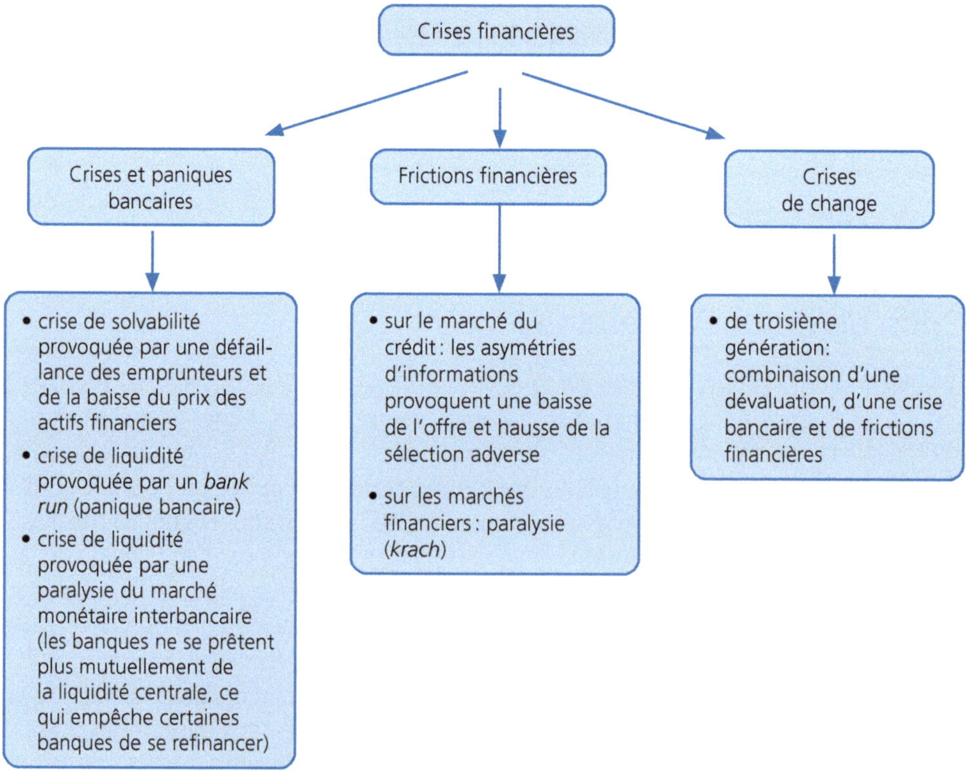

Critères de convergence (éco)

Le traité de Maastricht (1992) entérine le passage à la monnaie unique, et le nom d'euro est officialisé en 1995. La position des « économistes » l'emporte et les États membres s'entendent sur des critères de convergence que doivent respecter les pays candidats à la monnaie unique pour pouvoir y participer. Ces critères doivent permettre d'atteindre :

1/ Une stabilité des prix : le taux d'inflation dans chaque État ne doit pas dépasser de plus de 1,5 % le taux moyen des trois meilleurs États dans ce domaine ;

2/ Une convergence des taux d'intérêt : le taux d'intérêt nominal moyen à long terme dans chaque État ne doit pas dépasser de plus de 2,5 % le taux moyen des trois États présentant les meilleurs résultats en termes de stabilité des prix ;

3/ Le respect des marges de fluctuations prévues par le mécanisme de taux de change (avec interdiction de dévaluation) ;

4/ Le caractère soutenable de la situation des finances publiques : le déficit public ne doit pas dépasser 3 % du PIB (sauf situation exceptionnelle) et la dette publique ne doit pas dépasser 60 % du PIB.

■ Voir Euro et Europe

Croissance/développement (éco)

En 1961, dans *L'Économie du xxe siècle*, l'économiste français François Perroux définit la croissance comme « l'augmentation soutenue (...) d'un indicateur de dimension ; pour la nation, le produit global brut ou net, en termes réels ». Il assimile la croissance à une amélioration purement quantitative. Dans son ouvrage, le développement désigne « la combinaison des changements mentaux et sociaux d'une population qui la rendent apte à faire croître, cumulativement et durablement, son produit réel global ». Bien que distincts, ces deux phénomènes sont donc liés. Les deux dimensions, quantitative et qualitative, sont présentes et s'entrecroisent dans la notion de « croissance économique moderne » mise en avant par Simon Kuznets. Dans son discours de réception du prix Nobel en décembre 1971, il avance que « la croissance économique d'un pays peut être définie comme une hausse à long terme de sa capacité d'offrir à sa population une gamme sans cesse élargie de biens économiques ; cette capacité croissante est fondée sur le progrès technique et les ajustements institutionnels et idéologiques qu'elle requiert. » La croissance désigne donc un processus d'augmentation continue du volume de la production de biens et de services, mesuré par le PIB (mis en place par Kuznets dans la comptabilité américaine en 1932) et s'accompagne de leur diversification. Ce processus qui dure depuis la révolution industrielle a permis de faire reculer sans cesse le mur de la rareté. À l'échelle historique, une telle évolution de nos sociétés est récente : selon les estimations d'Angus Maddison, le PIB mondial croît en moyenne annuelle de 0,33 % entre 1500 et 1820 et de 2,17 % de 1820 à 1992, soit une croissance multipliée par presque 7. Le niveau de développement se mesure plutôt avec l'indicateur de l'IDH crée par l'économiste indien Amartya Sen.

■ Voir Destruction créatrice, PIB et IDH

Croissance annuelle du PIB par habitant (2015)

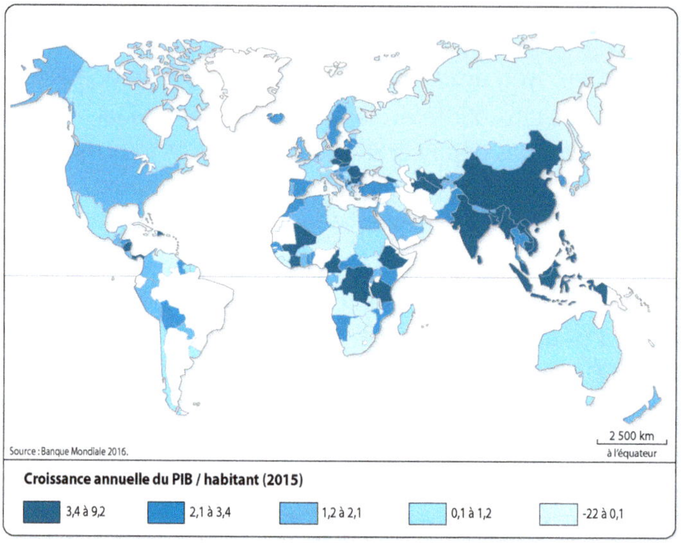

Croissance potentielle/croissance réalisée (éco)

La croissance potentielle correspond à la croissance que l'économie peut maintenir à long terme. Elle est estimée (et non pas observée) à partir du PIB potentiel qui est le niveau de production que peut atteindre une économie (en utilisant pleinement ses facteurs de production travail et capital) sans qu'apparaissent des tensions inflationnistes. Sur le long terme, la hausse de la croissance potentielle dépend de l'accumulation des différents capitaux: capital physique, capital technologique, capital humain et capital public. Après 1945, la croissance potentielle ne cesse d'augmenter, et elle peut être assimilée à la tendance de croissance de long terme de l'économie. À court terme, la croissance réalisée peut s'écarter de la croissance potentielle. Lorsqu'elle se situe au-dessous, cela signifie qu'une partie des facteurs à disposition de l'économie n'est pas utilisée. L'écart de production est négatif: la croissance est inférieure à ce qu'elle pourrait être. Mais l'écart de production peut être au contraire positif: la croissance réalisée est supérieure au potentiel de croissance. Il s'agit ici d'une situation de « surchauffe » de l'économie où l'économie produit au-delà de ses capacités en mobilisant par exemple les heures supplémentaires. La distinction croissance réalisée/croissance potentielle permet donc de comparer la situation conjoncturelle à la tendance de long terme de l'économie.

Croissance verte (éco)

Nouvelle forme de croissance liée aux énergies renouvelables et non aux ressources fossiles caractéristiques de l'ère industrielle des XIXe et XXe siècles. On parle aussi d'emplois verts.

Citation :

« La croissance verte signifie promouvoir la croissance économique et le développement tout en veillant à ce que les actifs naturels continuent de fournir les ressources et services environnementaux dont dépend notre bien-être. » OCDE

■ Voir Transition énergétique

Culture (cult)

Selon l'anthropologue américain Cliford Geertz, la culture est un système de significations communément partagé par les membres d'une collectivité sociale. Pour l'historien français Fernand Braudel, elle se résume par « naître, vivre, mourir ». Contrairement à ce que certains partis politiques font croire en raison de l'actuelle remontée identitaire, les cultures ne sont pas figées et se transforment avec le temps. Elles sont également porteuses de logiques d'inclusion et d'exclusion.

■ Voir Aire culturelles

Culture d'entreprise (éco)

Ce concept est développé dans les années 1980 par des professionnels de la gestion. Il désigne une forme de capital immatériel qui repose sur une mémoire collective (mythes, héros), le partage de normes propres à l'entreprise (façon de s'habiller, vocabulaire), des méthodes de travail et même des valeurs. Cela s'apparente au concept de culture tel que le décrivent les sciences sociales (ensemble de normes et de valeurs partagées par un groupe social). Dans les années 1980, ce concept est largement repris par les managers qui vont faire appel à des spécialistes chargés de mettre par écrit des chartes expliquant la culture de l'entreprise. Cela permet de faire adhérer les salariés à un projet commun, nécessairement positif (l'entreprise doit être présentée sous son meilleur jour). On recherche donc davantage de cohésion. Aujourd'hui, ces procédés se raréfient car la rédaction d'une charte apparaît comme un facteur de rigidité qui empêche une évolution de la culture de l'entreprise.

Cyberconflit/cyberattaques (géopol)

Opération militaire dans laquelle l'informatique a remplacé les armes conventionnelles. Le terme est dérivé de l'anglo-saxon *cyberwar* ou *cybernetic war*. Le phénomène est médiatisé en 2008 lors de la crise géorgienne où l'armée russe a bloqué les communications géorgiennes, mais depuis 2002 les États-Unis avaient déjà été la cible d'attaques de grande ampleur baptisées Titan Rain, d'origine chinoise.

Exemples de cyberattaques

Année	Type de cible	Nom de la cible
2008	État	Géorgie
2010	Organisation militaire	OTAN
2011	Firme du secteur militaire	Lockeed Martin
2011	Organisation régionale	Union européenne
2012	Organisation internationale	FMI
2014	Firme	Sony
2015	Média	Arte

Source : Franck Tétart, *Grand Atlas 2017*, 2016

■ Voir RMA

Cyberespace (géo)

Espace immatériel produit par l'ensemble des relations sociales qui s'établissent *via* des réseaux de télécommunications informatiques interconnectées. Le terme apparaît pour la première fois en 1984 chez le romancier William Gibson et est théorisé par l'économiste Rob Kitchin en 1998. Il émerge alors avec l'invention du protocole universel World Wide Web et le lancement des premiers portails de navigation. Comme tout espace, il a ses acteurs, ses pirates et implique des enjeux majeurs.

Cycle de l'eau (géo)

Désigne la circulation de l'eau entre les océans, l'atmosphère et les continents. Cette circulation est commandée par des mécanismes physiques tels que l'évaporation ou les précipitations.

Cycle de vie d'un produit (géo et éco)

Raymond Vernon, dans « International investment and international trade in the product cycle » (*International Economic Policies and their Theoretical Foundations*, 1966), introduit la théorie du cycle de vie du produit. Au départ, un pays possède un avantage comparatif fondé sur une innovation. Il est donc le premier à pouvoir produire ce bien (ou à se servir d'une technologie). Dans un premier temps, les produits innovants sont faiblement demandés au niveau national et international. À la naissance du produit (phase d'« introduction »), les quantités fabriquées sont donc limitées et les exportations faibles. L'objectif est de convaincre les consommateurs à haut revenu du marché national. Mais le marché domestique ne peut plus suffire. Il faut trouver des consommateurs ailleurs, ce qui suppose d'augmenter les quantités produites. Le prix du produit peut baisser. Dans cette phase de « croissance », les exportations se développent depuis le pays à l'origine de l'innovation (« pays leader » – à l'instar des États-Unis au lendemain de la Seconde Guerre mondiale), en premier lieu vers les consommateurs des « pays suiveurs » (comme l'Europe). Mais plus les marchés extérieurs deviennent essentiels, plus le produit se banalise. Il atteint sa « maturité ». La firme innovatrice doit alors faire face à la concurrence des firmes étrangères (qui se sont approprié la technologie). Dès lors, l'économie innovante exporte moins – la bataille pour acquérir des parts de marché fait rage –, ce qui incite les entreprises à s'implanter dans les pays nouvellement consommateurs du produit. Par ailleurs, les pays en voie de développement commencent à avoir accès au produit et l'importent. Dans la phase de « déclin » du produit, lorsque la technologie est banalisée et que la concurrence ne se fait plus que par les coûts de production, les filiales sont délocalisées et s'installent dans les pays en voie de développement. Le produit est fabriqué dans les économies à faible coût du travail au moment où il rapporte le moins. Au bout du cycle de vie du produit, la production peut complètement cesser dans le pays d'origine : le produit est alors importé (à bas prix) pour satisfaire ses consommateurs.

Le cycle de vie du produit de Vernon

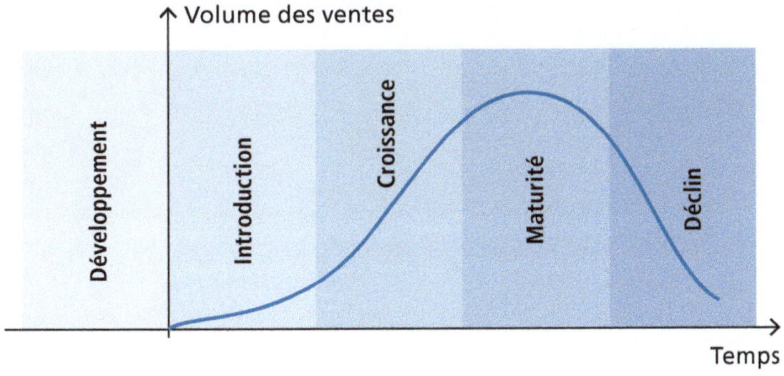

Cycles économiques courts selon Juglar et Kitchin et longs selon Kondratiev (éco)

Les premières analyses générales des crises et des cycles apparaissent au XIXe siècle. Clément Juglar montre la présence de mouvements réguliers des prix et de l'activité sur des durées d'environ neuf à dix ans. On appelle également le cycle Juglar le « cycle des affaires ». Joseph Kitchin (*Cycles and Trends in Economic Factors*, 1923) met à jour des cycles plus courts, d'une durée d'environ 40 mois. Ces cycles courts proviennent du décalage entre la demande et la production : la production réagit aux variations de la demande en fonction de l'état des stocks de marchandises ; par exemple, lorsque les stocks « gonflent », les entreprises réduisent leur production, jusqu'au moment où elle est inférieure à la demande. Nikolaï Kondratiev (*Les Vagues longues de la conjoncture*, 1926) met à jour des cycles plus longs d'une durée d'environ 50 ans. Le premier cycle long prend naissance vers 1790, puis culmine en 1815, puis un second cycle démarre en 1850, qui culmine à son tour en 1873 ; enfin, le troisième cycle débute en 1896 pour culminer vers 1930. L'idée du cycle renvoie à la succession toujours renouvelée de phases d'accélération et de dépression qui « contredit » la loi de la baisse tendancielle du taux de profit et de la fin inéluctable du capitalisme. Cette différence entre l'observation des cycles et la science « officielle » du pouvoir marxiste stalinien vaudra à Kondratiev d'être déporté au goulag, où il meurt fusillé en 1938.

Citation

« Les crises, comme les maladies, paraissent une des conditions de l'existence des sociétés où le commerce et l'industrie dominent. On peut les prévoir, les adoucir, s'en préserver jusqu'à un certain point, faciliter la reprise des affaires ». Clément Juglar dans *Des crises commerciales et leur retour périodique en France, en Angleterre et aux États-Unis*, 1862.

Les cycles Kondratiev

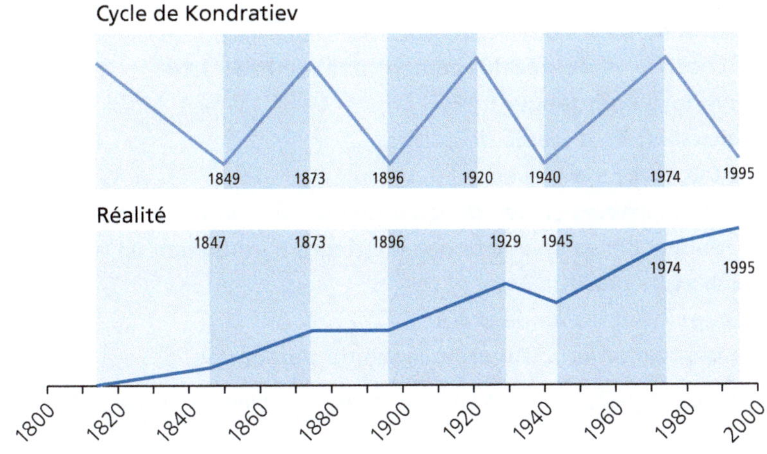

■ Voir Crise et Croissance

Cyclone tropical (géo)

Dépression de la zone intertropicale très violente (vents supérieurs à 120 km/h). On parle de typhon en Asie et d'*hurricane* en Amérique. Ils se développent sur des mers dont les eaux de surface ont une température supérieure à 26 °C. Un cyclone tropical se déplace à une vitesse comprise entre 30 et 60 km/h. Ils forment un des risques naturels majeurs. Leur fréquence en hausse semble liée au réchauffement climatique.

■ Voir Dérèglement climatique

DANEMARK : 23 informations clés (année 2018, sauf autre indication) cadre de couleur

PIB : 351 milliards de dollars (37e rang mondial)
Superficie : 43 094 km²
Capitale : Copenhague
Nature du régime : monarchie constitutionnelle à régime parlementaire, 5 régions
Chef de gouvernement en 2020 : Mette Frederiksen
Population : 5,8 millions d'habitants
Espérance de vie : femmes 83 ans et hommes 79 ans
Indice de fécondité : 1,8 enfant/femme
PIB/hab en ppa : 57 200 dollars
Croissance moyenne 2010-2019 : + 1,83 %/an

Monnaie : couronne danoise
Coefficient de Gini : 0,29
Part de la recherche et du développement dans le PIB : 3,1 %
Taux de couverture énergétique : 92 %
Réserves officielles : 71 milliards de dollars
Émission de CO_2/hab : 5,4 tonnes
Ressources renouvelables en eau douce intérieure par habitant en m³ en 1962 : 1 291
Ressources renouvelables en eau douce intérieure par habitant en m³ en 2014 : 1 063
Dette publique en % du PIB : 34
Budget militaire : 4,6 milliards de dollars
Prévision de population en 2050 en millions de personnes : 6,3

Sources : *Année stratégique 2021*, INED, *Images économiques du monde 2018*, ONU et PwC.

■ Voir Europe et Union européenne

Davos (éco et pol)

Fondation de l'économiste allemand Klaus Schwab, le Forum économique mondial de Davos (Suisse) est depuis 1971 une organisation internationale informelle visant à un dialogue entre hommes politiques, chefs d'entreprises, d'ONG et diverses personnalités. Davos est très critiqué par les altermondialistes, considérant l'inutilité, voire la nocivité de la rencontre des personnalités les plus riches de la planète, d'où la création d'un moment médiatique concurrent, le Forum social mondial.

Décentralisation (pol)

Déconcentration de facteurs de productions et de pouvoirs initialement rassemblés en un lieu. Peut être le volet d'une politique d'aménagement du territoire.

■ Voir Politique d'aménagement du territoire

Décile (éco)

Pour mesurer les inégalités, on découpe la « population » en tranches – le mot « population » doit se comprendre au sens des statisticiens pour qui un groupe de pommes constitue une « population ». Dans notre cas, pour les revenus, notre « population », est constituée soit de ménages, soit d'individus. Quand on découpe notre population en tranches égales de 10 %, on obtient ce que les statisticiens appellent des

« déciles ». Si on la découpe en fonction du niveau de salaire, notre décile est la valeur du niveau de salaire qui sépare chaque tranche, de 10 % en 10 %. Ensuite, on classe les déciles par ordre croissant. Le premier décile est donc le niveau de salaire qui sépare d'un côté les 10 % des salariés les moins bien payés et de l'autre les 90 % les mieux payés. Le deuxième est le niveau de salaire pour lequel 20 % touchent moins et 80 % touchent plus. Et on continue jusqu'au neuvième. Pour aller plus vite, les statisticiens écrivent parfois D1, pour le premier décile, D2 pour le second, et ainsi de suite. On n'est pas obligé de découper des tranches de 10 %. Une tranche de 1 % est un centile. Une tranche de 20 %, c'est un quintile (20 % = un cinquième). Une tranche de 25 %, c'est un quartile (25 % = un quart), etc. Un autre découpage connu est la médiane (qui n'est autre que le 5e décile par ailleurs) : on divise simplement la population en deux, la moitié au-dessus, la moitié au-dessous. Tous ces découpages sont regroupés sous le nom savant de « fractiles », qui signifie seulement « n'importe quel type de tranche ».

Notre découpage nous intéresse pour mesurer les inégalités, car il permet de rapporter le niveau d'une tranche sur une autre. Le plus souvent, on rapporte D9 à D1, et on appelle ça le « rapport interdécile ».

Déclassement (soc)

Processus réel ou ressenti de déclin social aux effets souvent politiques visibles, par exemple, au Brésil avec des manifestations qui, au final, ont abouti à la destitution de la Présidente Dilma Rousseff.

- Voir Classe moyenne

Décolonisation/postcolonial (éco pol géopol)

Le processus de décolonisation dépend tout autant de l'attitude des colonisés que des colonisateurs. La première phase a lieu en Amérique où les États-Unis se révoltent contre le Royaume-Uni. Vers 1825, l'essentiel des pays américains sont indépendants. Le processus est relancé au Moyen-Orient après la Première Guerre mondiale (indépendance de l'Égypte en 1922), mais c'est surtout après 1945 que le mouvement s'accélère en Asie (Inde indépendante en 1947), puis en Afrique où l'on assiste à la résistance du Portugal qui perd finalement ses colonies en 1975. La lutte pour l'indépendance va pendant longtemps donner une légitimité politique aux partis des libérateurs *via* les urnes (parti du Congrès au pouvoir en Inde de manière quasi continue jusqu'aux années 1990), *via* des régimes à parti unique (FLN en Algérie) ou bien des dictatures (Mobutu au Zaïre). La décolonisation est incomplète à deux titres : d'une part, certains territoires restent dépendants des métropoles (référendum en Nouvelle-Calédonie fin 2018) ; d'autre part, beaucoup d'États ont poursuivi la DIT, d'où une dépendance économique vis-à-vis des puissances du Nord. Les voies autocentrées impliquant un modèle de développement endogène et non extraverti échouent presque partout. Il faut attendre les années 1990 pour que les pays ayant parié sur l'extraversion économique (NPIA) émergents et commencent à remettre en question la domination du Nord.

La décolonisation (étapes, modalités et moteurs)

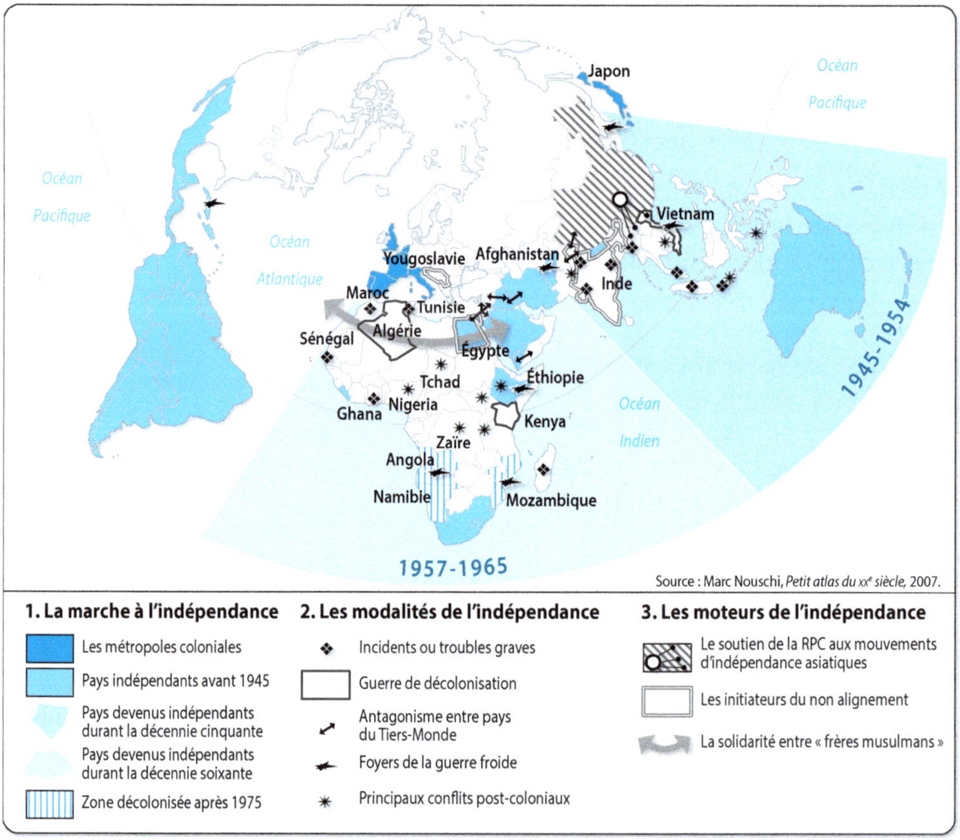

Source : Marc Nouschi, *Petit atlas du XXe siècle*, 2007.

Déficits jumeaux (éco)

Déficit concomitant du budget de l'État et du solde commercial.

Déflation (éco)

La déflation est une baisse des prix liée à un contexte économique de croissance faible dont le Japon est un exemple récent. En l'espace d'une décennie, l'économie japonaise tombe dans un marasme dont elle a encore du mal à sortir. Entre 1998 et 2004, le niveau général des prix baisse durant sept années consécutives. La déflation cumulée entre 1997 et 2012 est de 18 %.

■ Voir Inflation

Délocalisation (éco)

L'économiste français El Mouhoub Mouhoud différencie de deux manières les délocalisations. La délocalisation est absolue lorsqu'une firme supprime une unité de production ou d'assemblage dans un pays A pour la transférer vers un pays B (El Mouhoub Mouhoud, *Mondialisation et délocalisation des entreprises*, La Découverte, 2008). Mais à cette vision stricte, s'ajoute le sens plus général du déploiement international des firmes sans nécessairement transfert d'un pays à l'autre. Il s'agit donc plutôt d'une logique de croissance exogène.

■ Voir Externalisation, DIPP et Entreprise globale

Delta (géo)

Le delta est une embouchure fluviale qui forme une avancée de terre sur la mer. La fertilité des sols des deltas en fait des espaces agricoles riches, mais ce sont aussi des lieux à risques en raison des submersions fréquentes.

Démocratie (pol)

Forme de gouvernement dans laquelle la souveraineté appartient au peuple. Née à Athènes au Ve siècle av. J.-C., elle recouvre deux grandes formes : la démocratie directe (où les citoyens décident eux-mêmes avec le referendum par exemple) et la démocratie représentative (où les citoyens délèguent leur souveraineté à un élu). Ces régimes se mettent en place en Occident, avec les révolutions atlantiques du XVIIIe et XIXe siècles. Un des fondements démocratiques est la séparation en trois pouvoirs : le législatif (réflexion et vote des lois), l'exécutif (application des lois) et le judiciaire (justice). L'essor des médias de masse y ajoute le pouvoir médiatique. Les dérives autoritaires des démocraties au début du XXIe siècle (Russie de Poutine ou Turquie d'Erdogan) consistent d'abord en un contrôle renforcé de l'État sur la presse, voire à l'assassinat de journalistes ou d'opposants.

■ Voir Régime politique

Démographie (éco)

Fondamentalement, la démographie consiste en l'étude statistique des populations humaines, c'est-à-dire l'ensemble des individus répondant à une même définition.

Démondialisation (éco et pol)

Le processus de démondialisation correspond au repli des flux et tous les autres signes et effets de la mondialisation. On observe le phénomène après la Première Guerre mondiale avec deux formes : d'abord économique et commerciale, avec une hausse des taxes douanières qui implique un important repli du taux d'ouverture des États et, d'autre part, politique avec des régimes nationalistes à visées autarciques (Allemagne d'Hitler) et/ou anticapitalistes communistes (URSS de Staline). Depuis la crise de 2008, avec la stagnation des IDE et le repli de certaines activités bancaires internationales, on parle à nouveau de démondialisation.

L'Entre-deux-Guerres, une période de démondialisation

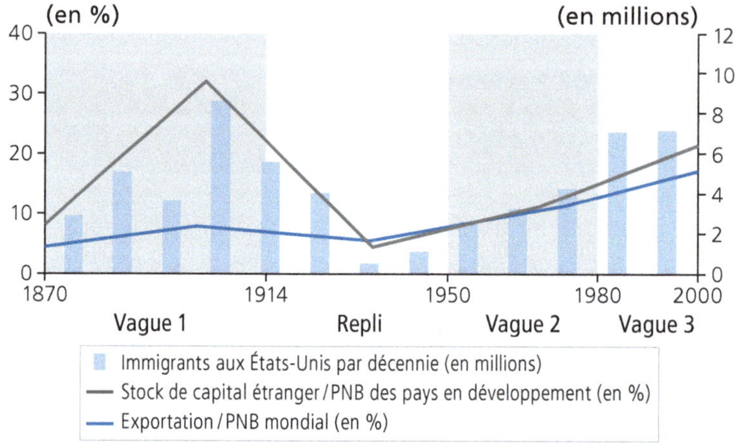

Source : Claude Mazagnol, *La Mondialisation. Données, mécanismes et enjeux*, 2003

■ Voir Altermondialisme

Dépendance (théorie de la) (éco)

Formulée dans les années 1960 en Amérique latine, c'est une vision tiers-mondiste dénonçant la conception occidentale du sous-développement comme retard par rapport à la modernité. Cette théorie considère que les causes du retard de développement sont externes et liées à l'essor du capitalisme qui implique une dépendance polymorphe : commerciale avec la dégradation des termes de l'échange, financière avec des capitaux venus du Nord, technologique (transferts de technologie apportés par les firmes multinationales) et enfin culturelle (déclin des cultures locales et nationales). Ce constat amène à la mise en place de politiques économiques de substitution des importations, ou « voie ISI » (pour Industrialisation par Substitution aux Importations).

■ Voir Substitution des importations

Dépréciation/dévaluation (éco)

La dépréciation est la baisse qui s'observe sur les marchés des changes quand une devise est plus vendue qu'achetée : dans un régime de changes fixes (comme Bretton Woods), la Banque centrale a obligation d'intervenir pour maintenir le cours de sa monnaie au niveau de la parité (cours officiel). Elle le fait en rachetant sa propre monnaie en échange d'or ou de devises étrangères, en augmentant éventuellement le taux d'intérêt de base (ou taux de réescompte) pour attirer des capitaux qui, en entrant dans le pays, doivent se procurer la monnaie qui y a cours. Par contre, dans un régime de changes flottants (courant aujourd'hui), la Banque centrale n'a pas d'obligation particulière. La dévaluation est l'abaissement de la parité d'une devise. Il s'agit donc d'une opération officielle, liée à une période de dépréciation. Les pouvoirs publics peuvent parfois souhaiter voir se déprécier leur monnaie pour rééquilibrer leur balance commerciale grâce à un retour à une compétitivité-prix permise par la dévaluation.

Billet allemand de 1922

■ Voir Inflation

Déprise/kazo (géo)

Dépeuplement d'un espace accompagné d'un abandon des activités. Les cas de déprises partielles sont fréquents. Au Japon, on parle de « sur-dépeuplement » : le recensement japonais utilise le terme de kazo pour qualifier une commune ayant perdu 10 % de sa population entre deux recensements.

Dérégulation/décloisonnement/désintermédiation (éco et pol)

La dérégulation est un des maillons des trois D définis par l'économiste français Henri Bourguinat. Le décloisonnement est la suppression des divisions traditionnelles entre des marchés ou des activités (banque de dépôt et banque d'investissement par exemple). La déréglementation est la suppression des réglementations et contrôles afin de libérer les forces du marché. Enfin, la désintermédiation bancaire correspond à la mise en place de relations directes entre les agents disposant de capacités de financement et les agents ayant besoin de financement, sans passer par des intermédiaires comme les banques. Le mouvement suppose que les entreprises se financent directement *via* la bourse par l'émission d'actions ou d'obligations. Ce phénomène induit la financiarisation des économies. On peut désormais ajouter un 4e D avec la dématérialisation permise par la révolution informatique et internet.

Les « trois D »

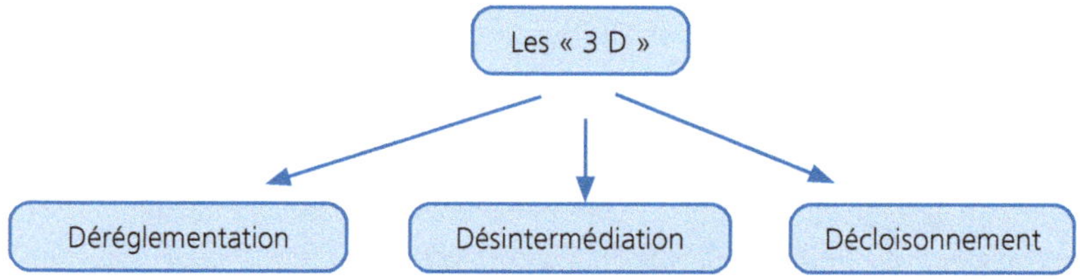

Source : Jean-Pierre Paulet, *La Mondialisation*, 2007

Desakota (géo)

Nébuleuses mi-urbaines mi-rurales denses, développées autour des grandes métropoles asiatiques.

Désarmement (géopol)

Ayant pour objectif la réduction, voire la suppression des armements et des forces armées d'un État, le désarmement est différent de la limitation ou de la maîtrise des armements qui consistent à limiter leur quantité, leur nature et leur usage.

Désenclavement (pol)

Politique visant à remédier à l'enclavement, essentiellement par la construction d'infrastructures de transports. La politique chinoise « *go west* » dans les années 2000 vise à désenclaver les périphéries occidentales chinoises.

■ Voir Politique d'aménagement du territoire

Désindustrialisation (éco)/société postindustrielle (soc)

Importante diminution du poids de l'industrie dans l'économie d'un pays. Elle peut se mesurer par la proportion d'actifs du secteur secondaire. Au niveau géographique, elle implique le déclin de vielles régions industrielles des pays développés au profit de régions dynamiques des pays émergents.

Évolution sectorielle de la population active française depuis 1950 (en % des actifs)

	1950	1960	1970	1980	1990	2008	2017
Primaire	31	22	16	8	6	3	3
Secondaire	32	38	47	35	29	22	21
Tertiaire	37	40	47	56	66	75	76

Sources : INSEE

La désindustrialisation doit être relativisée. En effet, le secteur tertiaire, qui rassemble désormais l'essentiel des activités, comporte de nombreux emplois qui dépendent de l'industrie (externalisation, sous-traitance). Pour le sociologue français Alain Touraine, les années 1960 constituent la fin d'une ère industrielle. Dans son ouvrage *La Société post-industrielle. Naissance d'une société* publié en 1969, il considère que la société postindustrielle se caractérise par la subordination des éléments matériels (matières premières et machines) à des éléments immatériels (connaissance et information) dans l'organisation sociétale. Pour lui, cela pose problème en raison du déséquilibre ville-campagne (au détriment de cette dernière) et de la captation par les élites de la connaissance. En effet, la tertiarisation implique une forte urbanisation.

Désordre mondial/chaos (géopol)

Par opposition à l'ordre mondial, le désordre mondial est une situation internationale d'incertitudes, marquée par l'absence ou la faiblesse d'un leadership. L'entre-deux-guerres est une phase de désordre, certainement comme aujourd'hui. Le désordre ne correspond pas tout à fait au chaos qui, au sens strict, est le premier état de l'univers (grec *khaos*) ; ainsi, le chaos est un désordre grave. Une guerre civile comme la Syrie peut être qualifiée de chaos de par l'absence, parfois

apparente, d'autorité. La répétition médiatique des chaînes d'informations en continu et le terrorisme participent au sentiment chaotique que peuvent éprouver les populations.

■ Voir Ordre mondial

Destinée manifeste (pol)

Notion fondamentale dans l'exceptionnalisme américain, cette idéologie donne aux États-Unis une mission divine. Apparue en 1845 dans un article du journaliste new-yorkais John O'Sullivan pour pousser son pays à annexer le Texas, son usage interne initial évolue et touche la politique extérieure. Elle devient la justification par un choix divin de la conquête d'un territoire pour répandre la démocratie et la civilisation.

« Destruction créatrice » (éco)

Notion introduite par Joseph Schumpeter pour décrire l'activité économique caractérisée par la disparition et la création incessantes d'activités.

■ Citation

« La croissance est un processus de destruction créatrice, qui révolutionne incessamment de l'intérieur la structure économique, en détruisant continuellement les éléments vieillis, et en créant continuellement des éléments neufs », Joseph A. Schumpeter, *Théorie de l'évolution économique*, 1911.

■ Voir Croissance et innovation

Détérioration des termes de l'échange (éco)

Développée par Raul Prebish et Hans Singer dans les années 1950, cette expression désigne le phénomène de baisse des prix des produits exportés (en général issus du secteur primaire) par rapport aux prix des produits importés qui se maintiennent voire augmentent. Cette évolution contraint les pays en voie de développement concernés à réduire leurs importations, donc à limiter leur développement.

■ Voir Termes de l'échange

Déterminisme physique ou naturel (géo)

Au sens large, le déterminisme suppose que, les causes d'un phénomène étant connues avec certitude, si ces causes se produisent, le phénomène ne peut que se reproduire.

Certains géographes aux XIXe et XXe siècles ont été tentés par le déterminisme physique ; c'est le cas surtout pour l'agriculture traditionnelle dépendante des conditions climatiques. Pour autant, les facteurs naturels n'expliquent pas tout : à conditions physiques égales, les deltas de l'Amazonie et du Gange ont des densités opposées.

Déterritorialisation (géo)

Notion développée par le philosophe français Gilles Deleuze dans les années 1970 de manière polysémique. Dans un contexte de mondialisation, la déterritorialisation fait référence aux délocalisations et à la diminution des distances. Au niveau politique, l'érosion du pouvoir des États fait entrevoir selon Bertrand Badie « la fin des territoires », c'est-à-dire une perte de sens par le dépassement des frontières.

Développement (éco)

Yves Lacoste propose de définir le développement comme la situation des États dont la croissance économique est supérieure à la croissance démographique, permettant ainsi une amélioration des conditions de vie et les investissements nécessaires pour accentuer et pérenniser cette situation.
Le niveau de développement se mesure plutôt avec l'indicateur de l'IDH crée par l'économiste indien Amartya Sen.

Citation :
« Le développement humain est un processus qui conduit à l'élargissement des possibilités offertes à chacun. Vivre longtemps et en bonne santé, être instruit et avoir accès aux ressources nécessaires pour jouir d'un niveau de vie convenable sont les plus importantes », Mahbud ul Haq, *Rapport sur le développement humain*, 1990.

■ Voir PIB et IDH

Développement durable (éco)

Le développement durable propose de concilier, dans un compromis assumé, la croissance économique (viable), la qualité de vie (équitable) et la protection de l'environnement (vivable) à toutes les échelles spatiales. L'Anthropocène, terme forgé en 1995 par le prix Nobel de chimie Paul Crutzen, serait le nouvel âge géologique dans lequel l'humanité est entrée depuis le XIXe siècle, caractérisé par l'impact majeur de l'homme sur le système terrestre et atmosphérique. « Le développement durable est un développement qui répond aux besoins du présent sans compromettre la capacité des générations futures à répondre aux leurs ». Cette définition officielle du développement durable est extraite du rapport *Notre avenir à tous* (*Our Common Future*, 1987), rédigé par la Commission mondiale sur l'environnement et le développement de l'ONU, présidée par la ministre norvégienne Gro Harlem Bruntland. Ce rapport utilise pour la première fois l'expression « *sustainable development* », traduite en français par « développement durable ». Il s'agit d'un projet de société à vocation universelle, ancré dans un contexte historique, géopolitique et social particulier. La volonté de rapprocher les objectifs de croissance économique, de qualité de vie et de protection de l'environnement est une tentative de réponse aux grands défis liés à la mondialisation. La prise de conscience des contradictions entre le progrès économique et la persistance des inégalités, du coût environnemental et des risques technologiques liés à la croissance économique, des incertitudes de la paix et de la capacité des êtres humains à « vivre ensemble », et enfin les nouvelles menaces que le changement climatique fait peser sur la vie des hommes sur la planète, amènent décideurs et société civile à entamer une réflexion sur les bénéfices et risques de la mondialisation économique.

Citation :
« Notre maison brûle et nous regardons ailleurs. La nature, mutilée, surexploitée, ne parvient plus à se reconstituer et nous refusons de l'admettre. L'humanité souffre. Elle souffre de mal-développement, au Nord comme au Sud, et nous sommes indifférents. Prenons garde que le XXe siècle ne devienne pas, pour les générations futures, celui d'un crime de l'humanité contre la vie », Jacques Chirac, Conférence introductive de la conférence de Johannesburg, 2002.

Les 17 objectifs de développement durable

Source : www.un.org/sustainabledevelopment/fr/objectifs-de-developpement-durable : SITE Internet officiel de l'ONU

Un aperçu des 17 objectifs de développement durable

1. Fin de la grande pauvreté
2. Faim « zéro »
3. Bonne santé et bien-être. Enrayer les maladies endémiques, généraliser la vaccination
4. Éducation de qualité. Scolariser 100 % des enfants
5. Égalité entre les sexes. Favoriser l'accès à l'éducation, au travail et à la propriété des femmes
6. Eau propre et assainissement. Protéger les zones humides, permettre l'accès à l'eau potable
7. Énergie propre et abordable. Promouvoir les énergies renouvelables, réduire la consommation énergétique
8. Travail décent et croissance économique. Multiplier par trois la classe moyenne
9. Industrie, innovation et infrastructures. Favoriser une industrie durable et l'innovation
10. Inégalités réduites. Surveiller les marchés financiers, encourager l'APD, faciliter la mobilité
11. Villes et communautés durables. Réhabiliter les taudis, investir dans les transports publics, permettre l'accès au logement
12. Consommation et production responsables. Mieux gérer les ressources et diviser par deux le volume des ordures
13. Lutte contre les changements climatiques. Mobiliser 100 milliards par an avant 2020 pour les pays en voie de développement
14. Vie aquatique. Appliquer de façon rigoureuse la législation internationale
15. Vie terrestre. Protéger les écosystèmes, gérer les forêts durablement
16. Paix, justice et institutions efficaces. Renforcer les États de droit et les droits humains
17. Partenariat pour la réalisation des objectifs. Favoriser la diminution des dettes, installer un système de commerce équitable

■ Voir Anthropocène

Diaspora (soc et cult)

Signifie en grec « dispersion, dissémination ».

Forme migratoire complexe, ancrée dans le temps long, désignant une population mondialement dispersée, unie par une forte conscience identitaire et une intense mise en réseau des différentes communautés migrantes.

L'exemple des Philippines

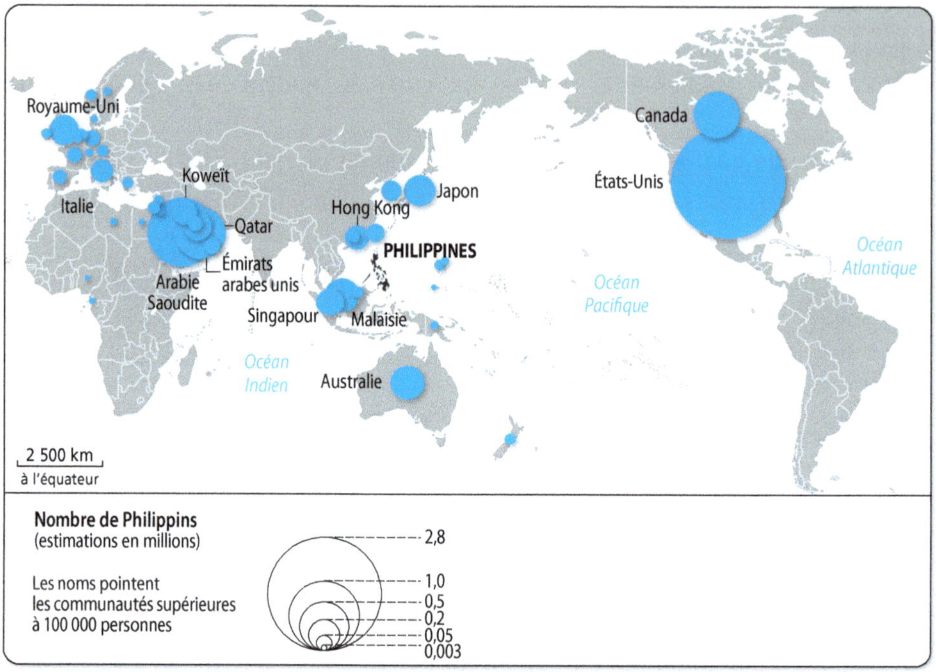

Source : Le Monde/La Vie, *Atlas des migrations*, 2008-2009

Diatope (géopol)

- Voir Échelle

Diplomatie préventive (géopol)

Théorisée par le secrétaire général des Nations unies Dag Hammarskjöld dans les années 1950, la diplomatie préventive a pour objectif d'éviter que des différends ne dégénèrent en conflit ouvert. Dans les années 1990, Boutros Boutros-Ghali la réactualise en poussant à la mise en œuvre de mécanismes de préventions de conflits.

- Voir Casques bleus et ONU

Discontinuité (géo)

Constitue une séparation entre deux espaces permettant de les identifier et de les comparer. Une discontinuité peut revêtir trois formes : une rupture nette dans l'espace marquée par une construction humaine ou naturelle (un mur, un fleuve, une limite administrative d'échelle variée...), un gradient (la diminution ou l'augmentation progressive d'un phénomène géographique aussi bien dans un espace de type aréolaire que réticulaire), une interface (qui permet, à la différence des deux précédents, la mise en place d'échanges entre deux entités géographiques coopérant l'une avec l'autre).

Discrimination positive (pol)

Visant à lutter contre la discrimination ou l'exclusion d'un groupe social en lui accordant un traitement préférentiel, la politique de discrimination positive fait suite au mouvement de droits civiques et aux émeutes raciales des années 1960 ; le gouvernement fédéral impose des mesures telles que des quotas d'accès à l'université ou à l'emploi. Dans les années 1990, certains États les suppriment.

■ Voir Minorité

Dissuasion (géopol)

Tactique militaire ancienne consistant à motiver l'adversaire à ne pas attaquer. L'arme nucléaire bouleverse les défenses nationales des États qui la possèdent par la capacité de ces derniers à exercer d'éventuelles représailles nucléaires.

■ Citation

« Nous savons tous qu'une guerre avec emploi de bombe atomique serait incomparablement plus destructrice et horrible que tout ce que le monde a connu jusqu'ici », Bernard Brodie, *Anthologie mondiale de la stratégie*, 1990.

Dissymétrie (géo)

Opposition entre deux portions de l'espace, souvent d'origine naturelle comme l'ensoleillement dans les vallées de montagne.

Distance (géo)

La notion de distance est constitutive de celle d'espace, elle occupe donc une place fondamentale en géographie. Elle correspond à l'écart qui sépare deux réalités géographiques. Une distance s'oppose donc à la notion de contact. Tout l'argumentaire consiste à déterminer les attributs même de cette distance et les stratégies mises en place par les acteurs pour la réduire, la renforcer, la sanctuariser, l'aménager, la parcourir.

District (géo)

Dans la plupart des pays de tradition anglo-saxonne, le *district* est une subdivision administrative d'une ville. Le *Central business district* est devenu le plus célèbre. Les économistes utilisent aussi le terme pour caractériser un espace géographique dans lequel se sont tissés des liens entre industries. Les *districts* industriels italiens sont les plus connus.

Dividende démographique (éco)

Apport dans la croissance économique d'un pays d'une population jeune, active et nombreuse. Cette période de la transition démographique où les catégories actives dépassent les catégories inactives est un atout économique pour les pays concernés. Dans *l'Atlas global* dirigé par Christian Grataloup, le démographe Hervé Le Bras montre qu'au lieu d'opposer pays jeunes (comme au Niger où 50 % de la population a moins de 15 ans) et pays vieux (Japon avec 26 % de plus de 65 ans), il faut surtout évaluer l'ensemble des charges qui pèsent sur les actifs, soit les jeunes et les personnes âgées. Aussi, pays africains à forte fécondité et Japon se rejoignent autour de 0,8 personne à charge par adulte de 20 à 59 ans alors que la Chine n'est encore qu'à 0,44.

■ Voir Transition démographique

Division internationale des processus productifs ou DIPP (éco)

L'expression « DIPP » intervient dès le moment où un stade du processus de production se déroule dans un autre pays que celui où est assemblé le produit fini. Ce phénomène, qui correspond à une division verticale de la production, a donné naissance à un commerce international de pièces et de composants et à des réexportations de produits finis après montage. Ces échanges se réalisent entre filiales de firmes multinationales ou dans le cadre de sous-traitance ou d'accords inter-firmes et favorisent ainsi les échanges mondiaux.

Citation :

« La célèbre poupée Barbie donne une excellente illustration de la nature du commerce mondial aujourd'hui. La matière première – le plastique et les cheveux – vient de Taiwan et du Japon. L'assemblage est fait aux Philippines avant de se déplacer vers des zones de salaires moindres, l'Indonésie ou la Chine. Les moules proviennent des États-Unis tout comme la dernière touche de peinture avant la vente... Ce n'est pas une spécialisation sectorielle à laquelle on assiste. La spécialisation porte sur la tâche effectuée par chacun pour fabriquer un produit donné ». Daniel Cohen, *Trois leçons sur la société postindustrielle*, 2006.

■ Voir DIT et FMN/FTN

Division internationale du travail ou DIT (éco)

Division technique, sociale et spatiale du travail permise par la révolution des transports au XIXe siècle. S'opposent alors un essor du travail non-qualifié et l'exportation de produits à faible valeur ajoutée dans les pays peu développés à une production et exportation de biens industriels et technologiques dans les pays les plus développés. La révolution informatique et financière a rendu partiellement caduque la DIT par une compartimentation des tâches encore plus complexe.

■ Voir DIPP

Doctrine Monroe (géopol)

Doctrine de politique étrangère américaine tirée d'un discours prononcé en 1823 par le Président démocrate James Monroe à l'intention des Européens : le refus de toute forme de colonisation européenne en Amérique en échange de la non-intervention des États-Unis en Europe en est le fondement ; véritable lancement de la politique extérieure américaine, la doctrine Monroe est ambivalente car elle implique un isolationnisme mondial et un interventionnisme sur le continent américain.

■ Voir Isolationnisme

Dollar (éco)

Monnaie des États-Unis qui joue un rôle économique majeur depuis la conférence de Bretton Woods (1944) et malgré la fin de sa convertibilité en or (1971).

« *Downtown* » (géo)

Expression anglaise désignant le cœur des villes d'Amérique du Nord et qui correspond pour les grandes au centre directionnel.

Droit international humanitaire (géopol)

Branche ancienne du droit international, le droit international humanitaire vise à atténuer les souffrances des victimes de conflits armés et à protéger les populations civiles. Il complète les droits humains qui s'appliquent en temps de paix et s'impose aux États signataires des obligations en temps de guerre. Parfois nommé « droit de la guerre », le DIH distingue soldats et civils. Principalement codifié par le Comité international de la Croix-Rouge, il comporte en 1949 plusieurs principes clés comme la neutralité, l'interdiction d'armes jugées préjudiciables (comme les gaz) et l'immunité aux combattants.

Droits de l'homme/droits humains (pol et géopol)

Valeurs nées en Europe à partir de la Renaissance (humanisme), puis développées au siècle des Lumières, les droits de l'homme sont liés à l'essor du libéralisme politique donnant à l'individu des devoirs mais aussi des droits qui doivent être respectés par l'État. Après les horreurs de la Seconde Guerre mondiale, ils sont adoptés par les États fondateurs de l'ONU; ils deviennent alors un ensemble de régulations internationales visant à protéger les droits de la personne humaine. Les tribunaux de Nuremberg et de Tokyo ainsi que la Déclaration universelle des droits de l'homme de 1948 forment donc un tournant international.

La Déclaration universelle des droits de l'homme

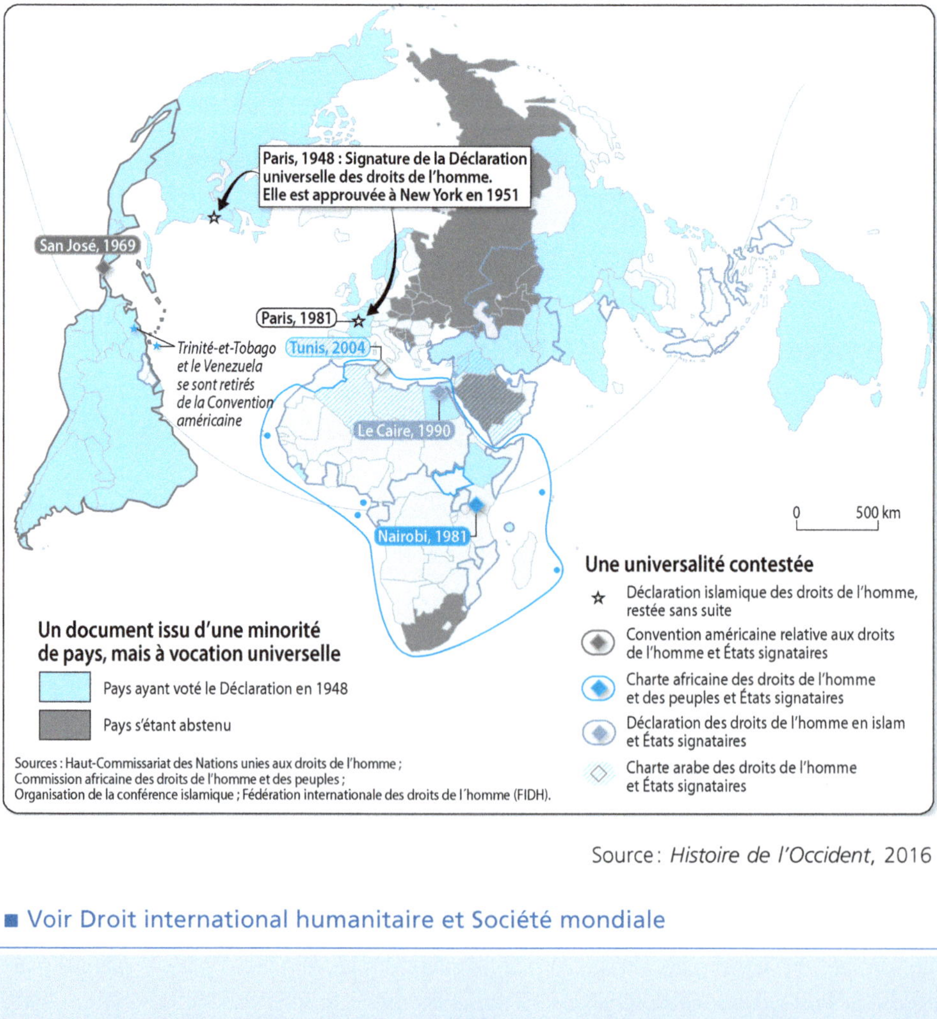

Source : *Histoire de l'Occident*, 2016

■ Voir Droit international humanitaire et Société mondiale

Dualisme (éco)

Juxtaposition au sein d'une économie (et d'une société) de deux secteurs, l'un moderne et orienté vers les marchés, en particulier extérieurs, et l'autre plus traditionnel et orienté vers l'autoconsommation ou les marchés locaux. Le dualisme existe dans l'agriculture (de produits tropicaux *versus* vivrière) comme dans l'industrie (grands groupes exportateurs *versus* PME).

Dumping (éco)

Dans le cadre du commerce international, le dumping existe lorsqu'une entreprise vend à l'étranger à un prix inférieur à celui pratiqué sur son marché national. L'établissement d'une situation de dumping par l'OMC dépend de la classification d'un État dans le groupe des économies de marchés ou non. La notion de dumping s'est élargie. Il y a dumping social lorsqu'une économie ou une entreprise ne respecte pas les droits sociaux fondamentaux afin d'améliorer la compétitivité de ses produits ; le dumping fiscal consiste pour un État à mettre en place une politique fiscale incitative afin d'attirer sur son territoire des capitaux et du travail (la différence de fiscalité avec les voisins peut être très importante) ; enfin, le dumping environnemental existe lorsqu'un pays applique des normes écologiques moins contraignantes qu'ailleurs afin de favoriser la compétitivité de ses entreprises.

Dutch disease (éco)

Exploitation d'une ressource conduisant à un délaissement des autres secteurs de l'économie.

■ Voir Malédiction des ressources et Rente pétrolière

Dynamiques (géo)

Il s'agit d'un ensemble d'évolutions spatiales soit dans un sens positif (hausse des populations et des activités comme dans un front pionnier), soit dans un sens négatif (déclin d'anciens espaces industriels).

Eaux territoriales (géo)

Étendue maritime littorale sur laquelle l'État riverain exerce sa souveraineté, le plus souvent sur une largeur de 12 milles marins, soit 22 km.

■ Voir Convention de Montego Bay, Espace maritime et ZEE

Échanges interbranches/intrabranches (éco)

Commerce de produits ou de services différents. La DIT « traditionnelle » est un bon exemple des échanges interbranches : les pays du Nord vendaient des produits manufacturés aux pays du Sud et leur achetaient des produits primaires. Les échanges intrabranches (éco) forment du commerce de produits ou de services similaires (qui relèvent de la même branche d'activité). Par exemple, lorsque les consommateurs français achètent des voitures allemandes, tandis que les consommateurs allemands achètent des automobiles françaises, ce sont des échanges intrabranches qui sont réalisés.

Échanges intra-firmes

Échanges de produits à l'intérieur d'une FMN, que ce soit entre la maison mère et les filiales ou entre différentes filiales.

Échelle/diatope (géo)

Terme employé pour parler de la taille d'un phénomène ou bien d'un niveau auquel on l'analyse. On distingue de nombreuses échelles : locale, régionale (à l'intérieur d'un État), nationale, régionale (à l'intérieur d'un continent), continentale et mondiale. En géopolitique, Yves Lacoste considère que l'analyse géopolitique nécessite la juxtaposition de plusieurs échelles, de la grande échelle à des cartes à échelle de plus en plus petite. Il nomme « diatope », la juxtaposition de ces échelles. Exemple : on ne peut comprendre le problème israélo-palestinien sans connaître l'échelle locale (question de l'eau, frontières), l'échelle régionale (soutiens historiques aux Palestiniens comme l'Égypte) et l'échelle mondiale (soutien américain à Israël, attentats palestiniens hors Moyen-Orient).

■ Voir Acteurs spatiaux

Écho démographique (éco)

Conséquences démographiques reportées sur la génération suivante.

Écologie (éco et pol)

Science qui vise à étudier les relations des êtres vivants et des milieux où ils vivent.

Économie (éco)

La science économique par Lionel Robbins, *Essay on the Nature and Significance of Economic Science*, (1932) : l'économie est la science qui étudie le comportement humain en tant que relation entre des fins et des moyens rares à usages alternatifs. On distingue deux grandes branches : la microéconomie, liée à l'analyse des acteurs économiques comme les entreprises ou les ménages, et la macroéconomie, plus orientée vers une analyse générale et mondiale.

Économie extravertie (éco)

Une économie extravertie est une économie dans laquelle l'essentiel de l'activité productive est orienté en fonction des marchés extérieurs et non du marché national. Le taux d'ouverture mesure cette extraversion dont la conséquence est la dépendance vis-à-vis de l'évolution de la conjoncture des pays clients.

Économie d'échelle/dynamique d'agglomération (éco)

On considère qu'une firme réalise des économies d'échelle lorsque, suite à une augmentation des quantités produites, le coût moyen des biens fabriqués diminue. Alfred Marshal introduit une distinction entre économie d'échelle interne et économie d'échelle externe à la firme (*Economics of Industry*, 1879). L'économie d'échelle interne suppose que les caractéristiques internes de la firme (organisation, coûts fixes) permettent une baisse du coût unitaire lorsque la production s'accroît. L'économie d'échelle externe provient de l'augmentation de la taille du secteur ou de l'économie du pays dans lequel se situe la firme.

Schéma de la dynamique d'agglomération

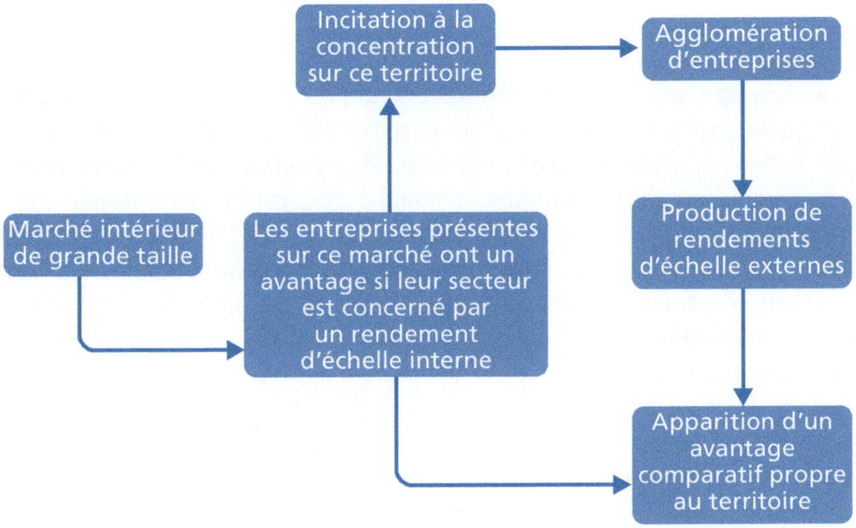

Elle peut s'appuyer sur des quantités produites plus importantes qui proviennent d'« économies d'agglomération ». La concentration géographique d'entreprises d'un même secteur, formant un « district industriel » (Marshall), donne plusieurs avantages : la garantie de se trouver à proximité des fournisseurs et d'une main-d'œuvre nombreuse et très qualifiée, la réduction des coûts de transaction et l'apparition d'externalités positives. La Silicon Valley ou les districts industriels italiens sont des exemples de ces « économies de localisation » générant des économies d'échelle externes. L'ensemble de ces économies d'échelle forme une dynamique d'agglomération.

■ Voir Concentration et FMN

Économie circulaire/économie linéaire (soc éco)

L'économie circulaire est un modèle économique et industriel qui vise à maintenir les produits, leurs composants et leurs matériaux en circulation le plus longtemps possible, tout en veillant à garantir la qualité de leur utilisation. Ce modèle s'oppose en cela à l'économie linéaire, qui s'appuie sur le schéma suivant : récolte des ressources, fabrication et assemblage des biens, distribution et utilisation, et, enfin, production de déchets. C'est principalement au niveau de cette dernière étape qu'économie circulaire et économie linéaire s'opposent puisque, dans la première, les déchets ou produits en fin de vie trouvent une nouvelle utilité (par la réutilisation, le recyclage, etc.), tandis que, dans la seconde, ils sont tout simplement éliminés. L'idée d'une transition vers un modèle davantage circulaire rencontre une adhésion croissante.

Économie de marché/économie planifiée (éco)

Une économie de marché est un système économique qui s'organise autour du marché et où la régulation des activités économiques se fait par l'ajustement du niveau des prix en fonction de l'équilibre entre l'offre (producteurs) et la demande (consommateurs). Il n'existe cependant pas d'économie de marché pure car l'État est toujours présent et plus ou moins puissant. En 1991, l'essayiste français Michel Albert distingue dans *Capitalisme contre capitalisme*, l'économie anglo-saxonne très libérale et l'économie rhénane marqué par un État-providence plus présent. De même les économies asiatiques se caractérisent par un État plus régulateur. Une économie planifiée est plus dirigiste et centralisée par l'État. Ce dernier fixe *via* des plans annuels ou pluriannuels des objectifs de production. Le mode de production est collectif avec des entreprises publiques. Cette économie caractérise les pays du bloc communiste soviétique jusqu'à la fin de la Guerre froide et dans quelques pays aujourd'hui (Cuba, Venezuela, Corée du Nord).

Économie de partage ou collaborative (éco)

Désigne généralement les nouveaux modes de consommation permettant de partager entre consommateurs l'usage ou la consommation de produits, équipements ou services. Le partage ou prêt peut être gratuit ou payant. Les domaines d'activité les plus emblématiques de l'économie du partage sont par exemple des sites d'hébergement entre particuliers, des sites de covoiturage ou de location. Ainsi l'économie américaine est-elle exceptionnelle : les États-Unis restent en première ligne pour définir les règles de la mondialisation économique.

Économie informelle (éco)

Ce terme désigne les activités économiques productrices de biens matériels et de services qui ne sont pas déclarées aux administrations et qui échappent à la comptabilité officielle. Sa part est élevée dans les pays du Sud et peut dépasser parfois 50 %, voire 75 % du PIB.

■ Voir Antimonde

Économie mixte (éco)

Mode d'organisation d'une branche économique dans laquelle coexistent des activités régulées par le marché et des activités relevant d'une logique publique. Ce type d'organisation est fréquent lors de la mise en œuvre de politiques d'aménagement du territoire.

Économie-monde/système-monde (éco)

Concept développé par l'historien français Fernand Braudel, puis par l'Américain Immanuel Walerstein. Le terme se distingue de celui d'économie mondiale dans le sens où il fait référence à un espace organisé autour d'un centre (villes italiennes à la Renaissance, puis Provinces-Unies au XVIIe siècle, Angleterre au XIXe, puis États-Unis au XXe). Au moment où débute une nouvelle mondialisation, le géographe français Olivier Dollfus parle en 1984 de « système-monde » caractérisé par l'essor de flux organisés par un « archipel mégalopolitain mondial ».

■ Voir Archipel mégalopolitain mondial, Ville mondiale et Société-monde

Écosystème (géo)

Contraction de l'expression anglaise *ecological system* (système écologique). Il désigne le système ou les relations qui unissent en un lieu donné des êtres vivants et le milieu où ils vivent.

Écoumène (géo)

Se dit de l'espace habité, par opposition à la portion d'espace terrestre dépourvue d'installations humaines.

- Voir Aménités et Contraintes

« *Edge city* » (géo)

Terme anglo-saxon désignant de nouveaux quartiers périphériques principalement composés de bureaux, mis en place au cœur des banlieues de certaines métropoles américaines.

Effet de levier (éco)

En 2015, la Commission Juncker a lancé un programme de financement qui, à partir d'une mise initiale de 21 milliards d'euros, doit permettre de financer plus de 300 milliards : cela est possible par un effet de levier. Pour acquérir un actif (mobilier ou immobilier), il est possible d'utiliser des fonds propres ou d'emprunter. Si l'on choisit les fonds propres, ceux-ci sont « immobilisés ». L'investissement rapporte un rendement, mais il n'est plus possible d'utiliser ses fonds propres pour autre chose. Si l'on choisit d'emprunter, l'investissement rapporte le même rendement brut, mais il faut lui enlever le coût de l'emprunt pour déterminer le rendement net. L'avantage que l'on retire de cette solution est simple : tant que le coût de l'emprunt (le taux d'intérêt) est inférieur au rendement de l'investissement, l'investisseur gagne de l'argent sans avoir à mobiliser ses fonds propres. Dit autrement, l'investissement se finance tout seul. L'effet de levier de l'endettement correspond à cette situation où il est préférable de choisir le financement par l'emprunt. Tous les propriétaires qui achètent un appartement et qui le louent sont dans cette situation dès lors que les loyers encaissés couvrent le coût de l'emprunt. Bien sûr, cette solution a un inconvénient : si le coût de l'investissement augmente et dépasse son rendement, alors les investisseurs doivent financer cette différence pour ne pas faire défaut sur le remboursement de leur emprunt. On parle d'effet de massue de l'endettement. Les deux variables qui jouent sur l'effet de levier de l'endettement sont donc les taux d'intérêt et le rendement de l'actif. Plus l'effet de levier est élevé, plus les agents cherchent à s'endetter. Plus l'effet de massue est élevé, plus les agents cherchent à se désendetter.

Effet de serre (géo)

Au sens premier, il s'agit de la disposition naturelle faisant qu'une part du rayonnement infrarouge solaire se trouve réfléchie par la surface terrestre et renvoyée dans l'atmosphère où elle est absorbée par des gaz tels la vapeur d'eau, le méthane et le gaz carbonique (contribuant ainsi à l'augmentation des températures terrestres). C'est grâce à l'effet de serre que la température terrestre est d'environ 14 °C. Désormais, l'expression est aussi employée pour faire référence à un effet de serre additionnel lié aux rejets de gaz carbonique par différentes activités, donc d'origine anthropique.

- Voir Gaz à effet de serre

Effet tunnel (géo)

Par souci de raccourcir toujours plus les « distances temps » entre les grands centres urbains, entre les métropoles, la densité des nœuds des grands réseaux contemporains tendent à se dilater dans l'espace : raréfaction des gares régulièrement desservies (système des Lignes à grande vitesse – LGV), espacement des échangeurs de certaines autoroutes. Enfin, par nature même, les transports aériens sont créateurs d'effet tunnel. Aussi, des portions importantes des territoires sont mal desservies par les réseaux de transport rapide, les réseaux qui les traversent ne les irriguent pas et apparaissent comme des corps étrangers.

« *Ejido* » (éco)

Mot espagnol désignant en Amérique latine des terres communes. Au Mexique, les *ejidos* ont formé la base de la réforme agraire.

- Voir Réformes agraires

Élites (soc)

- Voir Classes supérieures et « Hyperclasse »

Émergence (soc éco géopol)

Au sens commun du terme, l'émergence désigne le fait de sortir de l'ombre pour apparaître en pleine lumière. C'est la sortie du sous-développement, c'est l'accession au développement. Depuis la fin des années 1990, les analystes financiers utilisent cette notion pour désigner les pays à fort potentiel de croissance où il est bon d'investir. L'émergence est une notion nouvelle appliquée à une réalité ancienne. Mais l'émergence n'est pas seulement économique, elle est aussi sociale, politique et géopolitique: elle se traduit par une plus grande influence dans les relations internationales. L'émergence se caractérise par sa pluralité de domaines de développement, la diversité de ses degrés d'émergence et ses différentes stratégies.

Les différents groupes des pays émergents

Année	Auteur (organisme)	Acronyme	Pays concernés	Sens
2001	Jim O'Neil (Goldman Sachs)	BRIC	Brésil Russie Inde Chine	Économie à haut potentiel
2004	Jim O'Neil (Goldman Sachs)	NEXT 11	Égypte, Bangladesh, Iran, Indonésie, Corée du Sud, Mexique, Nigeria, Pakistan, Philippines, Turquie et Vietnam	Stabilité microéconomique, maturité des institutions politiques, qualité des investissements et du système éducatif
2009	Robert Ward (Economist Intelligent Unit	CIVETS	Colombie, Indonésie, Vietnam, Égypte, Turquie et Afrique du Sud	Croissance annuelle moyen autour de 5 % pour les vingt prochaines années.
2011	Jim O'Neil (Goldman Sachs)	BRICS	BRIC + Afrique du Sud	Économie à haut potentiel
2013	Laurence Daziano (Science Po Paris)	BENIVM	Bangladesh, Éthiopie, Nigeria, Indonésie, Vietnam, Mexique	Croissance économique soutenue liée à une industrie dynamique et à grand potentiel énergétique
2013	Alexandre Kateb (Science Po Paris)	BRICS+ ou BRISSAMT	Brésil, Russie, Inde, Indonésie, Chine, Afrique du Sud, Arabie saoudite, Argentine, Mexique et Turquie	Économies émergentes qui dépassent le seuil des 1 000 milliards de dollars de PIB

■ Voir Pays émergents

ÉMIRATS ARABES UNIS : 28 informations clés (année 2018, sauf autre indication)

PIB : 415 milliards de dollars (30e rang mondial)

Superficie : 83 600 km²

Capitale : Abou Dhabi

Nature du régime : monarchie constitutionnelle, 7 émirats

Chef d'État en 2020 : Cheikh Khalifa bin Zayed Al-Nahayane

Population : 9,6 millions d'habitants

Espérance de vie : femmes 79 ans et hommes 77 ans

Indice de fécondité : 1,4 enfant/femme

PIB/hab en ppa : 67 500 dollars

Croissance moyenne 2010-2019 : + 3,38 %/an

Monnaie : dirham émirien

Coefficient de Gini : 0,33

Trafic en 2016 du premier aéroport (rang mondial) : Dubaï 84 millions de passagers (3e)

Trafic en 2016 du premier port (rang mondial) : Dubaï 174 millions de tonnnes (26e)

Rang mondial pour les exportations de marchandises en 2019 : 18e

Production automobile en 2018 (rang mondial) : pas de production répertoriée

Part de la recherche et du développement dans le PIB : 1,3 %

Taux de couverture énergétique : 339 %

Réserves officielles : 99 milliards de dollars

Émission de CO_2/hab : 20,9 tonnes

Ressources renouvelables en eau douce intérieure par habitant en m³ en 1962 : 1 334

Ressources renouvelables en eau douce intérieure par habitant en m³ en 2014 : 17

Dette publique en % du PIB : 19

Budget militaire : 2 milliards de dollars

Prévision de population en 2050 en millions de personnes : 13,2

Sources : *Année stratégique 2021*, INED, *Images économiques du monde 2018*, ONU et PwC.

■ Voir Amérique

Émissions de gaz à effets de serre CO_2 (géo et éco)

Gaz comme le méthane ou l'ozone qui contribuent à l'effet de serre et qui sont soupçonnés d'être à l'origine du réchauffement climatique. Depuis le protocole de Kyoto (1997), la plupart des États se sont engagés à réduire leurs émissions, notamment à la COP21.

Les 30 pays les plus émetteurs de CO_2 (en millions de tonnes de CO_2)

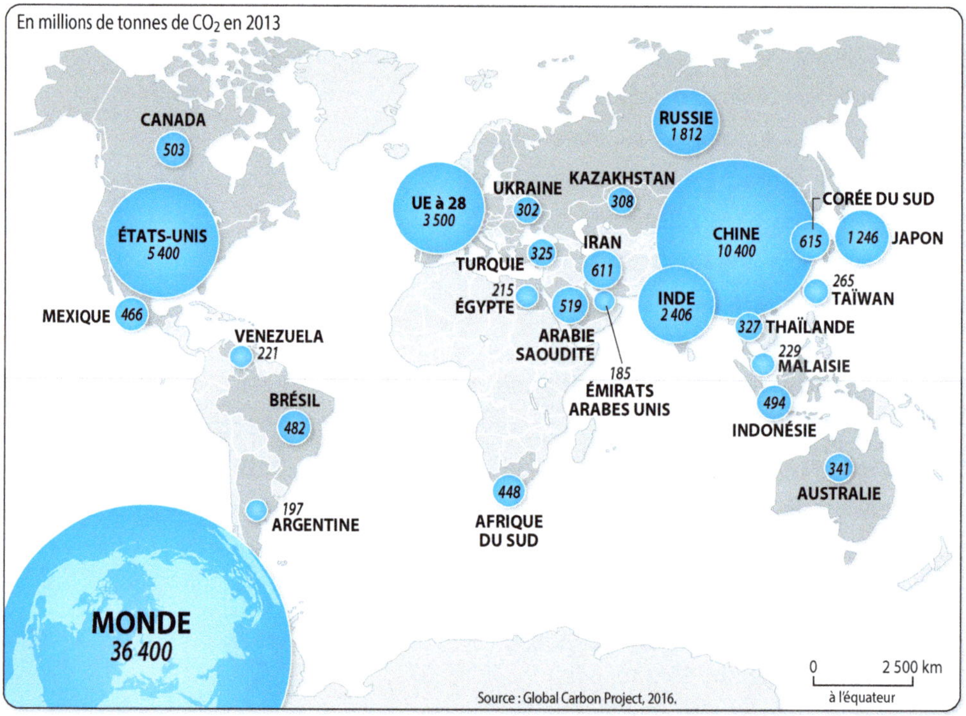

■ Voir Réchauffement climatique

Empire/métropole (hist et pol)

Système politique reposant sur la promotion d'un modèle culturel à prétention universaliste, l'empire est dirigé par une puissance centrale qui assujettit les populations situées à sa périphérie, le plus souvent à la suite de conquêtes militaires. Contrairement à l'État, les frontières sont moins nettes. Souvent, l'empire est composé de plusieurs entités nationales, ethniques ou religieuses. Les empires perdurent généralement grâce à une exploitation économique, en particulier dans le cas des empires coloniaux. Exemples : romain, byzantin, napoléonien, russe, austro-hongrois…

■ Voir Colonisation

Empire colonial (hist)

Se caractérise par la présence militaire et économique d'une puissance occupante dont le principal objectif est d'occuper le territoire colonisé et d'en exploiter les ressources au profit de la métropole.

■ Voir Colonisation

Empreinte écologique (éco)

Concept développé par le Canadien Williams Rees, il s'agit de la pression qu'exercent les sociétés humaines sur les écosystèmes. Cet indicateur vise à mesurer l'impact des activités en évaluant la surface biologiquement productive nécessaire pour produire les ressources consommées. Les valeurs (hectares globaux par habitant) sont très diverses, les Nord-Américains ayant une empreinte écologique 8 fois plus élevée que les Africains.

L'empreinte écologique dans les grandes régions du monde, par continent, en hectare globale

Amérique du Nord	8,33
Europe occidentale	5,15
Europe	4,69
Moyenne mondiale	2,84
Amérique Latine et Caraïbe	2,77
Asie	2,39
Afrique	1,39
Asie du Sud	1,16
Afrique centrale	1,11

■ Voir Développement durable

Enclavement (géo)

Se dit d'un territoire mal desservi.

Enclosure (hist et éco)

Déformation du terme anglais *inclosure*. Processus de fermetures de champs exploités jusque-là dans le cadre d'une organisation communautaire de la vie agraire. Développée en Angleterre, en Italie et dans les Flandres à partir du XVIe siècle, elle reflète le début d'une agriculture familiale privée en Europe occidentale.

Énergie (éco et géopol)

Du grec *ergon*, travail, force en action. Les sources d'énergie sont les matières utilisées pour produire de la chaleur, de l'électricité ou du mouvement. On distingue l'énergie primaire, libérée directement par une source d'énergie comme lors de la combustion du pétrole et l'énergie secondaire obtenue par une transformation d'une énergie primaire en une nouvelle énergie comme l'électricité issue de centrales à charbon ou à gaz. Les ressources utilisées sont, soit non renouvelables ou fossiles (charbon, hydrocarbures), soit renouvelables mais épuisables (bois, eau) ou enfin inépuisables (soleil, éolien). La révolution industrielle n'a été possible que par l'utilisation massive d'énergie.

Évolution du prix du baril de pétrole (1946-2015)

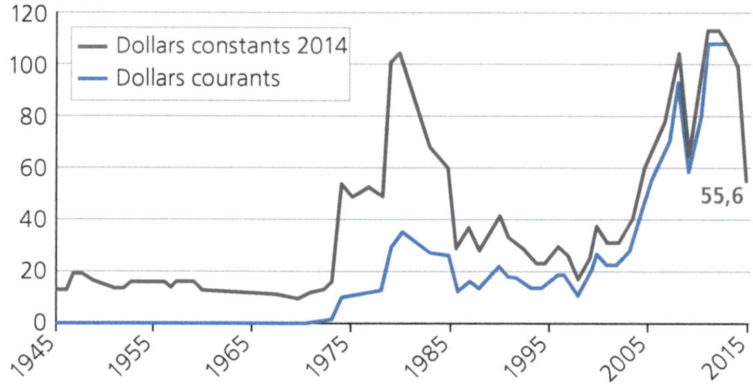

Source : « Les chiffres 2016 », *Alternatives économiques*, HS, octobre 2015

■ Voir Transition énergétique

Entrepreneur (soc et éco)

Créateur ou dirigeant d'une entreprise.

■ Citation

« Seuls ceux qui sont assez fous pour penser qu'ils peuvent changer le monde y parviennent », Steve Jobs, revue *Management*, *Les 50 plus grands patrons de l'histoire*, 2013.

Entreprise (éco)

Une entreprise est une unité institutionnelle qui fait l'acquisition sur le marché de facteurs de production (capital et travail) qu'elle combine en vue de produire des biens ou des services, destinés à satisfaire une demande solvable exprimée sur le marché. L'entreprise se distingue ainsi des autres organisations productives par le caractère marchand de sa production. En 2008, l'Insee a défini quatre catégories d'entreprise en croisant des critères de taille portant sur les effectifs, le chiffre d'affaires et la taille du bilan : les micro-entreprises sont des entreprises qui, d'une part occupent moins de 10 personnes, d'autre part ont un chiffre d'affaires annuel ou un total de bilan n'excédant pas 2 millions d'euros ; les petites et moyennes entreprises (PME) sont des entreprises qui, d'une part, occupent moins de 250 personnes, d'autre part, ont un chiffre d'affaires annuel n'excédant pas 50 millions d'euros ou un total de bilan n'excédant pas 43 millions d'euros ; les entreprises de taille intermédiaire (ETI) sont des entreprises qui n'appartiennent pas à la catégorie des PME et qui, d'une part, occupent moins de 5 000 personnes, d'autre part, ont un chiffre d'affaires annuel n'excédant pas 1 500 millions d'euros ou un total de bilan n'excédant pas 2 000 millions d'euros. Les grandes entreprises sont des entreprises qui ne sont pas classées dans les catégories précédentes.

Entreprise globale (éco)

- Voir FMN/FTN

Environnement/milieu (géo et éco)

Le milieu dans lequel se trouve une communauté humaine est composé d'éléments naturels (on parle alors de milieu naturel), mais aussi des équipements variés que l'homme a apportés : habitat, cultures, usines, voies de communication... et même les éléments culturels. Nous vivons donc dans des milieux humanisés dont les composants naturels varient beaucoup. L'histoire des sociétés est largement celle de leurs efforts pour échapper aux contraintes du milieu naturel. D'ailleurs pendant longtemps, l'interrogation centrale de la géographie a porté sur les relations entre l'homme et son milieu (naturel). Le terme de milieu s'oppose donc à celui d'espace : en effet, le milieu suppose une logique verticale des phénomènes géographiques, hiérarchisés par des liens de causes à effet, tandis que l'espace implique une logique horizontale par la hiérarchisation et l'organisation des phénomènes géographiques. Aujourd'hui, dans des sociétés techniquement sophistiquées, les milieux sont humanisés, mais les sociétés subissent malgré tout et peut-être de manière croissante les risques. Depuis une quarantaine d'années, le terme « environnement » est plus utilisé et fait l'objet d'une attention croissante.

Épargne (éco)

Partie du revenu disponible brut d'un agent économique qui n'a pas fait l'objet de dépenses de consommation finale. Tous les agents économiques peuvent épargner (c'est même la seule utilisation possible du revenu disponible brut des entreprises) mais l'essentiel de l'épargne nationale est constitué par l'épargne des ménages. Le taux d'épargne des ménages est le rapport entre l'épargne des ménages et leur revenu disponible brut. Exemple : Chine 50 % et États-Unis 17 %.

Espace aérien (géo)

L'espace aérien est celui situé au-dessus du territoire des États sous-jacents. Avec la déréglementation, il est devenu espace de compétition économique entre grandes compagnies. Dans le plan horizontal, il n'existe pas de limite géographique de l'espace aérien, puisque le volume aérien couvre tout le globe. En revanche, il existe des frontières politiques qui délimitent des espaces aériens nationaux ; ces derniers correspondent aux limites des eaux territoriales.

Dans le plan vertical, on peut distinguer :

Typologie de l'espace aérien

Hauteur	Type	Caractéristiques	Enjeux
0 à 22 km	Espace aérien national « standard »	La limite standard est jusqu'à la hauteur de 22 km, où la souveraineté de l'État est totale et nécessite pour tout appareil une autorisation de survol. Les jets privés peuvent voler jusqu'à une hauteur de 15 km.	Enjeux importants en raison du trafic croissant.
Entre 22 et 200 km	Reste de l'espace aérien national	Pas de limite officielle entre espace aérien national et espace extra-atmosphérique, mais deux limites supérieures : d'une part, la ligne de Karman (82 km), limite théorique de vol d'un aéronef s'appuyant sur l'air pour voler et, d'autre part, la limite officieuse de l'espace aérien qui est l'orbite la plus basse de satellisation (200 km).	Enjeux moins importants, pas de trafic.
Plus de 200 km	Espace extra-atmosphérique	Régi par le traité de 1967 reconnaissant sa libre utilisation par tous les États ; l'altitude de première orbite satellitaire utile est de 200 km de hauteur. En dessous, les frottements font retomber le satellite. La densité de l'air permet la sustentation des aéronefs.	Enjeux croissant. Militarisation de cet espace.

Espace maritime (géo)

Étendue d'eau qui couvre les deux tiers de notre planète. Composé de cinq océans et de plusieurs dizaines de mers, leur contrôle est déterminant pour bâtir le développement et la puissance.

■ Voir ZEE

Espace public (pol)

Concept du philosophe allemand Jürgen Habermas (1978) selon lequel le politique devient un thème de débat, de publicité et se trouve livré à l'opinion publique nationale, laquelle permet une considérable limitation à l'absolutisme. De ce point de vue, le monopole croissant des médias publics dans certains États dits populistes (Turquie, Hongrie) forme une régression démocratique forte. À l'échelle internationale, on constate aussi le développement d'un espace public par le fait d'acteurs tels que les ONG.

ESPAGNE : 25 informations clés (année 2018, sauf autre indication)

PIB : 1428 milliards de dollars (13e rang mondial)
Superficie : 505370 km²
Capitale : Madrid
Nature du régime : monarchie constitutionnelle à régime parlementaire, 17 communautés autonomes
Chef de gouvernement en 2020 : Pedro Sanchez
Population : 47 millions d'habitants
Espérance de vie : femmes 86 ans et hommes 81 ans
Indice de fécondité : 1,3 enfant/femme
PIB/hab en ppa : 40500 dollars
Croissance moyenne 2010-2019 : 1,02 %/an
Monnaie : euro
Coefficient de Gini : 0,35
Part de la recherche et du développement dans le PIB : 1,2 %
Taux de couverture énergétique : 27 %
Réserves officielles : 71 milliards de dollars
Émission de CO_2/hab : 5,5 tonnes
Ressources renouvelables en eau douce intérieure par habitant en m³ en 1962 : 3584
Ressources renouvelables en eau douce intérieure par habitant en m³ en 2014 : 2392

Dette publique en % du PIB : 97
Budget militaire : 12,9 milliards de dollars
Prévision de population en 2050 en millions de personnes : 44,4
Prévision du PIB à parité de pouvoir d'achat en milliards de dollars en 2050 (rang mondial) : 2 732 (26e)

Sources : *Année stratégique 2021*, INED, *Images économiques du monde 2018*, ONU et PwC.

■ Voir Europe et Union européenne

Estancia (géo)

Terme espagnol désignant un très grand domaine agricole, pouvant atteindre plusieurs milliers d'hectares, en Amérique latine.

Étape (hist)

Du vieux français *estaple*, c'est d'abord le lieu où l'on s'arrête au cours d'un déplacement. De manière plus générale, c'est une période dans une progression, une évolution.

État (pol)

L'État est un système politique institutionnalisé (dépersonnalisation des institutions) et territorialisé (un territoire dont les frontières marquent les limites de sa compétence) qui prétend à la souveraineté et se doit d'assurer la sécurité à sa population. En droit international public, l'État se définit par une population qui vit dans des frontières sous l'autorité d'un pouvoir politique. Trois formes d'État existent : l'empire à caractère universaliste, l'État-nation qui relie fortement un peuple uni et l'État, et la cité-État.

Citation :

« L'État est une entité territoriale, inscrite dans des limites précises (frontières) ; il a la charge de la population habitant ce territoire ; sur ce territoire, il est souverain. » (Philippe Moreau-Defarges, *La Mondialisation*, 2016.)

■ Voir Empire et État-nation

État-nation (pol)

État correspondant à une nation souveraine et homogène. Certaines nations n'ont pas encore d'État comme les Kurdes ou les Palestiniens.

Citations :

« L'État est l'organisme vivant rassemblant un peuple sur un sol, le caractère de cet État se nourrissant de ce peuple et de ce sol » Friedrich Ratzel, *La géographie politique*, 1897.

« Aujourd'hui, l'État-nation est devenu trop petit pour les grands problèmes, et trop grand pour les petits problèmes », Daniel Bell, *Les Contradictions culturelles du capitalisme*, 1976.

« Ce n'est pas la mondialisation qui dissout les nations, mais l'autodissolution des nations qui produit la mondialisation », Emmanuel Todd, *L'Illusion économique*, 1998.

État effondré, failli ou manqué (pol)

État incapable d'assurer la sécurité de sa population et le contrôle de son territoire. Le pays se trouve dans une situation de non-gouvernement génératrice de violence, parfois amenant à l'éclatement du pays comme en Somalie à partir des années 1990.

État patrimonial/néopatrimonial (pol)

État dans lequel le gouvernant s'approprie l'administration, se livre à l'arbitraire et au favoritisme. L'expression est inspirée de la notion de patrimonialisme du sociologue allemand Max Weber qui désigne un type de domination traditionnelle dans lequel le gouvernant détient les biens et les personnes au service du pouvoir. Aujourd'hui, les purges récurrentes dans l'administration turque effectuée par le président Erdogan montrent que l'État patrimonial peut être autant un État en voie d'amélioration ou de régression démocratique.

État-providence (éco et pol)

Notion et pratiques surtout développées en Europe après 1945. Auparavant, le rôle de l'État se limitait aux fonctions régaliennes (police, justice, monnaie, défense). Mais les souffrances de la Seconde Guerre mondiale amènent les Européens à une volonté d'un État aux pouvoirs étendus à de nouveaux domaines, en particulier social. Sont créés ainsi en France et en Angleterre au même moment la sécurité sociale et les systèmes de retraite. Ces dépenses impliquent une fiscalité plus lourde aujourd'hui remise en question par le néolibéralisme.

■ Citation

« L'État, c'est la grande fiction à travers laquelle tout le monde s'efforce de vivre aux dépens de tout le monde », Frédéric Bastiat, *L'État*, 1848.

Les quatre types d'État providence

	Sud	Continental	Atlantique	Scandinave
Critères d'accès aux droits	Besoin (cotisations)	Cotisations	Besoin	Droit
Idéologie politique	Chrétienne-démocrate	Conservatrice	Libérale	Social-démocrate
Institution centrale	Famille	Organisations bénévoles	Marché	État
Portée	Limitée	Globale	Limitée	Globale
Financement	Organisations bénévoles	Partenaires sociaux	État	État
Délimitation de la population bénéficiant des droits	Membre de la famille et de la communauté locale	Individus participant au marché du travail	Citoyens	Citoyens

Source : Peter Abrahamson, « La fin du modèle scandinave ? La réforme de la protection sociale dans les pays nordiques », 2005

■ Voir Sécurité sociale

ÉTATS-UNIS : 30 informations clés (année 2018, sauf autre indication)

PIB : 20 580 milliards de dollars (1er rang mondial)

Superficie : 9 826 675 km²

Capitale : Washington

Nature du régime : république fédérale, 50 États

Chef de gouvernement en 2021 : Joe Biden

Population : 327 millions d'habitants

Espérance de vie : femmes 81 ans et hommes 76 ans

Indice de fécondité : 1,8 enfant/femme

PIB/hab en ppa : 62 900 dollars

Croissance moyenne 2010-2019 : + 2,29 %/an

Monnaie : dollar américain

Coefficient de Gini : 0,41

Trafic en 2016 du premier port (rang mondial) : Lousiane Sud 237 millions de tonnes (15e)

Rang mondial pour les exportations de marchandises en 2019 : 2e

Trafic en 2016 du premier aéroport (rang mondial) : Atlanta 104 millions de passagers (1er)

Production automobile en 2018 (rang mondial) : 11,3 millions (2e)

Part de la recherche et du développement dans le PIB : 2,8 %

Taux de couverture énergétique : 92 %

Réserves officielles : 450 milliards de dollars

Émission de CO_2/hab : 14,6 tonnes

Ressources renouvelables en eau douce intérieure par habitant en m³ en 1962 : 15 107

Ressources renouvelables en eau douce intérieure par habitant en m³ en 2014 : 8 844

Dette publique en % du PIB : 104

Budget militaire : 685 milliards de dollars

Prévision de population en 2050 en millions de personnes : 390

Prévision du PIB à parité de pouvoir d'achat en milliards de dollars en 2050 (rang mondial) : 44 128 (3e)

Sources : *Année stratégique 2021*, INED, *Images économiques du monde 2018*, ONU et PwC.

Citations :

« L'Amérique peut tomber, la civilisation américaine ne périra pas : elle est déjà maîtresse du monde », Georges Duhamel, *Scènes de la vie future*, 1930.

« Au niveau politico-militaire, nous restons dans le monde d'une superpuissance unique. Mais dans toutes les autres dimensions – industrielle, financière, éducative, sociale, culturelle – la distribution du pouvoir se déplace, échappe à la domination américaine. Cela ne signifie pas que nous entrions dans un monde anti-américain. Mais nous nous acheminons vers un monde d'après l'Amérique, défini et dirigé depuis plusieurs pôles et par quantité de gens », Fareed Zakaria, *Le Monde post-américain*, 2008.

Les métropoles aux États-Unis

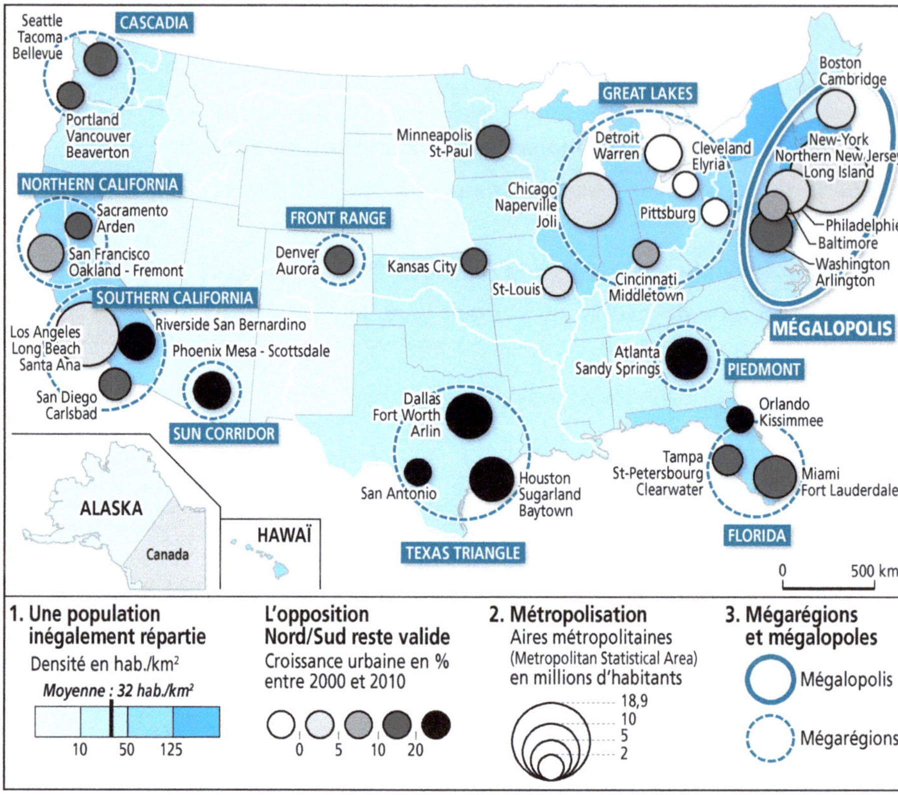

■ Voir Amérique, Tableau des 7 puissances et chronologie des chefs d'État et des Présidents de la FED

État voyou ou déviant (pol et géopol)

Notion politique subjective aux critères fluctuants utilisés à partir des années 1980 par les États-Unis pour désigner les États qui ne respectent pas les normes internationales, soutiennent le terrorisme, détiennent des armes dites de « destruction massive ». De fait, il s'agit surtout d'États hostiles aux États-Unis.

Éthique protestante et capitalisme selon Max Weber (hist et éco)

Dans l'ouvrage *L'Éthique protestante et l'Esprit du capitalisme* (1905), Max Weber s'appuie sur des statistiques qui affirment un développement du capitalisme plus avancé dans les régions d'Allemagne protestantes que dans les régions catholiques. Il en vient alors à mettre au jour les « affinités électives » qui lient la représentation du monde propre au protestantisme, plus précisément au calvinisme, et l'esprit du capitalisme. L'ascétisme calviniste s'inscrit dans le processus de rationalisation des activités humaines qui correspondent au mode de fonctionnement du capitalisme dans la sphère économique. De plus, la doctrine de la prédestination retire au croyant toute capacité d'action sur son salut, déjà décidé ou non par Dieu. Pour apaiser cette angoisse existentielle, le calviniste s'investit dans le monde, en particulier dans la sphère professionnelle, cherchant dans sa réussite des signes de son élection. Ce succès est également désiré car il contribue à la gloire de Dieu, à condition que les richesses dégagées ne soient pas dépensées de façon ostentatoire mais réinvesties. Ainsi, *l'ethos* calviniste entre en résonance avec les valeurs et les pratiques du capitalisme : rationalité, prévision, calcul, investissement des gains pour alimenter sans cesse le profit.

Ethnie/ethnocentrisme (pol)

Contrairement à la race, l'ethnie ne se caractérise pas par une référence biologique, mais désigne un groupe d'individus ayant la même tradition culturelle *via* la langue, l'histoire, le territoire ou les croyances. Souvent postulée comme naturelle, l'ethnie est pourtant une construction arbitraire. Posée comme identité exclusive, elle peut devenir un instrument de mobilisation politique. L'ethnocentrisme est ainsi la tendance à ne lire le monde qu'à travers sa propre culture et à vouloir imposer cette interprétation.

■ Voir Civilisation, Culture et Identité

Euro/zone euro (éco)

Prévue par le traité de Maastricht, l'euro est le résultat d'une longue expérience de coopération monétaire en Europe. Monnaie unique mise en place en 1999 au sein de plusieurs États de l'Union européenne dans le cadre d'une union économique et monétaire. La mise en circulation de billets et pièces a lieu le 1er janvier 2002. Aujourd'hui, la zone euro ou eurozone est composée de 19 États de l'Union européenne (Allemagne, Autriche, Belgique, Espagne, Finlande, France, Irlande, Luxembourg, Pays-Bas, Portugal, Grèce, Slovénie, Chypre, Malte, Slovaquie, Estonie, Lettonie et Lituanie) plus 2 États ayant adopté l'euro unilatéralement (Monténégro et Kosovo) ainsi que 3 micro-états (Andorre, Monaco et Saint-Marin). L'eurogroupe réunit tous les mois les ministres des finances des États de la zone euro ainsi que le Président de la BCE et un représentant de la Commission. L'adhésion nécessite la conformité avec des critères de convergence. Depuis 2010, l'euro a connu des turbulences qui ont fait craindre au départ de certains États.

■ Voir BCE et Europe

EUROPE

Un continent aux limites floues

L'Europe n'est pas un continent au sens strict du terme, mais plutôt le finistère, l'isthme de l'Asie. Voulu par Pierre le Grand au XVIIIe siècle, la limite de l'Oural a pour objectif d'intégrer la Russie dans l'espace européen dominant et attractif. Même problème pour la Turquie dont une petite partie du territoire est à l'ouest du Bosphore. Occidentalisée par Mustapha Kemal, Recep Erdogan éloigne à plusieurs titres la Turquie de l'Europe (valeurs, régime politique). Mais si Chypre est européenne, la Turquie ne l'est-elle pas ? Ailleurs, les choses sont plus simples : l'Atlantique à l'ouest, la Méditerranée au sud, le Caucase au sud-est.

Une organisation clé : l'Union européenne

Née des atrocités de la Seconde Guerre mondiale, l'Union européenne est un processus politique complexe qualifié par Jacques Delors d'« OPNI », « Objet politique non identifié ». Ces institutions mélangent la supranationalité à l'image de la Commission de Bruxelles et le rôle des États-nations qui orientent les décisions au Conseil. L'UE a pendant 40 ans allié intégration, soit un rapprochement des économies, et élargissement, passant de 6 à 28 membres. Mais depuis les années 2000, la dynamique est interrompue au profit d'égoïsmes nationaux croissants qui freinent le rayonnement qu'elle avait su mettre en œuvre *via* de multiples politiques et instances. S'ajoute ce que Gérard François-Dumont nomme « l'hiver démographique » : l'Union européenne est l'ensemble géographique ayant le plus bas indice de fécondité du monde (1,6 enfant/femme en 2013).

Citations :

« L'Europe n'a pas été faite, nous avons eu la guerre », Robert Schuman, 9 mai 1950.

« Bien entendu, on peut sauter sur sa chaise comme un cabri en disant "l'Europe ! l'Europe ! l'Europe !"... mais cela n'aboutit à rien et cela ne signifie rien », Charles de Gaulle, 14 décembre 1965.

« L'Europe ? Quel numéro de téléphone ? », Henry Kissinger, 1970.

« L'Europe se fera dans les crises, et sera la somme des solutions apportées à ces crises », Jean Monnet, *Mémoires*, 1976.

« On ne peut pas écarter que, dans trente ans, quarante ans l'Europe formera un OPNI – une sorte d'objet politique non identifié », Jacques Delors, président de la Commission européenne, première Conférence intergouvernementale (Luxembourg), 9 septembre 1985.

Union européenne-OTAN, des institutions imbriquées

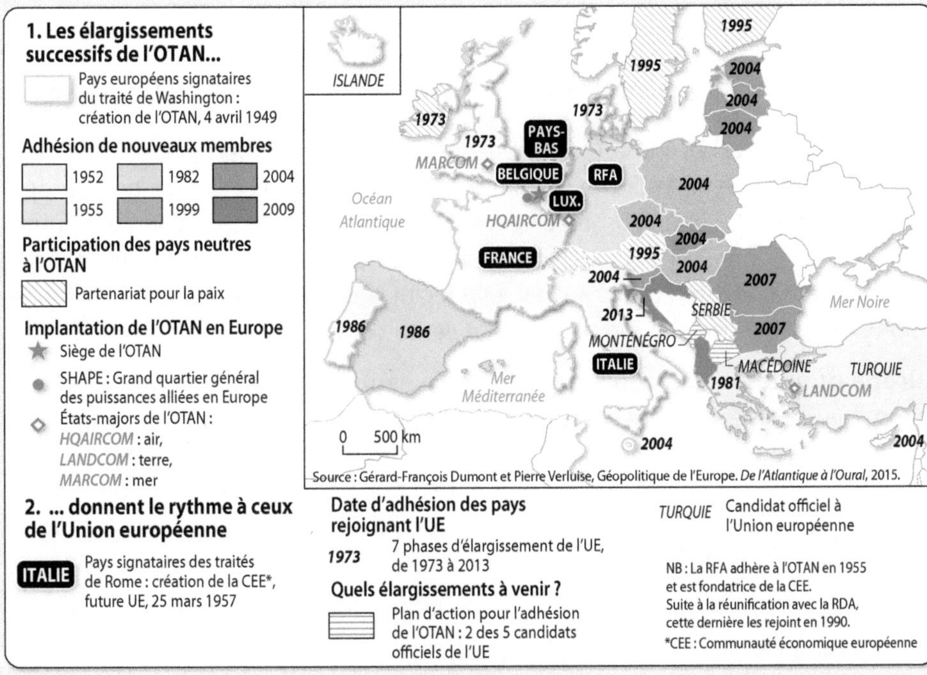

L'Europe, ce sont aussi des valeurs

Cœur de l'Occident depuis des siècles, l'Europe affirme la force du libéralisme, tant politique qu'économique. Au niveau politique, la démocratie et les droits de l'homme forment un socle historique. Au niveau économique, le libéralisme et le libre-échange ont permis la création de l'espace économique européen qui est le premier ensemble régional commercial du monde, composé de 31 États, soit les 28 de l'Union européenne et 3 de l'AELE, Association européenne de libre-échange (sauf la Suisse, soit la Norvège, l'Islande et la Liechtenstein). Le Conseil de l'Europe rassemble les 47 États (dont les États du Caucase et la Russie) adhérant à toutes ses valeurs. Aujourd'hui, seule la Biélorussie ou Bélarus n'y adhère pas.

Citation :

« Entre l'Empire carolingien, son passé et son héritage chrétien, celui des Lumières et de la Révolution, et finalement la démocratie et les droits de l'homme, l'Europe a du mal à se définir tant elle redoute à présent tout ce qui relève de l'identitaire. Si l'on s'en tient aux critères de Copenhague de 1993, il suffit, pour intégrer l'Union, d'être démocrate, de pratiquer l'économie de marché et de reprendre l'acquis communautaire. À ce compte-là, pourquoi pas le Sénégal, le Japon, l'Inde ou le Brésil ! », Hubert Védrine, *Continuer l'histoire*, 2007.

■ Voir Maison commune

Une opposition ouest-est de moins en moins nette ?

Europe occidentale : a une unité forgée par l'Histoire : romanisation, christianisation, humanisme, libéralisme politique et économique. Les limites de l'Europe occidentale sont floues en raison de l'extension progressive de ses valeurs à d'autres régions européennes. Pour l'ONU, elle se limite au Benelux, la France, l'Allemagne, l'Autriche et la Suisse. Pour d'autres, elle inclut aussi le Royaume-Uni. Dans une vision large, c'est toute la moitié occidentale du continent.

Europe orientale : associe des pays culturellement différents de l'Europe occidentale par la force de l'orthodoxie et une présence de communautés musulmanes. Pour l'ONU, l'Europe de l'Est inclut l'Autriche jusqu'à l'Ukraine. Le succès de l'expression PECO limite plutôt l'Europe orientale aux pays non-membres de l'Union européenne, soit la Biélorussie, l'Ukraine ainsi que les États du Caucase (Géorgie, Arménie et Azerbaïdjan).

Aujourd'hui, cette division ouest-est semble disparaître avec l'élargissement de l'Union européenne.

Pour autant, le repli nationaliste et culturel actuel fait resurgir cette division européenne à l'image du groupe de Visegrad (Hongrie, Pologne, Tchéquie et Slovaquie).

Les sous-régions à connaître

Europe méditerranéenne : autre cœur du continent, la Méditerranée est un des berceaux civilisationnels de l'Europe. Athènes reste en effet le symbole de la démocratie européenne. Mais cet espace est aussi une interface avec des régions périphériques qui ont toujours apporté progrès et parfois problèmes : Afrique du nord et Proche-Orient.

Europe scandinave : région ayant une unité culturelle et surtout linguistique avec 5 États : Norvège, Suède, Finlande, Danemark et Islande. Parmi ces États, le modèle suédois est une référence.

Europe centrale : l'Europe du milieu est largement marquée par l'influence allemande et austro-hongroise avant la Première Guerre mondiale. Le rideau de fer pendant la Guerre froide coupe cette région en deux parties. La disparition du rideau de fer occidentalise cet espace et l'expression décline au profit de PECO. L'expression « Europe médiane » se réduit plus à la Pologne et aux Balkans tandis que « Mitteleuropa » se rapproche plus de l'Europe centrale.

PECO, Pays d'Europe centrale et orientale: expression très utilisée à partir de l'entrée de nombreux pays orientaux au sein de l'Union européenne en 2004, 2007 et 2013, soit tous les nouveaux entrants, à l'exception de Chypre. Il s'agit donc de 11 États: Estonie, Hongrie, Lettonie, Lituanie, Pologne, République Tchèque, Slovénie, Slovaquie (entrés en 2004), Bulgarie et Roumanie (2007) et Croatie (2013). Il est fort probable qu'il va concerner aussi les futurs entrants des Balkans.

Europe balkanique: la péninsule balkanique s'étend de la Slovénie à la Bulgarie. Région historique de contact et de fractures entre les deux empires romains d'Occident et d'Orient, puis entre l'empire d'Autriche-Hongrie et l'empire ottoman. Lieu du drame yougoslave, les Balkans sont la région prioritaire pour l'entrée de nouveaux États dans l'Union européenne avec aujourd'hui la Macédoine (candidature acceptée en 2005), le Monténégro (2010), la Serbie (2013) et l'Albanie (2014).

L'espace le plus intégré du monde tant au niveau régional que mondial

La mise en place du Marché commun dans les années 1960, puis du marché unique dans les années 1980-1990 fait de l'Union européenne l'espace régional le plus intégré du mondial: les deux-tiers des échanges sont intrarégionaux. Mais cette intégration n'est pas qu'économique, elle touche de nombreux domaines: d'abord politique par la nature même de la construction européenne, mais aussi culturelle (succès du programme Erasmus). Mais l'UE est aussi le premier pôle commercial mondial: en 2015, 8 des 20 premiers pays exportateurs de marchandises sont européens, plus la Russie. L'UE a un rôle moteur à l'OMC.

Les principales puissances

Les puissances européennes sont, à l'exception de la Russie, concentrées en Europe occidentale. Comme l'Asie, la multipolarité a été pendant longtemps vecteur de tensions et de guerres devenues mondiales. Après 1945, c'est le couple franco-allemand qui dynamise la construction européenne, mais aussi les petits États-nations ayant précédemment souffert de la Seconde Guerre mondiale (Belgique, Luxembourg). Aujourd'hui, les six puissances européennes selon le PIB sont l'Allemagne, le Royaume-Uni, la France, l'Italie, la Russie et l'Espagne. Mais l'indice Conflits des puissances montre bien que le PIB est trop réducteur. Si, après la Russie, on retrouve le trio France – Royaume-Uni – Allemagne, la Suisse est classée devant l'Italie.

Données générales sur l'Europe en 2016 (dont Turquie)

	Chiffres clés	% du total mondial
Superficie (en millions de km^2)	5,9	4,4
Population (en millions d'habitants)	632	8,4
Densité (nombre d'habitants/km^2)	104,3	
PIB (en milliards de dollars en 2015)	18 102	24,85
Nombre d'États	43	
Nombre d'États classés dans l'indice Conflits de la puissance globale	8	

Sources : *L'Année stratégique 2019*, septembre 2018 et *Conflits* n° 17, printemps 2018

Données générales sur la Russie et la CEI en 2016 (dont Ukraine)

	Chiffres clés	% du total mondial
Superficie (en millions de km^2)	22,2	16,5
Population (en millions d'habitants)	287	3,9
Densité (nombre d'habitants/km^2)	12,9	
PIB (en milliards de dollars en 2015)	1 858	2,6
Nombre d'États	12	

Sources : *L'Année stratégique 2019*, septembre 2018

Les principales puissances européennes selon leur PIB

	PIB en 2017 (en milliards de dollars)	Rang mondial	Indice Conflits de la puissance globale (37 États étudiés)	Rang mondial
Allemagne	3 356	4	30,7	6
Royaume-Uni	2 849	5	31,5	5
France	2 423	6	32,2	4
Italie	1 815	8	21,8	13
Russie	1 326	13	33,0	3
Espagne	1 199	14	20,1	15
Turquie	851	17	14,6	29
Pays-Bas	826	18	Non présent	

	PIB en 2017 (en milliards de dollars)	Rang mondial	Indice Conflits de la puissance globale (37 États étudiés)	Rang mondial
Suisse	679	20	23,3	10
Suède	538	22	20,8	14
Pologne	525	23	16,1	22
Belgique	493	24	Non présent	
Autriche	417	27	Non présent	
Norvège	399	28	Non présent	

Sources : Banque mondiale et *Conflits* n° 17, printemps 2018

Firmes et villes mondiales

Concentré de puissances, l'Europe est également un lieu où firmes et villes rayonnent au niveau mondial. Pour les firmes, l'écart de taille avec celles des États-Unis est peu à peu compensé au fur et à mesure de fusions à l'image de Volkswagen qui, avec 12 marques, est devenu un leader mondial devant Toyota et General Motors (et ce malgré le *dieselgate*). Pour les métropoles, si Londres et Paris dominent, l'Europe se caractérise par la richesse des villes mondiales : dans le top 30, une ville sur deux est européenne.

Les 10 premières firmes européennes parmi les 500 premières

Nom	Pays d'origine	Rang	Chiffre d'affaires en milliards de dollars	Secteur d'activités
Volkswagen	Allemagne	6	316	automobile
Royal Dutch Shell	Pays-Bas	7	240	pétrole
BP	Gr-Bretagne	12	186	pétrole
Glencore	Suisse	16	174	négoce
Daimler	Allemagne	17	169	automobile
Exor Group	Pays-Bas	20	155	Finances
Axa	France	25	144	assurances
Total	France	30	128	pétrole
Allianz	Allemagne	34	123	assurances
BNP	France	43	109	banque

Source : Fortune.com/global500/list

Les agglomérations européennes les plus puissantes selon le Global Power City Index (parmi les 44 premières)

Type	Nom	État	Rang	Population en millions d'habitants en 2014
Ville mondiale Majeure	Londres	Royaume-Uni	1	10,2
	Paris	France	4	10,8
Autre ville mondiale	Amsterdam	Pays-Bas	7	1,1
	Berlin	Allemagne	8	3,5
	Francfort	Allemagne	12	0,7
	Vienne	Autriche	14	1,7
	Stockholm	Suède	16	1,5
	Zürich	Suisse	18	1,2
	Copenhague	Danemark	20	1,3
	Bruxelles	Belgique	21	2,0
	Barcelone	Espagne	24	5,2
	Madrid	Espagne	27	6,1
	Istanbul	Turquie	30	14,0
	Milan	Italie	32	3,1
	Genève	Suisse	34	0,6
	Moscou	Russie	35	12,1

Sources : http://www.mori-m-foundation.or.jp/ et World urbanization prospects

■ Voir Union européenne, Allemagne, Royaume-Uni, France, Italie, Espagne, Turquie, Pays-Bas, Suisse, Suède, Pologne, Belgique, Autriche, Norvège, Danemark et chronologie des Présidents de la Commission et de la BCE

Europe sociale (pol)

Cette notion désigne « l'ensemble des normes communautaires et des politiques sociales qui sont communes aux différents pays de l'UE. Elle recouvre une vaste collection d'objets, dans les domaines de l'emploi, de la mobilité, de la santé au travail, de la protection sociale ou encore de la lutte contre les discriminations. Pour autant, relativement à l'étendue du champ du social, l'Europe sociale est une réalité qui reste à construire. Même si les acquis communautaires ne doivent pas être négligés, on peut dire que, de manière générale, le social ne relève pas de la compétence de l'Union mais de celle de chacun des États membres. L'Europe sociale est moins une réalité communautaire qu'un projet politique » (Yannick L'Horty, *L'Europe sociale n'existe pas*, 2008).

■ Citation

« Après les pompiers, l'Europe attend les architectes [...]. L'absence de progrès sur la voie d'une Union sociale pourrait coûter très cher », Jacques Delors, préface au rapport *Un nouvel élan pour l'Europe sociale*, 2016.

Évasion/optimisation fiscale (éco)

Le travail de Gabriel Zucman, *La Richesse cachée des nations. Enquête sur les paradis fiscaux* (2013) montre la facilité avec laquelle les FMN optimisent leur fiscalité à l'aide des paradis fiscaux. Elles peuvent utiliser deux techniques. La première consiste à réaliser des prêts entre filiales d'un même groupe afin d'augmenter les dettes des filiales situées dans les pays à forte taxation. La seconde consiste à réaliser des prix de transfert : certaines filiales détiennent des marques, des brevets... Elles facturent donc aux autres filiales l'utilisation des marques ou brevets nécessaires à la réalisation d'un produit. Là aussi, ces filiales sont installées dans les pays à fiscalité très faible, voire nulle. Pour Gabriel Zucman, « aujourd'hui, les entreprises des États-Unis déclarent réaliser la moitié de leurs profits étrangers dans six pays : les Pays-Bas, le Luxembourg, l'Irlande, les Bermudes, la Suisse et Singapour. D'après les meilleures estimations disponibles, qui à ce stade n'existent que sur des données américaines, la manipulation des prix de transfert réduit d'au moins 30 % les recettes de l'impôt sur les sociétés ». Pour l'année fiscale 2015, Airbnb a payé à peine plus de 60 000 euros d'impôt sur les sociétés en France. Ces pratiques sont par ailleurs beaucoup plus faciles pour les nouvelles FMN issues de l'Internet.

■ Citation

« Les géants de l'évasion fiscale sont les entreprises de la nouvelle économie, les Google, Apple et Amazon » (Gabriel Zucman, *La Richesse cachée des nations. Enquête sur les paradis fiscaux*, 2013).

EVP pour Équivalent vingt pieds (éco)

Mesure de capacité utilisée pour les porte-conteneurs, liée aux dimensions du conteneur. Exemple : le premier port exportateur de conteneurs est Shanghaï avec plus de 37 millions d'EVP devant Singapour.

■ Voir Conteneur

Excédent primaire (éco)

Situation excédentaire du budget d'État hors paiement des intérêts de la dette.

Exception culturelle (pol)

Concept de droit international et politique culturelle qui vise à faire de la culture une exception dans les traités internationaux, les organisations internationales et le commerce mondial. Défendu en particulier par la France, il est apparu lors de l'Uruguay Round (1986-1994) qui portait sur la libéralisation des services. En France, l'exception culturelle implique une politique diversifiée : financement du cinéma français ou quotas de films européens (60 %) à diffuser pour les chaînes de télévision.

Exode rural (éco)

Mouvement massif, le plus souvent forcé, de populations rurales vers les villes.

Explosion démographique (éco)

Expression utilisée pour évoquer la hausse considérable de la population mondiale depuis le XXe siècle. Le taux d'accroissement naturel à l'origine de cette hausse a atteint un seuil maximal de plus de 2 %/an à la fin des années 1960 contre seulement 1,3 aujourd'hui. Cette décélération est due à l'entrée de tous les États dans la transition démographique.

L'évolution de la population mondiale depuis 1800

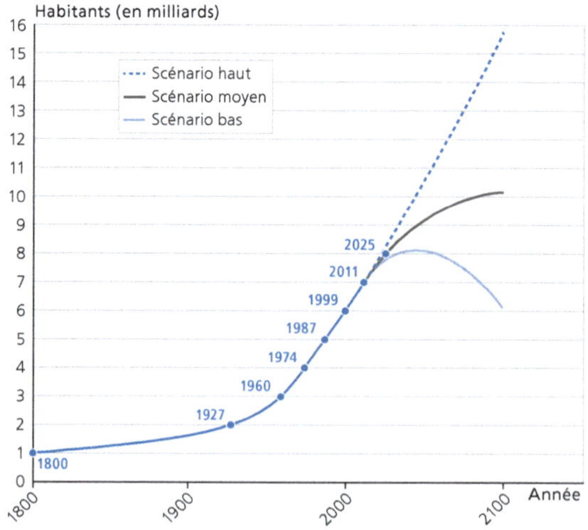

Source : Gilles Pison, « Sept milliards d'êtres humains aujourd'hui, combien demain ? », 2011

■ Voir Transition démographique, Dividende démographique et Limitation des naissances

Externalisation (éco)

L'externalisation d'une activité correspond à son transfert à un prestataire extérieur. L'entreprise avait internalisé une tâche, effectuée par ses propres salariés avec son capital fixe, puis décide de sous-traiter cette activité à une entreprise, généralement spécialisée. L'objectif de l'externalisation est la réduction des coûts de production.

- Voir Délocalisation

Externalité (éco)

Cette notion développée par Cecil Pigou (*The Economics of Welfare*, 1920) désigne une situation dans laquelle le comportement d'un agent modifie le bien-être d'autres agents sans donner lieu à une compensation par le marché. Elles peuvent être positives (vaccination, recherche) ou négatives (pollution).

Exterritorialité (pol)

Principe juridique qui confère un privilège aux ambassadeurs qui sont censés se trouver dans leur pays où qu'ils soient.

Exurbanisation (géo)

Néologisme qui désigne deux phénomènes différents. Il s'applique d'abord aux migrations de populations de centre-villes vers les périphéries, mais, aux États-Unis, il désigne un éloignement au-delà des limites des espaces urbains.

Famine (éco)

- Voir Malnutrition/Sous-alimentation

Fédéralisme/confédéralisme (pol)

Mode de gouvernement accordant une forte autonomie aux communautés politiques fédérées en son sein. Dans le cas d'un État confédéral comme la Suisse, ce sont des États indépendants (cantons suisses) qui ont signé des traités et alliances pour forger l'État confédéral dont le pouvoir est encore plus limité que dans un État fédéral.

- Voir État et État-nation

« *Fazenda* » (géo)

Terme portugais désignant au Brésil un grand domaine agricole, souvent anciennement spécialisé dans la production de café.

Federal Reserve ou Fed (éco)

Banque centrale des États-Unis fondée en 1913. Le Congrès des États-Unis définit trois objectifs de politique monétaire pour la FED : Plein emploi, stabilité monétaire, et taux d'intérêt à long terme modérés. Ces derniers ont des effets mondiaux comme en 1982 avec une hausse des taux d'intérêts qui provoque la banqueroute du Mexique. Depuis la crise de 2008, une politique dite de QE (*quantitative easy*) est mise en place.

■ Voir Banques centrale, Politique budgétaire/monétaire et Crise de change et Chronologie des Présidents de la Fed

« *Feed lot* » (géo)

Terme américain désignant un parc d'engraissement de bétail, comportant parfois des dizaines de milliers de bêtes (le plus souvent des bovins).

FEDER (éco)

Fond européen de développement régional mis en place en 1975, qui vise à réduire les écarts de niveau de vie au sein de la CEE.

■ Voir Politique de cohésion régionale

« *Feedering* » (géo)

Concentration en un lieu de petits flux de transport de diverses provenances pour alimenter et recevoir des véhicules (bateaux, camions, trains) sur des axes majeurs.

« *Fellah* » (éco)

Terme arabe qui désigne le paysan (en particulier petit et pauvre) en Afrique du Nord et au Proche-Orient.

Ferroutage (géo)

Transport rail-route qui consiste à faire circuler des camions sur des wagons de chemin de fer conçus à cet effet.

Filière agroalimentaire (éco)

- Voir Agrobusiness

Finance islamique (éco)

Née dans les années 1950 en Malaisie pour financer le pèlerinage à La Mecque, elle représente aujourd'hui 2 000 milliards de dollars d'actifs et s'est diversifiée dans ses objectifs en finançant par exemple un emprunt d'État ivoirien en 2016. L'expression « finance islamique » recouvre l'ensemble des transactions et produits financiers conformes aux principes de la charia, qui supposent l'interdiction de l'intérêt, de l'incertitude et donc de la spéculation, l'interdiction d'investir dans des secteurs considérés comme illicites (alcool, tabac, paris sur les jeux, etc.), ainsi que le respect du principe de partage des pertes et des profits.

« Fin de l'histoire » de Fukuyama (cult)

Formule empruntée à Hegel et Marx désignant une époque qui n'engendre plus de nouvelles formes sociales originales. En 1991, au moment de l'effondrement de l'URSS, l'Américain Francis Fukuyama relance le thème en annonçant la fin des idéologies et des guerres, un monde uni par les échanges et l'avènement d'une ère démocratique. Même si la prophétie n'a guère convaincu, elle annonce bien une nouvelle mondialisation et l'affirmation de l'hégémonie états-unienne dans un monde libéral.

Firme multinationale ou FMN/Firme transnationale ou FTN/Firme globale (éco)

Au sens strict, une firme multinationale est une entreprise qui possède au moins une unité de production à l'étranger. C'est donc en réalisant des IDE qu'une firme se « multinationalise ». Seule la logique de production compte. Ainsi, une entreprise qui ne vendrait qu'à l'étranger tout en produisant exclusivement sur son territoire national ne serait pas une FMN. Au départ les firmes sont domestiques, ce qui signifie que leur activité principale est liée à leur marché d'origine. Vers la fin du XIXe siècle, avec l'internationalisation, elles deviennent multidomestiques, c'est-à-dire liées à plusieurs marchés de consommation. Elles continuent toutefois à produire dans leur pays d'origine. La dernière mondialisation a généralisé la sous-traitance (firmes-réseaux) et fait éclore des firmes intégrées : la chaîne de valeur des activités est dispersée sur plusieurs pays, mais intégrée par la logique productrice et capitaliste de la Maison-mère (firme globale).

- Voir Entreprise globale

Les stratégies des firmes depuis l'internationalisation

Étapes de la mondialisation	Spécialisation	Multinationalisation	Intégration
Dates	1860-1920	1950-1980	1980-2015
Figure type de la firme	Firme primaire	FMN	Firme globale
Types de filiales	Filiales primaires	Filiales relais	Filiales relais
			Filiales ateliers
		Filiales ateliers	Sous-traitance
Stratégies	Approvisionnement en produits primaires : – Agricoles – Miniers – Énergétique	Volonté d'être la plus compétitive possible, donc de prendre des parts de marché (par la baisse des coûts de production)	Recherche de la compétitivité par la baisse des coûts de production
		Contourner le protectionnisme	Obtenir des économies d'échelle
			Flexibiliser la production afin de toujours mieux s'adapter à une demande devenue changeante et plus exigeante
Types de produit	Primaires	Industriels	Industriels et service

Dans son livre *Les multinationales globales*, sorti en 1996, l'économiste français Wladimir Andreff différencie trois types de firmes multinationales : les mini-multinationales, petites entreprises présentes dans un nombre limité de pays, les multinationales banales qui s'internationalisent afin de sécuriser leur approvisionnement en matières premières et délocalisent pour profiter de salaires faibles et, enfin, les multinationales globales : au nombre d'un millier, de grandes tailles, elles ont une vision mondiale des marchés et de la concurrence, délocalisent ou relocalisent, optimisent leurs fonds et forment des réseaux mondiaux d'alliances stratégiques.

Citation

« Les firmes multinationales [...] sont apatrides, et ne brandissent que la bannière de leurs clients » Kenichi Ohmae, *The Borderless World. Power and Strategy in the Interlinked Economy*, 1990.

Évolution du vocabulaire utilisé pour nommer les firmes

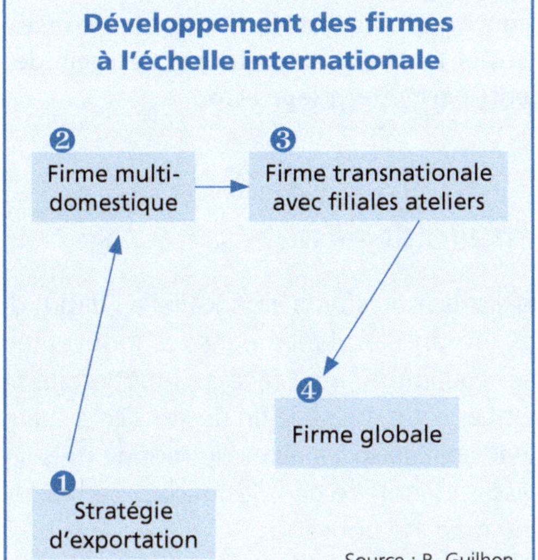

Source : B. Guilhon, *Les Firmes globales*, Paris, Economica, 1998

■ Voir Délocalisation

Flexisécurité (éco)

Le concept de flexisécurité renvoie au dispositif social mis en application au début des années 2000 au Danemark qui s'appuie sur trois grandes idées : une grande flexibilité du marché du travail obtenue par des règles de licenciement souples et un code du travail allégé (flexibilité) ; un système d'indemnisation généreux des salariés qui se trouvent au chômage (sécurité) ; des politiques actives de l'emploi qui incitent fortement les chômeurs à reprendre un emploi (obligation de formation, contrôle strict du chômeur…).

Flux (géo et éco)

L'essor considérable des flux constitue l'essence même de la mondialisation. Les circulations touchent tous les domaines : biens matériels, immatériels, capitaux et personnes.

Fonctions urbaines (éco)

Ensemble des activités économiques présentes dans une ville ou une aire urbaine. Exemples : fonction commerciale (port, aéroport), fonction productive (usines),

fonction universitaire, fonction financière, fonction politique (capitale), fonction culturelle (musée)... Le géographe français François Moriconi-Hébrard évoque les « trois A » pour les fonctions essentielles que sont : l'armée, l'administration et l'agriculture. Ainsi Paris et Londres se développent au sein de vastes régions agricoles dont les excédents permettent leur essor.

Fondamentalisme (cult et pol)

Apparu chez les évangélistes protestants américains au début du XXe siècle, le fondamentalisme a toujours été une tendance dans les mouvements religieux. Le plus souvent, il s'agit d'une réaction de repli face à la modernité. Ainsi le salafisme, du mot arabe *salaf* signifiant ancêtre, naît à la fin du XIXe siècle, au moment où les valeurs européennes influencent beaucoup les élites du monde musulman. Aujourd'hui, on assiste au même processus identitaire dans les milieux catholiques européens visibles à travers l'opposition au mariage pour tous.

Fonds monétaire international ou FMI (éco)

Le Fonds monétaire international est une institution internationale créée en 1945 et regroupant actuellement 189 pays, dont le but est, d'après le site officiel de l'organisation, de « promouvoir la coopération monétaire internationale, garantir la stabilité financière, faciliter les échanges internationaux, contribuer à un niveau élevé d'emploi, à la stabilité économique et faire reculer la pauvreté ». Construit dans le cadre des accords de Bretton Woods afin de contribuer à la stabilité des parités des monnaies, le FMI a vu sa fonction évoluer vers un statut de bailleur de fonds international après l'effondrement du système. Il accorde désormais des crédits aux pays qui traversent de graves crises monétaires et financières, comme ce fut le cas pour de nombreux pays en voie de développement au cours des années 1980 et 1990, ou plus récemment dans le cadre de la crise grecque. Ces prêts sont conditionnés à l'application de réformes.

- Voir Banque mondiale, Système de Bretton Woods, Système monétaire international, GATT/OMC et Chronologie des directeurs généraux du FMI

Forbes (éco)

Magazine économique américain fondé en 1917 dont le siège est à New York. Son rayonnement est mondial en raison de la publication de nombreux classements tels que les plus grandes fortunes ou firmes.

Les 50 premières mondiales selon *Forbes* en 2017

Rang	Nom	Pays	Activité	CA en milliards de dollars	Personnel nb de pers	Profits en milliards de dollars
1	Walmart	États-Unis	commerce	486	2,3 millions	13,6
2	State Grid	Chine	énergie	315	926 000	9,6
3	Sinopec	Chine	chimie	266	713 000	1,3
4	China National Petroleum	Chine	énergie	263	1,5 million	1,9
5	Toyota	Japon	automobile	256	364 000	16,9
6	Volkswagen	Allemagne	automobile	240	627 000	5,9
7	Royal Dutch Shell	Pays-Bas	énergie	240	89 000	4,6
8	Berkshire Hataway	États-Unis	assurances	224	377 000	24,1
9	Apple	États-Unis	électronique	216	116 000	45,7
10	Exxon Mobil	États-Unis	énergie	205	73 000	7,8
11	McKesson	États-Unis	pharmacie	199	64 500	5,1
12	BP	Royaume-Uni	énergie	186	74 500	3,4
13	UnitedHealth Group	États-Unis	assurances	185	230 000	7,1
14	CVS Health	États-Unis	pharmacie	178	204 000	5,3
15	Samsung Electronics	Corée du Sud	électronique	174	325 000	19,3
16	Glencore	Suisse	négoce	174	93 000	1,4
17	Daimler	Allemagne	automobile	169	282 000	9,4
18	General Motors	États-Unis	automobile	166	225 000	9,4
19	ATT	États-Unis	télé-communication	164	260 000	13,0
20	Exor Group	Pays-Bas	finances	155	303 000	0,7
21	Ford	États-Unis	automobile	152	201 000	4,6
22	Industrial and commercial Bank of China	Chine	banque	148	462 000	41,9

Rang	**Nom**	**Pays**	**Activité**	**CA en milliards de dollars**	**Personnel nb de pers**	**Profits en milliards de dollars**
23	Amerisource-Bergen	États-Unis	pharmacie	147	18 500	1,4
24	China Stat constr engineering	Chine	BTP	144	264 000	2,5
25	Axa	France	assurances	144	98 000	6,4
26	Amazon	États-Unis	commerce	136	341 000	2,4
27	Hon Hai Precision Industry	Taïwan	électronique	135	727 000	4,6
28	China Construction Bank	Chine	banque	135	362 000	34,8
29	Honda Motors	Japon	automobile	129	212 000	5,7
30	Total	France	énergie	128	102 000	6,2
31	General Electric	États-Unis	énergie	127	295 000	8,8
32	Verizon	États-Unis	télé-communication	126	161 000	13,1
33	Japan Post holdings	Japon	assurances	123	248 000	– 0,3
34	Allianz	Allemagne	assurances	123	140 000	7,6
35	Cardinal Health	États-Unis	santé	122	37 000	1,4
36	Costco	États-Unis	commerce	118	172 000	2,4
37	Wallgreen Boots Alliance	États-Unis	commerce	117	300 000	4,2
38	Agricultural Bank of China	Chine	banque	117	501 000	27,7
39	Ping An Insurance	Chine	assurances	117	319 000	9,4
40	Kroger	États-Unis	commerce	115	443 000	2,0
41	SAIC Motor	Chine	automobile	114	98 000	4,8
42	Bank of China	Chine	banque	114	309 000	24,7
43	BNP Paribas	France	banque	109	185 000	8,5

Rang	Nom	Pays	Activité	CA en milliards de dollars	Personnel nb de pers	Profits en milliards de dollars
44	Nissan Motor	Japon	automobile	108	137 000	6,1
45	Chevron	États-Unis	énergie	108	55 000	−0,5
46	Fannie May	États-Unis	finances	107	7 000	12,3
47	China Mobiles Commu-nication	Chine	télé-communication	107	464 000	9,6
48	JP Morgan Chase	États-Unis	banque	105	243 000	24,7
49	Legal and General Group	Royaume-Uni	finances	105	9 000	1,7
50	Nippon Tele-graph and Telephone	Japon	télé-communication	105	275 000	7,4

■ Voir FMN/FTN

Fordisme (éco)

Ce terme désigne un système de production industrielle mis au point par Henry Ford (1863-1947) à partir de 1908 dans ses usines automobiles. Cette forme d'organisation du travail est fondée sur la standardisation des produits et le découpage du processus de production en tâches simples, mais aussi sur une politique de salaires élevés. Ford a théorisé ensuite sa pratique dans les années 1920 (*Ma vie, mon œuvre*, 1924). Il explique que l'introduction de chaînes de production automatiques est à l'origine de forts gains de productivité mais constitue un lourd investissement qui ne peut être rentabilisé qu'avec de grandes séries. Pour permettre cette production très vaste, les automobiles doivent être peu chères et identiques. Ainsi la fameuse Ford T n'est-elle proposée qu'en noir. Conscient que le rythme imposé par la chaîne et la parcellisation des tâches dégradent les conditions de travail, il compense par des salaires plus élevés qui apaisent les tensions, limitent le *turn-over* et ouvrent éventuellement des débouchés faisant des ouvriers des consommateurs potentiels. Le fordisme s'est largement diffusé dans l'industrie, en particulier au cours des années 1950 et 1960. Aujourd'hui les principes fordistes, bien que concurrencés par d'autres formes d'organisation comme le toyotisme, demeurent. Ainsi, la chaîne reste au cœur de la production industrielle. Quant à la suppression des stocks et à la réduction des défauts, elles faisaient déjà partie des objectifs affirmés par Ford.

■ Voir Automobile, Toyotisme et Renault-Nissan

Forum social mondial ou FSM (pol)

- Voir Altermondialisme

Fragmentation (géo et pol)

- Voir Intégration et Balkanisation

FRANCE : 30 informations clés (année 2015 sauf autre indication)

PIB : 2780 milliards de dollars (6e rang mondial)
Superficie : 549 087 km²
Capitale : Paris
Nature du régime : république, 13 régions
Président de la République en 2020 : Emmanuel Macron
Population : 67 millions d'habitants
Espérance de vie : femmes 85 ans et hommes 80 ans
Indice de fécondité : 1,8 enfant/femme
PIB/hab en ppa : 46400 dollars
Croissance moyenne 2010-2019 : + 1,35 %/an
Monnaie : euro
Coefficient de Gini : 0,32
Trafic en 2016 du premier aéroport (rang mondial) : Paris 66 millions de passagers (10e)
Trafic en 2015 du premier port (rang mondial) : Marseille 82 millions de tonnes (53e)
Rang mondial pour les exportations de marchandises en 2019 : 7e
Production automobile en 2016 (rang mondial) : 2,3 millions (10e)
Part de la recherche et du développement dans le PIB : 2,3 %
Taux de couverture énergétique : 52 %
Réserves officielles : 166 milliards de dollars
Émission de CO_2/hab : 4,5 tonnes
Ressources renouvelables en eau douce intérieure par habitant en m³ en 1962 : 4156
Ressources renouvelables en eau douce intérieure par habitant en m³ en 2014 : 3016
Dette publique en % du PIB : 98
Budget militaire : 49,8 milliards de dollars
Prévision de population en 2050 en millions de personnes : 70,6
Prévision du PIB à parité de pouvoir d'achat en milliards de dollars en 2050 (rang mondial) : 4705 (12e)

Sources : *Année stratégique 2021*, INED, *Images économiques du monde 2018*, ONU et PwC.

Citations :

« Les Français sont experts dans la déploration et l'autoflagellation. Depuis trente ans, ils sont persuadés que leur pays est en berne », Jacques Marseille, *La Guerre des deux France. Celle qui avance et celle qui freine*, 2004.

« La France dispose, aux yeux des principaux États, de l'image d'un pays capable d'influencer positivement les affaires internationales [...]. L'enjeu est de s'y adosser. Rebâtir une influence en devenant une référence, une nation ayant des idées intéressant les autres et qui prend les moyens de les en convaincre, un lieu d'initiatives sur la gestion des défis régionaux et mondiaux », Michel Foucher, *La Bataille des cartes*, 2011.

« La construction européenne a toujours été "vendue" aux citoyens français par ses dirigeants comme le moyen de prolonger la France, ou comme remède, la solution miracle aux difficultés, en lieu et place des promesses qui ne peuvent plus être tenues par l'État national. Grâce à l'Europe, la France, non seulement conserve son indépendance là où le chemin solitaire n'y pourvoirait pas, mais, de plus, elle tient son rang et se donne des horizons », Sylvain Kahn, *Géopolitique de l'Union européenne*, 2007.

La France dans le monde

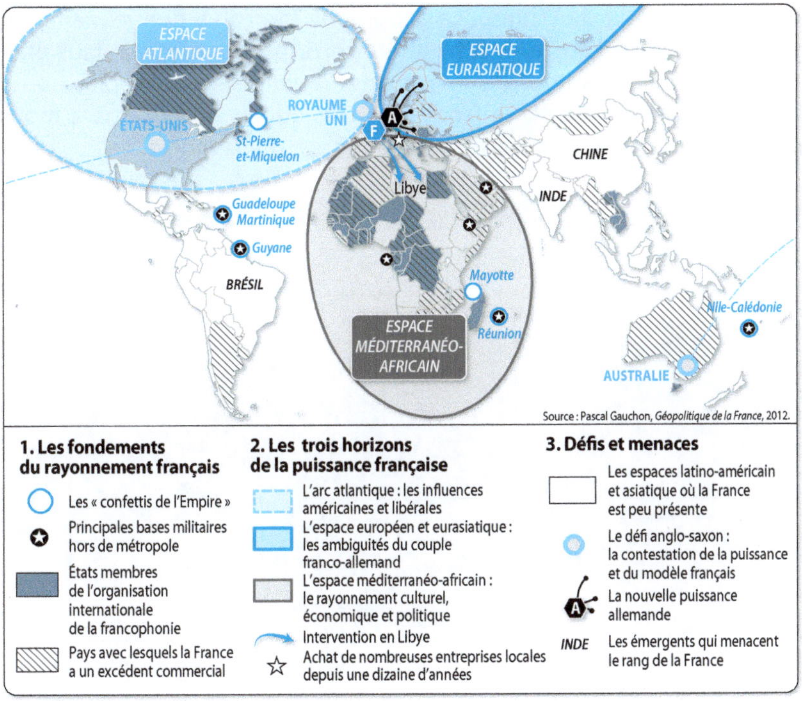

Source : Pascal Gauchon, *Géopolitique de la France*, 2012.

■ Voir Paris, Europe, Tableau des puissances et Chronologie des chefs d'État

Friche/friche industrielle/commerciale (géo)

Terre jadis cultivée où la culture a été abandonnée. Le terme est aussi utilisé pour décrire les sites industriels ou commerciaux abandonnés en raison de la faillite de l'entreprise. Les vieilles régions industrielles des pays développés ont connu un essor important des friches industrielles à partir des années 1970, ce qui a favorisé un aspect répulsif des villes concernées.

Front pionnier/front urbain (géo)

Région agricole en cours de peuplement comme le Grand Ouest américain au XIXe siècle ou les forêts intertropicales du Brésil, d'Afrique ou d'Indonésie (lié, par exemple, à l'essor de la culture d'huile de palme). Par analogie, l'expression « front urbain » nomme une zone en voie d'urbanisation.

Frontière (géo, éco et pol)

Au sens strict, la frontière est une ligne qui délimite la souveraineté d'un État. Mais la frontière est aussi économique (les économistes parlent de talus économique), démographique (colons envoyés ou volontaires pour maîtriser un espace périphérique) ou politique (mur de Trump). Le géographe français y donne même un sens moral : « la négation de l'autre ». La frontière correspond surtout à deux éléments différents : la frontière, la bordure est en effet la limite évoquée plus haut, mais il existe un autre aspect qui est le front pionnier, qui est une frontière mouvante d'occupation que l'on repousse au fur et à mesure de l'avancée des colons.

■ Voir État

Murs et frontières dans le monde (en 2009)

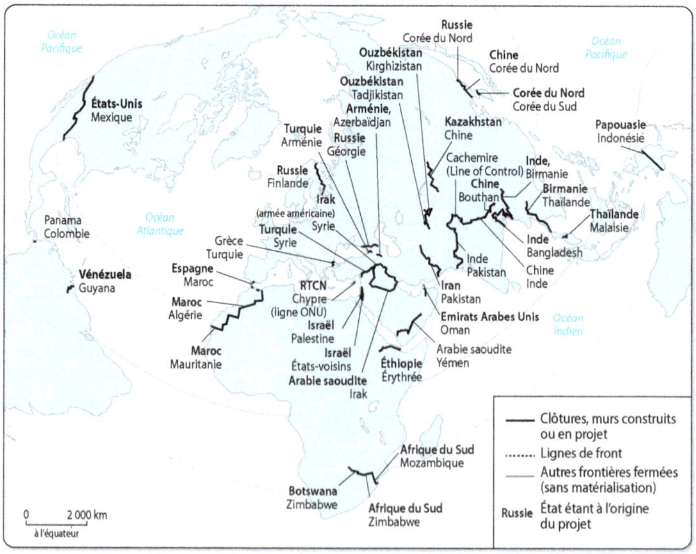

Frontière technologique (éco)

La notion de frontière technologique a été introduite par l'économiste français Philippe Aghion. Une nation qui est à la frontière technologique est une nation dans laquelle la croissance économique est essentiellement assurée par des innovations de rupture. Au contraire, une nation qui est éloignée de la frontière technologique base sa croissance sur l'accumulation d'autres facteurs et rattrape son retard en imitant de la connaissance qui a été produite ailleurs. Cette distinction est très intéressante parce qu'elle permet de comprendre que les ressorts de la croissance ne sont pas les mêmes dans ces deux types de nations. Cette notion peut également être utilisée avec intérêt pour catégoriser les entreprises.

Fuseau horaire (géo)

Espace compris entre deux méridiens et ayant la même heure légale. Il y a 24 fuseaux horaires. Les États les plus vastes en possèdent plusieurs : 11 pour la Russie, 10 pour la France avec ses TOM, 6 pour le Canada. La référence mondiale est donnée par l'heure GMT (*Greenwich Mean Time*), donc par Londres.

G3 ou IBAS (géopol)

Né en 2003 à Brasília. Forum d'États émergents, Inde-Brésil-Afrique du Sud, qui coalise d'autres États, en particulier au sein de l'OMC.

G7/G8 (géopol)

Sommet des pays les plus riches de la planète avec Allemagne, Canada, États-Unis, France, Italie, Japon, Royaume-Uni et, depuis 1998, Russie. Lancés en 1975 par le Président français Valéry Giscard d'Estaing pour permettre des discussions entre chefs d'État au moment du premier choc pétrolier, ces sommets traitent des problèmes mondiaux.

■ Voir Davos

G20 (géopol)

Le G20 a été créé en décembre 1999 en réponse aux crises financières qui ont frappé les pays émergents à la fin des années 1990. Il s'agissait à l'origine de réunir une fois par an les ministres des Finances et gouverneurs de banques centrales des pays industrialisés et des pays émergents pour faciliter la concertation internationale en matière économique. Confronté à la plus grave crise économique et financière depuis la Seconde Guerre monde, le G20 s'est transformé fin 2008, sous l'impulsion de la

France, alors présidente en exercice de l'UE, en instance de pilotage économique, réunissant au plus haut niveau les grands responsables publics. Lors du sommet fondateur de Washington de novembre 2008, les chefs d'État et de gouvernement se sont mis d'accord sur un plan d'action exceptionnel pour éviter l'effondrement du système financier et de l'économie mondiale. Depuis, le G20 s'est réuni régulièrement. Il représente 85 % de l'économie mondiale et les deux tiers de la population mondiale. Il est composé de l'Afrique du Sud, de l'Allemagne, de l'Arabie Saoudite, de l'Argentine, de l'Australie, du Brésil, du Canada, de la Chine, de la Corée du Sud, des États-Unis, de la France, de l'Inde, de l'Indonésie, de l'Italie, du Japon, du Mexique, du Royaume-Uni, de la Russie, de la Turquie et de l'Union européenne.

■ Voir PIB (avec liste des 40 premiers États)

G 77 (géopol)

Né aux Nations unies, Le groupe des 77 est une coalition de pays en développement, conçue pour promouvoir les intérêts économiques collectifs de ses membres et leur donner une capacité de négociation accrue. Créée par 77 pays, l'organisation a grandi et compte actuellement 133 pays membres. Néanmoins, elle continue à être désignée comme le G77 dans les négociations et sessions de l'ONU.

GAFAM (éco)

Acronyme concernant 5 firmes américaines clés liées à l'informatique et internet : Google, fondée en 1998 par Larry Page (12e fortune mondiale en 2018 selon *Forbes*) et Sergeï Brin (13e fortune mondiale), Amazon, fondée en 1994 par Jeff Bezos (1re fortune mondiale), Facebook, fondée en 2004 par Marc Zuckerberg (5e fortune mondiale), Apple, fondée en 1976 par Steve Jobs, Ronald Wayne et Steve Wozniak et Microsoft, fondée en 1975 par Paul Allen et Bill Gates (2e fortune mondiale). En 2017, la capitalisation totale des GAFAM était proche de 3000 milliards de dollars, soit plus que le PIB de la France. Au-delà de la richesse, leur avance technologique en fait des firmes très puissantes aujourd'hui, même si des concurrents chinois sérieux apparaissent comme Alibaba, fondée par Jack Ma, ou Huawei qui vient de dépasser Apple dans les smartphones.

Les trois ères de l'informatique

Période	1945-1985	1985-2005	Depuis 2005
Ère	Matériel	Logiciel	Données
Leader	IBM	Microsoft	Google
Challenger	Apple	Linux	Facebook

Source : David Fayon, « Les GAFAM sont-ils déjà les maîtres du monde », *Diplomatie*, Grands dossiers n° 29, oct-nov 2015

« *Gateway* » (géo)

Porte d'entrée dans un pays. Exemple : les aéroports de Londres (7e mondial en 2016) et, dans une moindre mesure de Paris (10e), sont les portes d'entrée pour l'accès à l'Europe.

GATT/OMC (éco)

En 1947, 23 États signent l'accord sur les tarifs douaniers et le commerce (GATT). Pendant plus de 40 ans, et pour un nombre croissant d'États – plus de 120 lors du cycle d'Uruguay (1986-1994) – le GATT constitue le cadre des cycles (*rounds*) de négociations commerciales multilatérales. Les accords de Marrakech, qui clôturent le cycle d'Uruguay en 1994, créent l'organisation mondiale du commerce (OMC). Celle-ci entre en fonction dès 1995. Le cadre institutionnel des négociations commerciales en est renforcé puisque, d'un régime international du commerce créé autour du GATT, on passe à une organisation internationale de plein exercice. Parallèlement, cette nouvelle organisation tend à devenir « quasi universelle », en raison d'adhésions toujours plus nombreuses (164 États membres en 2018), dont celles de la Chine en 2001 et de la Russie en 2012. Au départ, l'OMC était présentée comme une institution centrale de ce que l'on commençait à appeler la gouvernance de la mondialisation. Certains y voyaient une organisation de régulation des échanges. D'autres, dans une perspective colbertiste à la française, lui assignaient la responsabilité de rédiger la constitution économique d'une économie planétaire ouverte. De leur côté, les militants altermondialistes dénonçaient le pouvoir de l'OMC dans l'orchestration de la mondialisation libérale. À rebours de toutes ces prédictions, l'OMC n'est parvenue à conclure aucune négociation commerciale d'envergure depuis sa création. Après une conférence exploratoire (Singapour 1996), puis l'échec du lancement d'un cycle à Seattle en 1999, les États membres ont impulsé un nouveau cycle à Doha en novembre 2001. 10 ans plus tard, les négociations de Doha n'ont toujours pas abouti. Innombrables sont alors les commentaires de presse qui annoncent régulièrement la paralysie, voire la fin de l'OMC. Chaque cycle de négociation commerciale multilatérale charrie des centaines de problèmes économiques, juridiques et politiques à résoudre, qui font l'objet de centaines de réunions, formelles et informelles, de comités et de groupes de travail par an, quelles que soient les asymétries de puissance dans la négociation commerciale. On négocie donc de manière plus « multilatérale » à l'OMC qu'à la Banque mondiale ou au FMI. La poursuite d'accords bilatéraux et de traité méga-régionaux forme une alternative pour poursuivre l'essor du libre-échange.

Du Gatt à l'OMC : évolution du commerce des marchandises en milliards de dollars

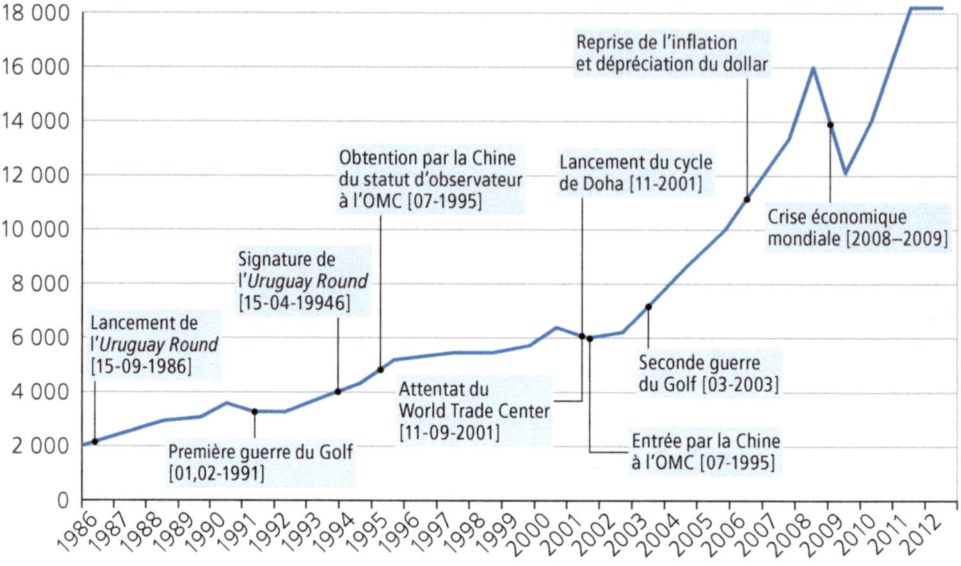

Source : *Images éco du monde 2015*, 2014

■ Voir ORD et Chronologie des directeurs généraux de l'OMC

Génocide (hist)

Du grec *genos* (race) et du latin *caedere* (tuer), le terme génocide a été introduit en 1944 par le juriste américain d'origine polonaise, Raphaël Lemkin, dans son ouvrage *Axis Rule in Occupied Europe*, pour désigner l'extermination méthodique d'un groupe ethnique, les Juifs. Adoptée par l'Assemblée générale des Nations unies le 9 décembre 1948, la Convention pour la prévention et la répression du crime de génocide est entrée en vigueur en 1951. Elle définit ainsi ce crime : « Actes commis dans l'intention de détruire, en tout ou en partie, un groupe national, ethnique, racial ou religieux ». Ce crime est déclaré imprescriptible en 1968. Connus dès l'Antiquité – un peuple vaincu est souvent massacré ou réduit en esclavage (destruction de Carthage par les Romains en 146 avant notre ère) –, les génocides se poursuivent durant l'époque moderne lors de la colonisation européenne (Indiens Tainos sur l'île d'Hispaniola au XVIe siècle ou Aborigènes de Tasmanie au XIXe siècle). Le premier génocide du XXe siècle est celui des Arméniens perpétré par les Turcs en 1915 et le plus récent celui des Tutsis au Rwanda en 1994. La caractérisation de génocide est l'objet de nombreuses discussions et controverses : le massacre des Gaulois par les troupes de César ou la traite négrière des noirs sont-ils des génocides ?

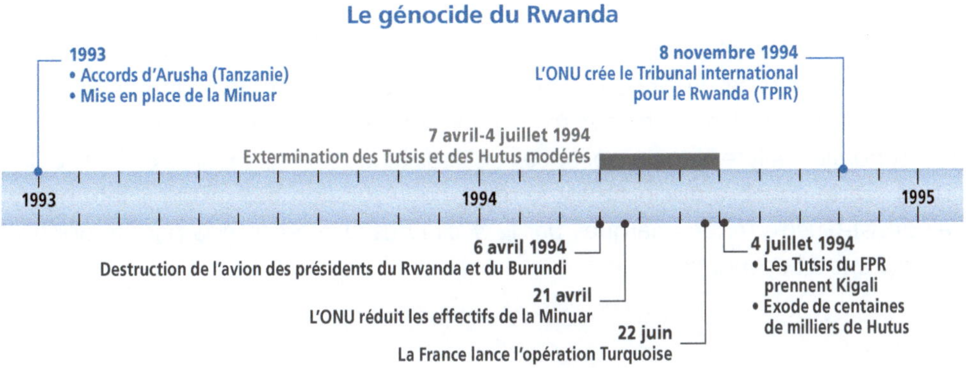

Source : Jean-Christophe Delmas, *Dico atlas des guerres*, 2012

Genre (soc)

La notion désigne la construction sociale, culturelle et psychologique de la différence entre les sexes.

Gentrification (géo)

Néologisme d'origine anglo-saxonne concernant la géographie urbaine, pour signifier la substitution à l'ancienne population à revenu faible d'une nouvelle population plus riche. Le processus est souvent accéléré par des opérations de rénovation ou de réhabilitation urbaine.

Géographie (géo)

Science sociale longtemps séparée en deux sous-disciplines, la géographie physique et la géographie humaine. D'abord dominée, celle-ci est peu à peu devenue essentielle. Aujourd'hui, la géographie est l'analyse de l'organisation de l'espace.

Géohistoire (géo et hist)

Étude géographique des processus historiques. En France, un des principaux représentants est Christian Grataloup.

Géoéconomie (géopol)

La géoéconomie est l'analyse des stratégies économiques mises en place par les États dans le cadre de la défense ou de l'aide au développement de leurs entreprises nationales face à la concurrence mondiale exacerbée par la mondialisation. Concept développé aux États-Unis par Edward Luttwak, il est défendu en France par Pascal Lorot qui fonde la revue *Géoéconomie* en 1997. On observe deux grands types de stratégies des États : soit défensive (protectionnisme), soit offensive (espionnage). La géoéconomie analyse ainsi les politiques de deux acteurs spatiaux clés, les États et les firmes. Cette nouvelle discipline est le reflet de l'évolution des relations internationales post-Guerre froide, marquée par le déclin des idéologies et la priorité donnée par les États à l'économie.

Géopolitique (géopol)

On assiste après la Seconde Guerre mondiale à une occultation de la géopolitique pour trois raisons : déconsidération due aux liens avec le nazisme, domination des idéologies qui s'opposent, dépassement de la géographie liée aux capacités nucléaires désormais mondiales. Les États-Unis sont le seul pays où l'influence de la géopolitique perdure : le concept de *Heartland* de Mackinder reste une grille de compréhension de la guerre froide. La géopolitique renaît au milieu des années 1970, avec deux ouvrages. Celui du Français Yves Lacoste *La Géographie, ça sert d'abord, à faire la guerre*, (1976) et celui de l'Américain Colin Gray *The geopolitics of nuclear Era* (1977). La chute de l'URSS, le déclin des idéologies et la fragmentation du tiers-monde redonnent à la géopolitique tout son sens. L'apport majeur de Lacoste est de trois ordres. D'abord, il est à l'origine d'un tournant au sein de la géographie universitaire qui se consacre désormais davantage à une réflexion sur ses méthodes ainsi qu'à la redécouverte des anciens géographes (d'où le nom de sa revue *Hérodote*, fondée en 1976). Ensuite, il insiste sur le poids des représentations. Pour comprendre une situation géopolitique, des « rivalités de pouvoirs sur un territoire » (définition de la géopolitique pour Lacoste), il faut analyser toutes les représentations. Pour une nation, la perte d'un territoire peut contenir une valeur symbolique forte. Lacoste consacre de nombreux numéros de sa revue à des questions nationales. La géopolitique lacostienne met l'accent sur la nécessité d'adopter un point de vue multiscalaire dans l'analyse des situations. La guerre en Syrie par exemple, peut être vue comme une guerre communautaire (échelle nationale), une des manifestations du grand affrontement entre chiites et sunnites (échelle régionale) ou comme un des enjeux du bras de fer russo-états-unien (échelle mondiale). Yves Lacoste utilise un type de représentation graphique original qu'il nomme « diatope ». Enfin, il parle de « géopolitique interne » pour montrer que les rivalités des acteurs spatiaux peuvent également être de la géopolitique. Succédant à Yves Lacoste à la tête d'*Hérodote*, Béatrice Gillin joue un rôle important dans l'essor de la géopolitique interne.

Géopolitique externe, interne et locale

	Géopolitique externe	Géopolitique interne	Géopolitique locale
Acteurs	États Organisations internationales Mouvements transnationaux	États Mouvements rebelles Groupes terroristes	États Collectivités locales Entreprises Associations
Enjeux	Frontière Souveraineté	Sécession Autonomie Gouvernance	Gouvernance Aménagements
Échelle	Internationale	Intranationale	Locale, ce qui n'exclut pas qu'elle soit transfrontalière
Exemple	Tensions entre le Maroc et l'Algérie à propos de leur frontière	Tensions entre le Kurdistan irakien et les autorités de Bagdad	Tensions autour de la construction d'un aéroport à Notre-Dame-des-Landes

Source : Florian Louis, *Les Grands Théoriciens de la géopolitique*, 2014

■ Voir Échelle/Diatope

Géostratégie (géopol)

Géopolitique orientée vers l'action, soit économique, soit militaire. Elle comporte un volet prospectif.

■ Voir Prospective

Ghetto (géo)

Terme qui vient du nom du quartier juif de Venise. Il a ensuite désigné tous les quartiers où vit exclusivement une population, le plus souvent pauvre (ghettos noirs américains), mais aussi riche.

GIEC (éco géopol)

Le Groupe d'experts intergouvernemental sur l'évolution du climat) a été créé en 1988, sous les auspices de l'OMM et du PNUE. L'organisation, présidée par le Coréen Hoesung Lee, siège à Genève et réunit des climatologues de 195 pays. Le Français Jean Jouzel, reconnu pour ses travaux sur le lien entre la concentration de CO2 et le réchauffement climatique, en a notamment été le vice-président de 2002 à 2015. Le GIEC, dont les réunions plénières ont lieu une ou deux fois par an, est organisé en trois groupes de travail : le premier s'intéresse aux aspects scientifiques de l'évolution du climat, le second aux vulnérabilités des structures socio-économiques, et le troisième aux mesures d'adaptation nécessaires. C'est un lieu d'expertise collective dont les rapports, établis sans parti pris, sont utilisés dans les négociations internationales.

Globalisation (éco)

■ Voir Mondialisation

Globalisation financière (éco)

Désigne le processus de libéralisation des échanges internationaux de capitaux qui a débuté dans les années 1970 à la suite du démantèlement du système de Bretton Woods. Le processus a été accéléré par la révolution numérique. Désormais, une masse de capitaux flottants s'échangent de manière continue et massive.

■ Voir Dérégulation et Banque

Glocal (cult et éco)

Contraction de global et de local. C'est un compromis entre le marketing dit « global » et le marketing dit « local ». C'est-à-dire, pour une entreprise, avoir une stratégie mondiale mais la mettre en œuvre en faisant des adaptations aux conditions locales. L'adaptation peut se faire à différents niveaux : adaptation du produit, de la stratégie prix, de la communication... Ainsi McDonald's, après une stratégie globale (partout le même concept de A à Z), a intégré des adaptations au concept McDo en donnant plus d'autonomie aux filiales nationales. La filiale française a pu proposer plus de salades dans les menus proposés.

Gouvernance/gouvernance globale (éco et géopol)

Née au sein de l'entreprise pour améliorer les relations entre actionnaires et managers, la gouvernance est une forme de régulation collective. Ensuite, l'expression a été utilisée pour les relations internationales pour souligner l'essor d'acteurs non étatiques tels que les organisations non gouvernementales. Dans les institutions financières, bonne gouvernance signifie une gestion rigoureuse des budgets. Le rapport *Gouvernance mondiale* (2002), rédigé en 2002 par Pierre Jacquet, Jean Pisani-Ferry et Laurence Tubiana dans le cadre du Conseil d'analyse économique, offre une définition de la gouvernance mondiale et une typologie des formes qu'elle peut prendre. Dans un monde composé d'États-nations, et donc fragmenté politiquement, la gouvernance mondiale consiste donc à « gouverner sans gouvernement ». Cette gouvernance mondiale peut prendre quatre configurations, qui s'articulent autour de deux axes : le degré d'intégration de l'économie mondiale (de la diversité jusqu'à l'homogénéité parfaite) ; le degré de solidarité qui relie ses acteurs (de l'égoïsme jusqu'au sentiment d'appartenance communautaire).

Typologie de la gouvernance

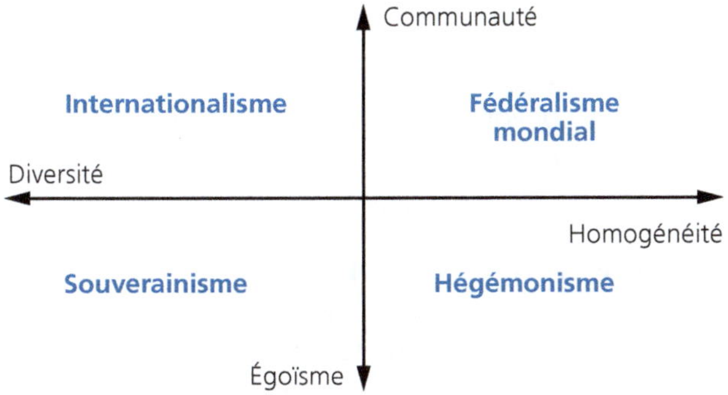

Source : Pierre Jacquet, Jean Pisani-Ferry et Laurence Tubiana, *Gouvernance mondiale*, 2002

Lorsque les États-nations coopèrent dans l'intérêt général, ils conservent leur souveraineté (diversité) et agissent pour le bien commun (communauté). Ce modèle de gouvernance est celui du multilatéralisme commercial. Ce concept naît au siècle des Lumières, il fait de l'État-nation le support de la citoyenneté et du choix politique, et de la raison la procédure qui permet d'atteindre le bien-être de tous (au détriment de personne). À l'inverse, le souverainisme fait de la défense des intérêts nationaux, l'objectif premier des relations internationales. En matière commerciale, cette forme de gouvernance s'observe avec les « égoïsmes sacrés » des années 1930 par exemple. Ces deux premières formes de gouvernance s'appuient sur l'expression d'une diversité des choix politiques nationaux. L'hégémonisme correspond à la situation où un seul État nation impose ses choix aux autres (homogénéité). Cette situation correspond par exemple à la domination anglaise du XIXe siècle ou à celle des États-Unis après 1945. En matière de régime monétaire international, on notera cependant que la position hégémonique d'une nation doit la conduire à aussi supporter des coûts : par exemple, la fin du SMI de Bretton Woods est provoquée par le choix de la politique monétaire américaine à ne pas limiter la création de monnaie (le dilemme de Triffin). Le fédéralisme conjugue cette fois l'intérêt général (communauté) et l'existence d'un choix politique construit au niveau mondial (et non plus national). Il se rapproche de l'idée d'un « gouvernement » mondial. Il faut enfin noter que la gouvernance prend plusieurs formes : financières avec le G20 ou le SMI, judiciaire avec la CPI…

Citation :

« Loin d'être systématiquement en opposition (les États contre les marchés, les ONG contre le pouvoir des firmes, etc.), ces différents acteurs sont liés, engagés dans une négociation permanente ». Agnès Bénassy-Quéré, Christian Chavagneux, Éloi Laurent, Dominique Pilhon, Michel Rainelli, Jean-Pierre Warnier, *Les Enjeux de la mondialisation,* 2013.

■ Voir Régulation internationale et Communauté internationale

« Grand jeu » (géopol)

Expression désignant la rivalité russo-britannique au carrefour des empires en Asie centrale. On parle aujourd'hui de « nouveau Grand Jeu » pour cette région charnière soumise à de nombreuses convoitises. Parfois, l'expression est utilisée pour évoquer une rivalité ancienne réactivée.

« Grande transformation » de Polanyi (soc et éco)

L'anthropologue, historien et économiste hongrois Karl Polanyi (1886-1964) a rendu compte de l'ampleur des bouleversements à l'œuvre avec l'industrialisation dans son ouvrage *La Grande Transformation* (1944). Parmi les facteurs essentiels du changement social, il évoque la diffusion progressive du libéralisme économique grâce à des auteurs comme Adam Smith, l'intensification de l'usage de la monnaie, la progression du salariat, la fragilisation des structures économiques traditionnelles comme les corporations (loi Le Chapelier, 1791). Autre élément majeur, le mouvement des enclosures en Grande-Bretagne initié au XVIIIe siècle clôture les terres communes et prive de ressources beaucoup de paysans sans terre. L'abolition de l'acte de Speenhamland en 1834 constitue également pour lui une étape décisive dans la constitution d'un marché du travail car il libère les paroisses de leur obligation de venir en aide à leurs pauvres. Avec ces différentes évolutions, une autre société se dessine, Polanyi parle de « désencastrement » pour évoquer le fait que la sphère économique s'autonomise progressivement par rapport aux autres sphères (des relations sociales, du prestige) et constitue ses propres règles, qui remplacent progressivement les normes anciennes.

■ Voir Industrialisation/Révolution industrielle

Guerre (géopol)

■ Voir Conflit

Guerre économique (éco et géopol)

Dans *La Guerre économique* (2009), Jean-Marc Huissoud et Frédéric Munier ont mis en perspective le concept de guerre économique qui apparaît de manière récurrente lors des guerres et des crises, dont la dernière de 2007-2008, crise dite des *subprimes*. Aujourd'hui, on parle aussi de guerre de monnaies pour évoquer le maintien de certaines monnaies à un niveau bas (yuan) afin de donner de la compétitivité face à des économies dont la monnaie se réévalue (euro, yen). Pendant la Guerre froide, l'embargo céréalier des États-Unis à l'encontre de l'URSS est une forme de guerre économique. C'est en effet en 1971 que le Français Bernard Esambert, conseiller du Président Pompidou et auteur de *La guerre économique mondiale* (1991), énonce le concept de guerre économique. Celui-ci est à relier au terme de « géoéconomie » énoncé par l'Américain Edward Luttwak (*Le rêve américain en danger*, 1995). Il définit alors la géoéconomie comme « la logique conflictuelle, traduite en termes commerciaux ». Il faut d'abord différencier le terme avec celui d'« économie de guerre » qui désigne l'ensemble des moyens mis en place par les États pour financer et produire un conflit. La guerre économique est plus complexe et comporte trois acceptions différentes. Elle peut d'abord être une modalité de la guerre comme l'embargo déjà cité. Dans un second sens plus large, il s'agit d'une forme atténuée de « *hard power* » par l'utilisation de moyens pour défendre ses parts de marché et accroître sa puissance. Enfin, le dernier usage du terme est extensif et peut être assimilé à une concurrence exacerbée. Colbert affirme ainsi que « les compagnies de commerce sont les armes du roi et les manufactures sont ses réserves ». Le protectionnisme et l'impérialisme sont les deux grandes politiques de guerre économique des États. Face à la crise, Royaume-Uni et France réorientent leur commerce vers leurs empires. Les régimes totalitaires développent des politiques visant à l'autarcie. Ainsi, les années 1930 se caractérisent par l'émergence et l'opposition de blocs commerciaux et monétaires. Au final, toutes les périodes sont marquées par la guerre économique qui est, selon Huissoud et Munier, « règle plus qu'exception ». Pascal Gauchon titre ainsi dans un hors-série de la revue *Conflits* : « Nous sommes en guerre économique » (Hors-série n° 1, hiver 2014).

Ouverture commerciale et conflits dans le monde (1870-2001)

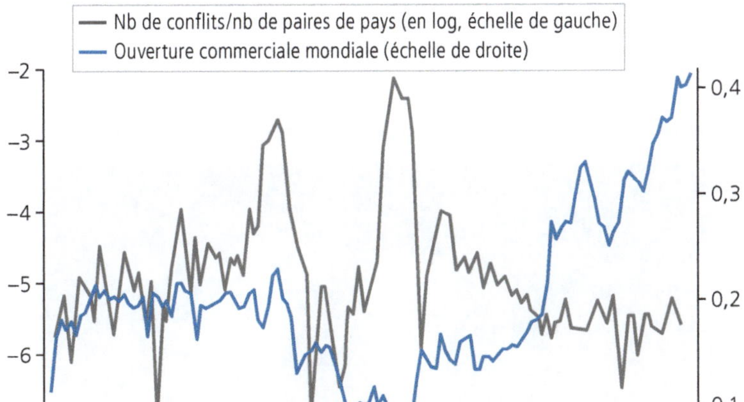

Source : Cepremap, 2005

■ Voir Libre-échange

Guerre froide (hist)

La Guerre froide est un moment de l'histoire durant lequel les États-Unis et l'URSS, devenus des superpuissances à l'issue de la Seconde Guerre mondiale, se confrontent idéologiquement et politiquement. Expression inventée par le financier américain Bernard Baruch en 1947, la formule est popularisée par l'éditorialiste américain Walter Lippman dans une série d'articles, compilés dans l'ouvrage *Cold War*. L'historien français Georges-Henri Souto la définit comme « un conflit global, idéologique, politique, géopolitique, militaire, mais avec de très fortes répercussions dans des domaines très variés : culture, économie, science ». François Géré y voit « un rapport de forces d'intensité élevée entre deux États ou deux alliances qui ne se résout pas à un affrontement direct ». L'arme nucléaire des deux côtés empêche tout conflit direct, entre Américains et Soviétiques, d'où l'expression de l'intellectuel français Raymond Aron « Paix impossible, guerre improbable » (1962). Par contre, la Guerre froide est marquée par de nombreuses crises diplomatiques (blocus de Berlin, 1948-49, crise des fusées à Cuba en 1962) et des conflits comme la guerre de Corée (1950-1953). Ces conflits sont périphériques et opposent des alliés des deux camps. Les conflits liés à la décolonisation sont aussi des enjeux de Guerre froide : en Indochine, la France est soutenue par les États-Unis dans la mesure où le leader indépendantiste vietnamien, Hô Chi Minh, est communiste. La Guerre froide se mondialise du fait de la création de réseaux d'alliés sur tous les continents ; elle implique des crises internes avec l'élimination d'opposants accusés de sympathie pour l'ennemi. C'est le cas du maccarthysme aux États-Unis de 1953 à 1954 qui consiste en une lutte farouche contre les communistes. La Guerre froide s'interrompt définitivement en 1991, année de l'implosion de l'URSS et de la dissolution du pacte de Varsovie. On peut également penser que 1989 en annonce la fin avec la chute du mur de Berlin et de nombreux régimes communistes dans le « bloc de l'Est ».

Visite du Président américain Eisenhower à un de ses alliés au Moyen-Orient, le Shah d'Iran (Téhéran, septembre 1959)

Guerre totale/guerre juste/guerre préventive (géopol)

L'expression « guerre totale » est utilisée par l'Allemand Ludendorff en 1935 (*La Guerre totale*, traduit par A. Pfannstiel, Paris, 1937). L'ancien général en chef de l'armée allemande pendant la Première Guerre mondiale affirme que « dès qu'un pays a décidé de faire la guerre, il met les forces armées, l'économie du pays et le peuple lui-même à la disposition du chef qui aura la conduite de la guerre ». Si deux guerres américaines (guerre de Sécession aux États-Unis 1861-1865 et guerre du Paraguay 1865-1870) sont considérées comme les prémices de la guerre totale, ce sera lors des deux guerres mondiales que l'on observera toutes les dimensions : démographique (mobilisation de masse), économique (production industrielle), financière (emprunts) et idéologique (propagande de masse). La guerre totale est la violation de toutes les formes de règles de guerre qui s'étaient ébauchées en Occident. Après 1945, l'arme nucléaire a certainement été un obstacle à une guerre qui aurait embrasé le monde. Si la notion de guerre juste est beaucoup plus ancienne (dès l'Antiquité), la notion a été repensée par le philosophe américain Michaël Walzer (*Guerres justes et injustes*, Paris, 1999). Selon lui, le caractère juste d'une guerre doit être visible dans tout le processus politico-militaire : les motifs de guerre, son déroulement et enfin son règlement. La guerre préventive peut être un cas de guerre juste si elle empêche une guerre plus grave. C'est le cas en 1933, lorsque la Pologne propose à la France de déclencher une guerre préventive contre l'Allemagne. Ce type de guerre suppose la certitude de la menace. De ce point de vue, la guerre du Golfe a été un échec complet.

Hard power (géopol)

■ Voir Puissance

« *Heartland* », concept de Halford Mackinder (géopol)

Géographe britannique de terrain, Mackinder élabore des manuels scolaires, puis poursuit des recherches géopolitiques originales qui l'amènent à montrer qu'une région de la planète, qu'il nomme « *Heartland* », est la clé de la domination mondiale. Au lendemain de la Première Guerre mondiale, alors que la Russie bascule dans le communisme et que l'Europe se redécoupe, il montre dans son ouvrage *Les idéaux démocratiques et la réalité*, (1919), un monde découpé en trois parties : l'Océan, l'île-monde « *world-ocean* » qui correspond à l'Europe, l'Asie et l'Afrique et les îles artificielles de l'île-monde (Grande Bretagne., Amérique, Japon et Australie). Mackinder considère que l'île-monde, soit à peu près l'Eurasie, est le pivot central du monde et qu'elle possède elle-même un cœur stratégique, le « *Heartland* ». Celui-ci se confond avec la Russie, dont l'immensité et les ressources lui donnent un potentiel immense. Ce « *Heartland* » est bordé par les

« *Coastlands* » qui le ceinturent et lui donnent accès à l'Océan mondial. Ces « *Coastlands* » sont l'Europe occidentale, le Moyen-Orient, l'Asie du Sud et de l'Est : elles forment le croissant intérieur ou marginal. Pour Mackinder, tous les conflits peuvent s'expliquer par les frictions entre ce pivot et ses bordures. Et tout pourrait être déséquilibré si un jour l'Allemagne et la Russie devaient s'unir. Héritier des angoisses historiques anglaises, il redoute toute émergence d'un pouvoir hégémonique continental européen. « Qui tient l'Europe orientale contrôle le *Heartland*, qui tient le *Heartland* contrôle l'île mondiale, qui tient l'île mondiale contrôle le monde ». Mackinder prend ici le contre-pied de l'adage du navigateur anglais de l'époque élisabéthaine, Sir Walter Raleigh, qui affirmait : « Qui tient la mer tient le commerce du monde, qui tient le commerce du monde tient la richesse, qui tient la richesse du monde tient le monde lui-même ». Dans les années 1920, au moment où la puissance britannique s'essouffle, Mackinder met en garde contre le rapprochement entre Moscou et Berlin. Il appuie la politique de « cordon sanitaire » en Europe orientale et prône l'alliance avec la France et les États-Unis. En 1943, Mackinder remet à jour sa théorie du pivot dans l'article « The Round World » (paru dans la revue *Foreign Affairs*) en montrant que l'alliance entre les États-Unis et la Grande Bretagne, puissances maritimes, et la France, tête de pont sur les *Coastlands*, pourrait contenir la puissance du *Heartland* dans le futur. Le nouveau concept de *Midland Ocean* (l'Océan Atlantique) lui permet de symboliser cette union transatlantique.

Hedge fund (éco)

Fonds spéculatifs, fonds d'investissement à court terme et à risque, imaginés en 1949 par Alfred Jones, un journaliste financier. Ces fonds spéculent sur des actions, des devises, des matières premières, généralement à rebours de la tendance. Ils se caractérisent par une opacité certaine pour tirer profit de la stratégie d'investissement choisie. Ils ne sont donc pas soumis aux règles de transparence des marchés boursiers régulés aux États-Unis.

Hégémonie (géopol)

Suprématie ou domination d'une puissance sur une autre. Selon Robert Cox (1987), « les États dominants créent un ordre fondé idéologiquement sur un certain consentement des dominés ».

■ Voir Puissance et Ordre mondial

Héliotropisme (géo)

Attraction exercée par les contrées méridionales, le plus souvent en raison de leur ensoleillement élevé.

Hétéronome (géo)

Reçu de l'extérieur sans procéder d'une maturation interne.

Hippies (cult)

Mouvement, issu du baby-boom et des classes moyennes, de contestation des valeurs traditionnelles de la société américaine dans les années 1960 et de l'engagement du pays au Vietnam. Pacifisme, refus du racisme et de la société de consommation en composent les valeurs clés. Le mouvement connaît une diffusion transnationale.

Holding (éco)

Société financière qui gère des participations souvent majoritaires dans d'autres sociétés.

- Voir Concentration

Holisme (pol)

Théorie qui consiste à privilégier le tout sur les parties qui le constituent. En sociologie, cela se traduit par une étude privilégiée des déterminants qui pèsent sur les individus et leurs actions. La société est également envisagée comme une entité cohérente, qui surplombe les actions individuelles et les influence. L'approche holiste est déjà perceptible dans l'analyse de la structure sociale de Karl Marx (*Le Capital*, 1867). Selon lui, les individus sont définis par leur position dans la structure sociale, leur appartenance à une classe qui, à son tour, détermine leur destin et leurs comportements.

Horogenèse (géo)

Néologisme inventé par Michel Foucher, de *horos* (sillon délimitant la cité) et *genesis* (génération). Processus de formation des frontières (synonyme de frontogenèse). À ne pas confondre avec l'orogenèse (mécanisme de formation du relief par la tectonique des plaques).

Hors-sol (éco)

Expression qui s'applique aux ateliers d'élevage qui fonctionnent sans terre, en milieu artificiel, la nourriture étant apportée aux animaux.

- Voir Feed-lot

« *Hub* » (géo)

Aéroport où convergent les lignes d'une même compagnie aérienne, à l'image d'un moyeu de roue (*hub* en anglais) et de ses roues (*spoke*). Cette organisation permet à la firme de réaliser des économies d'échelle en rationalisant et démultipliant ses activités sur un seul aéroport. Par extension, un *hub* peut aussi être une gare routière ou ferroviaire ou un port. Le terme de nœud peut être utilisé en français.

« *Huerta* » (géo)

Terme espagnol désignant dans le monde méditerranéen une plaine irriguée (fruits, maraîchage).

« *Hukou* » (éco)

Document assignant les habitants à leur lieu de résidence, urbain ou rural. Un *hukou* urbain donne accès aux services et droits urbains (santé, retraite, éducation). Face aux problèmes générés, ce système est en cours d'assouplissement.

Hybridation (cult)

■ Voir Métissage

Hydrohégémonie (géopol)

Position géostratégique qui conduit un État en position favorable à considérer l'eau comme un révélateur de pouvoir et un facteur de puissance. Ce concept est issu de la théorie de Karl Wittfogel (*Le Despotisme oriental*, 1957), qui fonde la puissance des États sur leur capacité à maîtriser l'eau.

Hyperclasse/riches (soc)

Expression de l'économiste français Daniel Cohen pour évoquer l'élite financière mondiale. Pour une banque privée américaine, un client est considéré comme riche à partir d'un revenu annuel supérieur à un million de dollars.

Les 10 plus grandes fortunes mondiales en 2017

Rang	Nom	Pays	Fortune en milliards de dollars	Origine
1	Bill Gates	États-Unis	87,3	fondateur de Microsoft
2	Amancio Ortega	Espagne	82,8	fondateur de Zara

Rang	Nom	Pays	Fortune en milliards de dollars	Origine
3	Jeff Bezos	États-Unis	81,1	fondateur d'Amazon
4	Waren Buffet	États-Unis	74,9	investisseur
5	Mark Zuckerberg	États-Unis	64,5	fondateur de Facebook
6	Carlos Slim	Mexique	87,7	achat de Telmex
7	Bernard Arnault	France	51,2	fondateur de LVMH
8	Larry Ellison	États-Unis	47,4	fondateur d'Oracle
9	Charles Koch	États-Unis	47,3	fondateur de Koch
10	David Koch	États-Unis	47,3	fondateur de Koch

■ Voir Classes sociales et Classes supérieures

Hyperspatialité (géo)

Michel Lussault, dans L'Avènement du Monde. Essai sur l'habitation humaine de la terre, 2013 définit l'hyperspatialité comme la capacité de connexion permanente entre des réalités spatiales différentes via des outils de communication modernes dont Internet illustre la toute-puissance.

Identité (cult et pol)

Notion plurielle assez subjective et souvent instrumentalisée. Aucune identité n'est naturelle ; aussi, il est préférable de parler de construction identitaire. En effet, chaque individu ou groupe élabore des représentations qui évoluent par interaction avec les autres individus ou groupes.

■ Voir Civilisation ou Culture

Impérialisme (hist et géopol)

Désignant d'abord une stratégie ou une doctrine d'expansion coloniale, l'impérialisme instaure un rapport de domination politique, économique ou culturel d'un État (métropole) sur un ou plusieurs autres. Aujourd'hui, l'impérialisme n'est plus territorial, mais davantage culturel et technologique. Pour les marxistes, il reste associé au mode de production capitaliste.

■ Voir État

Immigration (éco)

■ Voir Migrations

INDE : 30 informations clés (année 2018, sauf autre indication)

PIB : 2 718 milliards de dollars (7e rang mondial)
Superficie : 3 287 263 km^2
Capitale : New Delhi
Nature du régime : république fédérale, 28 États
Chef de gouvernement en 2020 : Narendra Modi
Population : 1 353 millions d'habitants
Espérance de vie : femmes 71 ans et hommes 68 ans
Indice de fécondité : 2,2 enfants/femme
PIB/hab en ppa : 6 700 dollars
Croissance moyenne 2010-2019 : + 6,97 %/an
Monnaie : roupie
Coefficient de Gini : 0,36
Trafic en 2016 du premier aéroport (rang mondial) : aucun parmi les 20 premiers
Trafic en 2015 du premier port (rang mondial) : Paradip 76 millions de tonnes (59e)
Rang mondial pour les exportations de marchandises en 2019 : 19e
Production automobile en 2018 (rang mondial) : 5,1 millions (4e)
Part de la recherche et du développement dans le PIB : 0,6 %
Taux de couverture énergétique : 63 %
Réserves officielles : 399 milliards de dollars
Émission de CO_2/hab : 1,6 tonne
Ressources renouvelables en eau douce intérieure par habitant en m^3 en 1962 : 3 091
Ressources renouvelables en eau douce intérieure par habitant en m^3 en 2014 : 1 118
Dette publique en % du PIB : 68
Budget militaire : 60,5 milliards de dollars
Prévision de population en 2050 en millions de personnes : 1 659
Prévision du PIB à parité de pouvoir d'achat en milliards de dollars en 2050 (rang mondial) : 44 128 (2e)

Sources : *Année stratégique 2021*, INED, *Images économiques du monde 2018*, ONU et PwC.

Citation :

« L'homme est partout en Inde », François Durand-Dastes, *Géographie universelle*, 1993.

Les principales régions industrielles de l'Union indienne

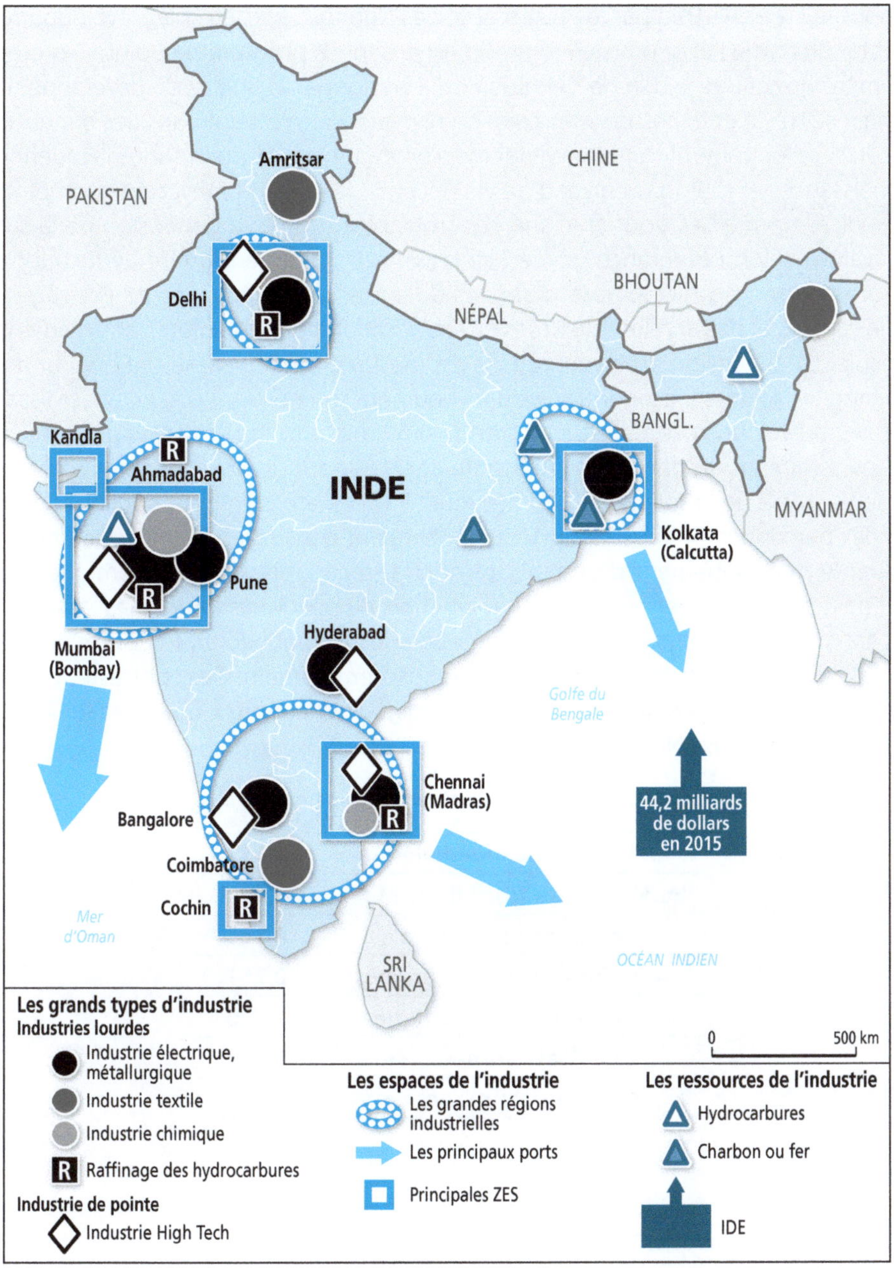

■ Voir Asie, Tableau des puissances et Chronologie des Premiers ministres

Indice de développement humain ou IDH (soc et éco)

L'indicateur (ou indice) de développement humain (IDH) est un indice statistique composite créé en 1990 par le Programme des Nations unies pour le Développement dont faisait partie l'économiste indien Amartya Sen. Le programme pointe l'intérêt et les limites de cet indice dans la définition qu'il en donne. « L'indice de développement humain (IDH) est une mesure sommaire du niveau moyen atteint dans des dimensions clés du développement humain : vivre une vie longue et en bonne santé, acquérir des connaissances et jouir d'un niveau de vie décent. L'IDH est la moyenne géométrique des indices normalisés pour chacune des trois dimensions. La dimension de la santé est évaluée selon l'espérance de vie à la naissance ; la dimension de l'éducation est mesurée au moyen du nombre d'années de scolarisation pour les adultes âgés de 25 ans et plus et des années attendues de scolarisation pour les enfants en âge d'entrer à l'école. La dimension du niveau de vie est mesurée par le revenu national brut par habitant. L'IDH utilise le logarithme du revenu pour refléter l'importance décroissante du revenu avec un revenu national brut (RNB) croissant. Les résultats pour les trois indices de dimension de l'IDH sont ensuite agrégés pour donner un indice composite obtenu à partir de la moyenne géométrique. L'IDH a été créé pour souligner que ce sont les personnes et leurs capacités qui devraient constituer le critère ultime pour évaluer le développement d'un pays, et non la seule croissance économique. L'IDH peut aussi servir à remettre en question les choix de politiques nationales, en comparant comment deux pays ayant le même niveau de RNB par habitant peuvent atteindre des résultats différents en matière de développement humain. Ces contrastes peuvent stimuler le débat sur les priorités politiques des gouvernements » (*Rapport sur le développement humain*, PNUD, 2015).

L'IDH dans le monde par régions en 2015

Moyenne mondiale	0,717
Amérique du Nord (hors Mex)	0,920
Europe et Asie centrale	0,756
Amérique latine et Caraïbes	0,751
Asie de l'Est et Pacifique	0,720
États arabes	0,687
Afrique subsaharienne	0,523

■ Voir PIB et IDH

Indice (ou coefficient) de Gini (soc)

Mis en place par le statisticien italien Corrado Gini, c'est un indicateur synthétique d'inégalité de salaires (de revenus, de niveaux de vie…). Il varie entre 0 et 1. Il est égal à 0 dans une situation d'égalité parfaite où tous les salaires, les revenus, les niveaux de vie... seraient égaux. À l'autre extrême, il est égal à 1 dans une situation la plus inégalitaire possible, celle où tous les salaires (les revenus, les niveaux de vie...) sauf un seraient nuls. Entre 0 et 1, l'inégalité est d'autant plus forte que l'indice de Gini est élevé.

Le creusement des inégalités internes de revenu des BRICS (coefficient de Gini, entre 1990 et 2008)

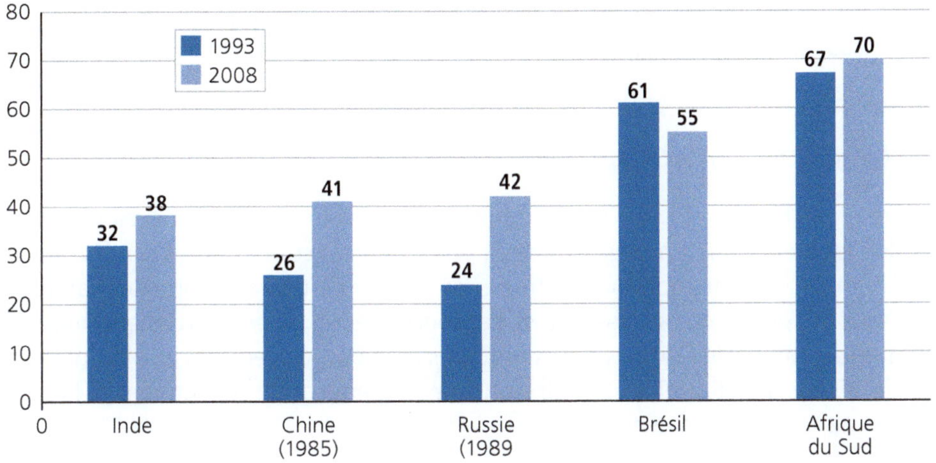

Source : Laila Porras, « Croissance, inégalités et pauvreté au sein des pays émergents : le cas des BRICS », 2015

Indice de pauvreté humaine ou IPH (soc)

Créé par le PNUD (Programme des Nations unies pour le développement), l'IPH se décompose en deux variantes. L'IPH-1 concerne les pays en développement et tient compte de 5 critères : probabilité de décéder avant 40 ans, analphabétisme, pourcentage de personnes privées d'accès aux services de santé et à l'eau potable, pourcentage d'enfants de moins de 5 ans souffrant d'insuffisance pondérale. L'IPH-2 concerne les pays développés et ne comprend que 4 critères : probabilité de décéder avant 60 ans, illettrisme, pourcentage de personnes en deçà du seuil de pauvreté et pourcentage de chômeurs de longue durée.

Indice de pauvreté multidimensionnelle ou IPM (soc)

L'Indice de pauvreté multidimensionnelle (IPM) est un indice statistique composite créé par le Programme des Nations unies pour le développement en 2010. Comme pour la définition de l'IDH, il est utile d'en comprendre l'intérêt dans la définition que le programme lui donne. « L'indice identifie les privations dans les trois mêmes dimensions que l'IDH et indique le nombre de personnes qui vivent dans une pauvreté multidimensionnelle (subissant des privations à hauteur de 33 % ou plus des indicateurs pondérés) ainsi que le nombre de privations auxquelles sont généralement confrontés les ménages pauvres. Il peut être décomposé par région, appartenance ethnique et autres groupes, ainsi que par dimension, ce qui en fait un outil approprié pour les décideurs politiques. L'IPM peut favoriser une répartition efficace des ressources en permettant le ciblage des populations souffrant de la pauvreté la plus intense ; il facilite le suivi des impacts des interventions politiques » (*Rapport sur le développement humain*, PNUD, 2015).

Indice d'inégalités de genre (soc)

Élaboré en 2010 par le PNUD, programme des Nations unies pour le développement, il évalue les inégalités hommes-femmes à partir de trois composantes du développement humain : la santé reproductive (mesurée à partir du taux de mortalité maternelle et du taux de fertilité des adolescentes), l'autonomisation ou *empowerment* (mesurée à partir du nombre de femmes parlementaires et la part de femmes et d'hommes de plus de 25 ans ayant atteint au moins un niveau d'éducation secondaire) et la participation au marché du travail.

Individu (soc)

Acteur social élémentaire dont la place va croissante en raison de la mondialisation qui accélère les échanges des hommes et des idées.

■ Voir Opinion publique internationale

Indo-Pacifique (géopol)

Initié par l'ancien Premier ministre japonais Shinzo Aben, le projet Indo-Pacifique rassemble 3 puissances de la région Japon-Inde-Australie, toutes plus ou moins alliées des États-Unis. Un peu fourre-tout il vise à proposer une alternative au projet chinois OBOR, en prônant la démocratie et la liberté de navigation. Aussi, la France a sa place dans un tel système. Il devient une priorité sous la Présidence Macron. Pour Eugène Berg, ancien ambassadeur de France aux îles Didji, « l'Indo-Pacifique représente un défi taille ; elle devrait y poursuivre une stratégie à la mesure de ses moyens, qui s'inscrit dans le long terme, en coordination avec ses partenaires locaux et européens. Il y va, de son influence et de ses intérêts globaux » (*Conflits* n° 27, mai 2020).

INDONÉSIE : 25 informations clés (année 2018, sauf autre indication)

PIB : 1022 milliards de dollars (16e rang mondial)
Superficie : 1904569 km^2
Capitale : Jakarta
Nature du régime : république, 30 provinces
Chef de gouvernement en 2020 : Joko Widodo
Population : 268 millions d'habitants
Espérance de vie : femmes 74 ans et hommes 70 ans
Indice de fécondité : 2,3 enfants/femme
PIB/hab en ppa : 11 600 dollars
Croissance moyenne 2010-2019 : + 5,43 %/an
Monnaie : rupiah (roupie indonésienne)
Coefficient de Gini : 0,39
Part de la recherche et du développement dans le PIB : 0,3 %
Taux de couverture énergétique : 184 %
Réserves officielles : 121 milliards de dollars
Émission de CO_2/hab : 1,9 tonne
Ressources renouvelables en eau douce intérieure par habitant en m^3 en 1962 : 21813
Ressources renouvelables en eau douce intérieure par habitant en m^3 en 2014 : 7914
Dette publique en % du PIB : 30
Budget militaire : 7,4 milliards de dollars
Prévision de population en 2050 en millions de personnes : 321,5
Prévision du PIB à parité de pouvoir d'achat en milliards de dollars en 2050 (rang mondial) : 10502 (4e)

Sources : *Année stratégique 2021*, INED, *Images économiques du monde 2018*, ONU et PwC.

■ Voir Asie

Industrialisation/révolution industrielle/décollage économique (éco)

L'industrialisation est un processus économique qui entraîne la croissance de l'industrie (secteur secondaire) et le recul de l'agriculture. Au sens large, l'industrialisation peut être entendue comme l'ensemble des transformations économiques (création d'usines) et sociales (salarisation et urbanisation). Ce processus est vécu par les contemporains comme une « révolution industrielle », terme utilisé par l'économiste français Adolphe Blanqui en 1837. En ce sens, la révolution industrielle est un basculement rapide d'économies et de sociétés dites traditionnelles dans une ère nouvelle. La phase de rupture est nommée *take off* ou « décollage économique » par l'économiste américain Walt Rostow dans son ouvrage *Les Étapes de la croissance économique* (1960). Selon Rostow, c'est le Royaume-Uni qui décolle d'abord vers 1780-1800, suivi par la France et la Belgique vers 1830-1860. Six autres pays décollent : les États-Unis vers 1840-1860, l'Allemagne vers 1850-1870, la Suède vers 1870-1900, le Japon vers 1880-1900, la Russie et le Canada vers 1890-1914.

- Citation

« Il n'y a de véritable révolution industrielle que lorsque celle-ci est assez puissante non seulement pour briser un équilibre ancien, mais aussi pour ouvrir la porte à une dynamique de transformation », Fernand Braudel, *Une leçon d'histoire de Fernand Braudel*, 1986.

Tableau simplifié des deux premières révolutions industrielles

Période	Pays *leader*	Énergie dominante	Secteur moteur	Matériau dominant	Personnage clé
1780-1810	Royaume-Uni	Charbon	Biens de consommation, textiles, chemin de fer	Fonte	Marchand - fabricant industriel
1890-1910	Allemagne États-Unis (côte est)	Électricité, pétrole	Automobiles, biens d'équipement	Acier, aluminium, ferro-alliages	Ingénieur, manageur

Source : *Dictionnaire d'histoire, économie, finance, géographie*, Frédéric Teulon (dir.), 1995

Industrie (éco)

Ensemble des activités d'exploitation et de transformation des matières premières. Il existe plusieurs types d'industrie : l'industrie de base (ou lourde) concerne la sidérurgie, le raffinage ou les sucreries. L'industrie de transformation est subdivisée en deux sous-catégories, celle des biens d'équipement, soit un industriel qui en fournit un autre (exemple : Michelin qui fournit des pneus aux constructeurs automobiles), et celle des biens de consommation (textile, électroménager, électronique). Enfin, l'industrie de pointe (ou high-tech) consacre une partie plus importante de son activité à la recherche.

Inégalités (soc)

Les inégalités sont des différences qui se traduisent par des avantages ou des inconvénients déterminant une hiérarchie sociale. Les inégalités économiques se mesurent à partir de critères monétaires (revenus, niveau de vie et patrimoine). Elles renvoient à une dispersion des ressources économiques. Les inégalités sociales sont des avantages ou des désavantages partagés par des personnes ayant des caractéristiques sociales semblables (à commencer par la catégorie socioprofessionnelle, mais aussi : le genre, l'âge, le lieu de résidence, l'origine ethnique ou religieuse, etc.) qui se traduisent par un accès différencié aux ressources sociales (titres scolaires, accès à la santé ou au logement, etc.). Elles se mesurent donc par des critères non monétaires. Les travaux de François Bourguignon sur les inégalités dans *La Mondialisation de l'inégalité* (2012) conduisent à distinguer les inégalités entre nations, les inégalités au sein des nations et l'inégalité « mondiale ».

Les inégalités

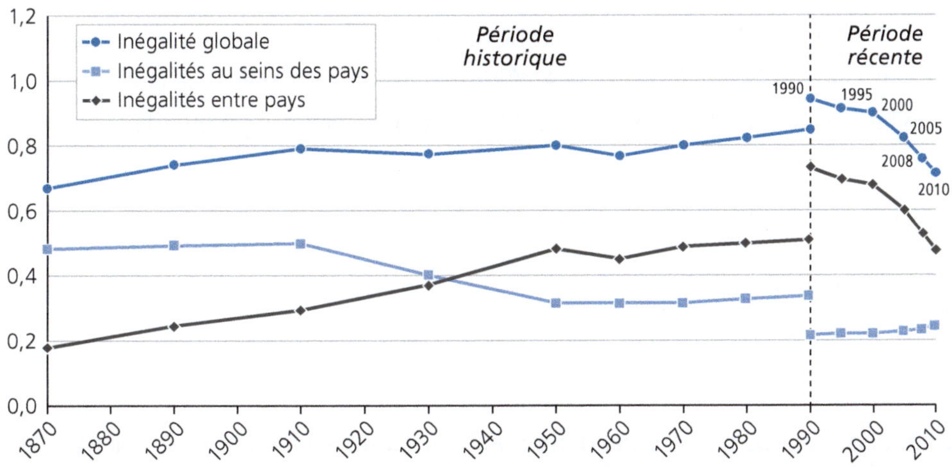

On constate que durant la période « récente » (depuis les années 1990), les inégalités internationales et l'inégalité mondiale reculent : cette dynamique de baisse des inégalités est historique. Elle intervient durant la période qualifiée de seconde phase de la deuxième mondialisation. On constate aussi que ce recul des inégalités s'accompagne d'une hausse des inégalités intra-nationales, dans tous les pays, qu'ils soient développés ou en développement.

■ Citation

« Les gouvernements frileux n'ont pas d'excuse », Thomas Piketty, préface au livre d'Anthony B. Atkinson, *Inégalités*, 2016.

■ Voir Classes supérieures et Classes populaires

Inflation/hyperinflation/désinflation (éco)

Désigne la hausse des prix dont l'effet principal est la baisse du pouvoir d'achat et des tensions à la baisse de la monnaie nationale. Lorsqu'elle dépasse les 100 % sur trois ans, on parle d'hyperinflation. Cela a été le cas de l'Allemagne en 1923 (voir p. 129 billet de 1 000 marks transformé par la banque centrale allemande en billet d'un milliard). Aujourd'hui, c'est le cas du Venezuela. Lorsque l'inflation ralentit, on parle de désinflation… à ne pas confondre avec la déflation qui correspond à une baisse des prix.

■ Citations

« J'ai été traumatisé par la chute de la monnaie en 1923 en Allemagne. Je me souviens que j'étais allé en voyage d'affaires outre-Rhin à cette époque-là […]. Au restaurant, vous aviez à peine fini un plat que sur la carte les prix avaient été majorés de 50 % », Antoine Pinay, *Un Français comme les autres*, entretiens avec Antoine Veil, 1984.

« L'inflation est exactement comme l'alcoolisme. Lorsqu'un homme se livre à une beuverie, le soir même, ça lui fait du bien. Ce n'est que le lendemain qu'il se sent mal », Milton Friedman, *Inflation et systèmes monétaires*, 1970.

« L'inflation n'est pas le problème, c'est la solution », Paul Krugman, 2012.

Influence (géopol)

■ Voir Puissance

Informel (éco)

Notion développée par le Bureau international du travail à partir des années 1970. Elle sert à montrer un ensemble d'activités de production et de services au sein de structures non déclarées. Dans les pays du Sud, elle dépasse parfois plus de 50 % de l'activité économique.

■ Voir Micro-crédit

Ingérence/droit d'ingérence humanitaire (géopol)

Intervention dans les affaires d'un État, sans son consentement, au mépris du principe de souveraineté. L'ingérence peut être politique, économique, culturelle, religieuse et même humanitaire. Dans un ouvrage sorti en 2016, Rony Brauman (cofondateur de Médecins sans frontières) parle de « diplomatie de l'ingérence » ; en 2011, l'intervention franco-britannique en Libye est un exemple qu'il condamne

fortement. En effet, l'ingérence humanitaire est apparue avec la création de Médecins sans frontières. Les ONG revendiquent un droit d'ingérence et de témoignage lorsque les droits de l'homme paraissent violés. Depuis la résolution 43/131 (en 1998) de l'Assemblée générale des Nations unies autorisant l'accès aux victimes pour les ONG, le Conseil de Sécurité n'a cessé d'élargir cette brèche juridique.

■ Voir Droit international humanitaire

Innovation et « grappe d'innovations » (éco)

Une innovation est l'application à l'économie, donc sur un marché, d'une invention, c'est-à-dire d'une idée nouvelle. Pour Schumpeter (*Les Cycles d'affaires*, 1939), les innovations, particulièrement quand elles sont de grande ampleur, modifient l'environnement économique. Elles peuvent arriver en « grappes », c'est-à-dire qu'une innovation importante en entraîne d'autres, comme dans le cas des NTIC qui ont des effets d'entraînement sur de nombreux secteurs. Dans ces grappes, les entrepreneurs réalisent des surprofits et impulsent une période de croissance. Par la suite, des entrepreneurs suiveurs réalisent des petites innovations incrémentales à partir de l'innovation radicale initiale. Peu à peu, les perspectives de profit se réduisent sous l'effet de la concurrence, de la fin des brevets et de la saturation progressive du marché. La grappe d'innovation s'est épuisée, les profits diminuent. S'opère alors un retournement qui va conduire à une phase de récession : les profits baissent, tout comme l'investissement, les prix, l'emploi, l'activité. Les entreprises qui résistent dans cette phase doivent réaliser de nouveaux investissements dans les innovations futures pour renouer avec les profits anormaux. Au bout d'un certain temps, une nouvelle grappe apparaîtra. L'innovation est l'aboutissement du progrès technique grâce à des investissements technologiques.

■ Voir Recherche et Développement

Institution (pol)

Désigne tout un ensemble d'actions et de pratiques organisées de façon stable et dépersonnalisée.

Institution financière internationale (éco et géopol)

Nées de la conférence de Bretton Woods en 1944, le Fonds monétaire international et la Banque mondiale forment les principales institutions financières internationales. Celles-ci ont une logique libérale en raison du poids historique des pays occidentaux. Mais la multiplication des crises et les effets des mesures préconisées ont remis en question leur légitimité. Les émergents tentent par exemple de créer leurs institutions aux valeurs différentes. C'est le cas de la Banque asiatique d'investissement pour les infrastructures liées au projet OBOR (« *One belt one road* »).

■ Voir Banque mondiale, FMI et Système monétaire international

Institution internationale (géopol)

■ Voir Organisation internationale

Intégration régionale/fragmentation (éco)

C'est le fait que les États appartenant à une même région du monde concluent entre eux des accords pour améliorer leurs liens. C'est donc l'effacement progressif des frontières entre pays voulant s'associer dans une démarche de coopération économique voire politique. L'intégration est un processus favorisé par la mondialisation qui tend à unifier les hommes et les territoires jusqu'à en faire un seul élément. L'intégration peut être régionale en rassemblant des États. À l'inverse, la fragmentation divise, éclate, segmente. Précisément, la fragmentation spatiale décrit les phénomènes de partition à l'échelle locale (infra-urbaine) et souligne les tensions entre les territoires gagnants et les territoires perdants de la mondialisation. Dans les années 1930, la fragmentation est plutôt politique et géopolitique. Accentuée par la dépression, elle sépare les régimes qui restent libéraux et capitalistes des régimes qui ont choisi des voies alternatives, soit communistes, soit fascistes. L'économiste hongrois Béla Balassa a établi une typologie des différents stades de l'intégration économique régionale. Dans *The Theory of Economic Integration* (1961), il distingue 5 étapes dans le processus de régionalisme (de la moins intégrée à la plus intégrée), chaque nouvelle étape ajoutant un degré d'intégration supplémentaire. L'ultime étape peut correspondre à l'union politique qui correspond au stade final de l'intégration régionale, dépassant le domaine économique. Il y aurait alors unification totale de tous les domaines des politiques économiques, mais aussi des fonctions régaliennes (même diplomatie et défense commune notamment). Cette étape de l'union politique peut prendre la forme d'une fédération d'États. Dans les grandes lignes, les étapes successives franchies par les pays membres de l'UE correspondent aux étapes décrites par Béla Balassa : zone de libre-échange (traité de Rome, 1957), union douanière, marché commun (acte unique européen, 1986), union économique, union économique et monétaire (mise en place de l'euro, 1999). On notera cependant que les premières politiques économiques communes (la PAC par exemple) ont été mises en place avant la réalisation du marché unique. L'UE est aujourd'hui la zone d'intégration régionale la plus aboutie.

Les organisations régionales dans le monde

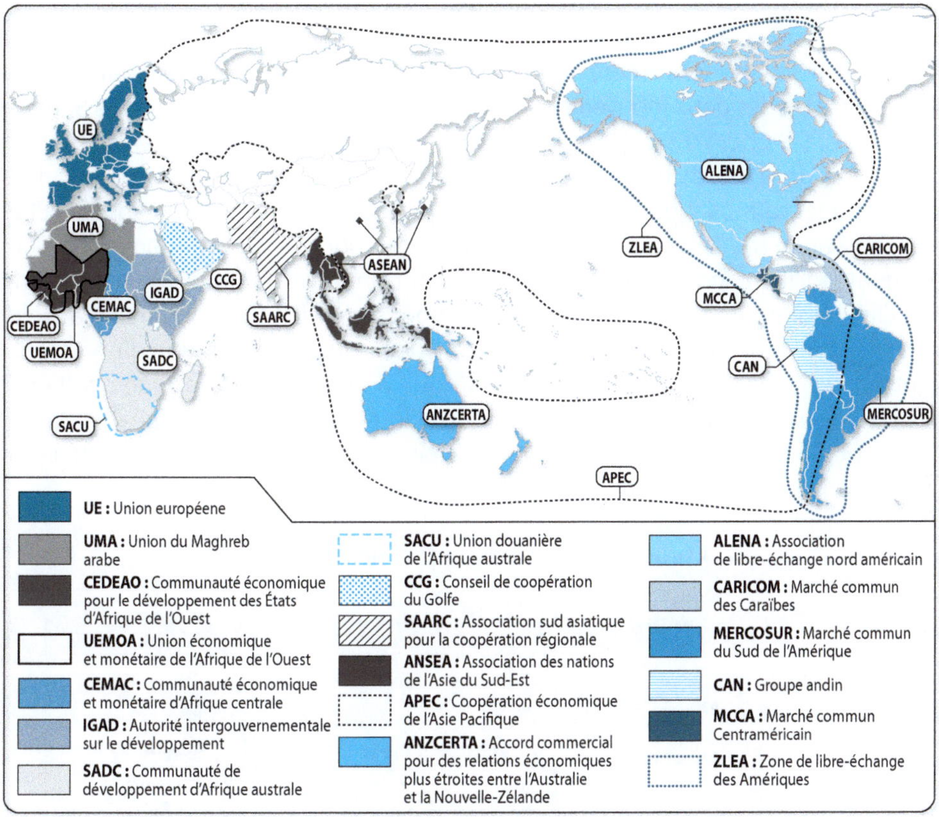

Internet (éco)

Né en 1969 d'Arpanet, projet militaire américain, internet permet une interconnexion mondiale de réseaux informatiques. L'explosion réelle des flux date des années 1990 est le fondement d'une révolution technologique qui bouleverse l'économie, mais aussi la société et les États qui l'utilisent comme arme dans ce qu'on appelle la cyberguerre.

■ Voir Cyberconflit

Internationale djihadiste (géopol)

La mise en réseau des groupes terroristes est constitutive des nouveaux rapports du Moyen-Orient au monde. En effet, la constitution d'un vaste réseau autour d'Al-Qaïda d'abord, puis de l'État islamique, se nourrit des fractures identitaires et des faiblesses du développement dans la région. La menace que font peser ces groupes terroristes sur l'Occident a conduit les grandes puissances à réagir d'abord par une protection de leurs frontières et de leurs lieux stratégiques. Cette réponse est apparue comme insuffisante car elle a permis une extension du réseau sur les territoires des États faillis (Afghanistan, Irak, Syrie, Yémen) et vers les zones grises où des groupes locaux ont fait allégeance à un des deux mouvements : Al-Qaïda pour AQMI au Sahara et les Shebabs en Somalie ; l'EI pour Ansar Al-Charia en Libye ou Boko Haram au Sahel. Cette territorialisation de la violence, issue d'un terrorisme fonctionnant en cellules réticulées, entraîne aujourd'hui l'ingérence des grandes puissances : intervention contre l'EI en Syrie ; opération française au Sahel. Les victoires remportées sur le terrain grâce à une supériorité militaire indiscutable n'apportent pourtant pas de solution à un terrorisme qui utilise les fractures religieuses historiques pour s'étendre. L'affrontement entre un arc chiite et le salafisme djihadiste au Moyen-Orient, ou la structuration d'un « front » islamique au Sahel et dans la corne de l'Afrique au contact de l'Afrique chrétienne en sont des exemples. À noter que la notion d'internationale est critiquable dans la mesure où souvent les motivations des groupes sont d'abord locales et l'affiliation à un des réseaux purement rhétorique.

L'autoroute de l'Internationale djihadiste

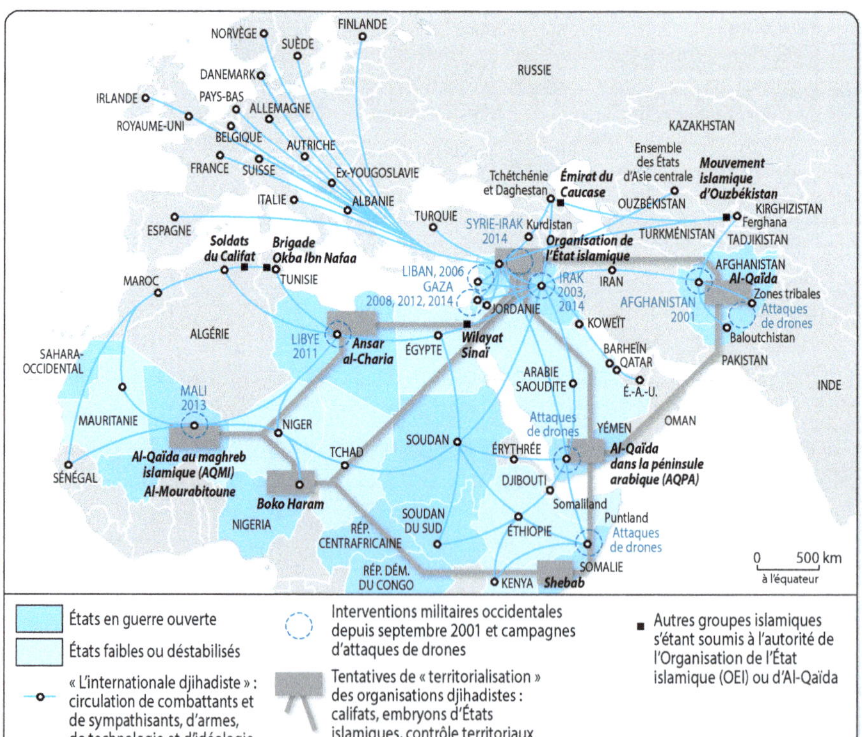

Source : Philippe Rekacewicz, https://visionscarto.net/djihadisme-international#nb1

Intrant (éco)

Traduction du terme anglais *input*, pour désigner l'ensemble des éléments qui entrent dans la production de biens et de services (matières premières, énergie...). Dans le secteur agricole, il concerne plus précisément les produits chimiques utilisés pour augmenter la productivité (pesticides, herbicides, fongicides, engrais...).

Investissement direct à l'étranger ou IDE (éco)

On considère qu'un investissement est direct lorsqu'une unité résidente acquiert un intérêt durable dans une unité étrangère. Par convention, on considère qu'il y a intérêt durable et donc investissement direct lorsqu'une entreprise détient au moins 10 % du capital d'une entreprise du reste du monde. En dessous de ce seuil, il s'agit d'investissements de portefeuille.

■ Voir Entreprise globale ou Firme multinationale

Pays et régions d'accueil des IDE dans le monde en 2016

Pays ou régions	2006		2016	
	En milliards de dollars	En % du total mondial	En milliards de dollars	En % du total mondial
Union européenne	536	36,2 %	533	30,5
dont Royaume-Uni	156		254	
dont France	72		28	
dont Allemagne	56		10	
États-Unis	237	16	391	22,4
Amérique latine	98		142	
dont Brésil	19		59	
dont Mexique	20		24	
Asie	296	20	443	25,4
dont Chine	73		134	
dont Hong Kong	45		108	
dont Inde	20		46	
Russie	37	2,5	38	2,2
Afrique	36	2,4	59	3,4
Total mondial	1 480		1 746	

Source : Images économiques du monde 2018, septembre 2017

■ Voir FMN/FTN/Firme globale

IRAN : 25 informations clés (année 2018, sauf autre indication)

PIB : 446 milliards de dollars (26e rang mondial)
Superficie : 1 648 195 km^2
Capitale : Téhéran
Nature du régime : république islamique, 30 provinces
Chef d'État en 2020 : Ali Hosseini Khamenei
Population : 81,8 millions d'habitants
Espérance de vie : femmes 76,7 ans et hommes 74,5 ans
Indice de fécondité : 1,7 enfant/femme
PIB/hab en ppa : 14 500 dollars
Croissance moyenne 2010-2019 : + 0,38 %/an
Monnaie : rial
Coefficient de Gini : 0,41
Part de la recherche et du développement dans le PIB : 0,8 %
Taux de couverture énergétique : 162 %
Réserves officielles : non donné
Émission de CO_2/hab : 7 tonnes
Ressources renouvelables en eau douce intérieure par habitant en m^3 en 1962 : 5 570
Ressources renouvelables en eau douce intérieure par habitant en m^3 en 2014 : 1 639
Dette publique en % du PIB : 32
Budget militaire : 17,4 milliards de dollars
Prévision de population en 2050 en millions de personnes : non donné
Prévision du PIB à parité de pouvoir d'achat en milliards de dollars en 2050 (rang mondial) : 3 900 (17e)

Sources : *Année stratégique 2021*, INED, *Images économiques du monde 2018*, ONU et PwC.

■ Voir Moyen-Orient et chronologie des Guides suprêmes

Industrialisation par substitution aux importations ou ISI (éco)

C'est un modèle de développement économique « autocentré » qui consiste à réduire la part d'importations afin de développer le potentiel industriel d'un pays. En effet, en limitant les importations, par exemple en augmentant les protections douanières, l'industrie du pays se développe pour répondre à la demande interne. Cela permet de protéger l'industrie locale et son développement d'entreprises étrangères trop puissantes. Cette forme d'industrialisation est progressive : il s'agit de réduire les importations, puis de développer un potentiel industriel *via* de petites productions, puis une industrie plus lourde, avant de baisser progressivement les barrières tarifaires afin de confronter peu à peu la productivité des entreprises locales à celles des entreprises étrangères. Ce modèle permet également de réduire le chômage local *via* le développement de l'industrie.

■ Voir Modèle de développement

Islamisme (pol et cult)

Idéologie politique qui prône le choix de la doctrine musulmane comme guide pour l'action politique. Apparue au Moyen-Orient au début du XXe siècle, elle se fonde sur l'idée que le Coran (dans une lecture littérale) et la charia doivent être la référence exclusive dans tous les domaines. Ces idées ont inspiré l'essor de mouvements panislamistes comme les Frères musulmans.

■ Voir Internationale djihadiste

Isolationnisme (pol et géopol)

Doctrine politique qui pose que les États-Unis doivent se tenir à l'écart de la scène internationale. Cette vision est appliquée jusqu'à la fin du XIXe siècle, mais est remise partiellement en cause par des interventions sur le continent américain. L'entrée tardive lors des deux conflits mondiaux est liée à la force d'une opinion publique isolationniste et le lobbying de certains milieux d'affaires. La doctrine Truman en 1947 est une rupture définitive de l'isolationnisme états-unien, mais ses idées perdurent, en particulier au sein du parti républicain et de la tendance radicale du Tea Party.

■ Voir Doctrine Monroe

ISRAËL : 23 informations clés (année 2018, sauf autre indication)

PIB : 371 milliards de dollars (33e rang mondial)
Superficie : 20 406 km²
Capitale : Tel Aviv
Nature du régime : république, 6 districts
Chef de gouvernement en 2020 : Benyamin Netanyahou
Population : 8,9 millions d'habitants
Espérance de vie : femmes 85 ans et hommes 81 ans

Indice de fécondité : 3 enfants/femme
PIB/hab en ppa : 40 300 dollars
Croissance moyenne 2010-2019 : + 3,76 %/an
Monnaie : shekel
Coefficient de Gini : 0,39
Part de la recherche et du développement dans le PIB : 4,5 %
Taux de couverture énergétique : 39 %
Réserves officielles : 115 milliards de dollars
Émission de CO_2/hab : 7,3 tonnes
Ressources renouvelables en eau douce intérieure par habitant en m³ en 1962 : 327
Ressources renouvelables en eau douce intérieure par habitant en m³ en 2014 : 91
Dette publique en % du PIB : 61
Prévision de population en 2050 en millions de personnes : 12,6
Budget militaire : 19,3 milliards de dollars

Sources : *Année stratégique 2021*, INED, *Images économiques du monde 2018*, ONU et PwC.

■ Voir Moyen-Orient

ITALIE : 25 informations clés (année 2018, sauf autre indication)

PIB : 2 076 milliards de dollars (8ème rang mondial)
Superficie : 310 226 km²
Capitale : Rome
Nature du régime : république, 15 régions, 5 régions autonomes
Chef de gouvernement en 2021 : Mario Draghi
Population : 60,4 millions d'habitants
Espérance de vie : femmes 86 ans et hommes 81 ans
Indice de fécondité : 1,3 enfant/femme
PIB/hab en ppa : 42 800 dollars
Croissance moyenne 2010-2019 : + 0,23 %/an
Monnaie : euro
Coefficient de Gini : 0,36
Part de la recherche et du développement dans le PIB : 1,3 %
Taux de couverture énergétique : 22 %
Réserves officielles : 152 milliards de dollars
Émission de CO_2/hab : 5,3 tonnes

Ressources renouvelables en eau douce intérieure par habitant en m³ en 1962 : 3 587
Ressources renouvelables en eau douce intérieure par habitant en m³ en 2014 : 3 002
Dette publique en % du PIB : 132
Budget militaire : 24 milliards de dollars
Prévision de population en 2050 en millions de personnes : 55,1
Prévision du PIB à parité de pouvoir d'achat en milliards de dollars en 2050 (rang mondial) : 3 115 (21e)

Sources : *Année stratégique 2021*, INED, *Images économiques du monde 2018*, ONU et PwC.

■ Voir Europe

Jachère (géo)

Dans le cadre d'une agriculture non industrielle, mise au repos périodique d'une terre cultivée. Dans certains pays développés, la jachère a été réinstaurée afin de limiter la surproduction. C'est le cas de la PAC qui oblige, au début des années 1990, les agriculteurs à ne pas cultiver une petite part de leurs terres (en échange d'une indemnité).

■ Voir PAC

JAPON : 30 informations clés (année 2018, sauf autre indication)

PIB : 4 972 milliards de dollars (3e rang mondial)
Superficie : 377 915 km²
Capitale : Tokyo
Nature du régime : monarchie constitutionnelle à régime parlementaire, 47 préfectures
Chef de gouvernement en 2020 : Yoshihide Suga
Population : 127 millions d'habitants
Espérance de vie : femmes 88 ans et hommes 81 ans
Indice de fécondité : 1,4 enfant/femme
PIB/hab en ppa : 41 500 dollars
Croissance moyenne 2010-2019 : + 1,26 %/an
Monnaie : yen
Coefficient de Gini : non donné
Trafic en 2016 du premier aéroport (rang mondial) : Tokyo 80 millions de passagers (5e)

Trafic en 2016 du premier port (rang mondial) : Nagoya 193 millions de tonnes (24e)
Rang mondial pour les exportations de marchandises en 2019 : 5e
Production automobile en 2018 (rang mondial) : 9,7 millions (3e)
Part de la recherche et du développement dans le PIB : 3,2 %
Taux de couverture énergétique : 10 %
Réserves officielles : 1 270 milliards de dollars
Émission de CO_2/hab : 8,9 tonnes
Ressources renouvelables en eau douce intérieure par habitant en m³ en 1962 : 4 487
Ressources renouvelables en eau douce intérieure par habitant en m³ en 2014 : 3 378
Dette publique en % du PIB : 237
Budget militaire : 48,6 milliards de dollars
Prévision de population en 2050 en millions de personnes : 108,8
Prévision du PIB à parité de pouvoir d'achat en milliards de dollars en 2050 (rang mondial) : 6 779 (8e)

Sources : *Année stratégique 2021*, INED, *Images économiques du monde 2018*, ONU et PwC.

Citation :

« Nous avons la responsabilité de faire du Japon une nation forte et déterminée, à laquelle les autres pays du monde peuvent se fier », Shinzo Abe, Premier ministre japonais, discours du 28 avril 2013, lors de la célébration de la fin de l'occupation américaine.

Le Japon, un centre historique et mondialisé en Asie

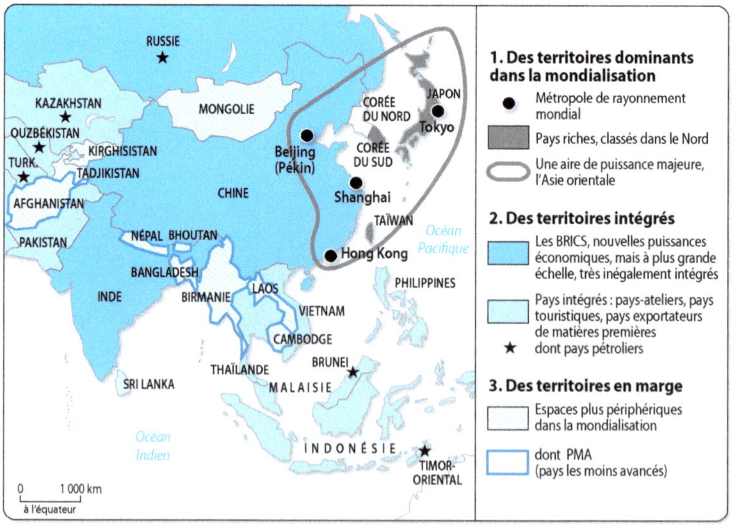

■ Voir Asie et Chronologie des Premiers ministres

Juste à temps (éco)

Traduction de l'anglais «*just in time*». Nom donné à une organisation de la production industrielle supprimant les stocks en amont de la fabrication grâce à la livraison «juste à temps» des éléments nécessaires à cette fabrication. Cette organisation est un des éléments clés du toyotisme et est liée à l'essor de la sous-traitance de la part des grandes firmes.

■ Voir Automobile, Sous-traitance, Fordisme et Toyotisme

Justice environnementale (pol)

Expression utilisée aux États-Unis au début des années 1980 au sujet de populations défavorisées très concernées par des problèmes de pollution urbaine. Pendant ethnique du phénomène NIMBY (*not in my backyard*), la mobilisation suscitée conduit le Président Clinton à adopter en 1994 une circulaire exigeant d'inclure la notion de justice environnementale dans les objectifs de l'Agence américaine de protection de l'environnement.

Kampung (géo)

Logement informel en Indonésie, sous forme d'habitat précaire.

«Kaso» (géo)

■ Voir Déprise

Keynésianisme (éco et pol)

John Maynard Keynes réfute certains principes fondamentaux du libéralisme classique pour lui substituer une «nouvelle théorie générale de l'emploi, de l'intérêt et de la monnaie» du fonctionnement de l'économie capitaliste moderne (publiée en 1936). La révolution keynésienne se fonde sur 4 points clés: le chômage n'est pas accidentel mais structurel, l'écoulement de la production n'est pas automatique, l'équilibre économique n'est pas la situation naturelle du capitalisme et enfin la monnaie n'est pas neutre par rapport à l'activité économique. Contrairement aux classiques libéraux, Keynes préconise une politique de relance par la consommation. Ce choix implique une politique salariale de revalorisation et l'investissement de l'État (grands travaux, hausse des budgets de l'éducation et de la santé). Avec lui, le Welfare State, élaboré par William Beveridge en 1942, trouve son architecte. Dévaluation, faible taux d'intérêt, dépenses d'infrastructures, investissements d'avenir, telles sont les recettes anti-crise de Keynes. Pour lui, l'État doit en effet jouer un rôle régulateur en créant des postes dans la fonction publique, par déficit budgétaire. Keynes est critiqué à la fois par les marxistes car il reste libéral et ne souhaite que trouver des solutions aux crises; d'un autre côté, les libéraux

classiques lui reprochent de remettre en question les théories du laisser-aller, de la libre concurrence et des débouchés (loi de Say selon laquelle l'offre génère ses débouchés). Pour Keynes, à l'inverse, la satisfaction de la demande effective n'entraîne pas automatiquement le plein-emploi. Il propose un libéralisme social, mais pas socialiste : il récuse les nationalisations d'entreprises préconisées par les socialistes. Le défaut majeur de la théorie de Keynes est qu'elle conduit à l'inflation.

Citation :

« Les politiques keynésiennes sont des politiques de desperados, qui sacrifient le long terme au court terme », Friedrich V. Hayek, *Unemployment and Monetary Policy*, 1979.

Kibboutz (géo)

En Israël, communauté rurale exploitant en commun des terres collectives. Ils sont le plus souvent dans des zones pionnières. Beaucoup ont disparu ou se sont modernisés.

Kolkhoze (géo)

Dans l'ex-URSS et en Europe communiste, nom donné aux coopératives agricoles où la production était mise en commun. En fort déclin après 1991, ils se sont transformés en grandes exploitations privées ; il existe même une exploitation bio en Ukraine de plusieurs milliers d'hectares.

Lanceurs d'alerte (soc pol)

Mis au point dans les années 1990, les sociologues français évoquent le terme de lanceur d'alertes. Au sens strict, du terme, il s'agit d'un employé qui signale un fait illégal ou dangereux aux instances ou aux personnes qui peuvent y mettre fin. Exemple : révélations en 2013 par Edward Snowden, informaticien de la NSA, du système d'écoutes mondiales de la NSA. Dans un sens plus général, on peut considérer les journalistes d'investigations comme des personnes souhaitant médiatiser des problèmes graves. C'est le cas du collectif de l'affaire dite des Panamas Papers révélée en 2015 par l'ICIJI (Concortium international des journalistes d'investigation dont le quotidien français *Le Monde* fait partie).

Land grabbing (éco)

Accaparement de terres par achat ou location de terres agricoles offshore, à l'étranger.

Latifundium (géo)

Terme d'origine latine qui désigne une très grande exploitation agricole. Courant en Espagne ou en Italie du sud ainsi qu'en Amérique latine.

Libéralisme (éco et pol)

Corpus idéologique en essor à partir du XVIIIe siècle qui comporte deux volets : au niveau politique, il s'agit de la mise en place de la démocratie au moment où la plupart des régimes politiques sont encore des monarchies (voir plus haut) et, au niveau économique, la défense de la propriété privée et de la liberté d'entreprendre (Smith) et de commercer (Ricardo). Aux XIXe et XXe siècles, on peut repérer trois grandes étapes dans l'histoire du libéralisme. Jusqu'aux années 1930, il s'agit d'abord d'un libéralisme historique et « pur ». L'État intervient assez peu dans la vie économique et n'exerce essentiellement que des pouvoirs régaliens (police, justice, armée et monnaie, seul secteur économique). À partir des années 1930, la gravité de la dépression implique un interventionnisme étatique et aboutit à la mise en place d'un État-providence qui s'appuie sur des syndicats puissants qui contrebalancent le pouvoir patronal. Enfin, la crise des années 1970 remet en question cette évolution vers un libéralisme plus social. Les néolibéraux prônent un retour à un libéralisme libéré de toute forme de socialisme.

Citation :

« L'État ne doit intervenir que dans des cas précis, par exemple, pour protéger des enfants de parents indignes. Mais la racine des problèmes sociaux contemporains tenait à ce que l'État en avait trop fait », Margaret Thatcher, *Thatcher. La dame de fer*, 2012.

Indice de liberté économique 2016

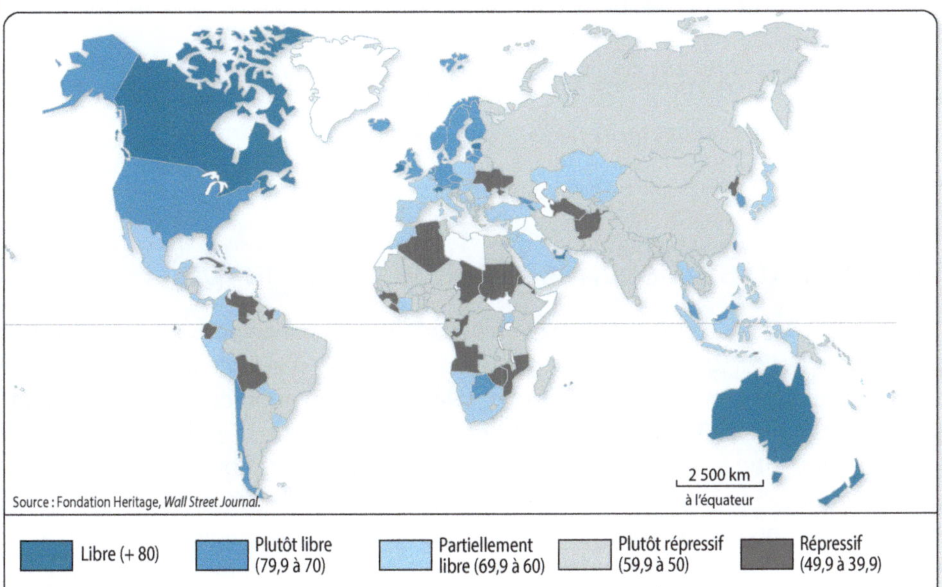

■ Voir Capitalisme

Libre-échange (éco)

Doctrine et pratique économique qui vise à la diminution des barrières commerciales tarifaires et non tarifaires entre les États. L'économiste britannique David Ricardo (1772-1823) analyse dans ses travaux les avantages offerts par l'échange international. Sa théorie des coûts comparatifs démontre que chaque pays a intérêt à se spécialiser dans les productions où il est le plus compétitif. Avec l'abolition en 1846 des «*corn laws*», l'Angleterre devient le pays leader du libre-échange. Après 1945, l'essor des échanges est supérieur à celui du PIB ce qui semble montrer qu'il est facteur de croissance et donc d'emplois. Par contre, cela est surtout vrai pour l'industrie dont le taux d'ouverture progresse et moins pour l'agriculture et les services. En Europe occidentale, le libre-échange est conçu comme moyen de promouvoir la paix et le développement au nom de l'idée que le protectionnisme est facteur de guerre.

■ Voir Avantages comparatifs, Libéralisme et Guerre économique

Licorne (éco)

On désigne par « lieu » un élément déterminé de l'espace, identifié par un nom. Le géographe français Michel Lussault théorise des « hyper-lieux » (aéroports, centres commerciaux) come concentrés de la mondialisation.

Lieu/hyper-lieu (géo)

On désigne par « lieu » un élément déterminé de l'espace, identifié par un nom. Le géographe français Michel Lussault théorise des « hyper-lieux » (aéroports, centres commerciaux) come concentrés de la mondialisation.

■ Voir Théorie des lieux centraux

Limitation des naissances/malthusianisme (pol)

Avec Thomas Malthus (1766-1834) et son *Essai sur le principe de population* (1798), la question clé n'est pas la « richesse des nations » comme l'affirme Adam Smith, mais celle de la « pauvreté » des nations. En effet, la population augmente plus rapidement que les subsistances (la loi de population), car la hausse de la population entraîne une utilisation intensive de la terre, qui devient de moins en moins fertile, et dont la productivité baisse. Pour Malthus, le décalage entre croissance de la population et croissance des moyens de subsistance n'est pas intrinsèque au capitalisme, mais inhérent à tout système économique. Pour limiter la pauvreté, les pouvoirs publics doivent donc agir pour limiter la hausse de la population, en particulier chez les plus pauvres. Après 1945, le débat sur la population revient. En 1957, Harvey Leibenstein, dans *Economic Backwardness and Economic Growth*, insiste à nouveau sur les dangers d'une démographie trop dynamique dans les pays en développement. Les pays peu développés se caractérisent par une croissance démographique plus rapide que leur croissance économique, ce qui condamne les populations à un niveau de vie qui ne peut pas dépasser le niveau de subsistance. La capacité d'épargne et les investissements sont limités. Leibenstein prône une politique volontariste de soutien à la croissance, couplée à une politique de population restrictive. Deux grands types de politiques démographiques de réduction de la fécondité sont mis en œuvre après 1945 : la planification familiale et des stratégies autoritaires. Les services de planification familiale fournissent aux familles des moyens de contraception qui leur permettent d'atteindre les niveaux de fécondité désirés ; des campagnes publiques sont menées pour encourager des modèles familiaux avec un nombre limité d'enfants. Au Zimbabwe, dans des affiches indiquant : « Une famille de taille modeste apporte une vie meilleure. » D'autres gouvernements ont mis en œuvre des stratégies plus autoritaires et plus coercitives pour réguler la fécondité. Dans les années 1970, les autorités indiennes ont recouru à la stérilisation masculine pour limiter la natalité. Les hommes acceptant de se faire stériliser étaient rétribués et les fonctionnaires chargés de mettre en œuvre ce programme étaient soumis à des quotas, d'où parfois une utilisation de la force pour imposer ces stérilisations à des hommes de statut inférieur. La Chine, quant à elle, promulgue la politique de l'enfant unique en 1979. Les parents doivent demander un accord officiel avant de concevoir l'enfant unique autorisé. Les couples qui dépassent le chiffre d'un enfant s'exposent à des amendes ainsi qu'à l'impossibilité d'avoir accès à certains services publics. Ce programme génère cependant deux effets négatifs à long terme. Tout d'abord, la politique de l'enfant unique a considérablement accéléré le vieillissement démographique, ce qui risque de mettre à l'épreuve les systèmes à la fois privés et publics de soutien aux personnes âgées. Ensuite, cette politique a engendré un déficit de filles. La préférence traditionnelle pour les garçons associée à la politique de l'enfant unique a incité les familles à multiplier les avortements sélectifs en fonction du sexe du fœtus.

■ Voir Dividende démographique et Transition démographique

Limite (géo)

En géographie, une limite est une notion plus « souple » qu'une frontière puisqu'elle ne répond pas à un statut officiel ou juridique.

Littoral (géo)

Rivage maritime ou lacustre qui s'étend sur une distance d'environ 60 km à l'intérieur des terres depuis le trait de côte. Il s'agit d'une zone d'interfaces multiples entre terre et mer, entre rivage et *hinterland*, entre intérieur et extérieur.

■ Voir Espace maritime

Lobby (éco et pol)

Groupe de pression ou d'intérêts dont le but est d'influencer les décisions des autorités politiques à leur avantage. Selon les pays, les lobbies sont plus ou moins reconnus, mais partout leur rôle est croissant, en particulier à Washington et Bruxelles. La complexité des négociations commerciales et l'essor des organisations régionales impliquent un pouvoir nécessaire des lobbies dans l'élaboration des législations. Ce phénomène est fortement critiqué par les altermondialistes.

Loi de King (éco)

En raison de la rigidité de la demande sur les produits agricoles de première nécessité, une variation minime de l'offre de ces derniers est susceptible d'entraîner une variation très importante de leurs prix. Exemple : une hausse de la production de 10 % implique une baisse des prix de 20 %.

Loi d'Engel (éco)

Lorsque le revenu augmente, les dépenses alimentaires occupent une part décroissante dans l'ensemble des dépenses du ménage. Les faibles revenus consacrent donc une part très importante des dépenses à l'alimentation.

Loi de Moore (éco)

Les gains d'efficacité des TIC (Technologies de l'Information et de la Communication) dépendent essentiellement des gains de performance des microprocesseurs qui équipent les ordinateurs. La performance d'un microprocesseur dépend du nombre de transistors qu'il peut accueillir. La miniaturisation croissante des transistors se traduit donc en gains de performance. Gordon Moore, cofondateur d'Intel, prédit en 1975 que le nombre de transistors intégrés dans un microprocesseur doublera tous les deux ans. Cette prédiction est nommée loi de Moore. Unni Pillai (« A model of technological progress in microprocessor industry », 2013) a analysé les gains de performance des microprocesseurs Intel et AMD de 1974 à 2013. Il constate que la croissance de la performance des microprocesseurs a été extrêmement forte dans les années 1990 mais qu'elle a considérablement ralenti à partir des années 2000. Un tel constat semble remettre en cause la loi de Moore et constitue un élément explicatif du ralentissement des gains de productivité constaté depuis le milieu des années 2000.

Loi des lieux centraux ou théorie de Christaller (géo)

Dès les années 1930, le géographe allemand Christaller a montré que la position centrale favorise l'essor des métropoles. Cette loi des lieux centraux annonce la logique des *hubs*.

Schéma de la théorie des lieux centraux ou autre schéma équivalent

Principe de marché

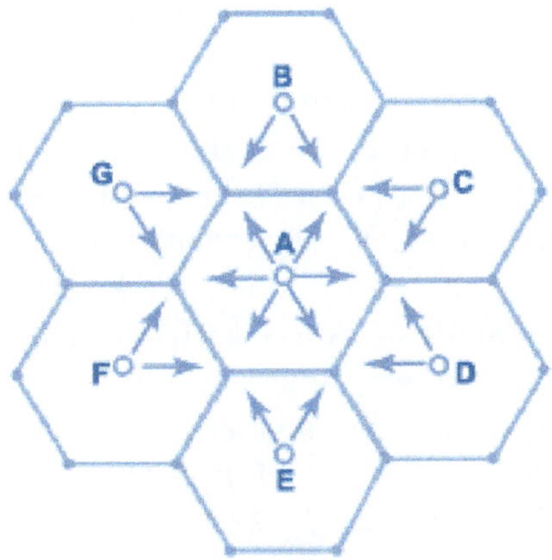

k = 3

Principe de transport

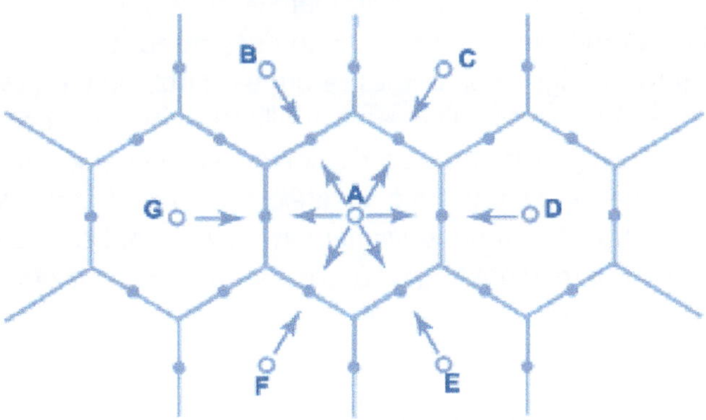

k = 4

Principe administratif

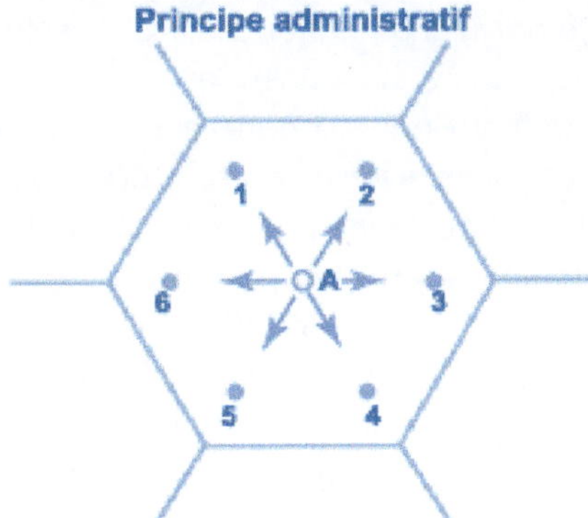

k = 7

Lois Hartz (pol)

Au cours des années 1990, l'Allemagne connaît une « croissance molle » et son taux de chômage augmente jusqu'à plus de 10 %. Le diagnostic établi par le pouvoir social-démocrate avance que la baisse de compétitivité provient de salaires trop élevés, d'un code du travail trop rigide, d'un système d'assurance chômage trop généreux et d'impôts trop élevés. Le chancelier Gerhard Schröder demande à Peter Hartz (l'ancien directeur des ressources humaines de Volkswagen) de réfléchir à une amélioration de la politique de l'emploi. Le rapport Hartz conduit à l'adoption de quatre lois entre 2003 et 2005. Les mesures vont dans le sens de la flexibilité du marché du travail : essor des contrats à salaires modérés et à temps partiel (« mini-jobs » exonérés de cotisations sociales et d'impôt sur le revenu), durcissement des conditions d'indemnisation du chômage (durée réduite de 32 à 12 mois) et de la mobilité (un emploi qui impose un temps de déplacement n'excédant pas deux heures et 30 minutes par jour doit être accepté). L'accompagnement du chômeur est renforcé (des plans de formation sont mis en place). En dix ans, le taux de chômage allemand descend en dessous de 5 % de la population active. La question est de savoir si cette baisse du chômage structurel provient d'un meilleur fonctionnement du marché du travail induit par les réformes Hartz, d'une amélioration de la compétitivité des entreprises, conséquence de la « dévaluation interne » engendrée par les réformes Hartz, ou par l'évolution démographique de la population active allemande (vieillissement). Cette baisse du chômage structurel s'est accompagnée d'une précarisation croissante d'une partie de la population active et d'une hausse du taux de pauvreté qui dépasse désormais en Allemagne le taux français. Depuis 2015, un mouvement inverse de soutien à la demande intérieure a conduit le gouvernement Merkel à stopper la politique de dévaluation interne provoquée par les lois Hartz, en instaurant par exemple un salaire minimum.

Londres (géo, éco et pol)

Première agglomération mondiale de l'ère industrielle jusqu'aux années 1920, Londres est une mégapole de 10,6 millions d'habitants. La City reste la première place financière mondiale (bourses, assurances, banques). Peuplée de seulement 7 300 personnes, elle emploie plus de 300 000 personnes. Londres est aussi est le premier hub européen et accueille de nombreux centres universitaires (200 000 étudiants) et technologiques. Son PUB, Produit urbain brut, équivaut à environ 15 % du PIB du Royaume-Uni. Mais cette richesse est inégalement répartie : le patrimoine des 10 % des Londoniens les plus riches est 270 fois supérieur à celui des 10 % les plus pauvres. 38 % des enfants vivent sous le seuil de pauvreté à Londres (moyenne nationale : 30 %). Ces fractures socio-économiques se doublent de clivages ethniques dans une ville où 38 % de la population est étrangère. Si Londres est le symbole de la finance mondiale, classée par

Saskia Sassen comme une des trois villes mondiales, elle est aussi celle de ses dérives marquées, par exemple, par des nuits de violence comme en 2011.

■ Voir Royaume-Uni

Macrocéphalie urbaine/loi de Zipf ou rapport rang-taille (géo)

Hypertrophie de la ville la plus importante d'un pays ou d'une région. Elle traduit un déséquilibre de la hiérarchie urbaine d'origine politique (forte centralisation comme Paris) ou économique (concentration industrielle comme la conurbation allemande Rhin-Rhur). Le géographe français François Moriconi-Hébrard évoque, dans *De Babylone à Tokyo. Les grandes agglomérations du monde* (2000), les « trois A » pour expliquer l'essor important de métropoles grâce à l'armée, l'administration et l'agriculture, soit des fonctions administratives, politiques ainsi que la présence d'une région agricole. Ainsi Paris et Londres se sont développées selon ces éléments. Dès les années 1930, le géographe américain George Zipf analyse le rapport démographique entre la première et la deuxième agglomération d'un pays. Exemple : cas de la France, le rapport rang-taille entre Paris et Lyon est d'environ 10.

Mafias (éco)

Désignant au départ des groupes criminels italiens, le terme caractérise aujourd'hui tous les réseaux d'économie illégale fonctionnant sur la base du crime. Ces acteurs transnationaux ont dans certains États un poids économique considérable.

■ Voir Antimonde

Maillage (géo)

Découpage de l'espace à toutes les échelles. Un maillage serré est le reflet d'une forte anthropisation.

Maintien de la paix (géopol)

■ Voir Casques bleus et Missions de paix

Maison commune ou maison européenne commune (pol)

Expression utilisée par Gorbatchev pour caractériser les points communs culturels et politiques entre Européens et Russes, identifiant ainsi un vaste espace européen.

■ Citation

« Le contenu humanitaire du processus européen est un des éléments primordiaux [...]. Nous sommes convaincus que le processus européen doit avoir des fondements juridiques solides. Telle que nous la concevons, la maison européenne commune est une communauté de droit », Mikhaïl Gorbatchev, discours au Conseil de l'Europe, 6 juillet 1989.

■ Voir Europe

MALAISIE : 25 informations clés (année 2018, sauf autre indication)

PIB : 359 milliards de dollars (36e rang mondial)
Superficie : 329 847 km^2
Capitale : Kuala Lumpur
Nature du régime : monarchie constitutionnelle à régime parlementaire, 13 États, 3 territoires fédéraux
Chef de gouvernement en 2020 : Muhhyidin Yassin
Population : 31,5 millions d'habitants
Espérance de vie : femmes 78 ans et hommes 74 ans
Indice de fécondité : 2 enfants/femme
PIB/hab en ppa : 28 200 dollars
Croissance moyenne 2010-2019 : + 5,32 %/an
Monnaie : ringgit
Coefficient de Gini : 0,41
Part de la recherche et du développement dans le PIB : 1,4 %
Taux de couverture énergétique : 113 %
Réserves officielles : 101 milliards de dollars
Émission de CO_2/hab : 6,7 tonnes
Ressources renouvelables en eau douce intérieure par habitant en m^3 en 1962 : 66 722
Ressources renouvelables en eau douce intérieure par habitant en m^3 en 2014 : 19 187
Dette publique en % du PIB : 55
Budget militaire : 3,3 milliards de dollars
Prévision de population en 2050 en millions de personnes : 41,7
Prévision du PIB à parité de pouvoir d'achat en milliards de dollars en 2050 (rang mondial) : 2 815 (24e)

Sources : *Année stratégique 2021*, INED, *Images économiques du monde 2018*, ONU et PwC.

■ Voir Asie

Malédiction des ressources/mal hollandais (éco)

En 1990, Richard Auty (géographe britannique) décrit les difficultés des pays largement pourvus en matières premières, en particulier en pétrole. En effet, leur exploitation n'entraîne pas le développement mais l'entrave. Dès 1982, les économistes américains avaient théorisé le mal hollandais ou « *dutch disease* » en repérant 4 symptômes : une perte de compétitivité liée à la hausse de la monnaie nationale, la dégradation de la balance commerciale liée aux importations de produits industriels, une forte inflation liée aux salaires élevés du secteur pétrolier et enfin la concentration des investissements dans le secteur pétrolier au détriment de l'industrie. Ce phénomène touche les Pays-Bas dans les années 1970 (gaz), le Royaume-Uni dans les années 1980, le Nigeria dans les années 1990 (pétrole) et la Russie dans les années 2000. La faible diversification économique est le problème clé que tente de résoudre aujourd'hui Mohamed Ben Salman en Arabie Saoudite, *via* le plan « vision 2030 ».

Malnutrition (éco)

Mauvais état nutritionnel dû à une alimentation mal équilibrée ou mal adaptée à un individu ou une population. Dans les pays en développement, le plus grand problème nutritionnel est la sous-alimentation, due à un apport calorique insuffisant. Mais partout dans le monde, diverses formes de malnutrition existent, débouchant notamment sur l'obésité et sur de graves carences. La malnutrition a ainsi été appelée la « faim invisible » ou « faim cachée » (« *hidden hunger* » en anglais) par l'Organisation des Nations unies, affectant deux milliards de personnes souffrant de carences en sels minéraux et en vitamines, pouvant provoquer des maladies mortelles.

Population sous-alimentée dans le monde

	1990	2000	2005	2010	2015*
Population mondiale (en millions)	5280	6090	6460	6800	7325
Nombre de sous-alimentés (en millions)	1010,6	929,6	942,3	820,7	794,6
Sous-alimentés en % de la population mondiale	19	15	14,5	12	10,8

* Estimations FAO

Source : FAO, *Rapport sur l'état de l'insécurité alimentaire dans le monde*, 2015

Malthusianisme (soc éco pol)

La théorie malthusienne consiste à proposer un contrôle de la natalité, dans un contexte de forte croissance de la population, pour limiter la pression sur la production et les ressources. Thomas Malthus est un économiste anglais (1766-1834), auteur d'*Essai sur le principe de population et de ses effets sur le bonheur humain* (1798), qui considérait que la croissance démographique était plus forte que la croissance économique.

Marché (géo et éco)

Le marché est à la fois un lieu, une aire pour le géographe et un concept de base fondamental pour les économistes.

Marina (géo)

Ensemble immobilier d'habitations de bord de mer, lac ou rivière.

Maritimisation (géo)

Processus de concentration des populations et des activités humaines le long des littoraux.

Matière première (éco)

Matériau ou substance de base utilisé dans l'industrie pour fabriquer des produits finis.

Médina (géo)

Nom de la ville en arabe, caractérisée par un plan irrégulier centré sur les lieux de culte (mosquée) et les quartiers d'artisanat et de commerce (souk). Avec l'urbanisation récente, la médina fait figure de centre historique.

Mégapole (géo)

La mégapole est, pour l'ONU, une agglomération de plus de 10 millions d'habitants. Il s'agit donc simplement d'une agglomération de grande taille sans les fonctions de commandement. L'essor des mégapoles est fulgurant : l'ONU n'en compte que deux en 1950, New York et Tokyo, 32 en 2018 et 48 en 2030 ! Cela reflète l'urbanisation croissante de la planète mais aussi la hiérarchie des puissances. Alors que Londres domine jusqu'aux années 1920, dépassée par New York, elle-même dépassée par Tokyo dans les années 1980… Les prévisions onusiennes placent Delhi en tête avec 43 millions d'habitants en 2030, reflet des puissances émergentes.

Les mégapoles dans le monde en 2018 selon l'ONU

Rang	Nom	État	Population en millions d'habitants
1	Tokyo	Japon	37,5
2	Delhi	Inde	28,5
3	Shanghaï	Chine	25,6
4	São Paulo	Brésil	21,7
5	Mexico	Mexique	21,6
6	Le Caire	Égypte	20,1
7	Mumbaï	Inde	20,0
8	Dhaka	Bangladesh	19.6
9	Beijing	Chine	19,62
10	Osaka	Japon	19,3
11	New York	États-Unis	18,8
12	Karachi	Pakistan	15,4
13	Buenos Aires	Argentine	15,0
14	Istanbul	Turquie	14,8
15	Chongqing	Chine	14,84
15	Kolkata	Inde	14,7
16	Manille	Philippines	13,5
17	Lagos	Nigeria	13,5
18	Rio de Janeiro	Brésil	13,3
19	Tianjin	Chine	13,2
20	Kinshasa	République Démocratique du Congo	13,2
21	Guangdong	Chine	12,6
22	Los Angeles	États-Unis	12,5
23	Moscou	Russie	12,4
24	Shenzhen	Chine	11,9
25	Lahore	Pakistan	11,7
26	Bangalore	Inde	11,4
27	Paris	France	10,9
28	Bogota	Colombie	10,6
29	Jakarta	Indonésie	10,5
30	Chennai	Inde	10,5
31	Lima	Pérou	10,4
32	Bangkok	Thaïlande	10,2

Source : ONU

■ Voir Londres, Paris, New York et Tokyo

Mégalopole (géo)

■ Voir Archipel mégalopolitain mondial

Melting-pot (cult)

Métaphore américaine (creuset dans lequel on fond le métal) et mythe de référence dans un pays construit par l'immigration, il est fondé sur le principe de l'assimilation d'immigrants de toutes provenances dans une société aux valeurs partagées. Depuis, d'autres métaphores comme « *salad bowl* » insistent plus sur la coexistence de communautés séparées, illustrant ainsi l'aspect exagéré du *melting-pot*.

Menace (géopol)

Vient du latin populaire *minacia* ; manifestation signifiant une intention hostile ou le projet de nuire. La menace présage donc un danger. Elle forme une étape d'un conflit, marqué par des différends (comme la Crimée entre l'Union européenne et la Russie), ce qui peut s'achever par une guerre. Elle est parfois subjective car elle est souvent simplifiée ou transformée par les médias ou les hommes politiques.

■ Voir Conflit

Mercenariat (éco et géopol)

■ Voir Sécurité

Mercosur/Mercosul (éco)

Le Mercosur (espagnol) ou Mercosul (portugais) est une union douanière qui réunit au départ 4 pays d'Amérique latine : Argentine, Brésil, Paraguay et Uruguay.

■ Voir Amérique

Métissage (cult)

Le métissage biologique ou culturel concerne toutes les époques. C'est l'obsession du modèle de l'État national territorial fermé aux circulations et homogènes au niveau identitaire qui occulte le mélange historique des peuples. La mondialisation actuelle relance le débat d'une mondialisation favorable aux produits et aux capitaux, mais peu aux populations qui migrent de manière forcée ou volontaire.

Métropole/métropolisation/emplois métropolitains (géo)

Pôle urbain concentrant population et fonctions, en particulier services de haut niveau. Issu du grec « ville-mère », le terme désigne une ville qui exerce du pouvoir par une ou plusieurs fonctions liées à la métropolisation. Celle-ci est le processus de concentration de population et d'activités au sein des ensembles urbains de grande taille. À l'échelle mondiale, la sociologue Saskia Sassen décrit des villes globales qui exercent une influence. Plusieurs classements hiérarchisent les villes globales dont émergent le plus souvent New York, Londres, Tokyo et Paris et de plus en plus des villes globales émergentes comme Hong Kong ou Singapour.

■ Voir Mégapole, Mégalopole, Métropole et Ville globale

MEXIQUE : 30 informations clés (année 2018 sauf autre indication)

PIB : 1 222 milliards de dollars (15e rang mondial)
Superficie : 1 964 375 km^2
Capitale : Mexico
Nature du régime : république fédérale, 31 États, 1 district fédéral
Chef de gouvernement en 2020 : Andrés Manuel López Obrador
Population : 126 millions d'habitants
Espérance de vie : femmes 78 ans et hommes 72 ans
Indice de fécondité : 2,1 enfants/femme
PIB/hab en ppa : 20 400 dollars
Croissance moyenne 2010-2019 : + 2,68 %/an
Monnaie : peso mexicain
Coefficient de Gini : 0,42
Trafic en 2016 du premier aéroport (rang mondial) : aucun parmi les 20 premiers
Trafic en 2016 du premier port (rang mondial) : aucun parmi les 20 premiers
Rang mondial pour les exportations de marchandises en 2019 : 13e
Production automobile en 2018 (rang mondial) : 4,1 millions (6e)
Part de la recherche et du développement dans le PIB : 0,54 %
Taux de couverture énergétique : 92 %
Réserves officielles : 176 milliards de dollars
Émission de CO_2/hab : 3,6 tonnes
Ressources renouvelables en eau douce intérieure par habitant en m^3 en 1962 : 10 062
Ressources renouvelables en eau douce intérieure par habitant en m^3 en 2014 : 3 293

Dette publique en % du PIB : 54
Budget militaire : 5,1 milliards de dollars
Prévision de population en 2050 en millions de personnes : 164,3
Prévision du PIB à parité de pouvoir d'achat en milliards de dollars en 2050 (rang mondial) : 6 863 (7e)

Sources : *Année stratégique 2021*, INED, *Images économiques du monde 2018*, ONU et PwC.

■ Voir Amérique

Micro-crédit (éco)

Crédit de faibles montants accordé à des personnes ayant peu de ressources et non bancarisées, ce type de crédit est le parfait reflet du secteur informel. En 2006, le prix Nobel de la paix est attribué à l'économiste et entrepreneur bangladais Mohamed Yunus pour la banque qu'il a créé, la Gramen Bank, vouée au micro-crédit. Il existe aussi des formes plus anciennes comme la tontine en Afrique, forme d'épargne-crédit d'un petit groupe de personnes.

Microfundium (géo)

Toute petite exploitation agricole, le plus souvent de moins de un hectare. S'oppose au *latifundium*.

Migrants/migrations (soc)

De *migrare*, « changer », la migration est un changement de résidence et de condition d'existence d'individus. La migration peut être interne, continentale (le plus souvent de type Sud-Sud) ou mondiale (plutôt Sud-Nord). Le tourisme, comme déplacement temporaire, est exclu.

■ Citation

« L'Europe, démographiquement déprimée par sa faible fécondité, a besoin d'immigrés. L'installation d'étrangers sur son sol est l'une des conditions de sa survie », Emmanuel Todd, *L'Invention de l'Europe*, 1996.

■ Voir Migrations temporaires

Migrations temporaires (soc)

On différencie d'abord les migrations de travail quotidiennes, nommées pendulaires car liées à des horaires fixes (bureau, usine) ; ensuite, les migrations hebdomadaires ou saisonnières sont plus liées au tourisme qui ne cesse de progresser depuis 1945 : moins de 50 millions en 1950, 400 millions en 1990 et 1,2 milliard en 2015.

Répartition des touristes internationaux par régions du monde en 2015

	2004		2015	
Régions	**Nombre**	**%**	**Nombre**	**%**
Europe	425,6	55,6	609	51,7
Asie-Pacifique	145,4	19,0	277	23,5
Amériques	125,8	16,4	191	16,2
Moyen-Orient	35,9	4,7	54	4,6
Afrique	33,3	4,3	53	4,5
Monde	766		1 181	

Source : *Images économiques du monde 2017*, septembre 2016

Milieu (géo)

■ Voir Environnement

Minifundio/latifundio (éco)

Petite exploitation agricole fournissant un faible revenu à une famille. S'oppose au *latifundio*, très grande exploitation agricole. Cette asymétrie est le reflet des inégalités historiques qu'a connues l'Amérique latine depuis les Grandes Découvertes.

Minorité (cult)

Tout groupe social qui, dans une société, se trouve en situation d'infériorité par rapport au groupe dominant. La minorité peut être vue simplement sous un angle quantitatif, mais se définit le plus souvent par une donnée religieuse, ethnique ou linguistique. Certains États ont adopté des politiques favorables aux minorités en situation sociale défavorable. L'adoption, en 1992, de la *Déclaration des droits des personnes appartenant à des minorités nationales ou ethniques, religieuses et linguistiques* par l'Assemblée générale a donné un nouveau souffle à l'action de l'ONU dans ce domaine.

■ Voir Discrimination positive

Missions de paix de l'ONU (géopol)

Opérations internationales non coercitives des Nations unies réalisées par des contingents nationaux volontaires, décidées par le Conseil de sécurité ou l'Assemblée Générale et financées par l'ONU ou des États volontaires. Il existe quatre grands types de missions :

1/ Maintien de la paix : interposition entre des belligérants (avec leur accord) sur la base d'un cessez-le-feu duquel la mission assure la surveillance. Exemples : UNMOGIP au Cachemire, groupe d'observateurs des Nations Unies en Inde et au Pakistan.

2/ Imposition de la paix : intervention militaire (menée par un ou plusieurs États) autorisée par l'ONU contre un État « fautif ». Exemple : ONUSOM, Opération des Nations unies en Somalie de 1993-94.

3/ Consolidation de la paix : objectif de contribuer au renforcement des bases d'accords existantes. Les contingents des Nations unies peuvent être accompagnés par une force de sécurité sous commandement étatique ou multilatérale, autorisée à utiliser la force. Il s'agit souvent de désarmer des forces militaires. Exemple : APRONUC, Autorité des Nations unies au Cambodge en 1992-93.

4/ Rétablissement de la paix : négociations de paix organisées par l'ONU souvent en liaison avec les ONG et les organisations régionales.

D'autres missions existent comme celles de reconstruire un État défaillant en coopération avec des ONG (Sierra Leone) ou de lutte contre le terrorisme (années 2000).

Intervention de l'ONU jusqu'en 2004

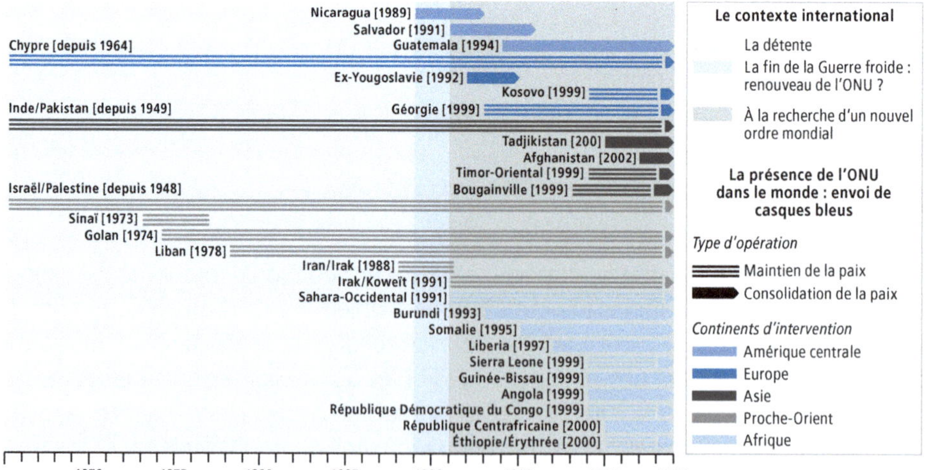

■ Voir ONU

Mitage (géo)

Atteinte portée à un paysage rural ou naturel en raison de l'urbanisation ou d'une infrastructure.

MITI (éco)

Ministère japonais de l'industrie et du commerce extérieur, rebaptisé METI (*Minister of Economy, Trade and Industry*). Dans les années 1950, l'action de ce ministère qui aide les firmes japonaises dans des secteurs considérés comme d'avenir et stratégiques (l'électronique par exemple) en a fait un modèle copié par de nombreux pays.

Mix énergétique (éco)

Répartition de la consommation énergétique selon les différentes sources d'énergie.

Le mix énergétique mondial en 2015

Énergie	Part 2015 en %	Évolution en valeur absolue 1998-2008 en %
pétrole	33	+ 11
charbon	28	+ 49
gaz	24	+ 35
électricité primaire	15	
dont hydraulique	(7)	+ 19
dont nucléaire	(4)	+ 13
dont autres renouvelables	(3)	+ 1000

Modèle (pol et éco)

Système socio-économique et politique qui est une référence de par ses caractéristiques intéressantes, son avance par rapport aux autres États ou bien sa séduction et/ou sa réputation.

Modèle d'Alonzo (géo)

Développé dans les années 1960, le modèle d'Alonzo cherche à expliquer les localisations au sein de l'espace urbain. Il met en évidence l'influence des coûts de transport.

Modèle de développement (éco et pol)

Politique économique visant au développement du pays. En relation avec la Guerre froide et le poids des deux superpuissances américaine et soviétique, on distingue deux grandes familles de modèle de développement : le modèle extraverti libéral basé sur l'intégration aux marchés extérieurs et donc favorable à la mondialisation et le modèle autocentré socialiste lié au refus de la mondialisation. Chaque type comporte des divergences, mais leur opposition est également critiquable. Par exemple, les NPIA, symboles du modèle libéral extraverti, laissent une place importante à l'État.

■ Voir Développement, ISI

Bilan des voies de développement

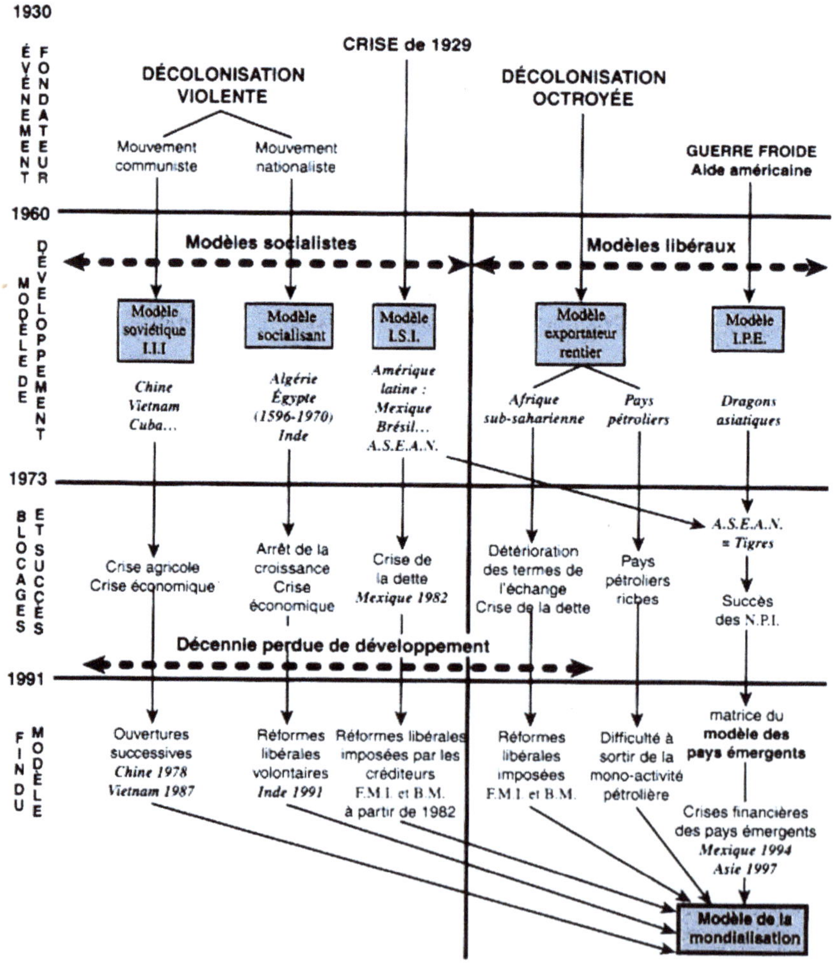

Modèles sociaux européens (soc et éco)

La typologie des États-providence proposée par Gosta Esping-Andersen (*Les Trois Mondes de l'État-providence. Essai sur le capitalisme moderne*) s'appuie sur une notion centrale : la démarchandisation. Celle-ci consiste à réduire la dépendance des individus aux risques associés au marché, et notamment au marché du travail. Un régime d'État-providence se définit donc en fonction du degré de démarchandisation et des modalités qu'il utilise. Gosta Esping-Andersen distingue ainsi le régime libéral, le régime social-démocrate, le régime continental et, plus récemment, le régime méditerranéen. Dans le régime libéral (Grande-Bretagne), l'institution centrale reste le marché, la protection sociale est universelle, financée par l'impôt, mais la redistribution qui en découle est faible. Le niveau de démarchandisation est réduit. Dans le régime social-démocrate (Danemark), où la protection sociale est aussi universelle et financée par l'impôt, l'institution centrale est l'État, et la redistribution réduit fortement les inégalités. La logique de démarchandisation est cette fois beaucoup plus recherchée. Dans le régime continental (France, Allemagne), l'État est également l'institution centrale, la logique de démarchandisation forte, mais la protection sociale passe par les cotisations sociales. Elle est donc catégorielle. Elle fournit des revenus de remplacement et au final elle atteint peu les inégalités. Enfin, dans le modèle familialiste (ou méditerranéen : Espagne, Grèce, Portugal), la protection sociale repose sur les familles. Elle est donc essentiellement privée et elle n'est pas en mesure de réduire les inégalités.

Modernité (cult)

Vient du latin *modo*, « peu après », ce qui a donné en français « moderne ». La modernité caractérise une chose, une idée contemporaine, actuelle. Est souvent opposée à la tradition, terme qui vient du latin *traditio*, « transmission ». Ainsi, la tradition est un ensemble de valeurs et de pratiques qui se transmettent de génération en génération.

Monde (pol)

Dans une conception géohistorique de la mondialisation, il est usuel de faire prendre racine au processus de mondialisation actuelle vers –12 000, à la révolution néolithique. Pour diverses raisons (climatiques par exemple) l'*homo sapiens* quitte ses foyers initiaux de peuplement et part à la conquête de la Terre. Au gré des siècles et des millénaires, ces zones de peuplement vont se couper, évoluer dans des mondes différents, parfois en relation (Europe/Asie), parfois en parallèle et en ignorance totale comme l'Europe et l'Amérique jusqu'en 1492. Le Monde avec un M majuscule correspond à la situation actuelle de cette évolution, celle qui a vu au cours de l'histoire la rencontre et les échanges de tous les groupes humains sur la planète, donnant ainsi naissance à « un espace social d'échelle planétaire » (Michel Lussault, *L'avènement du monde*, 2013) dans lequel ces groupes ont conscience de leur existence commune sur la planète Terre. Le Monde avec un M majuscule correspond donc à cette vision d'une Humanité une, indivisible, dont l'échelle spatiale commune est actuellement celle de la planète. Christian Grataloup y a consacré plusieurs ouvrages.

Citation :

« Entre l'exaltation des particularismes, source de conflits, comme le furent les nationalismes européens du début du XXe siècle, et la "disneylandisation" du monde, deux processus simultanément à l'œuvre, il y a place pour un monde global. On peut l'appeler le Monde, avec une majuscule, car il représente depuis quelques siècles un être unique, appelé par un toponyme, comme l'Afrique ou la Bretagne, c'est-à-dire un nom propre », Christian Grataloup, *Géohistoire de la mondialisation*, 2007.

■ Voir Société-monde

Mondialisation (éco)

Le terme « mondialisation » date des années 1960. Son sens est multiple selon les disciplines. Ainsi, les économistes y voient l'édification d'un marché mondial, ou bien les sociologues celle d'une société-monde. Les historiens considèrent qu'elle se met en place progressivement à partir de la Renaissance et des Grandes Découvertes, voire avant. Le géographe français Laurent Carroué (s'appuyant sur les travaux géohistoriques de Fernand Braudel, Immanuel Wallerstein et Paul Bairoch) définit la mondialisation comme « le processus historique d'extension progressive du système capitaliste dans l'espace géographique mondial ». Le terme anglo-saxon de *globalization* concerne plutôt les effets de la mondialisation, soit les « phénomènes d'interaction entre les milieux naturels et les actions humaines qui affectent le fonctionnement du globe terrestre et qui exigent donc des réponses globales et coordonnées à l'échelle planétaire ». Ainsi la mondialisation implique une internationalisation, dynamique des relations internationales, et une universalisation, soit « l'essor de nouvelles problématiques dans les champs politiques, juridiques ou sociétaux qui intéressent l'ensemble des civilisations humaines. ». Au final, on peut différencier quatre grandes étapes : d'une part les débuts de la mondialisation (Grandes découvertes), la première mondialisation nommée par les économistes « internationalisation » et par Suzan Berger « notre première mondialisation » du début de la seconde révolution industrielle, vers 1870, à 1914 ; ensuite, on assiste à un repli économique (protectionnisme) et idéologique (communisme en URSS), adopté par des pays majeurs après 1945 (Chine, Inde). Il faut attendre les années 1971 pour le commerce international retrouve son niveau d'avant 1929, mais l'accélération des flux est rapide. On parle alors de globalisation.

Citations :

« Du point de vue du commerce, le monde entier n'est qu'une seule nation ou un seul peuple, à l'intérieur duquel les nations sont comme des personnes », Sir Dudley North, *Discourses upon Trades*, 1691.

« Pour comprendre les mondialisations, celles d'hier et celle d'aujourd'hui, rien ne vaut l'examen d'un morceau de tissu. Sans doute parce qu'il n'est fait que de fils et de liens, et des voyages de la navette », Éric Orsenna, *Voyage au pays du coton. Petit précis de la mondialisation*, 2006.

Étapes, acteurs, mécanismes et effets de la mondialisation

Une extension du capitalisme		Acteurs et pôles		Des échanges et des effets multiples	
Étapes	**Type de capitalisme**	**Entreprises et INNOVATIONS CLÉS**	**Centres d'impuls° (« PAYS LEADER » et villes-monde**	**Types d'échanges : quelle D.I.T. ?**	**Effets géographiques, sociaux et économiques**
15ᵉ-18ᵉ Les débuts de la mondialisation	Capitalisme marchand (minoritaire)	Firmes familiales : les Fugger, la Compagnie des Indes LETTRE DE CHANGE	ROYAUME-UNI et Europe occidentale Londres, Paris	Matières premières et produits agricoles D.I.T.	1 Ouverture des économies et interdépendance 2 Développement Global (moyennisation des sociétés), mais hausse des inégalités individuelles 3 Métropolisation et mise en réseaux des villes mondiales (archipel mégalopolitain mondial) 4 Émergence d'une société-monde soit mondialiste soit critique (lanceurs d'alertes) 5 Mouvements Altermondialistes anti-capitalistes ou nationalistes
1850-1918 « notre première mondialisation » : internationalisation	Capitalisme industriel	Firmes multinationales et peu à peu transnationales MACHINE A VAPEUR Exxon, General Motors, Toyota, Michelin...	Europe occidentale (R.U.). États-Unis, pays neufs	Matières 1ʳᵉˢ, produits agricoles et industriels D.I.T.	
1918-1980 « Mondialisation refusée »	Protectionnisme Modèles de dév. autocentrés et alternatives communistes		Europe occ. ETATS-UNIS, Japon New York, Tokyo		
Depuis 1970-80 2ᵉ mondialisation Transnationalisation et globalisation	Capitalisme Financier = financiarisation de l'économie	Firmes transnationales Renault-Nissan et globales : Nike, Google CONTENEUR, INTERNET	Triade (E.U.), Chine NPIA et autres BRIC (Brésil, Russie, Inde) Shanghaï, Dubaï	Matières 1ʳᵉˢ, pts agricoles et industriels Services (financiers) D.I.P.P.	
Depuis 2008 Démondialisation ou une autre mondialisation ?	Capitalisme numérique ou relocalisé ?	Firmes globales : révolution numérique Netflix, Amazon Ou éco circulaire et circuits courts	Triade = stagnation séculaire Émergents CHINE Ou « consom'acteur » ?	Échanges marchandises en déclin (relocalisations) mais essor des flux de services	

Source : Serge Boyer, synthèse de 2010, revue en mars 2021

Mondialité/transnationalité des FTN (éco)

L'internationalisation des firmes modifient leur histoire. Les classements classiques portent sur le poids d'ensemble de la firme via le chiffre d'affaires ou le nombre d'employés. Ces dernières années, la firme américaine de commerce Walmart s'approche de 500 milliards de dollars de chiffre d'affaires avec plus de deux millions de salariés. Mais cette firme, malgré une implantation internationale croissante, reste très états-unienne. Il faut donc faire appel à des critères réels de transnationalité. Ceux-ci sont de trois ordres :

1/ Le chiffre d'affaires global : mesure le poids d'une firme ; même si leur activité à l'étranger peut être faible, la recherche d'une croissance externe implique leur internationalisation. Même une firme publique comme EDF fait désormais le tiers de son chiffre d'affaires à l'étranger ;

2/ La part des actionnaires étrangers dans le capital de la firme : dans le cas de Total 71,4 % des actionnaires sont étrangers et n'est plus française. La CNUCED élabore un TNI Transationality Index (voir ci-dessous) ;

3/ La notoriété des marques est enfin importante : la firme américaine Interbrand mesure l'impact mondial des firmes vue par les consommateurs et/ou les investisseurs. Sans surprise, le classement est largement dominé par des firmes américaines comme Apple ou Amazon.

Les FMN selon 3 critères de mondialité

1 Chiffre d'affaires en 2019 en milliards de dollars, Outil de mesure de la puissance globale d'une firme	**Walmart** (EU, commerce) **524**	**2 Indice de transnationalité en 2019** calculé par la CNUCED à partir de la part de l'étranger du CA, des actionnaires et du personnel parmi les 100 1res	**Rio Tinto** (RU, mines) **99**	**3 Classement 2019 Interbrand,** société de conseil en stratégie et image qui élabore un classement selon les consommateurs et investisseurs	**1 Apple** (EU, informatique)
	Sinopec (Chine, pétrole) **407**		**Barrik Gold Corporation** (Canada, mines) **98**		**2 Google** (EU, moteur de recherche)
	State Grid (Chine, énergie) **384**		**John Swire** (RU, transport) **96**		**3 Amazon** (EU, commerce en ligne)
	CNPC (Chine, pétrole) **379**		**Anglo American plc** (EU, mines) **95**		**4 Microsoft** (EU, informatique)
	Shell (RU-PB, pétrole) **352**		**Altice** (PB, télécom) **94**		**5 Coca-Cola** (EU, boissons)

Monétarisation des sociétés

Dans *La Grande transformation*, publié en 1944., l'économiste hongrois Karl Polanyi analyse l'évolution de l'économie du XVIIIe siècle jusqu'à la Seconde Guerre mondiale, sa réflexion est qualifiée de « substantiviste ». Pour lui, la révolution industrielle ne résulte pas que des innovations, mais plutôt des ruptures sociales provoquées par l'usine et l'essor du marché. Les trois éléments qui forment la « substance de la société » sont la terre, le travail et la monnaie. Pour Polanyi le libéralisme a « désencastré » l'économie en donnant un rôle dominant aux intérêts privés. Alors que dans la société féodale, société, économie et politique forment un tout, la marchandisation de la terre (phénomène des enclosures en Angleterre), du travail (essor du salariat) et de la monnaie (déclin de l'autoconsommation) forgent la monétarisation des sociétés. Pensant que la solution appartient aux individus, mais aussi à l'essor des protections sociales, Polanyi défend l'avènement de la démocratie sociale et de la justice sociale. Il est considéré comme un des penseurs d'un social-libéralisme émancipateur et est souvent mobilisé par les théoriciens de l'économie sociale et solidaire ou par les altermondialistes.

Monnaie (éco)

La monnaie peut se définir comme tout ce qui est accepté en paiement de biens ou de services ou pour le remboursement de dettes. Elle possède un pouvoir libératoire immédiat. Apparue d'abord sous la forme d'une marchandise, elle s'est ensuite développée sous la forme du billet de banque, puis est devenue scripturale et enfin électronique. Les instruments de paiement aussi ont évolué. La monnaie scripturale introduit une distinction entre la monnaie et l'instrument de paiement qui en permet l'usage (chèque, carte bleue, ordre de virement). Or, les instruments de paiement eux-mêmes se dématérialisent : l'utilisation des chèques et de l'argent liquide recule au profit des paiements électroniques.

■ Citation

« L'importance essentielle de la monnaie vient de ce qu'elle est un lien entre le présent et l'avenir », John Maynard Keynes, *Théorie générale de l'emploi, de l'intérêt et de la monnaie*, 1936.

■ Voir Banque, Système monétaire international et Inflation

Mouvement des droits civiques (pol)

Lutte non violente des Noirs américains à partir des années 1950 (boycott de la ségrégation raciale dans les bus en Alabama en 1955) ayant pour but l'égalité des droits civiques. À la suite de cette mobilisation, le *Civil Rights Act*, introduit par le Président Kennedy (1963) et promulgué par son successeur Johnson (1964) a pour objectif d'éradiquer la ségrégation raciale.

■ Voir Minorité

MOYEN-ORIENT

Une région spécifique

L'Orient, si l'on s'en remet à l'étymologie, est l'ensemble de ce qui est à l'Est (*oriens* en latin), soit là où, d'un point de vue européen, se lève le soleil. D'où l'appellation de Levant. Pour l'intellectuel palestinien Edward Saïd, la culture européenne s'est renforcée en se démarquant de l'Orient. Mais c'est aussi le lieu de naissance de civilisations : Mésopotamie et Égypte sont des lieux de l'histoire de l'humanité. Ainsi, comme l'Europe, le Moyen-Orient est une aire culturelle aux limites floues selon les perspectives. Il couvre 6,6 millions de km^2 de l'Égypte à l'ouest à l'Iran à l'est, ce qui en fait l'espace géopolitique le plus petit. À l'est, la limite n'est pas claire : les Américains, avec le concept d'Afpak, y ajoutent l'Afghanistan (voir concept de Grand Moyen-Orient).

Une région en quête d'unité avec de multiples organisations régionales

La ligue arabe est une organisation géopolitique qui siège au Caire et dont l'unité historique, l'opposition à Israël, est de plus en plus fissurée.

L'OPAEP, organisation des pays arabes exportateurs de pétrole, exclue soit les pays non arabes (comme l'Iran), soit les pays non exportateurs de pétrole (comme le Maroc).

Le CCG, Conseil de coopération du Golfe, ne comporte que 5 États de la péninsule arabique.

Quelle intégration régionale ?

Comme l'Afrique ou l'Amérique latine, l'intégration régionale est faible pour trois raisons : la faiblesse de l'unité (ex. : opposition entre l'Arabie Saoudite et l'Iran), l'importance des économies rentières et la fonction d'interface vers l'Europe. Le taux d'intégration est inférieur à 20 %. Il s'agit donc d'économies concurrentes sur les marchés extérieurs.

L'insertion des États d'Afrique et du Moyen-Orient dans la mondialisation

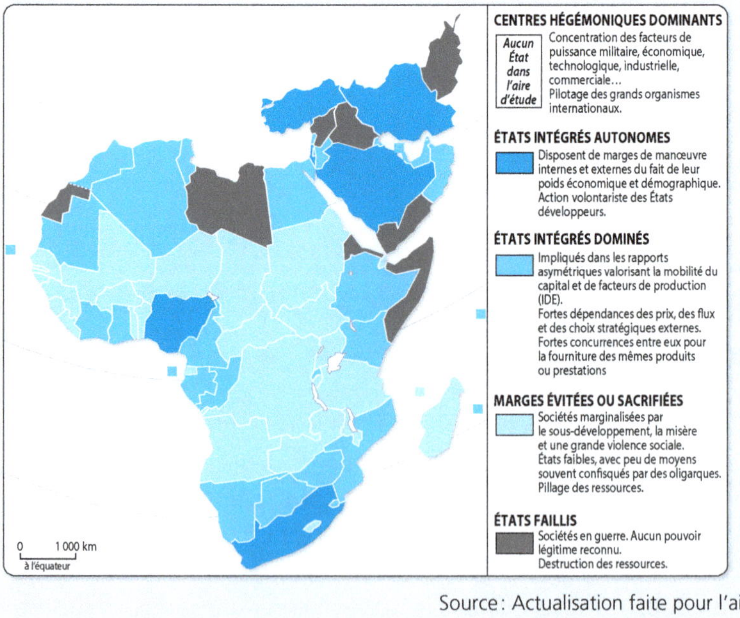

Source : Actualisation faite pour l'aire d'étude à partir de Laurent Carroué, *La Mondialisation*, Bréal, 2006

Deux parties distinctes ou un tout ?

Proche-Orient (*Near East*) : appellation forgée par la diplomatie française et qui réunit l'ensemble des pays situés à l'est des détroits turcs et disposant d'un accès direct à la Méditerranée, de la Turquie au nord à l'Égypte au sud. Il correspond à l'ancien Levant.

Moyen-Orient (*Middle East*) : appellation forgée par la géopolitique anglo-saxonne et popularisée par le stratège Alfred Mahan dans un article de 1902. Il réunit les pays situés entre la côte orientale de la Méditerranée et l'Iran, péninsule arabique incluse. Il intègre donc le Proche-Orient, mais est centré sur le golfe Arabo-persique, lieu des intérêts britanniques.

Grand Moyen-Orient : appellation plus récente de la géopolitique américaine. Pour des raisons historiques (colonisation), culturelle (poids de l'arabité et de l'islamité) et géopolitique (arc de crises du Sahel au Pakistan), l'expression américaine de *Middle East and North Africa*, à défaut d'être élégante, est pertinente pour aborder les problématiques actuelles d'une région en pleine reconfiguration. Le printemps arabe est bien né en Tunisie avec des effets dans beaucoup d'États de la région. L'ensemble a une superficie de 12,4 millions de km^2.

Autres sous-régions à connaître

Pays du Golfe : pays bordant un golfe dont Saoudiens (golfe arabique ?) et Iraniens (golfe Persique) se disputent l'influence. Région longtemps déshéritée, le pétrole semble avoir tout changé.

Afrique du Nord : sous-région allant du Maroc à l'Égypte marquée par la colonisation, d'où une forte influence culturelle, de la France en particulier.

Maghreb/Machrek : le Maghreb est le Levant (pays du soleil levant en arabe) et le Machrek est le couchant. Entre les deux, la Libye peut être dans l'un ou l'autre.

Principales puissances

Historiquement, le Moyen-Orient est marqué par de nombreux Empires qui ont largement dominé la région. Mais la mainmise européenne et la fin de l'empire ottoman en 1918 ont balkanisé la région marquée désormais par la multipolarité. Longtemps puissante, l'Égypte connaît un long déclin impliquant une influence croissante de l'Arabie Saoudite qui se veut leader du monde musulman sunnite. De l'autre côté du golfe, l'Iran, État plurimillénaire, est le leader du monde musulman chiite. Mais comme souvent, il s'agit bien d'une opposition de puissances. Au nord-ouest, la Turquie est une économie émergente tout comme Israël, longtemps rejetée, qui apparaît comme la puissance la plus influente selon le nouvel indice Conflits.

Les principales puissances moyen-orientales selon leur PIB en 2017

	PIB en 2017 (en milliards de dollars)	Rang mondial	Indice Conflits de la puissance globale (37 États étudiés)	Rang mondial
Turquie	851	17	14,6	29
Arabie Saoudite	684	19	17,1	19
Iran	440	26	14,6	28
Émirats arabes Unis	383	32	Non classé	
Israël	351	31	17,6	17
Afrique du sud	313	34	15,3	26
Égypte	235		13,9	32

Source : Banque mondiale et revue *Conflits* n° 17, printemps 2018

Données générales sur le Moyen-Orient et l'Afrique du Nord en 2015

		% du total mondial
Superficie (en millions de km²)	12,4	9,25
Population (en millions d'habitants)	427	5,8
Densité (nombre d'habitants/km²)	34,4	
PIB (en milliards de dollars en 2015)	3 085	4,2
Nombre d'États	20	
Nombre d'États classés dans l'indice Conflits de la puissance globale	8	37

Sources : *L'Année stratégique 2018*, septembre 2017 et *Conflits* n° 17, printemps 2018

Firmes et villes mondiales

La hiérarchie des firmes et des villes moyen-orientales reflète une émergence pétrolière synonyme d'un développement rentier. La politique de diversification touristique et tertiaire est visible aux Émirats Arabes Unis où Dubaï en est la meilleure réussite (9e port mondial). Depuis quelques années, le Qatar obtient le record mondial de PIB/habitant.

Les principales firmes moyen-orientales parmi les 500 premières

Nom	Pays d'origine	Rang	Chiffre d'affaires en milliards de dollars	Activités
Sabic	A. Saoudite	299	35	chimie
Koc Holding	Turquie	463	23	diversifié
Emirates Group		480	23	Transport aérien

Source : fortune.com/global500/list

Les agglomérations moyen-orientales les plus puissantes selon le Global Power City Index (parmi les 44 premières)

Type	Nom	État	Rang	Population en millions d'habitants en 2014
Ville mondiale majeure	aucune			
Autre ville mondiale	Dubaï	Émirats arabes unis	23	2,3
	Istanbul	Turquie	30	14
	Le Caire	Égypte	43	18,4

Sources : http://www.mori-m-foundation.or.jp/ et World urbanization prospects

■ Voir Turquie, Arabie Saoudite, Iran, Émirats arabes unis et Israël

Multiculturalisme (pol et cult)

Le multiculturalisme est à la fois le souhait d'un groupe de conserver son autonomie par rapport à une culture devenue majoritaire et aussi la volonté de s'intégrer tout en conservant son identité d'origine.

Multilatéralisme (géopol)

Forme de coopération fondée sur la participation d'acteurs étatiques visant à mettre en œuvre des objectifs communs. Au niveau géographique, il peut être régional (CEE), continental (UE) ou universel (ONU). Cette coopération est parfois portée par une puissance hégémonique comme les États-Unis après 1945.

■ Voir Gouvernance, Multipolarité, Organisation internationale et Ordre mondial

Multimodalité (éco)

Emploi combiné de plusieurs modes de transport pour un même déplacement. Phénomène qui s'est développé avec les conteneurs qui passent d'un porte-conteneurs à un train ou à un camion. Les politiques de transport urbain impliquent aussi un essor du multimodalisme avec, par exemple, la construction de parkings automobiles géants près des stations de métro.

Multipolarité (géopol)

La multipolarité est de plus en plus évoquée pour caractériser le monde après 2001. Elle suppose l'existence de plusieurs pôles économiques et géopolitiques. Le géographe français Michel Foucher préfère parler d'un monde polycentrique pour illustrer l'existence de ces pôles sans objectifs communs.

■ Voir Guerre froide et Système international

Nation (pol et cult)

Une nation est un ensemble d'êtres humains qui vivent sur le même territoire et qui partagent une même histoire et une même culture. Les membres d'une collectivité nationale forment une communauté politique : ils ont alors des droits (comme le vote ou la sécurité) et des devoirs (vote, impôts).

■ Voir État-nation et Identité

Nationalisme (pol)

Doctrine, mouvement politique qui revendique pour une nationalité le droit de former une nation. En ce sens, le XIXe siècle est le siècle des nationalités, aboutissant aux unités allemande et italienne, mais aussi à la Première Guerre mondiale. Une fois celle-ci formée, le plus souvent dans le cadre d'un État-nation, le nationalisme est l'exaltation, l'attachement à la nation ou bien à son territoire (patriotisme). Après 1945, l'essor d'organisations régionales et internationales ainsi que la mondialisation semblent affaiblir le nationalisme en Occident. Ailleurs, avec la décolonisation et l'élaboration de nouveaux États-nations, il est très vivant. Aujourd'hui, partout, face à la peur d'une uniformisation culturelle et aux migrations liées à la mondialisation, on assiste à un renouveau identitaire, soit national, soit religieux.

■ Voir Identité et État-nation

Nationalité (pol)

Juridiquement, la nationalité exprime l'appartenance légale d'un individu à un État, selon les règles édictées par celui-ci. La nationalité provient d'une filiation (droit du sang), de la naissance sur un territoire (droit du sol) ou s'acquiert par naturalisation.

Néoconservateurs (pol)

Mouvance intellectuelle américaine née dans les années 1960 en réaction à l'essor de la gauche américaine. Peu préoccupés (au départ) par les thèmes sociétaux, leur priorité est le rôle international des États-Unis : anti-communistes, opposés à la Détente, partisans d'Israël, ils sont influents à partir de l'ère Reagan (1981-1993), puis sous Bush fils avec des personnalités comme Dick Cheney ou Paul Wolfowitz (2001-2009). Plusieurs *think tanks* les soutiennent comme Heritage Foundation.

Néolibéralisme (éco et pol)

Courant de pensée inspiré des théories de l'École de Chicago et en particulier de l'économiste Milton Friedman, prix Nobel de l'économie en 1976. Appliqué en 1979 par Margaret Thatcher au Royaume-Uni et Ronald Reagan en 1981 aux États-Unis, le néolibéralisme s'oppose au keynésianisme très influent depuis 1945 : réduction du rôle de l'État-providence et de son intervention dans l'économie, dérégulation, privatisations, baisse de la fiscalité… Le néolibéralisme va peu à peu dominer les élites occidentales ainsi que les organisations internationales (FMI, Commission européenne).

■ Voir Dérégulation, Libéralisme et Consensus de Washington

New Deal (éco et pol)

Slogan de campagne, le *New Deal* devient un programme politique interventionniste initié sous le président Roosevelt de 1933 à 1945. Imbibé de pragmatisme, c'est une réponse à la grave dépression économique et au chômage de masse qui est une rupture partielle avec le libéralisme. Même si le *New Deal* n'est en rien du socialisme (pas de nationalisations), il propose un accroissement majeur du rôle de l'État. C'est en fait le début du keynésianisme.

New York (géo, éco et géopol)

Première métropole américaine avec près de 21 millions d'habitants, New York a été la première métropole mondiale pendant un demi-siècle, détrônant Londres dans les années 1920, avant d'être dépassée par Tokyo dans les années 1980. Elle demeure le centre d'impulsion le plus puissant de la planète en concentrant de multiples et influentes activités économiques, commerciales, financières, culturelles et géopolitiques (ONU). New York est aussi le cœur de la Mégalopolis (expression de Jean Gottmann). Un New Yorkais a un profil différent de celui d'un Américain : 37 % de personnes y sont nées à l'étranger contre seulement 12 % dans l'ensemble du pays, le niveau d'étude y est aussi supérieur… à l'inverse la proportion des personnes pauvres est plus forte.

■ Voir États-Unis et Ville globale

NIGERIA : 25 informations clés (année 2018, sauf autre indication)

PIB : 398 milliards de dollars (31e rang mondial)
Superficie : 923 768 km^2
Capitale : Abuja
Nature du régime : république fédérale, 36 États fédérés, 1 territoire
Chef de gouvernement en 2020 : Muhammadu Buhari
Population : 196 millions d'habitants
Espérance de vie : femmes 56 ans et hommes 54 ans
Indice de fécondité : 5,3 enfants/femme
PIB/hab en ppa : 5 300 dollars
Croissance moyenne 2010-2019 : + 3,76 %/an
Monnaie : naira
Coefficient de Gini : non donné
Part de la recherche et du développement dans le PIB : non donné
Taux de couverture énergétique : 159 %
Réserves officielles : 43 milliards de dollars
Émission de CO_2/hab : 0,5 tonne
Ressources renouvelables en eau douce intérieure par habitant en m^3 en 1962 : 4 699
Ressources renouvelables en eau douce intérieure par habitant en m^3 en 2014 : 1 252
Dette publique en % du PIB : 27
Budget militaire : 1,8 milliard de dollars
Prévision de population en 2050 en millions de personnes : 410,6
Prévision du PIB à parité de pouvoir d'achat en milliards de dollars en 2050 (rang mondial) : 4 348 (14e)

Sources : *Année stratégique 2021*, INED, *Images économiques du monde 2018*, ONU et PwC.

■ Voir Afrique et Chronologie des chefs d'État

« NIMBY » (cult)

Acronyme de « *not in my backyard* », soit « pas dans mon jardin », le phénomène Nimby désigne l'opposition, individuelle ou collective, de riverains à un projet d'aménagement ou à un équipement collectif. Dans certains cas, cette opposition peut être radicale et violente comme les ZAD (zones à défendre).

Nomadisme/nomadisme urbain et économique (soc)

Partout en régression, le nomadisme pastoral est une forme socio-économique où les populations suivent le trajet des animaux (ou l'évolution climatique) dont ils dépendent.

Ce déclin favorise une sédentarisation et l'urbanisation. On parle également de nomadisme urbain en relation avec les nouveaux comportements d'actifs très mobiles au sein des entreprises. Certains économistes évoquent aussi un nomadisme des entreprises quant à leurs stratégies de délocalisations/relocalisations.

Non-alignement (hist)

Le mouvement des non-alignés est une organisation internationale regroupant 120 États en 2012, qui se définissent comme n'étant alignés ni avec ni contre aucune grande puissance mondiale (17 États et 9 organisations internationales y ont en plus le statut d'observateur). En effet, ce mouvement né durant la Guerre froide visait à regrouper les États qui ne se considéraient comme alignés ni sur le bloc de l'Est, ni sur le bloc de l'Ouest.

■ Voir G77, Décolonisation et Sud

Nord/pays développés (éco et géopol)

Liée à l'hémisphère Nord, expression qui cible les pays industrialisés, développés et riches. Elle est cependant critiquable en raison de la présence de ce type de pays dans l'hémisphère Sud. Malgré tout, l'idée était d'éviter l'utilisation de termes péjoratifs comme « pays sous-développés ». En 1980, l'ancien chancelier allemand Willy Brandt émet un rapport à la Banque mondiale sur les relations Nord-Sud. Les pays développés ont une population qui accède majoritairement à la satisfaction de tous les besoins vitaux et à un certain confort et à l'éducation. Le terme se rapproche de celui des pays industrialisés dont l'activité centrale est l'industrie (par opposition avec les matières premières et énergétiques). Ainsi, pays développés et industrialisés ont longtemps été les plus riches, d'où la création d'un G8. Depuis les chocs pétroliers, cette opposition semble aujourd'hui de moins en moins claire. Les pays membres de l'OCDE, organisation de coopération et de développement économique, reflètent la fin du monopole des pays occidentaux.
L'espérance de vie reste encore un bon marqueur de l'opposition Nord-Sud.

L'espérance de vie dans différentes régions du monde en 2015

	Asie	Afrique	Europe	Amérique latine	Amérique du Nord	Océanie	Monde
Espérance de vie à la naissance en années (hommes)	70	58	74	72	77	75	69
Espérance de vie à la naissance en années (femmes)	74	61	81	78	81	80	73

Source : Gilles Pison, *Tous les pays du monde*, 2015

■ Voir Occident et OCDE

NORVÈGE : 23 informations clés (année 2018, sauf autre indication)

PIB : 434 milliards de dollars (29e rang mondial)
Superficie : 323 802 km²
Capitale : Oslo
Nature du régime : monarchie constitutionnelle à régime parlementaire, 19 comtés
Chef de gouvernement en 2020 : Erna Solberg
Population : 5,3 millions d'habitants
Espérance de vie : femmes 84,2 ans et hommes 80,1 ans
Indice de fécondité : 1,75 enfant/femme
PIB/hab en ppa : 67 600 dollars
Croissance moyenne 2010-2019 : + 1,52 %/an
Monnaie : couronne norvégienne
Coefficient de Gini : 0,27
Part de la recherche et du développement dans le PIB : 2,1 %
Taux de couverture énergétique : 718 %
Réserves officielles : 63 milliards de dollars
Émission de CO_2/hab : 6,6 tonnes
Ressources renouvelables en eau douce intérieure par habitant en m³ en 1962 : 104 976
Ressources renouvelables en eau douce intérieure par habitant en m³ en 2014 : 74 359
Dette publique en % du PIB : 40
Budget militaire : 7,6 milliards de dollars
Prévision de population en 2050 en millions de personnes : 6,8

Sources : *Année stratégique 2018*, septembre 2017, Banque mondiale et ONU.

■ Voir Europe

Nouveau pays industriel ou NPI (éco)

Pays en développement dont l'industrie représente plus de 25 % du PIB et dont les exportations de produits manufacturés ont une place importante, souvent grâce à l'essor de zones franches.

NTIC (éco)

Sigle de nouvelles technologies de l'information et de la communication. Ensemble des techniques utilisées pour le traitement et la transmission des informations (câble, téléphone, Internet, etc.).

■ Voir GAFAM

Objectifs du millénaire pour le développement ou OMD (éco)

Programme de développement axé sur huit objectifs à horizon 15 ans, défini par l'ONU qui en mesure régulièrement les progrès. En 2015, ils sont remplacés par les ODD (Objectifs de développement durable).

Les huit objectifs du millénaire pour le développement

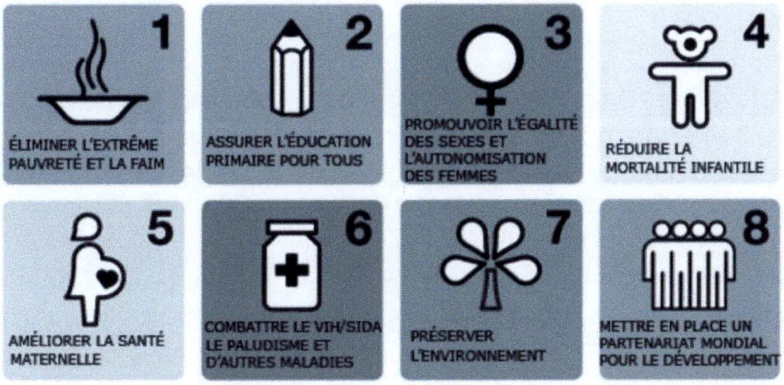

Source : www.un.org/fr/millenniumgoals : site internet officiel de l'ONU

■ Voir ODD

Occident (géo, hist, pol et géopol)

Le verbe latin *occidere* signifie « se coucher, tomber », et s'oppose à *orior*, « naître ». Avant d'avoir un sens culturel, l'Occident est l'Ouest. Georges Corm évoque une « mégaidentité » liée à cinq événements fondateurs : l'invention de la cité et des sciences par les Grecs, l'invention du droit et de la propriété privée par les Romains, la révolution morale du christianisme, la synthèse papale des VI-XIIIe siècles et la promotion de la démocratie libérale à partir du XVIIIe siècle. Mais aujourd'hui, où s'arrête l'Occident ? Dans *L'Histoire de l'Occident* (2016), Christian Grataloup s'interroge : la limite Nord-Sud dressée par Brandt en 1970 intègre le Japon et la Russie ; sont-ils occidentaux ? Alain Rouquié qualifie aussi l'Amérique latine d'« extrême Occident » en 1998.

Citation :

« La démondialisation qui s'amorce est en réalité une désoccidentalisation de la mondialisation [...]. Nous assistons à la perte du monopole occidental de la mondialisation. D'où ce sentiment de malaise en Occident, le sentiment d'un déclin qu'on ne maîtrise pas du tout ». Michel Foucher, « Un monde démondialisé, c'est un monde en guerre » *Le 1* n° 136, 2017.

■ Voir Aires culturelles

OCDE (géopol)

L'Organisation de coopération et de développement économique (OCDE) a, en 1961, succédé à l'Organisation européenne de coopération économique (OECE), fondée en 1948 pour gérer l'aide américaine d'après-guerre (plan Marshall). Sa mission est de promouvoir les politiques qui amélioreront le bien-être économique et social partout dans le monde. L'OCDE regroupe plus d'une trentaine de pays : toute l'Europe occidentale et l'Amérique du Nord, plus le Japon, l'Australie, la Nouvelle-Zélande, la Corée et, depuis 1995 et 1996, certains pays d'Europe centrale (République tchèque, Hongrie, Pologne) et, depuis 2010, le Chili, la Slovénie, Israël et l'Estonie. L'OCDE est le principal rassembleur de statistiques sur les pays développés.

■ Voir Nord

Océan Atlantique (géo)

D'une superficie de 94 millions de km², son nom grec se réfère à l'Atlantide selon Platon. Baptisé « mer Océane » ou « mer Occidentale » au Moyen Âge, il retrouve le nom d'Atlantique au XVIe siècle grâce au cartographe Mercator. Lien essentiel entre Europe et Amérique, tant en ce qui concerne les flux économiques que migratoires, l'Atlantique a donné naissance à l'idée d'atlantisme, soit une solidarité entre les deux rives visibles *via* l'OTAN.

Océan glacial Arctique (géo)

D'une superficie de 20 millions de km², le nom Arctique est dérivé d'« ours » en grec, en référence aux constellations situées au-dessus du pôle Nord. Longtemps négligé, malgré des périodes où il a été important comme lors de la Seconde Guerre mondiale, l'Océan Arctique redevient stratégique pour les puissances qui le bordent et même prioritaire pour la Russie. Les ressources naturelles et les perspectives de nouvelles routes commerciales sont en effet deux éléments qui bouleversent la donne arctique.

Ocean grabbing (éco)

Accaparement des ressources maritimes par des États ou des entreprises étrangères.

Océan Indien (géo)

D'une superficie de 75 millions de km², il est appelé « mer des Indes » ou « océan Indien » depuis l'Antiquité où il est déjà traversé par des flux organisés par les marchands arabes et indiens. L'ouverture du canal de Suez en 1869 renforce le trafic maritime dont le Moyen-Orient est devenu après 1945 un point de départ majeur au niveau pétrolier. La route qui passe par le détroit d'Ormuz est le premier flux pétrolier mondial. Dominé par les États-Unis (V^{e} et VIIe flotte, base de Diego Garcia) et plusieurs alliés dont la France, l'Océan Indien devient le lieu d'expression de la puissance chinoise hors d'Asie (base de Djibouti), ce qui inquiète l'Inde.

Océan Pacifique (géo)

D'une superficie de 180 millions de km², il est baptisé en 1520 par Magellan. Depuis les années 1980, les flux de marchandises transpacifiques ont doublé les flux transatlantiques en raison du poids croissant de l'Asie et des échanges importants avec l'Amérique du Nord. Le développement de la coopération visible avec l'APEC ne peut freiner les tensions et rivalités croissantes entre les États-Unis qui dominent le Pacifique, s'appuyant sur leurs flottes et alliés, et la Chine qui peu à peu étend son influence. Le Pacifique est ainsi le grand océan du piège de Thucydide.

OCÉANIE

Un continent ?

Une des cinq parties du monde, l'Océanie doit son nom et sa relative unité à l'immense océan Pacifique. Elle comprend le continent australien et divers groupements insulaires situés dans l'océan Pacifique, entre l'Asie à l'ouest et l'Amérique à l'est. Seuls les archipels proches de ces deux continents (notamment le Japon, les Philippines et l'Indonésie) n'en font pas partie. Vers 1815, l'expression « terres océaniques » est utilisée par le géographe français Conrad Malte-Brun ; celle d'Océanie est inventée par Adrien-Hubert Brué. Ce découpage européocentré des continents pose des problèmes de définition et de limites de l'Océanie (voir Asie).

Des États disparates

L'Océanie est composée de 16 États indépendants et 31 États non indépendants plus ou moins autonomes. Plusieurs sont liés à des États non océaniens comme la Nouvelle Calédonie (territoire français) ou Hawaï (États-Unis). En dehors de l'Australie (7,7 millions de km^2), la Nouvelle-Zélande (270 000 km^2) et la Papouasie-Nouvelle-Guinée (463 000 km^2), il s'agit de territoires insulaires de petite taille et peu peuplé comme les îles Samoa (2 831 km^2 et 193 000 habitants). Par contre, les espaces maritimes y sont importants en termes de ZEE : 3e rang mondial pour l'Australie avec 8,5 millions de km^2, 5e pour la Nouvelle-Zélande, 12e pour Kiribati, 14e pour la Micronésie et 19e pour les Îles Marshall.

Principales puissances

Comme en Amérique avec les États-Unis, l'Océanie se caractérise par la domination écrasante d'une puissance, l'Australie, dont le PIB rassemble 87 % du PIB régional. Culturellement et géopolitiquement tournée vers l'Occident, l'économie australienne est désormais très tournée vers l'Asie, et la Chine en particulier (premier partenaire commercial). L'économie australienne n'a jamais connu de récession depuis 26 ans. La Nouvelle-Zélande, seconde économie, a un PIB 8 fois plus faible, mais avec une économie extravertie (1er exportateur mondial de poudre de lait).

Firmes et villes mondiales

Melbourne et Sydney sont les deux seules métropoles d'Océanie qui ont un certain rayonnement mondial. Peuplées d'environ 6 millions d'habitants, ce sont les deux villes qui ont accueilli les jeux d'été.

Les agglomérations d'Océanie les plus puissantes selon le Global Power City Index (parmi les 44 premières)

Type	Nom	État	Rang	Population en millions d'habitants en 2014
Ville mondiale majeure	aucune			
Autre ville mondiale	Sydney	Australie	10	4,5

Sources : http://www.mori-m-foundation.or.jp/ et World urbanization prospects

« *Offshore* » (géo)

Expression anglaise qui désigne des activités se déroulant plus ou moins au large des côtes d'un pays comme les hydrocarbures (dont la production *offshore* est d'environ 30 % aujourd'hui), mais aussi de la finance.

Oligopole/monopole (éco)

Situation d'un marché contrôlé par un nombre limité de vendeurs. Le géographe Olivier Dollfus parle d'oligopole géographique formé par quelques puissances territoriales. Exemple : exportations de graines de soja dominées par trois pays : États-Unis (40 % des exportations mondiales), Brésil (38 %) et Argentine (7 %), soit 84 % à tous les trois.

« *One belt, one road* » ou OBOR (éco et géopol)

Annoncé par Xi Jinping en 2013, OBOR est le nom d'une colossale initiative menée par la Chine. Il s'agit d'un projet d'infrastructures à échelle macrorégionale, visant à relier le territoire chinois à l'Ouest européen. La Chine reprend l'image mythique de la route de la soie pour promouvoir ce projet pharaonique, financé par la BAII (Banque asiatique d'investissement pour les infrastructures). C'est un projet tout d'abord logistique, cumulant infrastructures routières, ferroviaires et énergétiques. Un conteneur parti de Chine arrive un mois plus tard en Europe occidentale par voie maritime ; *via* l'Asie centrale, par la voie ferroviaire, il ne lui faut que 12 jours. De plus, le trajet est plus sûr. Car OBOR relève de la stratégie de diversification et de sécurisation des itinéraires terrestres et maritimes nécessaires aux exportations et aux importations chinoises, en s'affranchissant des passages risqués des détroits d'Ormuz et de Malacca, et du canal de Suez. Outre les itinéraires terrestres, les nouvelles routes de la soie relient la Chine à la mer, *via* le Pakistan, le Bangladesh ou la Birmanie. L'ampleur du projet dépasse largement les limites eurasiatiques et implique une série de ports et d'infrastructures en Afrique orientale. Il a enfin une forte dimension géostratégique et sert la montée en puissance, au travers de la création de la BAII, et des projets de développement financés le long des trajets empruntés, étendant l'influence chinoise, même si Xi Jinping affirme, dans son discours au G20 de 2016, que « la Chine ne cherche pas à se constituer une sphère d'influence, mais y voit plutôt un moyen d'aider d'autres pays à se développer ».

Schématisation d'OBOR

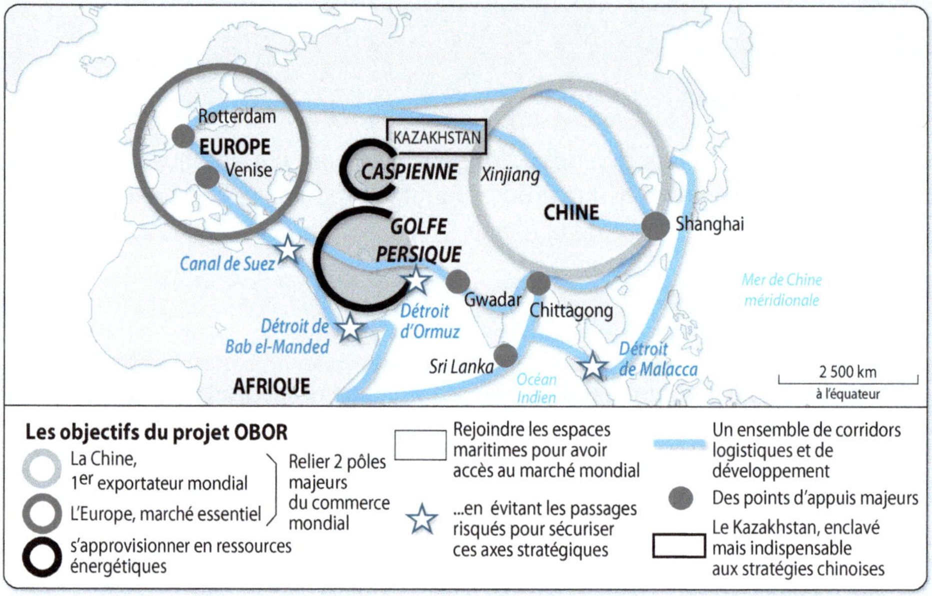

OPEP/OPAEP

L'organisation des pays exportateurs de pétrole est née en 1960 à l'initiative de l'Arabie Saoudite et du Venezuela. Ce cartel de pays producteurs a œuvré à une revalorisation des cours du pétrole. Son poids reste important en raison de sa part dans la production mondiale (plus de 40 %) et des réserves de pétrole. Aujourd'hui l'OPEP est composée de 15 pays dont 6 du Moyen-Orient (Arabie Saoudite, Émirats arabes unis, Irak, Iran, Koweït et Qatar), 2 d'Amérique du Sud (Équateur et Venezuela) et 7 d'Afrique (Algérie, Angola, Gabon, Guinée équatoriale, Libye, Nigeria et république du Congo). Au sein de l'OPEP est créé un groupe de pays arabes en 1968. Depuis 2016, des accords ont été signés avec la Russie pour faire remonter les cours.

Optimisation fiscale (éco)

Expression désignant une utilisation maximale de la législation fiscale. Utilisée de plus en plus au détriment des paradis fiscaux, considérés comme péjoratif et négatif par les opinions publiques. De toute évidence, cette expression est issue d'un lobbying du secteur financier qui fait face à des affaires récurrentes souvent menées par le ICIJ, Consortium International des Journalistes d'Investigation (dont le quotidien français *Le Monde*).

■ Voir Paradis fiscaux

Ordre international ou mondial/système international ou mondial (géopol)

Du Congrès de Vienne (1815) jusqu'à la Seconde Guerre mondiale, le système mondial était organisé autour de quelques grandes puissances. Les guerres étaient le moment de remise en ordre des rapports de force et des territoires des puissances. L'idée d'un ordre ou système international correspond à une structuration de la scène internationale, présentant comme caractéristiques principales la reconnaissance mutuelle de la souveraineté et des frontières des États (facteur de sécurité ou parfois de rivalité), dans un contexte d'inégalité de la puissance où les États les plus forts s'appuient sur des alliances et des valeurs plus ou moins universelles. Après 1945, les puissances dominantes se réduisent à deux « superpuissances » et le monde devient bipolaire jusqu'en 1991. Ainsi, un ordre mondial implique une hiérarchie des puissances et des valeurs défendues par les leaders pour justifier leur influence sur le reste du monde. Chaque période d'instabilité correspond à un nouvel équilibre des puissances, ce qui favorise un changement. Fin XIXe, la montée de l'Allemagne est mal vécue par le Royaume-Uni et la France, d'où une forte instabilité politique et militaire entre 1914 et 1945. D'abord utilisée par un romancier britannique, l'expression « ordre mondial » est reprise en 1990 par George Bush (Président de 1989 à 1993). En 1991, le Président américain Bush évoque l'idée de nouvel ordre mondial en évoquant la nouvelle situation internationale post-guerre froide. Au final, le système international est lié à un rapport de forces entre les grandes puissances au niveau géoéconomique, idéologique et géopolitique.

■ Voir Désordre/chaos

Organisation des Nations unies ou ONU (géopol)

Créée en 1945 afin de remplacer la Société des Nations, l'ONU est par excellence l'organisation généraliste à vocation universelle. Si 51 États ont signé la charte de San Francisco le 26 juin 1945, l'organisation compte aujourd'hui 193 membres, le dernier État admis étant le Sud-Soudan en 2011. L'objectif de l'ONU est double : le maintien de la paix et le développement. Le premier objectif a été bloqué pendant la Guerre froide. Dotée de 5 organes principaux, l'ONU s'appuie sur une myriade d'organismes qui lui sont rattachés. Si la fin de la Guerre froide lui redonne une vitalité avec, par exemple, l'envoi d'environ 100 000 casques bleus, l'ONU est confrontée à un problème de légitimité dans la mesure où elle reste dominée par les cinq vainqueurs de la Seconde Guerre mondiale qui sont membres permanents du Conseil de sécurité avec droit de veto. La refonte du fonctionnement et la meilleure prise en considération des États du Sud, en particulier des émergents, se font attendre.

Illustration simplifiée du système onusien

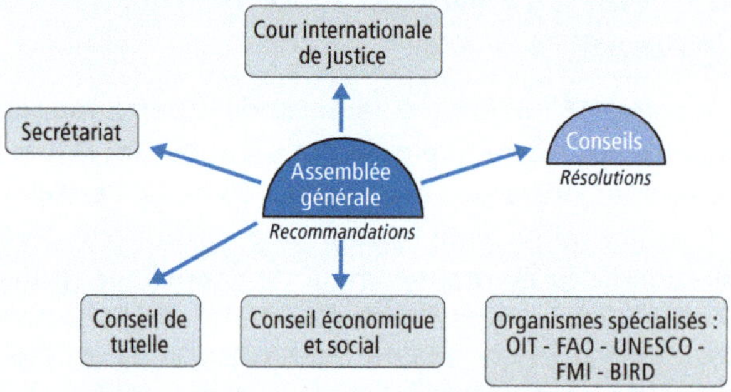

Source : Marc Nouschi, *Bilan de la Seconde Guerre mondiale*, 1996

■ Voir Casques bleus, Missions de l'ONU et Chronologie des Secrétaires généraux des Nations unies

Organisation internationale ou organisation intergouvernementale ou OIG (géopol)

Aussi appelée organisation intergouvernementale, c'est un ensemble structuré où des participants de différents États coordonnent leur action, à l'échelle internationale (ex. : ONU) ou régionale (ex. : Union européenne). Le plus souvent, une OI procède d'un acte fondateur (charte, traité) et s'inscrit dans des institutions (secrétariat). Ce sont des associations d'États, généralement fondées par des traités de droit international.

■ Citation

« Les nations souveraines du passé ne sont plus le cadre où peuvent se résoudre les problèmes du présent. Et la Communauté elle-même n'est qu'une étape vers les formes d'organisation du monde de demain », Jean Monnet, *Mémoires*, 1976.

■ Voir Communauté internationale/gouvernance, Multilatéralisme et Ordre mondial

Organisation internationale de la francophonie ou OIF (géopol)

Institution dont les 84 États ont comme point commun la langue. Voulue par des leaders indépendantistes comme Léopold Sédar-Senghor, elle naît en 1970. Malgré un budget modeste (80 millions d'euros), elle est devenue influente, en particulier dans la lutte pour l'exception culturelle (OMC).

Organisation non gouvernementale ou ONG (géopol)

Association formée par des particuliers en vue de réaliser des objectifs non lucratifs. Elle défend des valeurs et des convictions et non des intérêts. Les ONG se développent au XVIIIe siècle avec, par exemple, des associations antiesclavagistes comme The National Colonization Society of America, « la société nationale d'Amérique de colonisation », pour y installer des esclaves (qui vont aider à former l'État du Libéria en 1847). Au XIXe siècle, la Croix-Rouge, fondée par Henri Dunant en 1863, devient la principale ONG. Après 1945, les ONG sont à la fois plus nombreuses et plus diversifiées dans leurs domaines d'actions.

Au fond, les ONG tentent de pallier les carences des États et des institutions internationales.

Organisme de règlement des différends ou ORD (éco)

Organisme qui permet à un État membre d'enclencher une plainte contre un autre pays membre qui ne respecterait pas les règles de l'OMC. Exemple : conflit de la banane qui oppose en 1994 cinq pays d'Amérique latine (Colombie, Costa Rica, Nicaragua, Vénézuela et Guatemala) qui portent plainte contre les quotas imposés par l'Union européenne visant à favoriser les bananes antillaises et africaines (accords ACP). En 1997, l'ORD condamne l'UE qui va mettre deux ans à adopter ses recommandations.

Paradis fiscaux (éco)

Zone où le taux d'imposition sur les sociétés est faible ou inexistant. Le secret bancaire est protégé par la loi et rend souvent possible le blanchiment de l'argent et la fraude. 70 à 80 centres financiers offshore représentent un peu plus de la moitié de l'activité internationale des banques et détiennent un tiers du stock des investissements directs à l'étranger.

Parité de pouvoir d'achat ou PPA (éco)

Méthode de calcul permettant de comparer la valeur relative des différentes monnaies en tenant compte du taux de change, des écarts de pouvoir d'achat et de niveau de vie d'un pays à l'autre. Plusieurs institutions internationales calculent les PIB nationaux en PPA afin de faire des comparatifs.

Comparatif PIB et PIB à PPA pour les puissances mondiales majeures

	États-Unis	Chine	Japon	Inde	Brésil	France	Russie
PIB en milliards de dollars	19362	11938	4885	2439	2081	2575	1469
PIB à PPA en milliards de dollars	19108	23241	5765	9449	3173	2934	3655

Source : Banque mondiale

■ Voir PIB et Tableau des 7 puissances

Paris (géo, éco et pol)

Capitale d'un État longtemps très centralisé, Paris est une métropole de 12,1 millions d'habitants. Elle cumule toutes les fonctions urbaines : politique, économique (La Défense, premier quartier d'affaires en Europe), commercial (second aéroport européen), financier (bourse), culturel (130 musées sur la commune de Paris, 1800 monuments historiques, 27 millions de visiteurs par an) et géopolitique (Unesco). Le tourisme génère un emploi sur cinq. Le risque de devenir une ville-musée est réel à Paris, marquée par une forte *gentrification* et une baisse de la population (2,9 millions en 1921 et 2,2 en 2010), mais les efforts de rénovation urbaine et des infrastructures de transport (Grand Paris) semblent avoir freiné le déclin démographique de Paris intra-muros. Les jeux Olympiques d'été et l'arrivée d'activités financières liées au Brexit (annonce d'HSBC d'implanter son siège européen) devraient être porteurs de dynamiques.

■ Voir France et Ville globale

Partenaire (géopol)

De l'anglais *partner* ; pays (ou autre acteur spatial comme une firme) avec lequel on tisse des relations. Le terme est polysémique et graduel. Au sens strict, il s'agit d'un allié, mais aujourd'hui il est plutôt utilisé pour évoquer des relations d'égal à égal à l'image du partenariat Union européenne-Russie signé en 1997. Ici, il s'agit bien d'un accord, mais pas d'une alliance approfondie. Le partenariat concerne aussi l'économie dans la mesure où les échanges créent des interdépendances entre les États. Ainsi, États-Unis et Chine sont très liés aux niveaux commercial et financier, qui obligent leurs dirigeants à engager de manière régulière des rencontres.

PAS, Plan d'ajustement structurel (éco)

Plan de réformes économiques que le Fonds monétaire international ou la Banque mondiale mettent en place pour permettre aux pays touchés par de grandes difficultés économiques de sortir de leur crise économique.

■ Voir consensus de Washington

Patrimoine brut/net (éco)

Le patrimoine brut d'un ménage est constitué de l'ensemble des biens possédés. Ces « actifs » peuvent être des propriétés foncières ou immobilières, un portefeuille (ensemble des actifs financiers), des biens professionnels (fonds de commerce par exemple) ou personnels (automobiles, objets d'arts, etc.). Pour obtenir le patrimoine net, il faut soustraire ce qui se trouve au « passif » d'un ménage (comme des dettes).

Pauvres (éco)

La pauvreté est définie de manière plus précise que la richesse. Les économistes distinguent pauvreté absolue et pauvreté relative : dans les pays riches, les SDF et les personnes qui risquent de glisser entre les mailles de la protection sociale sont menacés de pauvreté absolue ; la pauvreté relative, quant à elle, est déterminée par rapport au revenu moyen du pays. En France, le seuil de pauvreté relative est de 11 584 euros pour une personne vivant seule. En Roumanie le seuil est de 2 439 euros et au Luxembourg de 16 962 euros.

■ Voir Classes populaires

Pax americana (géopol)

Latinisation du terme linguistique contemporain « Paix américaine » pour faire analogisme avec *Pax Romana* et *Pax Britannica* ; le terme fait référence à une longue période de paix et de croissance permise par l'hégémonie d'une puissance, ici celle exercée par les États-Unis, essentiellement dans les années 1990. Cette période s'achève par les attentats du 11 septembre 2001.

Un moment fort de la *pax americana*: les accords de Washington entre le Premier ministre israélien Yitzhab Rabin et le leader de l'Organisation de libération de la Palestine, Yasser Arafat, sous les hospices du Président américain Bill Clinton (1993)

■ Voir Ordre mondial

Paysage (géo)

Le paysage est la partie d'un pays que la nature présente à l'observateur. Il révèle tout autant des phénomènes historiques (centres urbains historiques), économiques (parcelles agricoles) ou culturels (lieux saints).

Paysan (éco)

Du latin *pagus*, pays, donc l'homme attaché au sol, soit l'agriculteur.

PAYS-BAS : 25 informations clés (année 2018, sauf autre indication)

PIB : 915 milliards de dollars (17e rang mondial)
Superficie : 41 543 km^{2}
Capitale : Amsterdam

Population : 16,9 millions d'habitants
Nature du régime : monarchie constitutionnelle à régime parlementaire, 12 provinces
Chef de gouvernement en 2020 : Marc Rutte
Espérance de vie : femmes 84 ans et hommes 81 ans
Indice de fécondité : 1,4 enfant/femme
PIB/hab en ppa : 57 600 dollars
Croissance moyenne 2010-2019 : + 1,46 %/an
Monnaie : euro
Coefficient de Gini : 0,28
Part de la recherche et du développement dans le PIB : 2 %
Taux de couverture énergétique : 56 %
Réserves officielles : 38 milliards de dollars
Émission de CO_2/hab : 9,1 tonnes
Ressources renouvelables en eau douce intérieure par habitant en m^3 en 1962 : 932
Ressources renouvelables en eau douce intérieure par habitant en m^3 en 2014 : 652
Dette publique en % du PIB : 52
Budget militaire : 12,3 milliards de dollars
Prévision de population en 2050 en millions de personnes : 17,5
Prévision du PIB à parité de pouvoir d'achat en milliards de dollars en 2050 (rang mondial) : 1 496 (32e)

Sources : *Année stratégique 2021*, INED, *Images économiques du monde 2018*, ONU et PwC.

■ Voir Europe et Union européenne

Pays développés (éco et géopol)

■ Voir Nord et Occident

Pays émergents/émergence (éco)

Les pays émergents sont des économies qui disposent d'un PIB par habitant inférieur au seuil retenu par la Banque mondiale pour caractériser les pays à hauts revenus (12 476 dollars par habitant en 2016), mais qui connaissent une forte croissance, s'appuyant sur une progression rapide de leurs exportations de biens et services. En Asie, par exemple, la Chine et l'Inde sont des économies émergentes, tout comme le Brésil en Amérique du Sud et l'Afrique du Sud en Afrique.

■ Voir Émergence

Pays moins avancés ou PMA (éco et géopol)

Pays les moins avancés (PMA) : appellation donnée par les Nations unies en 1971 aux pays considérés comme les plus pauvres de la planète. Ceux-ci constituent un groupe composé par inscription volontaire selon des critères démographiques (population inférieure à 75 millions d'habitants), économiques et sociaux (IDH faible, RNB par habitant inférieur à 900 dollars par an, vulnérabilité à la conjoncture économique internationale, etc.).

Pays sous développés/en voie de développement (éco et géopol)

■ Voir Sud

Pères de l'Europe (hist)

Génération d'hommes politiques européens qui, marquée par la Seconde Guerre mondiale, lance la construction européenne après 1945. On décrit aussi une seconde génération d'héritiers qui relancent le processus dans les années 1970, 80 et 90 tels que Simone Veil (première Présidente du Parlement européen en 1979) ou Jacques Delors (Président de la Commission européenne de 1985 à 1995).

Les quatre pères fondateurs de l'Europe

Jean Monnet (1888-1979), Français

Secrétaire adjoint de la Société des Nations, il se lance dans la finance internationale, avant de devenir conseiller du président américain Roosevelt. En 1950, sa vision fonctionnaliste de coopération entre États européens est présentée dans la « déclaration Schuman ». Il est le premier président de la Haute Autorité de la CECA, travaille à la Communauté européenne de la Défense (échec) et au Système monétaire européen (succès).

Alcide de Gasperi (1881-1954), Italien

Député du parti populaire, il s'oppose à Mussolini. Après 1945, il devient président du Conseil et ministre des Affaires étrangères de l'Italie, membre fondateur de la CECA et de la CEE.

Robert Schuman (1886-1963), Français

Formé en droit allemand et français (né au Luxembourg), il devient avocat et homme politique. Longtemps député de la Moselle, il participe au gouvernement Pétain mais est arrêté par la Gestapo dès 1940. Après la guerre, il devient ministre français des affaires étrangères et prononce la célèbre déclaration du 9 mai 1950, à laquelle répond le chancelier Adenauer. De 1958 à 1960, Schuman préside l'assemblée parlementaire, actuel Parlement européen.

Paul-henry Spaak (1899-1972), Belge

Avocat né à Bruxelles, il participe à plusieurs gouvernements socialistes belges et s'exile à Londres pendant la guerre. Il prend part à la création du Benelux en 1944, puis à celle de la CECA en 1951. Après l'échec de la Communauté européenne de Défense en 1954, son rapport sur l'avenir de l'intégration européenne débouche sur la création de la CEE en 1957.

Source : Bénédicte Lang, François Lang, *101 fiches pour comprendre l'Europe*, 2007

■ Voir Europe

Petites et moyennes entreprises ou PME (éco)

Selon l'INSEE, entreprise ayant moins de 500 salariés. Il n'y a aucune norme internationale. Pour la Commission européenne, le seuil est de 250 salariés.

■ Voir Entreprise

Piège (ou trappe) du revenu intermédiaire (éco)

Situation d'économies en voie de développement qui perdent leur compétitivité-prix en raison des hausses des salaires nationaux sans atteindre la compétitivité-produit en raison du retard en recherche par rapport aux pays les plus développés. C'est la situation de la Chine aujourd'hui.

Plan d'ajustement structurel ou PAS (éco)

C'est un plan de réformes économiques que le Fonds monétaire international ou la Banque mondiale mettent en place pour permettre aux pays touchés par de grandes difficultés économiques de sortir de leur crise économique.

■ Voir Consensus de Washington et Système de Bretton Woods

Plan Marshall/plan Dodge (hist et éco)

Programme de rétablissement européen, en anglais *European Recovery Program*, ou ERP, le plan Marshall (nom du secrétaire d'État George Marshall) est une aide aux États européens mise en place par le Président Truman en 1947 pour résoudre la surproduction du pays et éviter l'essor du communisme. 15 États profitent de dons et de prêts de 1948 à 1952 pour une somme de 13 milliards de dollars équivalente à environ 200 milliards aujourd'hui. Le partage de cette somme est effectué par l'Organisation européenne de coopération et de développement économique, ancêtre de l'OCDE. Il s'agit d'une réalisation de la doctrine Truman dite du *containment*. Le Japon bénéficie aussi d'un programme équivalent, le plan Dodge. Aujourd'hui, l'expression « plan Marshall » est souvent utilisée pour nommer un plan d'aide à une région ou un continent; un plan Marshall pour l'Afrique a souvent été évoqué dans les années 1990. Certains comparent le projet chinois OBOR à une forme moderne de plan Marshall.

■ Citation

« Notre politique n'est dirigée contre aucun pays, ni doctrine, mais contre la faim, la pauvreté, le désespoir et le chaos. Son but devrait être le rétablissement d'une économie mondiale saine de façon à permettre le retour à des conditions politiques et sociales dans lesquelles peuvent exister des institutions libres », George Marshall, discours du 5 juin 1947.

Le plan Marshall

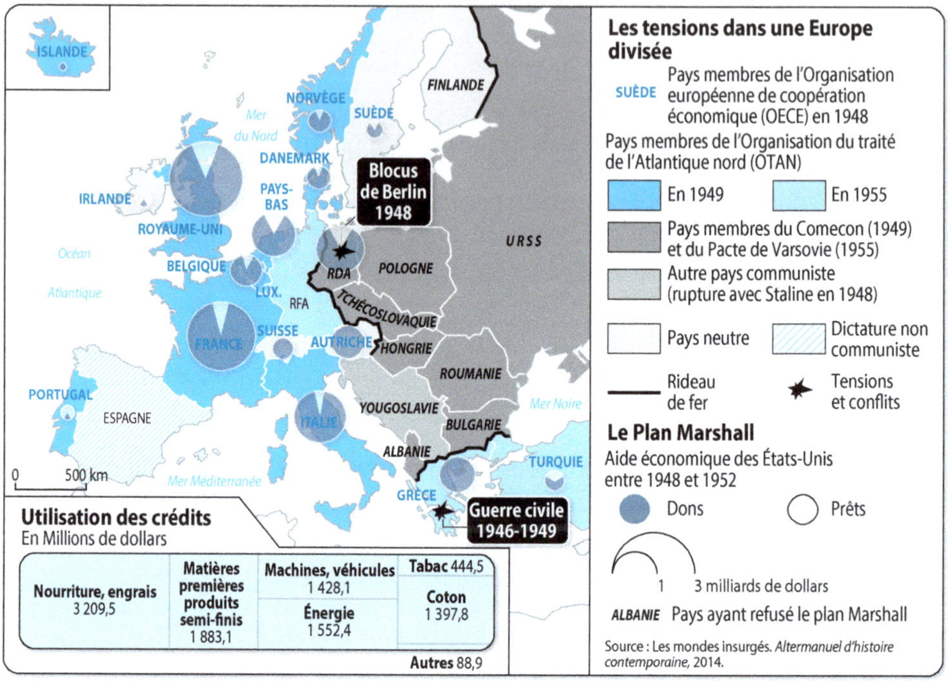

Plateau continental (géo)

Prolongation du continent sous la mer. Permet une extension de la ZEE.

■ Voir ZEE et Espace maritime

Polder/poldérisation (géo)

Mot d'origine néerlandaise qui désigne une étendue de terre gagnée sur la mer ou sur des secteurs de marais maritimes. Les polders peuvent être agricoles, industriels ou voués aux services comme dans les ports. Exemple : Singapour a gagné 20 % en superficie.

Pôle/polarisation (géo)

Points de la sphère terrestre où passe l'axe des pôles, c'est-à-dire l'axe de rotation de la terre sur elle-même. Leur latitude est de 90° Nord ou Sud. Les régions polaires sont comprises entre les pôles et les cercles polaires. Un pôle peut aussi être une région dynamique. L'économiste François Perroux a utilisé la notion de pôle de croissance comme vecteur de développement. La polarisation se dit de l'attraction exercée par un pôle de croissance sur un espace.

«*Policy mix*» (éco)

■ Voir Politique budgétaire/monétaire

Politique agricole commune (éco)

Dans la Communauté économique européenne, la PAC constitue, avec la politique douanière, une des deux politiques historiques. Pendant longtemps, elle absorbe les ¾ du budget. Elle vise au départ de nombreux objectifs : autosuffisance alimentaire, modernisation des exploitations et baisse des prix pour les consommateurs. Le succès est rapide et dès les années 1980, on assiste à plusieurs surproductions. Dans les années 2000 s'ajoute un meilleur respect de l'environnement. Aujourd'hui, la PAC représente la moitié des dépenses.

Répartition des dépenses du budget 2014-2020 de l'UE en milliards d'euros

Domaine général	Secteurs concernés	Total pluriannuel	%	Moyenne annuelle
Croissance intelligente et inclusive	Politique régionale	371	34,2	53
	Recherche, innovation, éducation, réseaux transeuropéens, entreprises	142	13,1	20
Croissance durable	PAC, pêche, environnement	420	38,6	60
L'Europe dans le monde	Politique étrangère, aide au développement, aide humanitaire	66	6,1	9
Sécurité et citoyenneté	Justice et affaires intérieures, protection des frontières, immigration et politique d'asile, santé publique, protection des consommateurs, culture, jeunesse, information et dialogue avec les citoyens	18	1,6	2,5
Administration	Dépenses administratives de toutes les institutions européennes, retraites et écoles européennes	69	6,8	10
Total		1086	100	155

Sources : touteleurope.eu et ec.europa.eu (sites de la Commission européenne)

■ Voir Europe

Politique d'aménagement du territoire et politique régionale (pol)

L'aménagement du territoire est l'action publique visant à disposer sur un espace les populations, les activités, les équipements selon un ordre équilibré en tenant compte des données géographiques naturelles et humaines de cet espace. Il s'agit soit de politiques ne concernant qu'une région (comme l'aménagement de la vallée états-unienne du Tennessee dans les années 1930 ou la création de Brasília, nouvelle capitale brésilienne, en 1960) ou bien un État dans sa globalité comme la France après 1945.

50 ans de politique d'aménagement du territoire en France

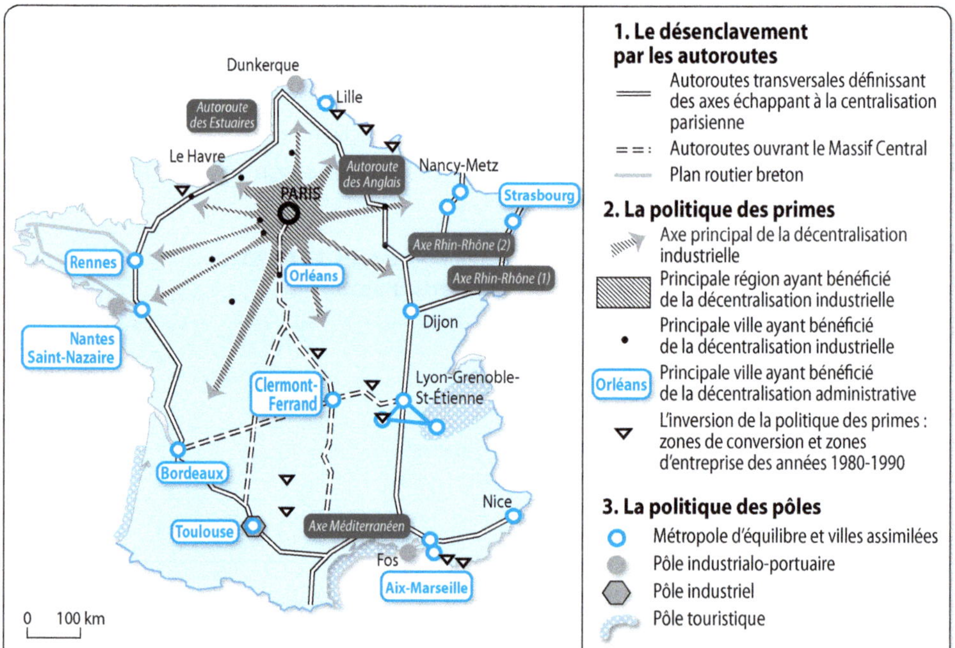

Source : Pascal Gauchon, *Géopolitique de la France*, 2012.

Politique budgétaire/politique monétaire/*policy mix* (éco)

La politique monétaire est une action de la banque centrale qui vise à stabiliser le cycle économique. On distingue les politiques monétaires conventionnelles (hausse ou baisse des taux d'intérêts) des non conventionnelles (politique dite de « *quantitative easing* »).

La politique budgétaire est l'utilisation du budget de l'État qui vise à stabiliser le cycle économique. Il existe deux grands types de politique budgétaire : d'une part, la politique de relance qui consiste à creuser le déficit en cherchant à créer un effet multiplicateur (exemple : emprunt de l'État français sous Nicolas Sarkozy lié à la crise de 2008) ; d'autre part, la politique de consolidation fiscale qui consiste à réduire les déficits, dégager des excédents du déficit primaire structurel et faire baisser l'endettement public (exemples : François Hollande 2012-2017 et Emmanuel Macron depuis 2017).

La « *policy mix* » est l'articulation de la politique monétaire et de la politique budgétaire.

Politique commerciale stratégique : l'exemple d'Airbus (éco)

Paul Krugman a popularisé une illustration de la politique commerciale stratégique à partir de la guerre commerciale que se mènent Airbus et Boeing sur le marché aéronautique. La compagnie Boeing est un producteur ancien et aguerri qui bénéficie d'une position dominante sur le marché : déjà en place, elle profite de fortes économies d'échelle lui permettant de compenser les coûts fixes importants (investissement en recherche et développement notamment). Au contraire, Airbus est un nouveau producteur qui, par conséquent, souffre d'un retard technologique pouvant représenter une barrière à l'entrée. Airbus ne pourra véritablement « bousculer » la position de Boeing sans une politique commerciale stratégique par une aide publique de la part des pouvoirs publics européens concernés, qui s'engagent à verser à leur entreprise une subvention si elle démarre sa production. Cette subvention permet à Airbus de réduire ses coûts de production et donc de rattraper son retard.

■ Voir Guerre économique

Politique de cohésion européenne (éco et pol)

La politique de cohésion, ou politique régionale européenne, prend une place croissante dans le budget de l'UE, surtout à partir des premiers élargissements des années 1980 vers les pays du Sud (Espagne, Portugal et Grèce). Elle vise à réduire l'écart entre les diverses régions et le retard des régions les moins favorisées. C'est donc une politique de convergence dont l'objectif est le développement équilibré de l'intégration européenne. Elle s'appuie sur plusieurs fonds qui ne relèvent pas des mêmes critères d'éligibilité : le fonds de cohésion, le FEDER et le FSE. Le fonds de cohésion est à destination des États membres les moins riches (ceux dont le RNB est inférieur à 90 % de la moyenne de l'UE). Il finance des projets d'infrastructures de transport et d'énergie. Le FEDER et le FSE financent les investissements en capital humain, l'innovation et la modernisation administrative. Il s'adresse aux régions les moins développées de l'UE (dont le PIB est inférieur à 75 % de la moyenne de l'UE), toujours dans une optique de convergence. Mais il s'adresse également à des régions plus développées (dont le PIB est supérieur à 75 % de la moyenne de l'UE) pour améliorer leur compétitivité et l'emploi. Enfin, il finance des projets de coopération entre les territoires pour le développement urbain et économique, ainsi que la préservation de l'environnement. Au final, plus de 75 % des fonds de la politique régionale vont aux régions les plus pauvres de l'UE. La logique redistributive de cette politique est particulière : il n'y a pas de transferts de revenus entre citoyens européens, mais des transferts entre États contributeurs nets (ceux qui contribuent plus qu'ils ne perçoivent) et États bénéficiaires nets (ceux qui perçoivent plus qu'ils ne contribuent). Mais nous avons vu que cette politique est très insuffisante pour contrecarrer les dynamiques qui poussent aux inégalités territoriales. Le rattrapage des PIB par tête des années 2000 a masqué une divergence profonde entre l'Europe du Sud et l'Europe du Nord, qui s'est terminée en crise de balance des paiements. Cette politique n'est pas en mesure de lutter contre l'hétérogénéité économique croissante des territoires européens.

Politique de l'emploi (pol et éco)

Les politiques de l'emploi se définissent comme « l'ensemble des interventions publiques sur le marché du travail qui vise à corriger les éventuels déséquilibres et/ou limiter les effets néfastes de ces derniers » (Jérôme Gautié, *Le Chômage*, 1998). Cette définition permet de distinguer les politiques qui visent à lutter contre le chômage conjoncturel (politiques macroéconomiques) et les politiques qui visent à agir sur le fonctionnement du marché du travail (et qui ont une dimension plus structurelle). Au sein de ces politiques structurelles, on peut distinguer trois niveaux. Un premier niveau, qui est celui des politiques de l'emploi au sens de l'OCDE : il existe des publics ciblés (les jeunes non diplômés, les chômeurs par exemple) qui sont concernés soit par des politiques actives (visant à stimuler l'offre de travail des entreprises et la demande de travail des individus), soit par des politiques passives (visant à atténuer les effets du chômage). Un second niveau, où l'on trouve des mesures générales (qui ne concernent pas certains types d'actifs) et qui visent à résoudre des dysfonctionnements du marché du travail. Enfin, à un troisième niveau, les politiques de l'emploi qui renvoient au droit du travail (nature des contrats de travail, dialogue social).

Politique d'innovation (éco)

La politique d'innovation regroupe l'ensemble des mesures dont dispose l'État pour susciter et diffuser les innovations. Les pays scandinaves socio-démocrates en sont le meilleur exemple :

Le modèle de social-démocratie de l'innovation de Philippe Aghion et Alexandra Roulet

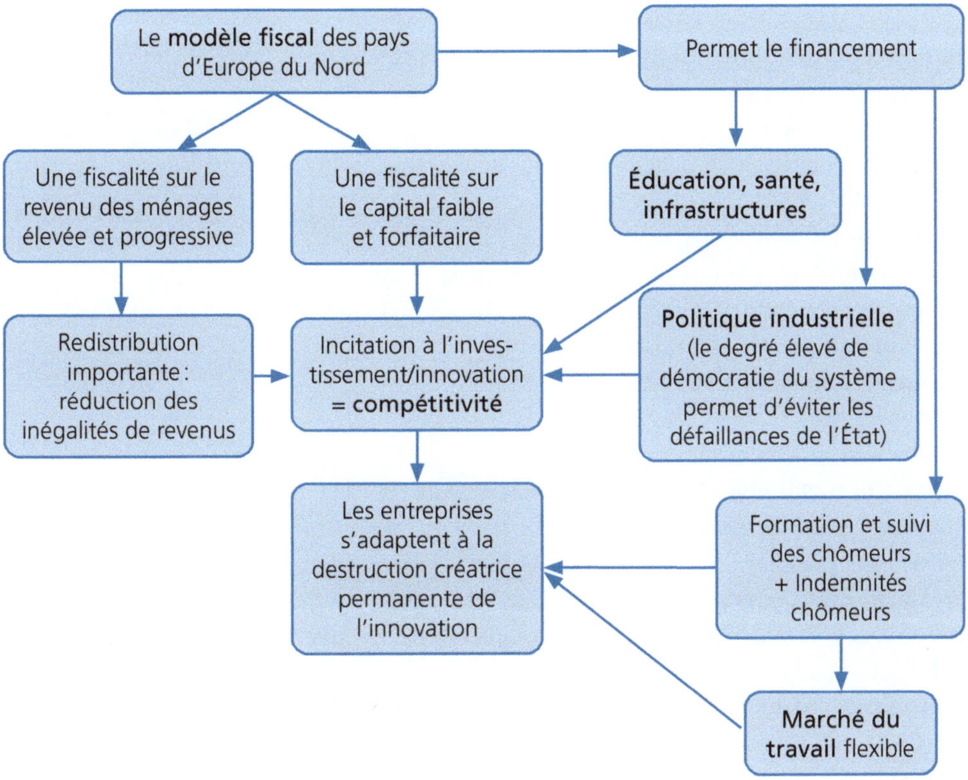

Politique industrielle (éco)

La politique industrielle correspond aux mesures prises par les pouvoirs publics pour « favoriser certains secteurs, certaines technologies, voire certaines entreprises » (Jean Tirole, *Économie du bien commun*, 2016). Cette politique doit se traduire par une amélioration de la compétitivité et une hausse des exportations. Il ne s'agit pas d'une politique d'intervention qui se limite au secteur industriel. On parle par exemple de l'industrie du tourisme ou de l'industrie bancaire.

■ Citation

« L'objectif même de la politique industrielle est de permettre à la concurrence de jouer. Tout cela est absolument étranger à une politique industrielle interventionniste », Commission européenne, 1990.

POLOGNE : 25 informations clés (année 2018, sauf autre indication)

PIB : 586 milliards de dollars (22e rang mondial)
Superficie : 312 685 km^2
Capitale : Varsovie
Nature du régime : république fédérale, 16 provinces
Chef d'État en 2020 : Andrzej Duba
Population : 38 millions d'habitants
Espérance de vie : femmes 83 ans et hommes 75 ans
Indice de fécondité : 1,4 enfant/femme
PIB/hab en ppa : 31 800 dollars
Croissance moyenne 2010-2019 : + 3,6 %/an
Monnaie : zloty
Coefficient de Gini : 0,30
Part de la recherche et du développement dans le PIB : 1 %
Taux de couverture énergétique : 62 %
Réserves officielles : 117 milliards de dollars
Émission de CO_2/hab : 8 tonnes
Ressources renouvelables en eau douce intérieure par habitant en m^3 en 1962 : 1 768
Ressources renouvelables en eau douce intérieure par habitant en m^3 en 2014 : 1 410
Dette publique en % du PIB : 49
Budget militaire : 11,3 milliards de dollars
Prévision de population en 2050 en millions de personnes : 32,4
Prévision du PIB à parité de pouvoir d'achat en milliards de dollars en 2050 (rang mondial) : 2 103 (30e)

Sources : *Année stratégique 2021*, INED, *Images économiques du monde 2018*, ONU et PwC.

■ Voir Europe et Union européenne

Polycentrisme (géo)

Caractérise un espace dont la centralité est répartie entre plusieurs lieux jouant un rôle de centre. C'est le cas dans certaines agglomérations américaines.

Population active (soc et éco)

La main-d'œuvre, ou population active du moment, comprend toutes les personnes qui remplissent les conditions requises pour être considérées comme pourvues d'un emploi (employés du civil et membres des forces armées) ou comme chômeurs.

■ Voir Secteurs d'activité et Chômage

Populisme (pol)

L'historien et sociologue français Pierre Rosanvallon différencie la rhétorique populiste (assez généralisée en raison de l'essor du rôle des médias de masse) et l'action politique des populistes. Dans les deux cas, il s'agit d'une mise en valeur du peuple au détriment de tous les corps intermédiaires liés à l'essor de la démocratie (presse, justice, syndicats). Le populisme n'est pas nouveau. En Amérique latine, les caudillos comme Péron en Argentine ou Vargas au Brésil personnifient le populisme. Aujourd'hui, le lien direct entre le leader et le peuple est amplifié par la télévision et internet. Cependant, il s'agit d'un peuple vu comme un tout, d'où le refus de défendre les minorités et d'accepter leurs revendications. L'élection de Donald Trump le 8 novembre 2016 ainsi que le référendum réussi du 16 avril 2017 de Recep Erdogan illustrent l'avancée actuelle du populisme au détriment de la démocratie.

Post-industriel (éco)

Stade d'évolution d'une économie et d'une société où les activités tertiaires occupent la plus grande place. Pour le sociologue français Alain Touraine, les années 1960 constituent la fin d'une ère industrielle. Dans son ouvrage *La société post-industrielle. Naissance d'une* société (1969), il considère que la société post-industrielle se caractérise par la subordination des éléments matériels (matières premières et machines) à des éléments immatériels (connaissance et information) dans l'organisation sociétale. Pour lui, cela pose problème en raison du déséquilibre ville-campagne (au détriment de cette dernière) et de la captation par les élites de la connaissance.

Pouvoir (géopol)

Du latin *potere*, avoir la possibilité de faire. Autorité, puissance, ascendance, influence.

■ Voir Puissance et Ordre mondial

Prévalence (éco)

Nombre de cas observés dans une population donnée.

« Privilège exorbitant » (éco)

Expression utilisée en 1964 par Valéry Giscard d'Estaing, alors ministre des Finances, pour caractériser les avantages que procure la monnaie internationale à son émetteur, à l'époque les États-Unis. Dans une approche plus contemporaine, cette notion signifie que lorsque l'émetteur de la monnaie internationale emprunte auprès d'agents non-résidents, il ne court pas le risque de change puisqu'il emprunte dans sa propre monnaie.

■ Voir Système monétaire international

Processus de Barcelone (géopol)

Lancé en 1995 par l'Union européenne et 10 États du sud et de l'est de la Méditerranée, il fonde un partenariat euro-méditerranéen (dit Euromed) avec trois volets : politique, économique et culturel. Une des ambitions est de créer une zone de libre-échange. Mais des désaccords et le contexte géopolitique (printemps arabe) freinent le processus pourtant relancé dans le cadre de la Politique européenne de voisinage.

■ Voir Politique européenne de voisinage

Production (éco)

Fondamentalement, la production correspond aux activités qui consistent à produire des biens et des services afin de satisfaire des besoins.

■ Voir Entreprise

Productivité (éco)

Rapport entre une production et la quantité de facteurs mobilisés pour la réaliser. Elle peut mesurer l'efficacité et la compétitivité.

Produit intérieur brut ou PIB (éco)

Mesure la valeur marchande totale annuelle des biens et services produits au sein d'un pays. Il est composé de la consommation, de l'investissement brut, des dépenses gouvernementales et des exportations nettes. Il indique l'activité économique d'un pays. Le PIB se distingue du revenu national brut (RNB, autrefois nommé Produit national brut) qui lui intègre en plus les revenus issus des investissements et des biens détenus à l'étranger. Le RNB est de moins en moins utilisé par les économistes au profit du PIB. Le PIB/habitant est le rapport entre le PIB et le nombre d'habitants d'un pays. Il reflète bien les écarts sociaux entre les États.

PIB des 40 premières puissances mondiales en 2017

Puissance	PIB en milliards de dollars						
États-Unis	19391	Russie	1578	Argentine	638	Israël	351
Chine	12238	Corée du Sud	1531	Suède	538	Afrique du Sud	349
Japon	4872	Australie	1323	Pologne	525	Danemark	325
Allemagne	3678	Espagne	1311	Belgique	493	Singapour	324
Royaume-Uni	2622	Mexique	1150	Thaïlande	455	Malaisie	314
Inde	2597	Indonésie	1016	Iran	440	Philippines	314
France	2583	Turquie	851	Autriche	417	Colombie	309
Brésil	2056	Pays-Bas	826	Norvège	399	Pakistan	305
Italie	1935	Arabie Saoudite	684	Émirats arabes unis	383	Chili	277
Canada	1653	Suisse	679	Nigeria	376	Bangladesh	250
Total des 40 premiers	72356, soit 89,7 % du total mondial						
Total mondial	80684						

Source : Banque mondiale

Propriété intellectuelle (éco)

Le terme recouvre les droits d'utilisation d'une création intellectuelle, soit les droits d'auteurs, la protection de signes distinctifs (marque), les indications géographiques (« made in… »), la protection des inventions (à travers les brevets, des dessins et modèles industriels). L'accord sur les droits de propriété intellectuelle (ADPIC) signé à l'OMC vise à harmoniser la protection et oblige les États à lutter contre la contrefaçon. À noter, le lien fort entre protection des droits de propriété et niveau de vie (voir document ci-dessous) lié à l'établissement d'un État de droit.

Les demandes de brevets déposées par les principales puissances en 2016 (en milliers)

Chine	États-Unis	Japon	Corée du Sud	Allemagne	Russie	Canada	Australie et Brésil	Royaume-Uni	Mexique	France
1339	600	319	209	68	42	35	28	22	17	16

Source : rapport du WIPO world intellectual property report

Protectionnisme (éco et pol)

Doctrine et pratique économique d'État qui s'oppose au libre-échange par l'établissement de mesures tarifaires et non-tarifaires (normes) qui visent à taxer les importations. Même si, après 1945, le protectionnisme est considéré comme facteur de conflit, il s'est toujours maintenu, en particulier dans les secteurs non industriels comme l'agriculture ou les services (voir document ci-dessous). Depuis quelques années, on assiste à un renouveau protectionniste, en particulier avec le Président Trump.

■ Voir Guerre économique

« Protectionnisme éducateur » selon F. List (éco)

Avec *Du système national d'économie politique* (1841), Friedrich List introduit la notion de « protectionnisme éducateur ». Il réfléchit aux meilleurs moyens de donner de l'autonomie économique à un pays qui se lance dans l'industrie (comme c'est alors le cas de l'Allemagne). La vision du protectionnisme de List intègre le parcours de développement d'une nation : lorsque l'agriculture constitue le cœur de l'économie, les produits industriels sont importés ; lorsque le secteur industriel se développe, il ne peut répondre totalement à la demande nationale, si bien que les importations de produits industriels persistent ; l'industrie devient ensuite en mesure de satisfaire la demande nationale, mais les entreprises industrielles – encore dans l'enfance – ne sont pas encore en mesure d'entrer dans la compétition mondiale ; enfin, lorsque les industries sont matures, elles parviennent à produire suffisamment pour répondre à la demande intérieure et pour exporter. Selon List, il faut donc attendre la dernière étape pour qu'une économie s'ouvre totalement au commerce international avec profit : tant que ses industries sont « dans l'enfance », elles sont trop faibles – en raison de ses coûts de production trop élevés – pour affronter la concurrence internationale. Il faut aussi essayer de limiter les importations car elles limitent les progrès de l'industrie nationale. Une politique protectionniste – du type droits de douane – est donc nécessaire pour que les industries nationales gagnent en « maturité » et se trouvent en mesure de concurrencer les industries étrangères (déjà présentes sur le marché). Concrètement, List est un défenseur de l'union douanière, ce qui suppose la mise en place d'un tarif extérieur commun (comme dans le cadre du Zollverein, l'union douanière allemande établie à partir de 1834). Le protectionnisme de List est un « protectionnisme éducateur » et temporaire : lorsque les « industries naissantes » sont « éduquées » – leur volume de production est assez élevé pour compenser les coûts fixes de départ –, elles se confrontent à la concurrence internationale. Les pays qui sortaient de la décolonisation se sont longtemps appuyés sur la théorie du « protectionnisme éducateur » pour obtenir des mesures protectionnistes auprès du GATT (article 18) dans un cadre général de libre-échange. Signalons que ce protectionnisme défensif – appliqué à un secteur économique particulier – est désormais interdit dans le cadre de l'Union européenne, mais pas aux États-Unis.

■ Voir Guerre économique

Prospective/scénarios (géopol)

Ensemble de recherches concernant l'évolution future des sociétés et permettant de dégager des éléments de prévision. Certains organismes comme l'ONU ou des géopoliticiens publient souvent des données ou des ouvrages de prospective où ils décrivent certains scénarios. C'est le cas, par exemple, de Pascal Boniface et Hubert Védrine dans leurs ouvrages *Atlas global* et *Atlas des crises et conflits*. Exemple, pour la crise ukrainienne, trois scénarios possibles : scénario 1, respect des accords de Minsk, paix et autonomie des territoires russophones de l'est ; scénario 2, pas d'application des accords, désengagement occidental et indépendance *de facto* de l'est ; scénario 3, reprise du conflit entre Kiev et Moscou avec des effets incalculables.

Quelle hiérarchie économique mondiale en 2050 ?

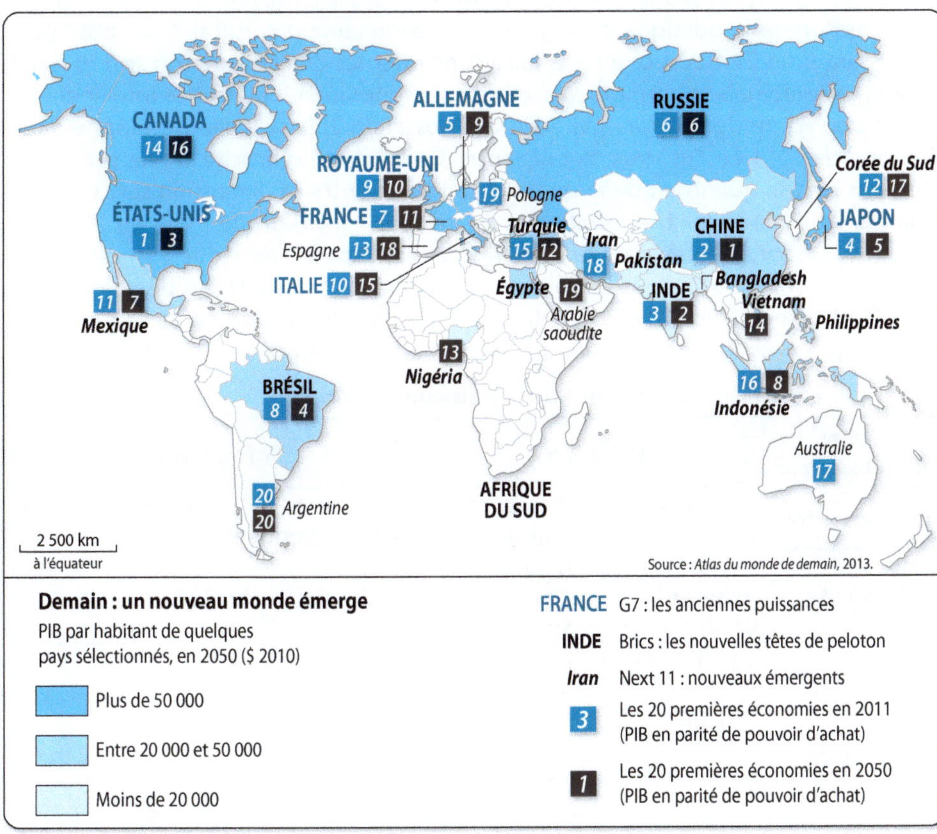

Protection sociale (soc et éco)

■ Voir État-providence

Puissance par Joseph Nye (géopol)

Universitaire américain, spécialiste des relations internationales, Joseph Nye a été sous-secrétaire d'État de Carter, puis secrétaire adjoint à la Défense sous Clinton. Son livre *Bound to lead* (1990) est une réponse à la vision décliniste de l'historien britannique Paul Kennedy dans *Naissance et déclin des grandes puissances de 1500 à nos jours* (1988). Nye montre que la mondialisation nécessite de changer les grilles de lecture de la puissance qui est devenue moins coercitive et moins tangible. Nye parle de puissance de cooptation (« *co-aptive power* ») qui consiste à coaliser les autres pays de leur plein gré : « obtenir des autres qu'ils veuillent la même chose que vous ». Il s'agit donc de l'attractivité exercée par le modèle dont on est l'incarnation. Elle s'oppose à la puissance dure (« *hard power* »), c'est-à-dire la puissance militaire et économique d'un pays. La puissance douce (« *soft power* ») prépare le terrain à la puissance de cooptation. Les États-Unis peuvent ainsi échapper au déclin par leur influence considérable. Dans son livre de 2001 *Paradoxe de la puissance américaine*, Nye distingue trois sources de *soft power* : l'attractivité des valeurs politiques, la perception de la politique étrangère et le rayonnement culturel. Pour optimiser sa puissance, un État doit œuvrer à faire concorder les objectifs de son *soft* et *hard power*. La combinaison harmonieuse des deux est nommée « puissance intelligente » (*smart power*), notion forgée par Suzanne Nossel en 2004, qu'elle développe dans son livre de 2011 *Le Futur de la puissance*. Ce qui fait l'efficacité d'une puissance n'est pas tant sa quantité que la qualité du dosage entre sa dimension *soft* et *hard*. Cela demande un équilibre intelligent. En ce sens, l'invasion de l'Irak en 2003 est une grave erreur. Trop exhiber sa force affaiblit sa capacité de séduction. Les thèses de Nye arrivent à Pékin sous le nom de *huayuquan* (« puissance du discours »). Élu en 2009, Obama s'inscrit d'emblée dans les idées de Nye à l'image de son discours du Caire pour réconcilier les États-Unis avec le monde musulman.

Les formes de la puissance selon Nye

Formes de puissance	***Hard power***		***Soft power***
Composantes	Puissance économique	Puissance militaire	Puissance de cooptation et puissance douce distinguées en 1990
Objectifs	Inciter Acheter Contraindre	Dissuader Contraindre Soumettre	Séduire Attirer Inciter
Moyens	Investissements Subventions Sanctions	Menaces Violence Coercition	Culture populaire Valeurs Politique de l'État
Combinaison	***Smart power***		

Source : Florian Louis, *Les Grands Théoriciens de la géopolitique*, 2014

Puissance mondialisée (géopol)

Expression utilisée par Bertrand Badie pour montrer que la mondialisation implique un changement de statut pour la puissance. L'interdépendance économique donne plus d'importance à la technologie et à la capacité d'influence *via* les nouveaux acteurs non étatiques (réseaux sociaux, ONG, *think tank*...). Badie prolonge le concept de «*smart power*» de Nye et parle de puissance médiatrice dans le cadre d'une scène internationale de plus en plus multilatérale.

Citation:

«Nul doute qu'une puissance mondialisée est plus qu'une puissance mondiale. Du temps de la bipolarité, celle-ci découlait des capacités hégémoniques des deux Grands. Aujourd'hui, la mondialisation se construit aussi par le bas, sous l'effet de dynamiques issues de la pluralité des cultures et de l'entrecroisement de sociétés profondément inégales», Bertrand Badie, *Puissances d'hier et de demain. L'État du monde* 2014, 2013.

■ Voir Puissance selon Nye et Comparatif statistique

Rapport Stiglitz-Sen-Fitoussi

En février 2008, Nicolas Sarkozy, président de la République française, a demandé à Joseph Stiglitz, Amartya Sen et Jean-Paul Fitoussi de mettre en place une commission pour réfléchir sur la mesure des performances économiques et du progrès social. Le rapport de cette commission, rendu public en 2009, détaille les limites de l'agrégat PIB pour mesurer le bien-être. Ce rapport fait ressortir trois axes: l'axe du bien-être matériel, l'axe de la qualité de vie et l'axe de la soutenabilité. Tout d'abord le PIB mesure mal le bien-être matériel. Le PIB mesure mal la production de richesse puisqu'il ne prend pas en compte le bénévolat ou le travail domestique, et parce qu'il sous-estime la valeur de la production non marchande en l'évaluant à partir du coût des facteurs de production mobilisés pour l'assurer. En outre, le bien-être matériel dépend davantage du revenu que de la production. Une hausse du PIB par habitant peut très bien se traduire par une stagnation ou même une diminution du revenu national brut par habitant lorsqu'une partie significative des richesses produites donne lieu à des transferts de revenus vers l'étranger. Enfin, le PIB par habitant est une moyenne qui cache des inégalités, qui sont défavorables au bien-être de tous. Ensuite, le PIB mesure mal les dimensions qualitatives du bien-être, c'est-à-dire la qualité de vie: il ne permet pas de saisir un certain nombre de dimensions objectives de la qualité de vie (santé, éducation, activités personnelles, liens sociaux, conditions environnementales...). De plus, Richard Easterlin, dans «*Does economic growth improve the human lot?*» (dans Paul A. David et Melvin W. Reder, *Nations and Households in Economic Growth: Essays in Honor of Moses Abramovitz*, 1974), a constaté une absence de corrélation entre croissance du PIB par tête et évolution du bonheur subjectivement déclaré par les individus. Passé un certain niveau de développement, les aspects monétaires du niveau de vie semblent perdre de l'importance par rapport aux autres dimensions de la qualité de vie. Le PIB ne rend pas compte de la soutenabilité du bien-être. Parce que c'est un indicateur brut, il ne comptabilise pas l'usure des différents capitaux à la source de notre bien-être (capital physique, capital humain, capital social). Il n'est pas à même de nous renseigner sur la soutenabilité économique de notre bien-être. Par ailleurs, le PIB ne prend pas en compte les dégradations environnementales.

■ Voir PIB

Ratio de Palma (éco)

Un nouvel indicateur prometteur est passé inaperçu en France : le ratio de Palma, qui rapporte la masse du revenu national qui revient chaque année aux 10 % les plus aisés à celle que reçoivent les 40 % les plus pauvres. Il a été inventé en 2011 par Jose Gabriel Palma, un économiste chilien professeur émérite d'économie à l'université de Cambridge. Depuis, il est utilisé notamment par la Banque mondiale et l'OCDE mais sa renommée internationale n'a pas encore débarqué dans l'Hexagone, ce qui est regrettable. Pour construire le Palma, il faut d'abord mesurer quelle est la part du revenu national perçue chaque année par chacune des tranches de la population, classées de la moins aisée à la plus aisée : c'est-à-dire de 0 % à 10 %, de 10 % à 20 %, etc. Ensuite, on compare ce que reçoivent les 10 % les plus riches à ce que touchent l'ensemble des quatre premières tranches, les 40 % les plus pauvres, en faisant une division entre les deux pour obtenir son rapport. Cet indicateur nous permet de dire que les 10 % les plus riches touchent « X fois » ce que touchent les 40 % les plus pauvres. Le Palma a un gros avantage sur le Gini, il est bien plus compréhensible et mesure directement le rapport entre ce que reçoivent les riches et les catégories populaires. Mais il a un inconvénient par rapport à son confrère : il ne tient pas compte de l'évolution de ce que reçoit la moitié de la population.

« *Realpolitik* » (géopol)

Terme forgé par Bismarck pour définir une politique étrangère pragmatique, par opposition à un politique idéaliste. Exemple : « *Ostpolitik* » de Willy Brandt qui implique le constat de la division de l'Allemagne et consiste à engager un dialogue avec les autorités est-allemandes. Aujourd'hui, les liens entre la France et l'Arabie Saoudite sont une forme de *realpolitik* en raison des intérêts économiques qui contrastent avec les critiques du Canada envers les Saoudiens au sujet des droits de l'homme.

Réchauffement climatique (géo)

Le GIEC (Groupe d'experts intergouvernemental sur le climat) propose des rapports depuis 1988 sur cette question. Dans son rapport achevé de publier en avril 2014, il table sur une augmentation moyenne entre 0,3 degré et 4,8 degrés pour la période

2081-2100, par rapport à la moyenne de 1986-2005. La forte incertitude dépend en premier lieu des quantités de gaz à effet de serre qui seront émises dans l'atmosphère ces prochaines décennies. Pour l'instant, la Terre s'est réchauffée de 0,85 degré depuis l'époque préindustrielle, et les trois dernières décennies sont « probablement » les plus chaudes qu'a connues l'hémisphère Nord depuis au moins 1 400 ans. De 2000 à 2010, décennie qui a vu un retour en force du charbon, les émissions ont augmenté de 2,2 % par an contre 0,4 % en moyenne au cours des trois décennies précédentes. À ce rythme, le seuil des 2 degrés supplémentaires, qui est l'objectif international réitéré lors des conférences successives des Nations unies sur le climat, sera franchi dès 2030. En 2012 un rapport de la Banque mondiale étudie les conséquences d'une hausse de 4 degrés, probable sans réaction rapide : vagues de chaleur dans les zones déjà chaudes (Méditerranée, Afrique centrale, Amérique du Sud), multiplication des événements extrêmes (cyclones, tempêtes), d'où une baisse des rendements agricoles. La pêche serait aussi touchée (espèces marines moins nombreuses autour des tropiques). Enfin, le GIEC évoque des pénuries d'eau en Afrique, en Asie et en Australie. En conséquence, la sécurité alimentaire serait affectée et la pauvreté augmenterait, surtout en Afrique et en Amérique du Sud. Une mauvaise nutrition ou des maladies liées à la contamination de l'eau provoqueraient une hausse des problèmes de santé dans de nombreuses régions. L'élévation du niveau des océans (26 cm à 98 cm d'ici à 2100) impliquerait des inondations de plus en plus fréquentes. Le GIEC prévoit également des conséquences sur les ressources et d'abord sur l'eau douce. Les Nations unies estiment qu'en 2025, 1,8 milliard d'individus vivront dans des régions connaissant des pénuries d'eau. Sur toutes ces questions, l'ensemble des pays du monde est concerné. Toutefois, les pays en voie de développement, déjà marqués par des contraintes climatiques parfois plus fortes, des inégalités sociales importantes (que ces questions renforcent), et des États moins à même de réguler, semblent en première ligne.

■ Voir Émissions de CO_2

Recherche et développement ou R et D (éco)

Investissements des entreprises dans les activités fondamentales, appliquées et expérimentales pour développer des connaissances permettant la création de nouveaux produits et des gains de productivité. Ces activités sont centrales dans le cadre d'une économie mondialisée et sont aussi encore très concentrées : Asie (41,8 %), Amérique (28,4 %) et Europe (21 %), soit un total de 91,2 %. Ainsi, la R et D reflète la domination économique *via* la technologie d'une poignée d'États.

Les 20 premiers pays investissant le plus en R et D

Rang	Pays	R et D en milliards de dollars en 2016	R et D en %/PNB
1	États-Unis	512	2,81
2	Chine	401	1,94
3	Japon	172	3,55
4	Allemagne	112	2,88
5	Corée du Sud	81	4,26
6	Inde	73	0,85
7	France	60	2,24
8	Russie	55	1,50
9	Royaume-Uni	48	1,75
10	Brésil	37	1,20
11	Australie	35	2,3
12	Canada	30	1,80
13	Italie	28	1,27
14	Taïwan	27	2,40
15	Espagne	20	1,27
16	Pays-Bas	18	2,10
17	Suède	16	3,28
18	Turquie	15	0,92
19	Suisse	14	2,96
20	Singapour	13	2,6
	Top 40	1932	1,93
	Reste du monde	67	0,41
	Total monde	1999	1,72

Source : *Images économiques du monde 2018*, septembre 2017

■ Voir Propriété intellectuelle et Tableau des puissances

Réforme agraire (éco et pol)

Politique qui remet en cause l'appropriation des terres agricoles et qui vise deux objectifs : au niveau économique, il s'agit d'intensifier la production et, au niveau politique, de résoudre les inégalités foncières. Si l'immense majorité des réformes agraires sont le fait de régimes socialo-communistes, elles existent aussi dans quelques pays libéraux.

Les réformes agraires dans le monde au début des années 1970

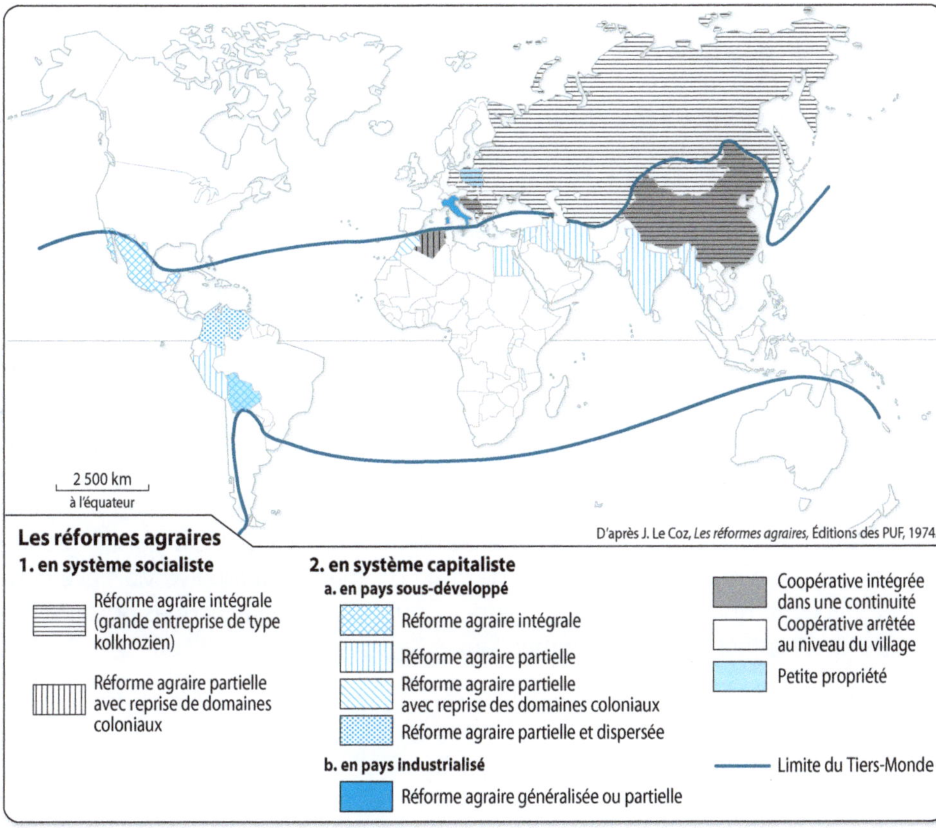

D'après J. Le Coz, *Les réformes agraires*, Éditions des PUF, 1974.

Réfugié (soc et pol)

Désigne une personne qui se trouve à l'extérieur de son pays et est reconnue par son pays d'accueil comme ayant le statut de réfugié, soit une personne qui, « craignant avec raison d'être persécutée du fait de sa race, de sa religion, de sa nationalité, de son appartenance à un certain groupe social ou de ses opinions politiques, se trouve hors du pays dont elle a la nationalité et qui ne peut ou, du fait de cette crainte, ne veut se réclamer de la protection de ce pays » (convention de Genève). Sont aussi considérés comme réfugiés les demandeurs d'asile, personnes ayant fui leur pays et ayant sollicité auprès des autorités du pays d'accueil ou du Haut-comité aux réfugiés l'attribution du droit d'asile. Enfin, les personnes déplacées à l'intérieur de leur propre pays ne sont pas considérées comme réfugiés, mais elles peuvent bénéficier de l'aide du Haut-comité aux réfugiés ou de la Croix-Rouge.

■ Voir Migrations

Régime/système politique (pol)

La notion de « régime politique » comprend les institutions politiques d'un État alors que celle de « système », plus large, intègre l'ensemble des acteurs politiques et sociaux : partis, syndicats, médias, associations, électeurs... Alors que les régimes totalitaires ont presque tous disparu, on distingue deux grands types de régimes politiques : les démocraties et les autoritarismes. L'essor des populismes et la dégradation de la situation dans certaines démocraties brouillent les limites entre les deux.

■ Voir Autoritarisme, Démocratie et Populisme

Région/régionalisme/régionalisation (éco et pol)

La région est une portion d'un espace soit national, soit continental. Il ne faut pas confondre régionalisme et régionalisation. Le régionalisme renvoie à l'existence d'un accord commercial comme la CEE ou l'ALENA. La régionalisation renvoie à la géographie des échanges. La régionalisation consiste en un renforcement des flux échangés entre pays d'une même région géographique. Cette régionalisation des échanges peut se développer sans que les pays de la région n'aient signé d'accord régional, donc sans régionalisme. On parle alors de zone d'échange naturelle. Mais elle peut aussi être la conséquence d'accords régionaux qui libèrent les échanges de certaines entraves et intensifient les flux commerciaux.

■ Voir Intégration

Règles de concurrence (éco)

Les règles de la concurrence désignent toutes les dispositions établies pour prévenir ou empêcher les pratiques de discrimination des agents économiques sur un marché (cartels, ententes, abus de position dominante...).

Régulation/régulation internationale (éco, pol et géopol)

Ensemble de processus juridiques et politiques visant, au sein d'un État, à maintenir un ordre économique ou politique ; au niveau mondial, la régulation correspond à l'élaboration d'une communauté internationale. La mondialisation a impliqué une dérégulation néolibérale qui a partiellement affaibli les États.

■ Voir Dérégulation

Religion (soc, pol et géopol)

Ensemble des croyances qui relient l'homme à l'au-delà par l'intermédiaire de cultes assurés par de saints hommes. Dans le cadre de replis identitaires visibles dans le monde entier, on assiste à un retour ou un renforcement de la religion.

Remises ou *remesas* (soc éco)

Les remises migratoires sont des transferts d'argent que les émigrés envoient à leurs proches restés dans leur pays d'origine. Il existe plusieurs mots en français pour traduire ce qu'on nomme en anglais « *remittances* » ou en espagnol « *remesas* ». Le terme « transfert d'argent transnational » peut désigner toutes les formes de déplacements de fonds sans lien avec les phénomènes migratoires. Certains auteurs utilisent la forme francisée des deux mots évoqués plus haut : rémitances ou remises, pour marquer la particularité de ce phénomène. Il joue un rôle majeur car le montant total de ces transferts peut être élevé et représenter un revenu important pour les pays en développement, parfois supérieur à celui de l'aide au développement. Il faut signaler que si le mot « remise » existe en français, le mot « rémitance » est, pour l'instant, absent des dictionnaires. Source : site Géoconfluences.

Remontée de filières (éco)

Évolution des productions industrielles, qui se concentrent progressivement sur des productions à haute valeur ajoutée.

■ **Voir Cycle de vie d'un produit**

Renault-Nissan (éco)

Fondée en 1898 par Louis Renault, ingénieur parisien, la production est cette année-là de 6 véhicules avec un effectif de 6 ouvriers, soit une voiture/an/ouvrier. La production est alors artisanale et chère, s'adressant à un marché de niche voué à l'aristocratie parisienne. La France est alors leader mondial avec moins de 2000 véhicules produits. Renault s'internationalise en développent des concessions à l'étranger et en prenant plusieurs marchés de taxis (dont Londres). Adoptant avec lenteur après la Première Guerre mondiale les nouvelles méthodes de production de Ford qui devient leader mondial avec la Ford T produite de 1908 à 1927 en 15 millions d'exemplaires, Renault produit plus de 50000 véhicules avant la crise de 1929. En France, son concurrent devient André Citroën qui se développe en innovant (traction avant), mais en s'endettant. À l'inverse, Louis Renault favorise l'autofinancement. Pendant la Seconde Guerre mondiale, sa collaboration avec l'Allemagne implique en 1945 une nationalisation-sanction. Louis Renault meurt en prison. L'entreprise, désormais Régie Renault, connaît une croissance historique, celle des Trente Glorieuses : la production passe de 12000 véhicules en 1945 à 2 millions en 1980. La Régie est la vitrine du modèle social français : les ouvriers Renault obtiennent plus tôt que les autres français une 3e et 4e semaine de congés payés. Lors de mai 68, la CGT Renault Billancourt est le fer de lance de la lutte syndicale. Renault est aussi le symbole du capitalisme : son PDG, George Besse, est assassiné par le groupe Action directe en 1986. Renault est, au début des années 1980, le leader européen et n° 4 mondial derrière General Motors, Ford et Nissan. La victoire au Mans de l'Alpine Renault, l'invention du turbo et la victoire d'Alain Prost en formule 1 sont les signes d'une entreprise dynamique. La France est alors le troisième constructeur mondial. Cet apogée est suivi par des difficultés qui font rétrograder le groupe. Dans les années 1990, au moment où commence une nouvelle mondialisation, le groupe se transforme, devient une SA et est peu à peu privatisée ; elle s'internationalise en achetant en 1999 la firme roumaine Dacia et surtout Nissan (fort endettement et risque de faillite). Le groupe devient Renault-Nissan. Directeur adjoint à partir de 1996, Carlos Ghosn débute le redressement de la productivité de l'entreprise et surtout réussit l'achat de Nissan dont il devient PDG en 1999. Réussissant un spectaculaire redressement du groupe japonais, il devient PDG de Renault-Nissan en 2005. La première voiture « *low cost* », la Logan Dacia, vient d'être lancée. Cela est un autre succès. L'acquisition de Samsung Motors et récemment de Mitsubishi fait de ce groupe le troisième constructeur mondial, derrière Volkswagen et Toyota. L'arrestation fin 2018 de Carlos Ghosn est le signe d'une volonté des dirigeants de Nissan de retrouver plus de pouvoir au sein de l'alliance Renault-Nissan devenue leader mondial.

Les 10 premiers constructeurs automobiles mondiaux en 2016

Rang	Groupe	Marques	Nationalité de la maison-mère	Production de véhicules (en millions)	% cumulé du total mondial
1	Volkswagen	Audi, Bentley, Bugatti, Lamborghini, Porsche, SEAT, Skoda and Volkswagen, MAN, Scania, Neoplan and Volkswagen	Allemagne	10,1	10,1
2	Toyota	Toyota	Japon	9,9	20
3	Renault-Nissan	Nissan, Renault, Infiniti, Dacia, Datsun, Renault Samsung Motors, Mitsubishi	France	8,5	28,5
4	Hyundai-Kia	Hyundai, Kia	Corée du sud	8,2	36,7
5	General Motors	Chevrolet, Buick, GMC, Cadillac	États-Unis	6,9*	43,6
6	Ford	Ford	États-Unis	6,3	49,9
7	Honda	Honda	Japon	4,9	54,9
8	Fiat-Chrysler	Jeep, Alfa Romeo, Chrysler, Fiat, Lancia, Maserati	Italie	4,9	59,7
9	PSA	Peugeot, Citroën, DS, Opel, Vauxhall	France	4,3*	64
10	Suzuki	Suzuki	Japon	2,8	67

Source : *Images économiques du monde 2018*, mais * modifications liées à l'achat d'Opel par PSA en 2017

■ Voir Automobile, Fordisme et Toyotisme

Rente pétrolière (éco)

Revenus réguliers liés aux excédents pétroliers (et gaziers).

La rente pétrolière au Moyen-Orient, une manne mal répartie

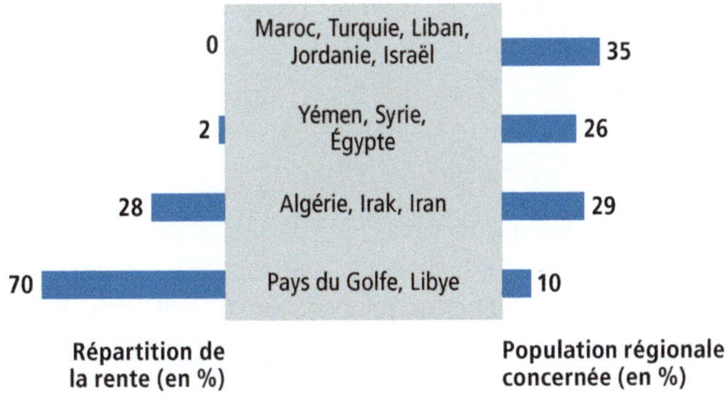

Source : M. Charrier à partir de statistiques de l'Agence internationale de l'énergie (AIEA), *World Energy Outlook*, 2013

■ Voir Malédiction des ressources

Résu/réticulaire (géo)

Du latin *rete*. Au sens strict, c'est-à-dire géographique, il s'agit d'un espace où la distance est discontinue et composée de nœuds. Mais le terme est aussi utilisé par les philosophes (Gilles Deleuze) ou les sociologues (Manuel Castells) pour analyser l'essor des réseaux. Jacques Lévy décrit la planète comme une mosaïque de territoires recouverts par les filets des réseaux.

Réseau urbain (géo)

Structure qui rend compte de la disposition sur un espace des villes et des relations qu'elles entretiennent.

■ Voir Théorie de Christaller

Résilience (éco)

Capacité d'une organisation ou d'une société à absorber des chocs extérieurs et/ou les crises économiques. Par exemple, l'économie russe a montré une forte résilience face aux sanctions décidées par les Occidentaux après la crise ukrainienne.

Ressources (éco)

Les ressources sont les matières premières minières minérales, énergétiques, hydriques et agricoles, indispensables à la croissance économique et au développement. Les réserves de matières premières sont des ressources identifiées, localisées, explorées ou susceptibles d'être exploitées. Les réserves basses sont des ressources identifiées mais non exploitées, par exemple pour des raisons géopolitiques ou économiques.

Revenu de base/universel (éco)

Le débat public s'est emparé d'une vielle idée : l'allocation universelle. Il s'agit d'un revenu de base versé à tous sans condition ni contrepartie. On considère que Thomas Paine est le premier à avoir formulé cette proposition. Critiquant la propriété foncière – car « les hommes n'ont pas créé la Terre » (*Justice agraire*, 1795) –, il pense qu'une taxe applicable aux propriétaires doit donner lieu à un revenu versé à tous les adultes. Cette idée est actuellement appliquée en Alaska afin que les revenus de la rente minière et pétrolière profitent à tous les citoyens. La Finlande est en train d'expérimenter un revenu de base inconditionnel de 560 euros par mois en 2017-2018 attribué à des demandeurs d'emploi de 25 à 58 ans pendant deux ans. Cette mesure séduit de nouveau car les systèmes de protection sociale sont en crise (fondés sur le travail, ils sont victimes d'un chômage de masse). En dépit des dépenses sociales, les inégalités et l'exclusion persistent. Le revenu de base est une solution qui, tout en simplifiant les dispositifs sociaux, cherche à réduire la pauvreté sans pour autant sacrifier l'incitation au travail (car il ne baisse pas quand les revenus d'activité augmentent). Ainsi, dans *Capitalism and Freedom* (1962), Milton Friedman propose la mise en place d'un revenu universel sous la forme d'un impôt négatif : une somme fixe est versée à tous les citoyens en remplacement de toutes les allocations existantes. À l'autre bout de l'échiquier politique, les anticapitalistes sont également favorables à une allocation universelle car cela leur semble une avancée décisive dans la socialisation des revenus. Certains keynésiens peuvent y voir un moyen de soutenir la demande, tandis que les écologistes insistent sur la possibilité que cela offrirait aux hommes de se consacrer à d'autres activités, moins matérialistes. Les promoteurs du revenu de base viennent donc d'horizons très différents, ce qui n'est pas sans influencer sa mise en œuvre : les libéraux souhaitent un montant relativement faible – pour favoriser l'incitation au travail (mais cela ne risque-t-il pas finalement d'appauvrir la population la moins bien lotie qui sera privée des autres prestations sociales ?) ; les anticapitalistes, eux, veulent un montant relativement élevé afin que chaque membre de la société puisse vivre dignement (ce qui rend le financement du dispositif problématique). Une certitude : l'allocation universelle est une validation des idées de ceux qui pensent qu'on assiste à une raréfaction du travail causée par le progrès technique. Dans *Salariat ou revenu d'existence ?* (2013), Robert Castel qualifie le revenu de base de « mauvaise utopie ».

Selon lui, pour être suffisante, il faudrait que l'allocation universelle soit au moins de l'ordre d'un SMIC, ce qui est « totalement impossible politiquement et socialement ». Donc, un revenu de ce type qui se met en place, ce sera nécessairement un revenu insuffisant. Pour Robert Castel, la mise en place d'un revenu de base entérinerait « la rupture complète de la relation entre travail et protections qui a constitué la grande conquête de l'histoire sociale depuis la fin du XIXe siècle ». Si la condition salariale est devenue supérieure à la condition prolétarienne des débuts de l'industrialisation, c'est parce que – à la suite d'un siècle de luttes, mais aussi de négociations – des droits forts ont été attachés au travail (droit du travail, protection sociale) qui ont limité, sans l'abolir, l'emprise du capital.

Revenus de transferts (éco)

Les revenus de transfert permettent de lutter contre les inégalités économiques. Les prélèvements obligatoires servent alors à financer des prestations sociales qui profitent davantage, en moyenne, aux plus bas revenus. Ces prestations sociales prennent la forme de prestations familiales (comme les allocations familiales), d'aides au logement ou encore des minimums sociaux. Par exemple, en France, il existe actuellement dix minimums sociaux qui ne sont pas destinés aux mêmes catégories de population (voir le détail des quatre dispositifs les plus utilisés dans le tableau 5). Au total, 4,8 millions de personnes touchent ces prestations sociales qui permettent d'assurer un minimum de ressources pour vivre.

Révolution (pol)

Du latin *revolvere*, rouler en arrière. Il désigne l'ensemble des événements historiques qui ont lieu lorsqu'un groupe renverse le régime en place et que des changements profonds se produisent dans la société. Pour les communistes, la Révolution est un concept essentiel qui les différencie des socialistes qui refusent la violence qu'elle implique.

- Citation

« Combattants de la révolution, l'heure a sonné ! Levez haut l'étendard de l'insurrection. L'appel sacré de la patrie retentit à vos oreilles… La révolution vietnamienne vaincra ! La révolution mondiale vaincra ! », Hô Chi Minh, appel du 6 juin 1941.

- Voir Socialisme

Révolution industrielle (hist et éco)

- Voir Industrialisation

« *Revolution on military Affairs* » ou RMA (géopol)

Doctrine de supériorité militaire totale, reposant sur les possibilités offertes aux opérations par le développement des techniques de l'information : observation satellite, réseau, capteurs intelligents, simulateurs… Certains y ont vu la promesse d'une guerre « chirurgicale », avec peu de pertes chez le vainqueur et épargnant les civils, mais la réalité des champs de bataille (Irak) a fortement contredit cette idée.

Révolution verte en Inde (éco)

L'agriculture a joué un rôle important dans le développement indien : l'ampleur de sa population l'explique. Le pays regroupe 17,5 % de la population mondiale sur 2,4 % de sa surface terrestre. Dans les années 1960, la transition démographique s'effectue et l'accroissement naturel est important (proche de 25 % par an). La modernisation agricole devient une priorité et le choix de l'autosuffisance s'accorde avec la volonté de développement autocentré des gouvernements. La Révolution verte est lancée en 1965 avec l'introduction de VHR, des programmes d'irrigation, une forte intervention publique dans la gestion des stocks et la garantie des prix. L'autosuffisance en céréales est atteinte en 1977 et le pays est devenu un exportateur net agricole. Toutefois l'agriculture conserve un faible rendement moyen : elle occupe encore 15 % du PIB en 2010 avec un système à deux vitesses entre une agriculture plus moderne, exportatrice, et une majorité de petits producteurs ruraux, pauvres et souvent endettés. La malnutrition demeure d'ailleurs. Pour garantir la sécurité alimentaire de tous et exporter, il faudrait un nouveau programme de modernisation.

Riches (éco)

Réponse peu claire, sans consensus. L'institut économique Hans-Böckler, proche des syndicats allemands, considère que la richesse commence à partir d'un revenu annuel de 35616 euros. En revanche, pour les banques privées américaines, un client est considéré comme riche lorsqu'il a plus d'un million de dollars.

■ Voir Classes sociales, Classes supérieures et Hyperclasse

Rimland (géopol)

Au terme de *heartland*, le politiste américain Spkyman (1893-1943) ajoute celui de *rimland* ou marge. Entre les territoires du *heartland*, contrôlés par la principale puissance continentale et les espaces maritimes, se situe une bande de pays intermédiaires, le *rimland*, dont la possession est décisive pour la domination du monde. L'Europe occidentale, le Proche-Orient, le monde turco-iranien, l'Asie orientale en font partie.

■ Voir Heartland et Géopolitique

Rivalités (géopol)

Du latin *rivalitas*, rival. Situation de personnes ou d'acteurs en compétition ou en concurrence, voire en opposition.

■ Voir Géopolitique et Conflit

Risque (géo, éco et géopol)

Combinaison d'un aléa (probabilité d'occurrence d'un phénomène) et de la vulnérabilité (degré d'exposition des sociétés). Le risque concerne aussi l'économie (on parle d'insécurité économique) ou la géopolitique. Plus les sociétés sont développées et complexes, plus les risques sont démultipliés. En particulier la mondialisation entraîne une diffusion accélérée des maladies « naturelles » avec des pandémies comme le SRAS (syndrome respiratoire aigu sévère) en 2002 ou bien les virus informatiques (essor du hacking depuis les années 2000).

■ Voir Cyberconflit

Riviera (géo)

À l'origine, littoral italien du golfe de Gênes. Par extension, zone littorale à vocation balnéaire.

Route terrestre/maritime (géo)

Itinéraire préférentiel utilisé en continu pour le déplacement des hommes, des biens et des services. Lorsqu'ils traversent un États, on peut parler de route ou pont transcontinental. Certaines voies, comme la route de la soie, sont plurimillénaires.

ROYAUME-UNI : 30 informations clés (année 2018, sauf autre indication)

PIB : 2 830 milliards de dollars (5e rang mondial)
Superficie : 244 820 km^2
Capitale : Londres
Nature du régime : monarchie constitutionnelle à régime parlementaire, 4 nations
Chef de gouvernement en 2020 : Boris Johnson
Population : 66 millions d'habitants
Espérance de vie : femmes 83 ans et hommes 80 ans
Indice de fécondité : 1,7 enfant/femme
PIB/hab en ppa : 46 900 dollars
Croissance moyenne 2010-2019 : + 1,86 %/an
Monnaie : livre sterling

Coefficient de Gini : 0,35
Trafic en 2016 du premier aéroport (rang mondial) : Londres 76 millions de passagers (7e)
Trafic en 2015 du premier port (rang mondial) : Londres 45 millions de tonnes (105e)
Rang mondial pour les exportations de marchandises en 2019 : 11e
Production automobile en 2018 (rang mondial) : 1,6 million (14e)
Part de la recherche et du développement dans le PIB : 1,7 %
Taux de couverture énergétique : 68 %
Réserves officielles : 176 milliards de dollars
Émission de CO_2/hab : 5,4 tonnes
Ressources renouvelables en eau douce intérieure par habitant en m^3 en 1962 : 2 723
Ressources renouvelables en eau douce intérieure par habitant en m^3 en 2014 : 2 244
Dette publique en % du PIB : 87
Budget militaire : 58,8 milliards de dollars
Prévision de population en 2050 en millions de personnes : 75,4
Prévision du PIB à parité de pouvoir d'achat en milliards de dollars en 2050 (rang mondial) : 5 369 (10e)

Sources : *Année stratégique 2021*, INED, *Images économiques du monde 2018*, ONU et PwC.

Les dynamiques territoriales récentes au Royaume-Uni

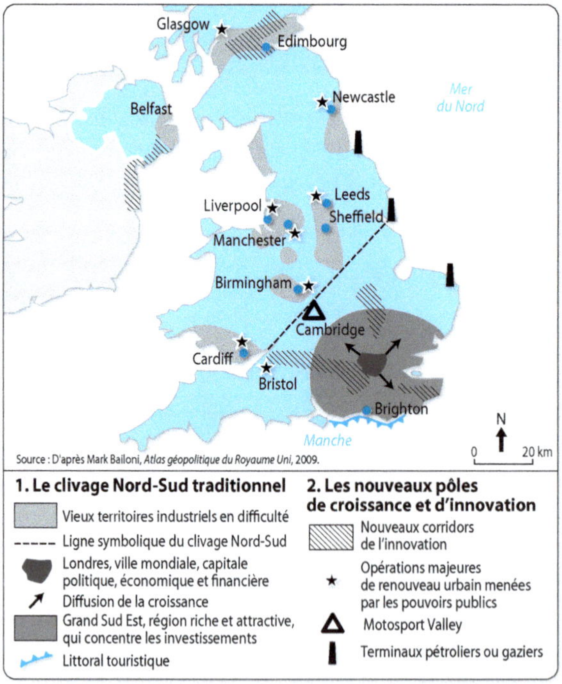

■ Voir Londres, Europe, Union européenne et Chronologie des Premiers ministres

Rupture

Vient du latin de *rumpere*, « rompre ». Fait de se casser, de rompre. Il s'agit d'une cessation brusque d'un contrat, d'une relation. S'oppose à la continuité, à la persistance. Ainsi, le binôme rupture/continuité oppose deux mouvements, celui du changement brutal comme la révolution (voulue par les marxistes) et l'évolution, soit la transformation lente et continue (voulue par les réformistes).

■ Voir Industrialisation/Révolution industrielle et Socialisme

Rurbanisation (géo)

Néologisme créé dans les années 1970 pour caractériser les effets de l'urbanisation sur les campagnes.

■ Voir Mitage

RUSSIE : 30 informations clés (année 2018, sauf autre indication)

PIB : 1 657 milliards de dollars (11e rang mondial)
Superficie : 17 098 242 km² (sans la Crimée : 26 100 km²)
Capitale : Moscou
Nature du régime : république fédérale, 89 sujets
Chef d'État en 2020 : Vladimir Poutine
Population : 144 millions d'habitants
Espérance de vie : femmes 78 ans et hommes 67 ans
Indice de fécondité : 1,8 enfant/femme
PIB/hab en ppa : 28 600 dollars
Croissance moyenne 2010-2019 : + 1,96 %/an
Monnaie : rouble
Coefficient de Gini : 0,38
Trafic en 2016 du premier aéroport (rang mondial) : aucun classé parmi les 20 premiers
Trafic en 2016 du premier port (rang mondial) : : Novorossiysk 128 millions de tonnes (37e)
Rang mondial pour les exportations de marchandises en 2019 : 16e
Production automobile en 2016 (rang mondial) : 1,7 million (13e)
Part de la recherche et du développement dans le PIB : 1,1 %
Taux de couverture énergétique : 195 %
Réserves officielles : 469 milliards de dollars

Émission de CO_2/hab : 10,6 tonnes
Ressources renouvelables en eau douce intérieure par habitant en m³ en 1962 : non donné
Ressources renouvelables en eau douce intérieure par habitant en m³ en 2014 : 29 982
Dette publique en % du PIB : 15
Budget militaire : 61,6 milliards de dollars
Prévision de population en 2050 en millions de personnes : 132,7
Prévision du PIB à parité de pouvoir d'achat en milliards de dollars en 2050 (rang mondial) : 7 131 (6e)

Sources : *Année stratégique 2021*, INED, *Images économiques du monde 2018*, ONU et PwC.

La Russie dispose de 17 % des réserves mondiales de charbon et de gaz

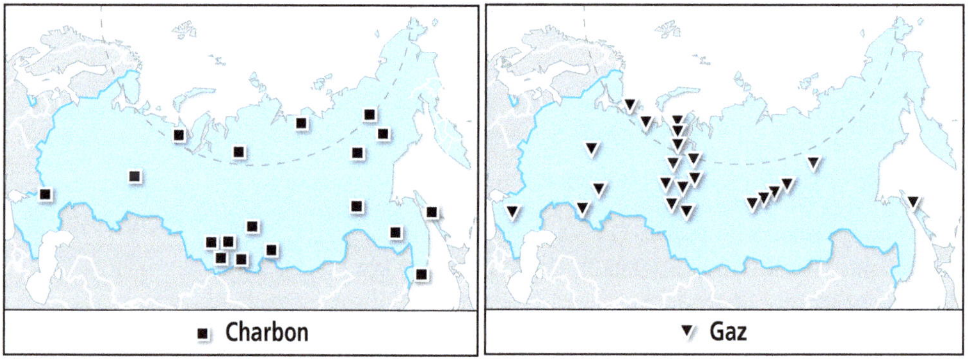

■ Voir Union eurasiatique et Chronologie de Vladimir Poutine

Sanctions (géopol)

Pratique ancienne des relations internationales qui vise à utiliser des capacités économiques de manière coercitive pour persuader un État de changer une action. Les formes sont nombreuses : embargo sur des produits stratégiques (matières premières, médicaments), gel d'avoirs bancaires, interdiction d'échanges… Les sanctions sont de plus en plus multilatérales, mais leur efficacité est l'objet de débats car les régimes touchés en profitent souvent pour augmenter le contrôle sur leur population.

Seconde Guerre mondiale (hist)

Conflit interétatique majeur du XXe siècle qui débute le 1er septembre 1939 par l'invasion de la Pologne par l'Allemagne et s'achève par la capitulation japonaise le

2 septembre 1945. Il se caractérise par le nombre inédit de morts (environ 50 millions) et un génocide massif (6 millions de morts). L'Europe en sort bouleversée (voir carte ci-dessous). Le bilan géopolitique est essentiel pour comprendre le monde après 1945 : affaiblissement et division des Européens aux effets majeurs pour leurs empires, confirmation de la puissance états-unienne et émergence acceptée de la puissance soviétique.

■ Citation

« Le paysage stratégique mondial de 1945 n'a plus rien à voir avec celui de 1939. L'Europe paie le prix de la Seconde Guerre mondiale qu'elle a provoquée. Pour la première fois depuis cinq siècles, elle n'est plus le centre du monde. Les États-Unis prennent le leadership mondial et l'URSS étend son territoire et sa zone d'influence », Pascal Boniface, *Atlas des relations internationales*, 2013.

Les modifications territoriales en Europe en 1945 et leurs effets

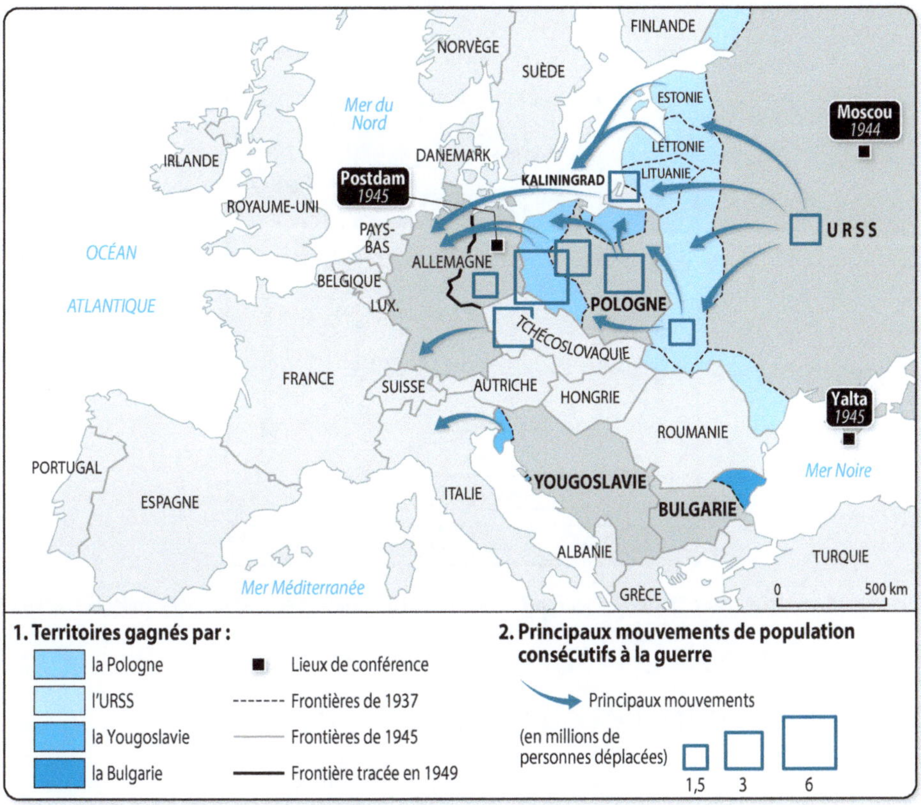

Secteurs d'activités (éco)

Le secteur primaire comporte les actifs agricoles, marins-pêcheurs, forestiers ainsi que les activités extractives (mines, carrières). Le secondaire rassemble les actifs de l'industrie, du bâtiment et des travaux publics. Le secteur tertiaire regroupe les actifs des services publics et privés. C'est en 1947 que l'économiste britannique Colin Clark classifie l'économie en trois secteurs. Aujourd'hui, la domination du tertiaire dans les pays développés rend de plus en plus caduque ce classement, d'où de nouvelles propositions : par filière (ex. : agrobusiness) ou bien en opposant production/services (voir document ci-dessous).

Un nouveau classement des secteurs d'activités selon les géographes Damiette et Scheibling

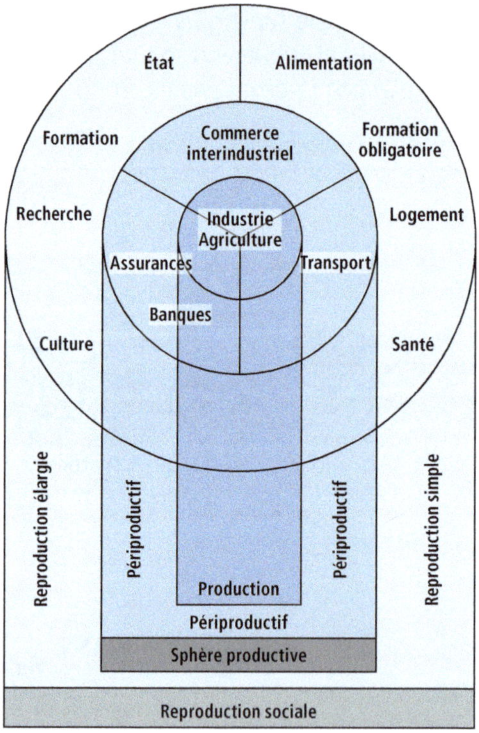

Source : Félix Damette, Jacques Scheibling, *La France. Permanences et mutations*, 1995

Sécularisation (pol et cult)

La sécularisation correspond au processus qui conduit au déclin de l'influence des religions dans la société. Une société sécularisée signifie donc que la religion n'est plus présente dans l'espace public. La vie sociale n'est plus organisée autour des fêtes religieuses et les valeurs partagées ne sont plus directement empreintes de religion (comme « Liberté, égalité, fraternité » en France). La rationalisation des activités sociales en Occident a entraîné un « désenchantement du monde » (Max Weber, 1905) dont la sécularisation est un axe majeur. Le terme « sécularisation » vient du mot « séculier » qui signifie « rendre au siècle », ce qui renvoie au monde profane et non à l'Église. Par conséquent, on peut considérer que les institutions se sont sécularisées lorsque l'État – mais aussi les universités ou encore les hôpitaux – s'est séparé de l'Église.

Sécurité (privatisation de la sécurité) (géopol)

La construction de l'État moderne se caractérise par la captation par celui-ci du « monopole de la violence » selon le sociologue allemand Max Weber. Si le phénomène n'est pas vraiment nouveau (mercenaires suisses très courants depuis des siècles jusqu'aux gardes suisses du Vatican), la professionnalisation des armées occidentales, l'essor des privatisations et la réticence des opinions publiques à accepter les interventions dans les conflits poussent les États à la sous-traitance de la gestion de l'insécurité à des sociétés privées dans des domaines nombreux : logistique, forces spéciales, informatique...

Quelques sociétés militaires privées

Nom	Pays	Date de création	Nombre de personnes	Activités
CACI	États-Unis	1962	15000	Informatique
Academia (ex-Blackwater)	États-Unis	1997	20000	Entraînement/formation de forces militaires
GEOS	France	1998	500	Gestion de risques
G4S	Royaume-Uni	2004	250000	Sécurisation de ports ou d'aéroports ou d'événements (JO Londres)

Source : *Conflits*, 2014

Sécurité alimentaire (éco et géopol)

Disponibilité suffisante de nourriture en qualité et en quantité, accessible à tous, avec un approvisionnement stable. Objectif économique qui comporte un aspect géopolitique important tant à l'intérieur des États (stabilité) qu'à l'extérieur (dépendance vis-à-vis des importations). Selon la Food and Agricultural Organisation (FAO), elle est atteinte quand « tous les êtres humains ont un accès physique et économique à une nourriture suffisante, saine et nutritive, leur permettant de satisfaire leurs besoins énergétiques et leurs préférences alimentaires afin de mener une vie saine et active ». L'autosuffisance alimentaire consiste en la capacité d'un État de produire des ressources alimentaires en quantité suffisante sur son territoire. La souveraineté alimentaire, se définit comme le droit, pour un humain ou pour un État, de définir ses propres politiques agricoles, dans une recherche d'autonomie foncière, semencière et alimentaire.

Sécurité humaine (éco et pol)

Notion proposée en 1994 par le Programme des Nations unies pour le développement qui comprend 7 composantes : alimentaire, sanitaire, environnementale, politique, économique, individuelle et communautaire.

Sécurité internationale ou collective (géopol)

Stratégies mises en place par un acteur individuel ou collectif afin de réduire les menaces internationales. La sécurité peut prendre la forme d'une concertation aboutissant à un régime de sécurité s'imposant à tous les États.

■ Voir Ordre international

Sécurité sociale (soc et pol)

Désigne les différents programmes de protection sociale de la vie familiale. Les premiers programmes ont été mis en place dans l'Allemagne bismarckienne et en Europe occidentale à la fin du XIXe siècle et y ont été généralisés après 1945. Les régimes communistes les développent aussi.

Ségrégation spatiale (géo)

Séparation spontanée ou organisée des habitants sur un territoire. Le système colonial avait mis en place des formes de ségrégation dont l'Apartheid, en Afrique du Sud, est l'exemple le plus fort.

Serveur/serveur racine (éco)

Machine reliée au réseau qui donne informations et services à ses clients. Un serveur racine contient toutes les données de correspondance entre les noms de domaine et les adresses IP du réseau internet. Il gère la conversion des noms de domaines alphanumériques (type d'organisme : .com, .net, .org… ou type de pays : .fr, .ca…) en adresses numériques. Les 13 serveurs racines sont administrés par l'ICANN (Internet Corporation for Assigned Names and Numbers), association privée américaine dont le siège est à San Diego (Californie).

■ Voir Internet

SINGAPOUR : 28 informations clés (année 2018, sauf autre indication)

PIB : 364 milliards de dollars (35e rang mondial)
Superficie : 716 km²
Capitale : Singapour
Nature du régime : république fédérale, 5 districts
Chef de gouvernement en 2020 : Lee Hsien Loong
Population : 5,6 millions d'habitants
Espérance de vie : femmes 84,9 ans et hommes 80,4 ans
Indice de fécondité : 1,2 enfant/femme
PIB/hab en ppa : 98 800 dollars
Croissance moyenne 2010-2019 : + 4,83 %/an
Monnaie : dollar de Singapour
Coefficient de Gini : non donné
Trafic en 2016 du premier aéroport (rang mondial) : Singapour 59 millions de passagers (17e)
Trafic en 2016 du premier port (rang mondial) : Singapour 576 millions de tonnes (3e)
Rang mondial pour les exportations de marchandises en 2019 : 14e
Production automobile en 2016 (rang mondial) : pas de production répertoriée
Part de la recherche et du développement dans le PIB : 2,2 %
Taux de couverture énergétique : 2 %
Réserves officielles : 293 milliards de dollars
Émission de CO_2/hab : 8,4 tonnes
Ressources renouvelables en eau douce intérieure par habitant en m³ en 1962 : 343
Ressources renouvelables en eau douce intérieure par habitant en m³ en 2014 : 110
Dette publique en % du PIB : 113
Budget militaire : 11,3 milliards de dollars
Prévision de population en 2050 en millions de personnes : 6,6

Sources : *Année stratégique 2021*, INED, *Images économiques du monde 2018*, ONU et PwC.

Citation :

« Singapour joue à plein la carte de la mondialisation », Rodolphe De Koninck, *L'Asie du Sud-Est*, 2012.

■ Voir Asie

« *Shadow banking* » (éco)

Sur la planète finance, il y a le système bancaire classique et le « *shadow banking* ». En français, on l'appelle la « finance de l'ombre » ou « la finance fantôme ». Il s'agit de tous les intermédiaires financiers qui sont en dehors du système bancaire traditionnel, et qui participent au financement de l'économie mondiale. Autrement dit, ce sont toutes les opérations financières qui se font hors des bilans des banques. Dans les années 1980, à l'époque de la libéralisation des marchés financiers, la titrisation s'est développée pour mieux couvrir les risques de change et de taux. Sans cadre, ces montages financiers sont devenus complexes et spéculatifs, donc risqués et systémiques. À chaque nouvelle crise, des réglementations bancaires sont décidées pour assurer la liquidité et la solvabilité des banques. Mais cette régulation fait perdre de la rentabilité aux banques, ce qui les pousse à la contourner. Comment ? En retirant de leurs bilans (et donc des écrans radars des régulateurs) leurs actifs les plus risqués, en les titrisant et en les revendant en « produits dérivés » sur les marchés financiers. À partir des années 2000, avec l'essor d'Internet et de l'information, les acteurs de cette finance opaque et ultra-sophistiquée se sont multipliés : banques d'affaires, *hedge funds*, fonds de pension, d'assurance-vie, sociétés de garantie de crédit etc... Dans un sens encore plus large, le « *shadow banking* » peut regrouper les établissements de crédit-conso ou de crédit-auto, de micro-crédit, les sites de *crowdfunding* (financements participatifs), les plateformes de monnaies virtuelles (bitcoins par exemple). Ces entités, à la différence des banques traditionnelles, ne reçoivent pas de dépôts de la part des gens : elles ne fonctionnent que sur le crédit. Elles ne sont donc pas soumises à la réglementation bancaire traditionnelle, et leurs activités ne sont pas garanties par les États et les Banques centrales. Le Financial Stability Board (le Conseil de stabilité financière, créé en 2010 par le G20 après la crise des *subprimes*) a chiffré le marché à 75 000 milliards de dollars à fin 2013. Selon cette estimation, le « *shadow banking* » représente ainsi un quart des actifs financiers mondiaux, la moitié du poids du système bancaire traditionnel, et l'équivalent du PIB mondial annuel. Les États-Unis, la zone euro et le Royaume-Uni détiennent à eux seuls les trois-quarts des actifs qui relèvent du « shadow banking ». Mais dans les BRICS et les pays émergents, la « finance de l'ombre » progresse fortement.

Site/situation (géo)

Ne pas confondre un site qui correspond à un lieu précis (comme l'implantation d'une ville près d'un delta), et la situation qui est une position à replacer dans son contexte régional.

Slums (géo)

Taudis indiens ; terme regroupant les différents types de mal-logement (immeubles anciens dégradés, ou bidonvilles).

■ Voir Bidonvilles

Small is beautiful (éco)

C'est le titre de l'ouvrage de l'économiste Ernst Schumacher en 1973. On assiste en effet à un retournement de tendance dès les années 1970 aux États-Unis. La taille moyenne des entreprises s'est réduite et la part des emplois des grandes entreprises a baissé. Cette dynamique des petites structures peut s'expliquer par les coûts d'organisation générés par les grandes entreprises : prise de décisions plus lente, manque de réactivité, surveillance des salariés, multiplication des échelons hiérarchiques. Les salariés peuvent être moins motivés dans les structures vastes et anonymes. Dans le contexte des années 1970 où la concurrence internationale s'intensifie et où le pouvoir d'achat des ménages progresse moins avec une inflation parallèle, la maîtrise des coûts devient primordiale. Aujourd'hui, l'essor des autoentrepreneurs et des start-up confirme et amplifie cette tendance.

Sport et géopolitique (géopol)

La démocratisation du sport au XXe siècle a favorisé son instrumentalisation par les États qui font des événements sportifs comme les JO un tremplin médiatique pour mettre en avant leur puissance : c'est le cas de l'Allemagne nazie en 1936 comme plus récemment les JO de Beijing ou Sotchi. Ainsi, l'histoire des JO reflète parfaitement la mondialisation du sport, l'évolution de la hiérarchie des puissances et leur émergence (à l'image de l'Asie avec Tokyo, Séoul, puis Pékin) mais aussi l'évolution des mentalités.

Chronologie des jeux Olympiques d'été après 1945

Année	Ville	Pays	Nombre de pays	Athlètes masculins	Athlètes féminins
1896	Athènes	Grèce	14	241	0
1900	Paris	France	24	975	22
1904	Saint-Louis	États-Unis	12	645	6
1908	Londres	Royaume-Uni	22	1971	37
1912	Stockholm	Suède	28	2359	48
1916	Berlin	Allemagne	Annulés		

Année	Ville	Pays	Nombre de pays	Athlètes masculins	Athlètes féminins
1920	Anvers	Belgique	29	2561	65
1924	Paris	France	44	2954	135
1928	Amsterdam	Pays-Bas	46	2606	277
1932	Los Angeles	États-Unis	37	1206	126
1936	Berlin	Allemagne	49	3632	331
1940	Tokyo	Japon	Annulés		
1944	Londres	Royaume-Uni	Annulés		
1948	Londres	Royaume-Uni	59	3714	390
1952	Helsinki	Finlande	69	4436	519
1956	Melbourne	Australie	72	2938	376
1960	Rome	Italie	83	4727	611
1964	Tokyo	Japon	93	4473	678
1968	Mexico	Mexique	112	4735	781
1972	Munich	Allemagne	121	6075	1059
1976	Montréal	Canada	92	4824	1260
1980	Moscou	URSS	80 (boycott de pays non communistes)	4064	1115
1984	Los Angeles	États-Unis	140	5263	1566
1988	Séoul	Corée du Sud	160	6197	2194
1992	Barcelone	Espagne	169	6652	2704
1996	Atlanta	États-Unis	197	6806	3512
2000	Sydney	Australie	199	6582	4069
2004	Athènes	Grèce	201	6296	4329
2008	Pékin	Chine	204	6305	4637
2012	Londres	Royaume-Uni	204	5892	4676
2016	Rio	Brésil	206	Non donné	Non donné
2020	Tokyo	Japon	À venir		
2024	Paris	France	À venir		
2028	Los Angeles	États-Unis	À venir		

Les JO ont aussi été utilisés pour protester (situation des Afro-Américains avec le poing levé de Tommie Smith et John Carlos à Mexico) ou médiatiser une cause (prise d'otages d'athlètes israéliens par un commando palestinien à Munich).

Socialisme (pol)

Corpus idéologique en essor à partir du XIXe siècle qui souhaite répondre à la situation difficile des ouvriers de l'ère industrielle *via* la nationalisation des entreprises et l'amélioration des conditions de travail. Le socialisme est divisé en trois courants : le marxisme-léninisme récuse la démocratie et prône une prise de pouvoir par la force (révolution) afin de donner le pouvoir au prolétariat ; le réformisme accepte la démocratie et défend l'idée d'une amélioration graduelle par des lois ; enfin, l'anarchisme renvoie dos-à-dos marxistes et réformistes dont les solutions passent par la mise en place d'un État qu'il récuse. Si les anarchistes restent minoritaires, la fracture marxistes-réformistes marque l'histoire du socialisme jusqu'à aujourd'hui. La disparition de l'URSS liée à l'échec du marxisme-léninisme (et sa nature totalitaire) ainsi que le succès du modèle scandinave (suédois en particulier) entraînent le déclin des partis communistes au profit des partis socialistes plus modérés. Aujourd'hui, la fracture communisme-socialisme n'est plus visible à travers la prise de pouvoir violente ou pas, mais vis-à-vis de la mondialisation refusée par une partie de la gauche (souvent qualifiée d'« extrême-gauche ») et acceptée par une autre partie de la gauche. En France, les élections de 2017 ont parfaitement illustré la césure forte entre les anti/altermondialistes menés par Jean-Luc Mélenchon (score élevé de 19 % des voix) et les socialistes qui souhaitent améliorer la mondialisation (score historiquement faible de Benoît Hamon de 6 %).

Les débuts du socialisme

Socialistes « utopiques »

Comte de Saint-Simon (F) [1760-1825]

Robert Owen (RU) [1771-1858]

Charles Fourier (F) [1772-1837]

↓

Ire Internationale [1864-1875]

Anarchistes	Socialistes « scientifiques »
Proudhon (F) [1809-1865]	Karl Marx (All) [1818-1883]
Bakounine (R) [1814-1876]	Friedrich Engels (All) [1820-1895]

↓

IIe Internationale [1889-...]

Révolutionnaires	Réformistes
Karl Liebknecht (All) [1871-1919]	Eduard Bernstein (All) [1850-1932]
Rosa Luxemburg (All) [1871-1919]	Jean Jaurès (F) [1859-1914]
Lénine (RU) [1870-1924]	

Ces deux courants coexistent au sein de la IIe Internationale. Après la révolution russe de 1917, les communistes se séparent des socialistes de la IIe Internationale, accusés d'avoir trahi le socialisme et l'idéal révolutionnaire en acceptant la guerre en 1914. Lénine fonde la IIIe Internationale en 1919.

■ Voir Révolution

Société (soc)

Une société est un ensemble de personnes ayant des relations de toutes sortes (politiques, économiques et culturelles). Une société comprend une certaine organisation (institutions), un système de relations (sociales ou professionnelles) et une culture commune (valeurs) contribuant à son unicité. Les sociétés contemporaines sont marquées par une transformation des sociétés traditionnelles en sociétés de masse, marquées par le déclin des groupes primaires (famille, village) au profit de l'individualisme.

■ Voir Identité, Nation et Classes sociales

Société acéphale (soc)

Étymologiquement, une « société sans tête », c'est-à-dire une société sans organisation politique au-delà du clan.

Société civile (soc et pol)

« Espace politique où les associations d'individus, formées sur une base volontaire, cherchent à modeler les règles de la vie sociale par des alliances internationales. Les organisations non gouvernementales sont la forme de société civile la plus connue, mais pas la seule. Les associations informelles de solidarités (les tontines en Afrique par exemple) ou les syndicats en font également partie. »

A. Benassy-Quéré, C. Chavagneux, E. Laurent, D. Plion, M. Rainelli, J.-P. Warnier, *Les enjeux de la mondialisation, Les grandes questions économiques et sociales*, TIII, 2013.

Société mondiale (pol)

La violence des premiers conflits de l'ère industrielle amène à une prise de conscience de personnalités telles que Henri Dunand (fondateur de la Croix Rouge et premier prix Nobel de la paix en 1901) ou Léon Bourgeois qui milite pour la construction politique mondiale (lui aussi sera nobélisé en 1920). Ces acteurs poussent à la signature de conventions internationales (signées à La Haye ou à Genève) qui forgent les prémices d'un droit international. La Suisse, pays neutre et aussi protestant, accueille en effet de nombreuses instances internationales qui participent à l'élaboration d'une société mondiale qui est cependant plus souhaitée que réelle et respectée. Récemment, le régime syrien, connu pour l'utilisation de gaz contre ses opposants, est signataire de la Convention sur l'interdiction des armes chimiques (1993).

Les conventions de Genève à la fin du XIXᵉ siècle,
prémices d'une société mondiale

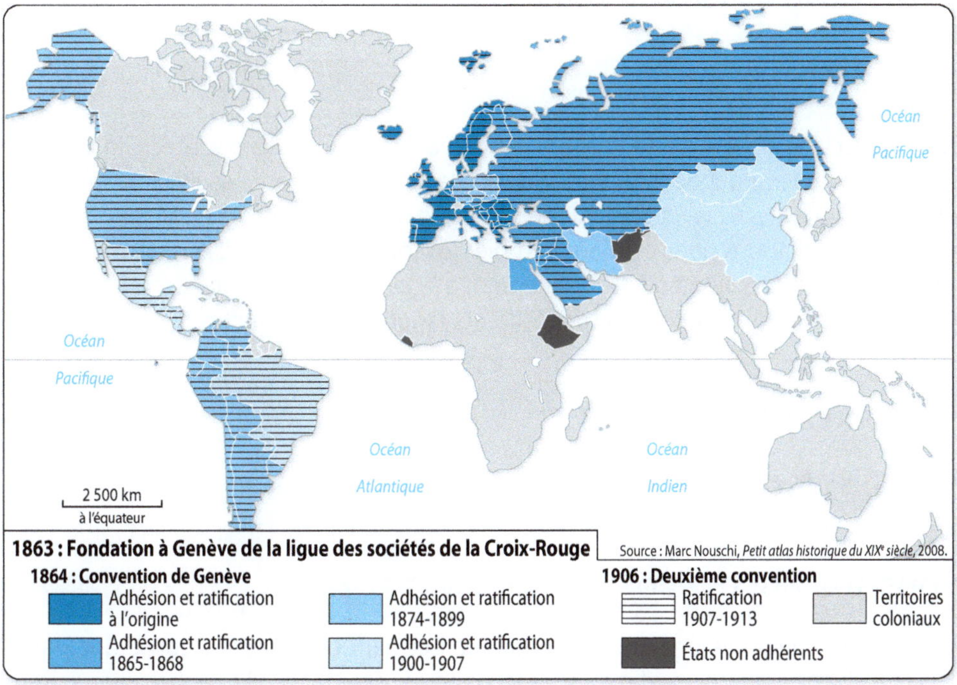

■ Voir Droit de l'homme, Gouvernance et ONU

Société-monde (soc)

Notion développée dans les années 1990 par des géographes comme le Français Jacques Lévy pour désigner le processus de création d'un espace social à l'échelle de la planète. Ce processus aboutit à la construction du Monde avec un M majuscule.

■ Citation

« Toutes les mondialisations sont des points d'arrivée de la planétarisation généralisée, mais il faut dire aussi qu'on peut les considérer comme des points de départ de quelque chose de nouveau, qui est l'aménagement d'infrastructures pour une "société-monde", une société à l'échelle du monde qui, pourtant, n'arrive pas encore à naître », Edgar Morin, *Écologiser l'homme*, 2016.

■ Voir Monde

Société post-industrielle (éco)

■ Voir Désindustrialisation

Sociologie (éco)

Science sociale qui étudie le comportement des hommes en société. Elle cherche à comprendre l'impact de la dimension sociale sur les différents aspects de la vie des individus. Apparue au XIXe siècle, elle se distingue de l'anthropologie par ses objets car elle se donne d'abord pour mission d'étudier les sociétés industrialisées dont les sociologues sont eux-mêmes issus. Contrairement à la psychologie, elle cherche à expliquer les comportements humains par des facteurs extérieurs et collectifs.

Soft power (géopol)

■ Voir Puissance

Sous-traitance (éco)

Situation dans laquelle une entreprise fait réaliser par une autre entreprise une partie de sa production ou une partie de ses tâches de services (accueil téléphonique, comptabilité...). Le recours à la sous-traitance peut d'abord se faire au sein du même pays, mais aussi vers l'extérieur. Cela implique éventuellement des délocalisations. Ce phénomène est permis par la baisse des coûts de transports et vise à baisser les coûts de production.

■ Voir Délocalisation, DIPP et FMN/FTN

Souveraineté/délégation de souveraineté (pol)

Notion politique conçue au Moyen Âge pour légitimer l'indépendance d'États naissants (France, Angleterre) à l'égard du Pape et de l'Empereur et reprise par de nombreux juristes comme Jean Bodin (mort en 1596). La notion de souveraineté ne reconnaît aucune autorité supérieure à celle de l'État sur son territoire et forme le socle du système international. Ce dernier est lié au principe d'égalité des États et donc à celui de non-ingérence dans les affaires intérieures. Aujourd'hui encore de nombreux États comme la Chine réaffirment ces principes, alors que d'autres, engagés dans des processus d'intégration régionale comme l'Union européenne, affirment une délégation volontaire de souveraineté.

■ Voir État et Gouvernance

Spéculation (éco)

Activité qui consiste à profiter d'une évolution de prix que l'on anticipe en achetant un certain produit pour le revendre plus cher ultérieurement et obtenir une plus-value. On peut aussi spéculer à la baisse.

Stagnation séculaire (éco).

Lors d'une conférence prononcée au FMI le 8 novembre 2013, Lawrence Summers explique que les pays développés connaissent une « baisse irréversible de croissance tendancielle » et qu'ils sont donc entrés dans une phase de stagnation séculaire. À ses yeux, un important déficit de la demande globale abîme profondément la croissance potentielle en décourageant l'investissement et en maintenant un taux de chômage élevé (sous la forme du chômage structurel de longue durée). L'idée de stagnation séculaire n'est pas nouvelle. Dans *Principes de l'économie politique et de l'impôt* (1817), David Ricardo a attiré l'attention sur le risque d'« état stationnaire » – parce que la croissance économique ne sera pas suffisante pour répondre au développement démographique. Mais la filiation la plus directe avec les économistes remonte aux analyses d'Alvin Hansen (*Economic progress and declining population growth*, 1938) qui s'inquiète de la faible croissance des États-Unis à la suite de la crise de 1929. Selon Alvin Hansen, la faiblesse de la croissance américaine est, bien sûr, liée à la Grande Dépression post-1939 mais surtout à la fin de la croissance démographique et au ralentissement très net du progrès technique.

■ Voir Croissance

Statogenèse (pol)

Processus de formation des États.

Stress hydrique (géo)

Les hydrologues considèrent qu'un territoire souffre de stress hydrique lorsque le volume d'eau disponible est inférieur à 1 700 m^3 par habitant et par an, de pénurie hydrique si le volume est inférieur à 1 000 m^3 et d'insuffisance hydrique absolue si le volume est inférieur à 500 m^3 par habitant et par an.

Carte mondiale de la disponibilité en eau douce

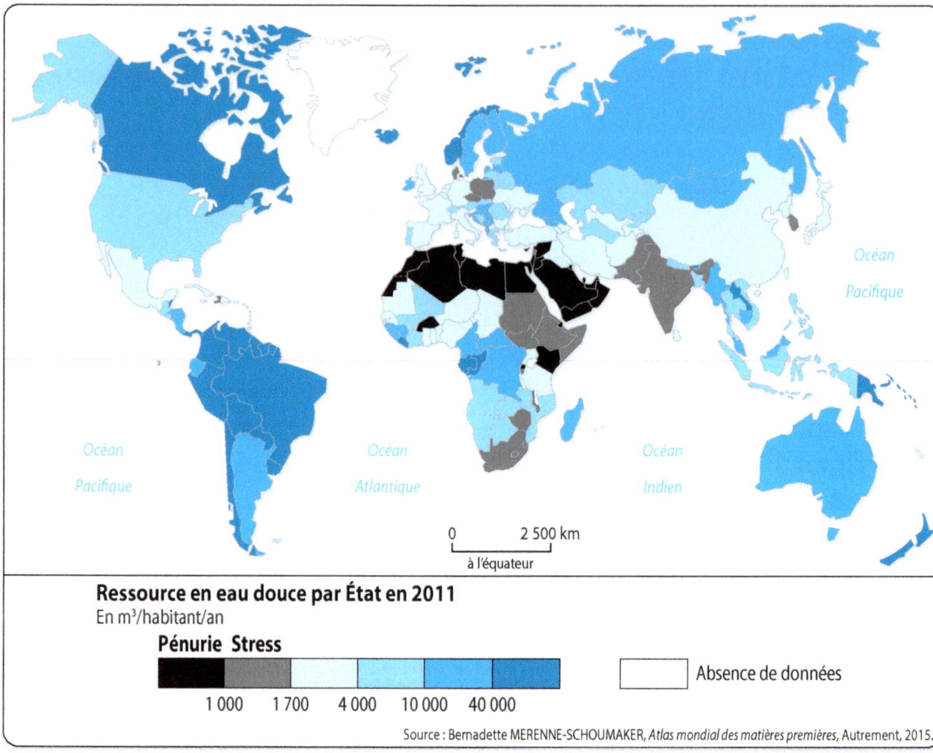

Source : Bernadette MERENNE-SCHOUMAKER, *Atlas mondial des matières premières*, Autrement, 2015.

« *Subprimes* » (éco)

En septembre 2008, la banque Lehman Brothers fait faillite. C'est le début de la crise des *subprimes*, crise née de l'explosion d'une bulle immobilière aux États-Unis. Pendant plusieurs années, des ménages américains modestes ont pu contracter des emprunts immobiliers grâce aux banques qui fermaient les yeux sur leur faible solvabilité. La plupart des établissements financiers ont massivement investi dans les titres *subprimes* en raison de la complexité des produits (titrisation). Le défaut d'emprunteurs initiaux (lié à la hausse des remboursements induite par le taux d'emprunt révisable) a entraîné le défaut en cascade de tous les intermédiaires, incapables de rembourser leurs prêts par la vente de leurs maisons dévalorisées (retournement du marché immobilier). La filière bancaire américaine, puis occidentale a été fortement impactée.

Sud/Suds/pays sous-développés/pays en voie de développement (éco et géopol)

Dans les années 1950, la décolonisation déjà largement amorcée fait apparaître des États nouveaux dont les économies sont moins industrialisées que les économies occidentales. Se pose alors la question de la dénomination de cet ensemble qui va évoluer avec les perceptions successives des pays développés. Les pays moins développés donnent d'abord le sentiment d'une certaine volonté d'unité politique. Le moment le plus célèbre est celui de la conférence des non-alignés de Bandoeng (Indonésie) qui réunit 29 anciennes colonies devenues indépendantes, perçues alors comme une troisième force dans la Guerre froide. Cette tentative est réaffirmée lors de la conférence de Belgrade de 1961. Au-delà d'une volonté de se poser en dehors de la dynamique bipolaire Est-Ouest, ces pays revendiquent le droit à disposer de leurs richesses, à une aide économique. C'est aussi dans ce contexte qu'il faut comprendre la création de l'OPEP en 1960 ou celle de la CNUCED dans le cadre de l'ONU, qui commence à se réunir en 1964 et cherche à obtenir une aide au développement plus substantielle (dans le cadre de l'OMC, l'accord Multifibres à partir de 1974 participe de la même logique). C'est aussi dans les années 1950 qu'Alfred Sauvy introduit le terme de « tiers-monde » (« Trois mondes. Une planète », 14 août 1952) : « Ce tiers-monde ignoré, exploité, méprisé, comme le tiers état, veut lui aussi être quelque chose. » Ce terme montre une proximité avec le tiers état et a un sens avant tout politique. Il porte aussi l'idée d'une unité qui, déjà, n'est que de façade. Cette période produit enfin des travaux économiques marqués par un certain optimisme quant aux possibilités de croissance de ces pays avec Ragnar Nurske, Albert Hirschman, Walt Rostow, François Perroux. Par la suite, dans les années 1960-1970, les échecs du développement modifient la perception de ces économies. Le terme « sous-développement » est celui utilisé par les institutions internationales de 1957 à 1966. L'aspect péjoratif a été gommé à partir des années 1970 à travers l'expression « pays en voie de développement » (PVD), à laquelle s'ajoute aujourd'hui « pays en développement » (PED). Les travaux économiques de cette période tendent à insister sur les blocages à l'œuvre dans le processus de développement à travers les phénomènes de dépendance vis-à-vis du Nord, un certain renouveau marxiste (Samir Amin, Immanuel Wallerstein, Arghiri Emmanuel, Raul Prebish). Après les années 1970, de nouvelles préoccupations apparaissent au-delà de la sphère économique (santé, situation des femmes, nutrition, etc.). Cette ouverture se matérialise dans l'IDH par exemple. Cette période est aussi celle d'un éclatement croissant : c'est le début de l'essor des nouveaux pays industrialisés, et le début des années 1980 est marqué par le retournement et l'endettement explosif des exportateurs de matières premières agricoles. Les travaux économiques libéraux ont connu un certain regain dans le contexte d'une mondialisation qui a semblé profiter à certains PVD (Jacob Viner, Bela Balassa, Robert Lucas, Robert Barro). Mais certains auteurs s'attachent depuis à évoquer d'autres facteurs du développement dans une logique plus microéconomique (Esther Duflo, Mohammed Yunus). Depuis les années 1980, le vocabulaire oscille entre PVD ou PED et Sud, qui a le mérite de ne pas faire apparaître de caractère conflictuel (Nord et Sud sont les deux éléments du monde), contrairement au vocabulaire centre-périphérie, utilisé pour marquer les relations de dépendance. Néanmoins, parler du Sud revient aussi à masquer des disparités croissantes : une partie de cette zone est marquée par un formidable essor et appelée à devenir les nouvelles puissances de demain, d'autres pays demeurent enfermés dans des logiques de pauvreté et d'endettement. De plus, sa connotation géographique pose problème : une partie des Sud se trouve dans l'hémisphère Nord (Corée du Sud, Mexique), et une partie des Nord se trouve au Sud (Australie, Nouvelle-Zélande).

■ Voir PMA et Pays émergents

SUÈDE : 23 informations clés (année 2018, sauf autre indication)

PIB : 556 milliards de dollars (23e rang mondial)
Superficie : 450 295 km²
Capitale : Stockholm
Nature du régime : monarchie constitutionnelle à régime parlementaire, 21 comptés
Chef de gouvernement en 2020 : Stefan Lofven
Population : 10 millions d'habitants
Espérance de vie : femmes 85 ans et hommes 81 ans
Indice de fécondité : 1,7 enfant/femme
PIB/hab en ppa : 53 800 dollars
Croissance moyenne 2010-2019 : + 2,5 %/an
Monnaie : couronne suédoise
Coefficient de Gini : 0,29
Part de la recherche et du développement dans le PIB : 3,3 %
Taux de couverture énergétique : 73 %
Réserves officielles : 61 milliards de dollars
Émission de CO_2/hab : 3,7 tonnes
Ressources renouvelables en eau douce intérieure par habitant en m³ en 1962 : 22 614
Ressources renouvelables en eau douce intérieure par habitant en m³ en 2014 : 17 636
Dette publique en % du PIB : 38
Budget militaire : 6,4 milliards de dollars
Prévision de population en 2050 en millions de personnes : 11,6

Sources : *Année stratégique 2021*, INED, *Images économiques du monde 2018*, ONU et PwC.

■ Voir Europe et Union européenne

SUISSE : 23 informations clés (année 2018, sauf autre indication)

PIB : 706 milliards de dollars (20e rang mondial)
Superficie : 41 277 km^2
Capitale : Berne
Nature du régime : confédération à régime parlementaire, 26 cantons
Chef d'État et de gouvernement en 2020 : Ueli Maurer
Population : 8,5 millions d'habitants
Espérance de vie : femmes 86 ans et hommes 82 ans
Indice de fécondité : 1,5 enfant/femme
PIB/hab en ppa : 69 400 dollars
Croissance moyenne 2010-2019 : + 1,86 %/an
Monnaie : franc suisse
Coefficient de Gini : 0,33
Part de la recherche et du développement dans le PIB : 3,4 %
Taux de couverture énergétique : 47 %
Réserves officielles : 787 milliards de dollars
Émission de CO_2/hab : 4,4 tonnes
Ressources renouvelables en eau douce intérieure par habitant en m^3 en 1962 : 7 248
Ressources renouvelables en eau douce intérieure par habitant en m^3 en 2014 : 4 934
Dette publique en % du PIB : 46
Budget militaire : 5,4 milliards de dollars
Prévision de population en 2050 en millions de personnes : 9,9

Sources : *Année stratégique 2021*, INED, *Images économiques du monde 2018*, ONU et PwC.

■ Voir Europe

Supercycle minier (éco)

Période de 2000 à 2014, marquée par une forte hausse du prix des matières premières agricoles, minières et énergétiques, qui a favorisé la croissance de nombreux États du Sud exportateurs de ces produits. Cette inversion des termes de l'échange a été spectaculaire. Exemple : en 2005, la cargaison d'un minéralier livrant du fer a comme valeur marchande l'équivalent de 2 200 téléviseurs ; en 2010, la cargaison de fer vaut 22 000 téléviseurs.

■ Voir Termes de l'échange

Supranational (pol)

Le concept « supranational » désigne ce qui se place au-dessus des nations. Ainsi, une autorité supranationale dispose d'un pouvoir de décision supérieur à celui des institutions nationales qui sont placées sous sa responsabilité.

« *sweatshop* » (éco)

Les 5 000 usines du Bangladesh, 2e exportateur de textile au monde, sont surnommées les *sweatshops* (« ateliers de misère »). Les revenus y sont très faibles, les cadences infernales, les conditions de travail très dures (15 centimes de l'heure, six jours sur sept, sans protection sociale) et les conditions de sécurité déplorables. Les accidents, effondrements et incendies se multiplient. L'effondrement du Rana Plaza avec ses 1 138 morts le 24 avril 2013 avait entraîné des manifestations, un émoi international, et une pression sur les grandes marques qui font produire au Bangladesh en faveur de la certification des usines textiles. Après le drame, le gouvernement a relevé de 75 % le salaire minimum, et autorisé les syndicats. Mais en pratique, si les grandes usines répondent à ces conditions de sécurité améliorées, l'immense majorité des ateliers n'a été ni inspectée ni certifiée, malgré les engagements pris par 200 grandes marques.

Synapse (géo)

Terme popularisé par Roger Brunet qui forme un lieu de communication comme un port ou un aéroport.

■ Voir Gateway et Hub

Système de Bretton Woods (éco)

En juillet 1944, la conférence de Bretton Woods réunit les délégués de 44 nations pour mettre en place un nouveau système monétaire international. Le système précédent, l'étalon de change-or (établi à Gênes en 1922) avait été abandonné au profit de blocs monétaires régionaux et de politiques protectionnistes. Opposant le projet britannique défendu par Keynes au projet américain de White, c'est ce dernier qui l'emporte en raison de la puissance financière colossale des États-Unis à la fin de la guerre (2/3 du stock d'or mondial). Reprenant l'étalon de change-or, le système de Bretton Woods rétablit la convertibilité des monnaies et impose aux banques centrales une politique de défense des parités officielles. Seule monnaie convertible en or (35 $ pour une once d'or), le dollar devient le pivot du SMI. Celui-ci est doté d'institutions dans le cadre onusien : le Fonds Monétaire International a pour mission de contrôler les dévaluations tandis qu'une Banque mondiale octroie des prêts à la reconstruction. Le système est dominé par les États-Unis qui disposent d'un veto. Le fonctionnement se dégrade avec le déficit de la balance commerciale états-unienne et l'essor des réserves en dollars à l'extérieur des États-Unis (eurodollars). La dévaluation de la livre Sterling en 1967 amène l'administration américaine à l'essor trop tardif d'une nouvelle monnaie internationale (DTS, Droit de tirage spécial). Le 15 août 1971, le Président Nixon dévalue le dollar et suspend sa convertibilité en or. La fin de Bretton Woods est officialisée lors de la conférence de la Jamaïque en 1976 qui institue le flottement des monnaies. Le système, malgré des défauts originels (mainmise états-unienne), permet une certaine stabilité monétaire. Dès les années 1970, les Européens tentent de limiter l'instabilité monétaire par le Serpent monétaire, le Système monétaire européen, puis la zone euro. Au niveau mondial, des sommets entre les dirigeants des Banques centrales remplacent partiellement un système dont il reste aujourd'hui les institutions. À partir de 1999, le G20 est d'abord une réunion des ministres des finances. La fin de Bretton Woods n'a pas érodé la domination du dollar qui reste la principale monnaie internationale. Le refus américain d'appliquer une réforme du FMI (2010) qui donne plus de poids aux émergents pousse ceux-ci à créer leur propre système, en particulier autour de la Chine (BAII Banque asiatique d'investissements pour les infrastructures, fondée en 2013 avec une participation de près de 60 pays dont les principales puissances européennes).

■ Voir SMI et Dollar

Système monétaire international ou SMI (éco)

Il permet la convertibilité des monnaies, le fonctionnement des régimes de change, la fourniture de la liquidité internationale. Il se caractérise par une coopération entre États permettant d'assurer son bon fonctionnement. Depuis deux siècles, quatre systèmes monétaires internationaux se sont succédé :

Nom	Période	Monnaie dominante	Caractéristiques
Étalon-or	1821-1931	Livre sterling	La valeur de chaque unité monétaire est définie en référence à un poids fixe en or, et chaque monnaie nationale est librement convertible en or
Blocs monétaires régionaux	1931-1944	Aucune	6 régions monétaires (sterling, franc, dollar, reichsmark, yen, rouble) dans un contexte nationaliste et protectionniste
Étalon de change-or	1944 (Bretton Woods) -1971	Dollar	Chaque pays déclare la parité de sa monnaie en or mais seul le dollar est convertible en or au prix de 35 dollars l'once
Régime de change flottant	Depuis 1976 (conférence de la Jamaïque)	Dollar	Pas de véritable système monétaire avec une domination du rôle des marchés

Citations :
« Le dollar, c'est notre monnaie mais votre problème », John Connally, secrétaire au Trésor américain, conférence de Munich, 1971.
« Un système de taux de changes flexibles est absolument essentiel à l'accomplissement de notre objectif fondamental : l'instauration durable d'une communauté mondiale prospère pratiquant un commerce multilatéral sans restriction », Milton Friedman, *Essays in Positive Economics*, 1953.
« Le dollar est solide. Mais que veut dire être solide dans un monde qui ne l'est pas ? » Michel Aglietta et Virginie Coudert, *Le Dollar et le système monétaire international*, 2014.

■ Voir Dépréciation, « Trois D » et « Privilège exorbitant »

Take off/démarrage industriel

■ Voir Révolution industrielle

Talus économique (éco)

Différentiel de niveau de vie entre deux États, ce qui génère souvent des flux Nord-Sud (délocalisations) ou Sud-Nord (migrations). La frontière États-Unis – Mexique en est un exemple.

Taux d'emploi (éco)

Proportion de la population en âge de travailler qui a effectivement un emploi. Il est calculé en rapportant le nombre d'individus de la classe ayant un emploi au nombre total d'individus dans la classe. Il peut être calculé sur l'ensemble de la population d'un pays, mais on se limite le plus souvent à la population en âge de travailler (généralement définie, en comparaison internationale, comme les personnes âgées de 15 à 64 ans), ou à une sous-catégorie de la population en âge de travailler (femmes de 25 à 29 ans par exemple).

Taux d'ouverture (éco)

Rapport entre le niveau des échanges et la production. Il augmente au fur et à mesure de l'insertion des États dans les échanges mondiaux, après 1945 dans les pays développés et à partir des années 1980 dans les pays du Sud abandonnant les voies de développement autocentrées au profit de modèles extravertis.

Taux d'ouverture en France par secteur économique (en %, 1968-2008)

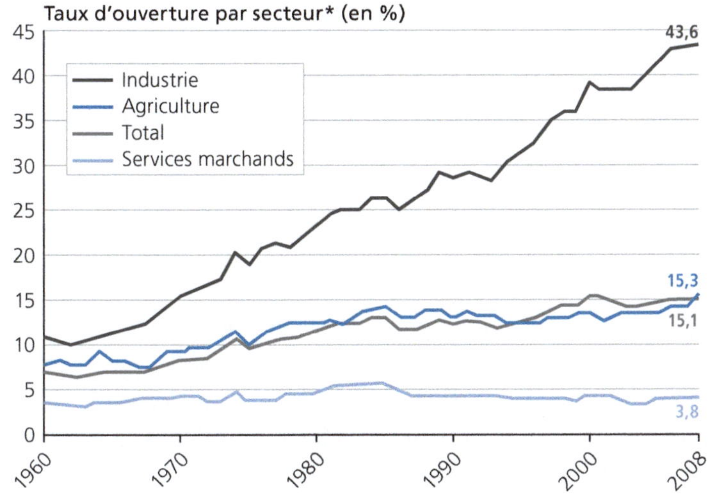

Source : *Alternatives internationales*, 2011

■ Voir Économie extravertie, Mondialisation et Libre-échange

Taxe carbone (éco)

En France, La taxe carbone est une taxe ajoutée au prix de vente de produits ou de services en fonction de la quantité de gaz à effet de serre, comme le gaz carbonique (CO2, dioxyde de carbone), émis lors de leur utilisation. Décidée dans son principe lors des accords dits du Grenelle environnement, et officiellement appelée Contribution climat énergie (CCE), elle touche potentiellement les carburants fossiles (essence, gazole, gaz, charbon) et toutes les activités qui en utilisent. La taxation se calcule sur la base d'un prix à la tonne de gaz carbonique émise.

Schéma du marché carbone

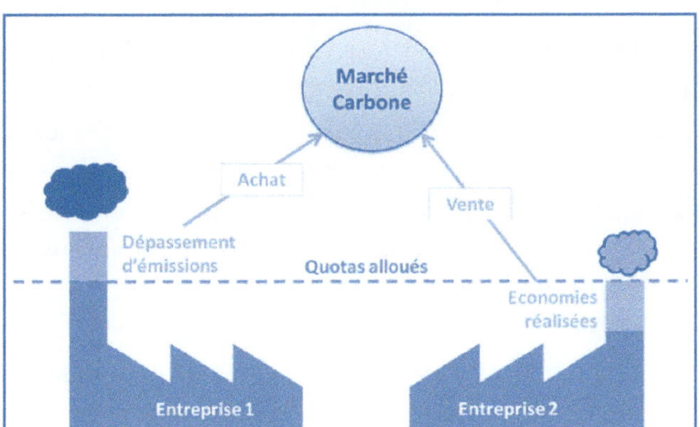

Source : Caisse des dépôts

Taylorisme (éco)

Organisation de la production industrielle initiée par l'ingénieur américain Taylor et caractérisée par la séparation des tâches de conception et d'exécution. Reprise par le constructeur automobile Ford, elle est améliorée par le travail à la chaîne.

■ Voir Fordisme et Automobile

Technopôle (géo)

Un technopôle est une zone réunissant et reliant, grâce à une fertilisation croisée, des entreprises de pointe et des activités de recherche. Le modèle se développe d'abord aux États-Unis sur la route 128 à Boston ou dans la Silicon Valley à San Francisco. En France, il apparaît dans l'arrière-pays niçois, à Sophia-Antipolis. Lorsqu'une métropole regroupe plusieurs technopôles, on parle de technopole.

Technostructure (éco)

Expression de l'économiste J. K. Galbraith pour désigner l'ensemble des cadres et ingénieurs des entreprises.

■ Citation

« Dans la société industrielle, le pouvoir de décision est exercé, non par le capital, mais par l'organisation, non par le capitaliste, mais par le bureaucrate industriel », John Kenneth Galbraith, *Le Nouvel État industriel*, 1967.

Télémédiocratie (pol)

Expression utilisée par Serge Boyer, professeur en CPGE à Toulouse (lycée Ozenne). Il est la contraction de trois termes : télévision, médiocre et démocratie. L'idée est d'illustrer les effets néfastes de l'usage des médias de masse sur la démocratie. Le passage décrit par Mac Luhan de la « galaxie Gutenberg » à la « galaxie Marconi » (inventeur italien de la radio) implique de la part des hommes politiques une simplification du discours et, du côté des citoyens, une information politique moins approfondie. Par exemple, le nombre de mots d'un journal télévisé de 20h équivaut à une demi-page du quotidien Le Monde. Ainsi, la télémédiocratie favorise le populisme au discours simple et émotionnel qui oppose élites-peuple ou nation-mondialisation. Le concept de démocratie d'opinion du philosophe allemand Hebermas ainsi que celle de géopolitique de l'émotion développée par Dominique Moïsi en sont des prolongements.

Téléport (géo)

Lieu qui rassemble des moyens puissants de réception et d'émission de télécommunications (antennes pour satellites, câbles optiques…) et les met au service d'entreprises implantées sur place.

Termes de l'échange (éco)

Rapport entre la valeur des produits importés et la valeur des produits exportés par un pays. Pour les pays exportateurs de produits bruts, on observe des périodes de dégradation, puis d'amélioration. Les chocs pétroliers, dans les années 1970, permettent aux pays exportateurs de pétrole de connaître une nette amélioration des termes de l'échange favorables à leurs économies. De même, le supercycle minier des années 2000 est une autre période favorable pour certains pays comme le Brésil (exportateur de fer).

■ Voir Malédiction des ressources et Détérioration des termes de l'échange

Territoire (géo)

Espace terrestre aménagé et mis en valeur par l'action d'une société. Il se définit par le fait qu'une communauté pense son étendue comme sa propriété collective. Pour les géographes, le territoire est un espace socialisé, construit, où la distance est continue.

Terroir (géo)

Portion d'espace agricole homogène présentant des aptitudes particulières. La France et l'Italie, au XIXe siècle, définissent juridiquement certains territoires comme les AOC, Appellations d'Origine Contrôlés. La modernisation de l'agriculture et la standardisation des techniques ont engendré leur dégradation, voire leur disparition.

Terrorisme (géopol)

La communauté internationale n'a jamais pu s'entendre sur une définition commune du terrorisme. À l'image des Palestiniens, les terroristes des uns (Israël) sont les résistants des autres (Arabes). Pour Pascal Boniface, il serait un acte politique recourant à la violence et s'en prenant de façon aveugle à des civils. Mais la question de l'acteur reste floue : selon les Occidentaux, les terroristes sont issus de groupes intra-étatiques, mais beaucoup de non-Occidentaux pensent que les États peuvent exercer des actions terroristes. Comment qualifier les actes de Bachar el-Assad envoyant des barils d'explosifs sur des populations civiles ?

La remontée récente du terrorisme

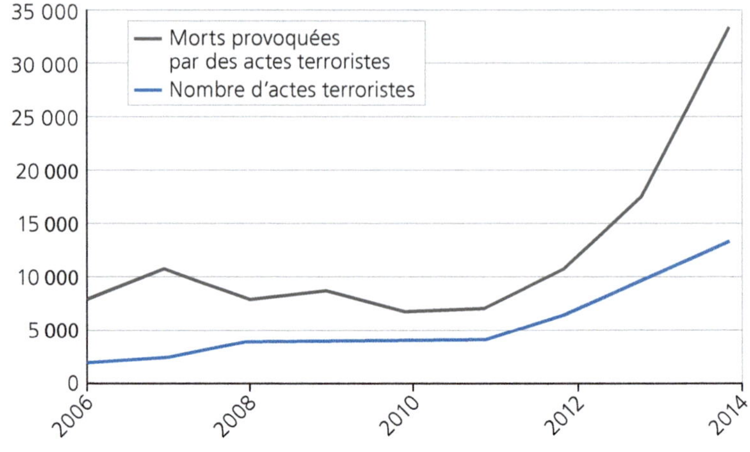

Source : *Atlas des utopies*, 2017

■ Voir Désordre mondial

THAÏLANDE : 25 informations clés (année 2018, sauf autre indication)

PIB : 505 milliards de dollars (26e rang mondial)
Superficie : 513 120 km²
Capitale : Bangkok
Nature du régime : monarchie constitutionnelle à régime parlementaire, 75 provinces
Chef de gouvernement en 2020 : Prayuth Chan-o-cha
Population : 69 millions d'habitants
Espérance de vie : femmes 81 ans et hommes 73 ans
Indice de fécondité : 1,5 enfant/femme
PIB/hab en ppa : 18 500 dollars
Croissance moyenne 2010-2019 : + 3,62 %/an
Monnaie : bath
Coefficient de Gini : 0,36
Part de la recherche et du développement dans le PIB : 1 %
Taux de couverture énergétique : 55 %
Réserves officielles : 206 milliards de dollars
Émission de CO_2/hab : 3,5 tonnes
Ressources renouvelables en eau douce intérieure par habitant en m³ en 1962 : 7 720
Ressources renouvelables en eau douce intérieure par habitant en m³ en 2014 : 3 281

Budget militaire : 7,1 milliards de dollars
Prévision de population en 2050 en millions de personnes : 65,4
Prévision du PIB à parité de pouvoir d'achat en milliards de dollars en 2050 (rang mondial) : 2 782 (25e)

Sources : *Année stratégique 2021*, INED, *Images économiques du monde 2018*, ONU et PwC.

■ Voir Asie

Thalassocratie (géopol)

Puissance fondée sur la domination de la mer (du grec *thalassa*), qu'elle soit restreinte (Crète dans l'antiquité) ou mondiale (Royaume-Uni au XIXe siècle).

Théorie malthusienne (éco)

Du nom de Thomas Malthus, économiste anglais (1766 – 1834), qui publie en 1798 *Essai sur le principe de population et de ses effets sur le bonheur humain*. Elle consiste à proposer un contrôle de la natalité, dans un contexte de forte croissance de la population, pour limiter la pression sur la production et les ressources.

■ Voir Limitation des naissances

Tiers-monde (géopol)

Expression d'Alfred Sauvy pour désigner les anciennes colonies devenues indépendantes après 1945 et tentant de trouver une troisième voie entre bloc américain et bloc soviétique pendant la Guerre froide.

■ Citation

« Le tiers-monde n'a jamais été qu'un mythe politique », Yves Lacoste, *Unité et diversité du capitalisme*, 1985.

■ Voir Sud

Titrisation (éco)

La titrisation, innovation financière majeure, permet de transformer des crédits bancaires en titres négociables pour les vendre à des investisseurs. Elle transfère ainsi du crédit, et donc des risques, du bilan des banques vers celui d'institutions non bancaires qui ne sont pas soumis aux mêmes règles de contrôle. Cette innovation est directement à l'origine de la crise économique de 2008 qui début par la faillite de la banque d'affaires Lehman Brothers le 15 septembre 2008.

Tokyo (géo, éco et géopol)

Première agglomération mondiale depuis les années 1980, Tokyo est peuplée de 36 millions d'habitants, voire 40 millions selon certains organismes. Comme Paris, elle cumule toutes les fonctions d'un État centralisateur, à l'exception du tourisme (même s'il est présent et important, les bombardements de la Seconde Guerre mondiale ont eu raison de la plupart des vestiges de la vieille ville). Pour autant, cet aspect tentaculaire est cependant à relativiser en raison du maintien d'une grande diversité. Un journaliste du *Monde*, correspondant à Tokyo, évoque un « vivre-ensemble » des « quartiers-villages » qui en fait une ville agréable.

■ Voir Japon

Totalitarisme (hist)

Le totalitarisme est un régime politique qui s'appuie sur une dictature violente ne faisant plus aucune distinction entre vie privée et vie publique. L'individu doit tout entier se mettre au service de la nation et n'a plus d'existence autonome, si bien que l'ensemble des aspects de la vie sociale passe sous contrôle de l'État qui supprime toute forme d'opposition (syndicats, presse, opinion). Lors d'une conférence (*Totalitarisme*, 1954), Carl Friedrich propose de définir le totalitarisme à partir de cinq critères : une idéologie officielle totalisante (qui n'est absolument pas critiquable et qui embrasse la totalité de la vie) ; un parti unique de masse qui diffuse cette idéologie et qui est dirigé par un leader unique (un chef charismatique) ; un pouvoir qui possède le monopole des moyens de communication de masse (et qui met en œuvre une propagande) ; un pouvoir qui possède le monopole des instruments de violence et use d'un contrôle policier (avec l'aide d'une police secrète) pour exercer la terreur ; un pouvoir qui gère l'économie à partir d'une planification et d'une centralisation des activités.

Tourisme (éco)

Le terme vient de l'anglais « *tour* » lié aux aristocrates anglais effectuant un voyage en Europe continentale. On compte l'activité par le nombre de nuitées passées à l'extérieur du domicile. Démocratisé grâce à la voiture et l'avion, le secteur est en essor et il est un parfait reflet de la mondialisation : 680 millions de touristes en 2000 et 1 322 millions en 2017.

Toyotisme (éco)

Méthode de production de l'Américain Deming (années 1950). Pour lui, le travail en entreprise doit suivre les 4 étapes dans le processus PDCA : P pour Plan (préparation), D pour Do (exécution), C pour Check (vérification de la qualité) et A pour Action (correction). Aux États-Unis, les fonctions de décision (P et D) et celles d'exécution (C et A) sont liées à 2 personnes différentes. Ainsi, ce schéma est inapplicable au pays inventeur du fordisme. Par contre, au Japon, une seule personne peut se charger de la totalité du cycle PDCA. De plus, le personnel japonais est bien formé et très attaché à son entreprise (surtout dans les plus grandes, les Keiretsus comme Mitsui dont dépend Toyota) ; l'individualisme est peu marqué et à l'inverse l'esprit de groupe est fort. Enfin, le Japon est le premier pays qui a développé la photocopieuse, utile pour la communication d'idées. Une fois les décisions prises, la photocopieuse les diffuse à tous les ouvriers, ainsi vite au courant. Tout cela a permis à l'ingénieur de Toyota, Ono Taïchi, d'adapter la théorie de Deming à son entreprise. Le cycle PDCA est rebaptisé « cercles de qualité » : groupe qui mélange « cols blancs » et « cols bleus » qui cherchent ensemble à améliorer la productivité de l'atelier. Ono Taïchi énonce 5 principes, qui forment les 5 zéros olympiques : zéro défaut, zéro panne (fiabilité du matériel), zéro stock (politique de flux tendus car stocks gérés par les PME sous-traitantes), zéro papier (éviter de longs rapports écrits) et zéro délai (ateliers robotisés qui permettent de répondre vite à la demande). Si ce système est long en termes de concertation, la décision, une fois prise, est acceptée par tous et appliquée plus vite. La politique du « juste à temps » ou de flux tendus nécessite une importante logistique (camions, conteneurs...) qui provoque, dans un espace déjà très saturé – la mégalopole japonaise –, une hausse du trafic, et donc des bouchons. Par exemple, en 1993, sur l'autoroute Tokyo-Osaka, on a mesuré 11 000 embouteillages, soit l'équivalent de 33 millions d'heures de travail perdues ! La solution adoptée par Toyota a été de construire une nouvelle usine au sud de la mégalopole, à Fukuoka (île de Kyushu) avec des salaires plus faibles, une infrastructure de qualité et une bonne localisation (proximité de la Corée, d'où viennent certaines pièces automobiles). Il faut enfin noter que le toyotisme est d'autant plus efficace que le Japon se tourne à partir des années 1970 vers les produits de qualité, à haute valeur ajoutée. Cette stratégie se justifie alors par la hausse du prix du pétrole qui porte un coût sur certaines industries et aussi par l'émergence des nouveaux pays industrialisés d'Asie, plus compétitifs. Mais cette stratégie n'est possible qu'avec une main-d'œuvre à hauts salaires et très motivée, soucieuse de la qualité. Aujourd'hui, ces méthodes de production et de management ont été adoptées par toutes les entreprises automobiles. On considère le toyotisme comme appartenant à l'ère post-fordiste.

■ Voir Automobile, Juste à temps et Renault-Nissan

Tradition (cult)

- Voir Modernité

Traité de Lisbonne (éco et pol)

Le traité de Lisbonne (2007) donne quatre compétences exclusives de l'Union européenne en matière sociale : la lutte contre les discriminations sous toutes ses formes, la lutte contre l'exclusion sociale, l'égalité des sexes et les mesures d'incitation à l'emploi. Dans les autres domaines des politiques sociales, l'UE n'a pas de compétence spécifique et vient en complément des politiques nationales. La protection sociale relève de la compétence exclusive des États membres. La stratégie de Lisbonne (2000) propose d'utiliser la méthode ouverte de coordination pour faire converger les politiques sociales nationales (protection sociale, politiques de l'emploi, inclusion sociale). Mais cette méthode est peu contraignante et ses résultats sont décevants.

Transcendantalisme (pol)

Mouvement culturel américain né dans les années 1830, axé sur la nature sauvage vue comme une œuvre divine. Ce courant influence le naturaliste John Muir qui fonde en 1882 la Sierra Club, première ONG environnementale au monde consacrée à la protection des espaces naturels.

Transition démographique (soc)

C'est le passage d'un régime traditionnel où la fécondité et la mortalité sont élevées et s'équilibrent à peu près à un régime où la natalité et la mortalité sont faibles et s'équilibrent également. Entre les deux, se maintient une forte natalité et une baisse progressive de la mortalité, entraînant une croissance démographique rapide mais temporaire.

Situation au sein du modèle de la transition démographique

Le modèle	Pays	Stade
Les quatre étapes de la transition démographique	Japon	
	Taïwan	4e
	Corée du Sud	
	Singapour	
	Chine	fin de 3e
	Thaïlande	
	Malaisie	3e
	Indonésie	
	Pakistan	
	Bangladesh	
	Inde	
	Laos	2e
	Cambodge	
	Vietnam	
	Myanmar	
	Philippines	

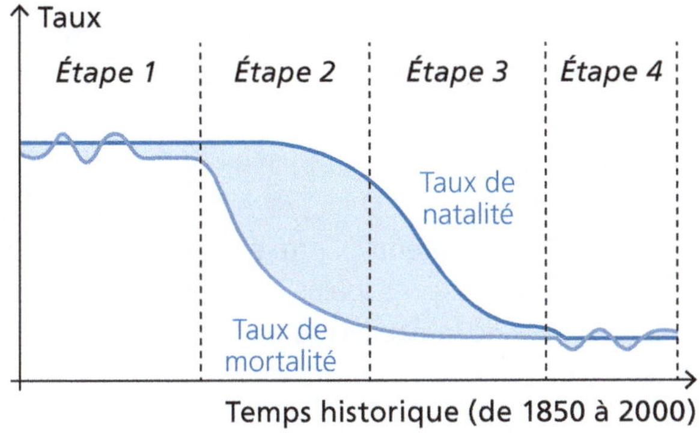

■ Voir Dividende démographique et Limitation des naissances

Transition énergétique (éco)

Un choix politique lié à la prise de conscience de la finitude des ressources énergétiques fossiles et des limites économiques et environnementales de leur utilisation. Les leviers de cette transition sont technologiques et sociétaux et supposent d'agir à la fois sur la production et sur la demande.

Citation :
« La transition énergétique sera trop lente si les États européens n'organisent pas la politique industrielle requise et l'intermédiation financière capable de la soutenir », Michel Aglietta, *Europe. Sortir de la crise et inventer l'avenir*, 2014.

■ Voir Croissance verte

Transition alimentaire (soc éco)

Le modèle de la transition alimentaire est un modèle d'évolution développé dans les années 2000. Il reprend le modèle de « transition nutritionnelle » introduit, dans les années 1990, par des nutritionnistes (Popkin, 1993). Celui-ci décrit la transition la plus récente, celle ayant affecté au xxe siècle les pays anciennement industrialisés et tendant à se diffuser aujourd'hui aux pays émergents. Selon Barry M. Popkin, il y a trois phases à distinguer dans la transition en cours :

- la première est marquée par une sortie de la famine consécutive à une hausse du revenu. Elle se traduit par une augmentation de la consommation de céréales et, plus spécifiquement, de celles dites « supérieures » (blé et riz) ayant bénéficié des progrès agricoles ;
- la deuxième phase est caractérisée par une diversification alimentaire : la consommation de céréales diminue, et la consommation de sucre, de graisses saturées et de protéines animales, notamment de viande, augmente. Cette évolution est couplée à une diminution de l'activité physique et a pour principales conséquences des changements de stature ainsi que l'émergence de maladies métaboliques (hypertension artérielle, hypercholestérolémie, etc.) ;
- la troisième phase voit se produire un début d'inversion des tendances de la phase précédente.

Transition sanitaire (soc éco)

La transition sanitaire (ou épidémiologique) Période de baisse de la mortalité qui accompagne la transition démographique. Elle s'accompagne d'une amélioration de l'hygiène, de l'alimentation et de l'organisation des services de santé et d'une transformation des causes de décès, les maladies infectieuses disparaissant progressivement au profit des maladies chroniques et dégénératives et des accidents. Source : INED

Transition urbaine (soc)

Passage d'une société majoritairement rurale à une société majoritairement urbaine. Transposition à l'analyse du peuplement de la ville de la transition démographique pour rendre compte du passage d'un équilibre ancien caractérisé par une forte population rurale et une faible population urbaine à un équilibre nouveau inversé. Cette transition s'effectue en deux phases intermédiaires : d'abord une croissance rapide du taux d'urbanisation qui s'explique majoritairement par l'exode rural, relayé dans un second temps par une croissance ralentie de plus en plus liée au solde naturel intra-urbain.

Transnational (pol)

Est transnationale toute relation qui se construit dans l'espace mondial au-delà du cadre étatique national et qui se réalise en échappant au contrôle de l'État.

Travailleur détaché (soc et éco)

Un travailleur détaché est un salarié envoyé temporairement par son employeur sur le territoire d'un autre État membre de l'Union européenne. À la différence des travailleurs migrants qui relèvent du principe communautaire de libre circulation des personnes, le détachement de travailleurs s'appuie sur le principe de libre prestation des services.

Travailleur pauvre (soc et éco)

Désigne une personne qui, tout en travaillant, a des ressources inférieures au seuil de pauvreté. Au seuil de 60 % du revenu médian, la France compterait près de deux millions de travailleurs pauvres. Au seuil plus restrictif de 50 % du revenu médian (823 euros/mois), il reste un million de travailleurs pauvres.

Trente Glorieuses (hist et éco)

Expression liée au titre de l'ouvrage de l'économiste français Jean Fourastié sorti en 1979. Caractérise une période de forte croissance dans les pays industrialisés, allant de la fin de la Seconde Guerre mondiale aux chocs pétroliers aux effets sociaux considérables.

Les Trente Glorieuses ou les mutations d'un village français : Douelle-en-Quercy (Madère et Cessac)

	1946	1975		1946	1975
Population et emploi			Nombre d'animaux de labour	100	1
Population totale	534	670	Nombre de tracteurs	2	40
Population active	279	215	Habitat, niveau de vie, équipement		
Population active agricole	208	53	Nombre de maisons individuelles	163	212
Ouvriers	12	35	Âtres traditionnels à bûches et fagots	150	5
Artisanat	27	25	Cuisinières à bois ou à charbon	10	10
Tertiaire	32	102	Cuisinières à gaz ou électriques	3	197
Démographie			Réfrigérateurs	5	210
Nombre annuel moyen de naissances	21	14	Machines à laver le linge	0	180
Nombre annuel moyen de décès	14	11	WC intérieurs à chasse d'eau	10	150

	1946	1975		1946	1975
Espérance de vie à la naissance	62	72	Chauffage central	2	100
% de personnes nées dans le village	75	31	Téléphone	5	110
Agriculture			Automobile	5	280
Nombre d'exploitations agricoles	92	39	Radio	50	250
Nombre de travailleurs pour 100 hectares	28	8	Télévision	2	200

Source : Jean Fourastié, *Les Trente Glorieuses ou la révolution invisible de 1946 à 1975*, 1979

■ Citation

« Les Trente glorieuses, ce sont les trente années pendant lesquelles le peuple français a été affranchi des grandes contraintes de la rareté millénaire, a triplé son niveau de vie et le pouvoir d'achat des salaires les plus faibles, a profondément transformé son genre de vie », Jean Fourastié, *Les Trente Glorieuses*, 1979.

« Triade » (géo et éco)

Notion développée par l'économiste japonais Kenichi Ohmae dans son ouvrage sorti en 1985 *Triad power*. Caractérise la réussite du Japon qui rejoint alors les deux pôles industriels et riches anciens, l'Europe occidentale et les États-Unis. Depuis les années 2000, leur domination est remise en question par les émergents et la géographie triadique a moins de sens.

■ Voir Occident

Triangle de Rodrik ou trilemme de la mondialisation (géopol)

Dans *The Globalization Paradox* (2011), Dani Rodrik présente le trilemme de la mondialisation (ou « triangle de Rodrik »). Selon lui, la mondialisation contemporaine ne permet pas de concilier intégration économique mondiale (mondialisation – « *deep economic integration* »), souveraineté de l'État-nation (« *nation state* ») et prise de décision démocratique (les élections permettent de choisir une politique – « *democratic politics* »). Dans cette perspective, on peut considérer que la période keynésienne des Trente Glorieuses offre un contrepoint instructif à la mondialisation actuelle. Après la Seconde Guerre mondiale, le « compromis de Bretton Woods » (selon l'expression de Dani Rodrik) se caractérise par une mondialisation qui reste limitée (moins de pays concernés, pays de niveau de développement proche, contrôle des mouvements internationaux des capitaux), ce qui permet aux États-nations de maintenir une souveraineté et de mettre en application les aspirations démocratiques des citoyens (État-providence, recherche du plein-emploi…). Le développement de la mondialisation commerciale et financière exerce à l'inverse une contrainte forte sur les politiques économiques nationales. Alors que les États-nations restent le lieu de la décision politique, les citoyens n'auraient plus de véritables choix politiques car les politiques n'ont plus que comme seuls objectif de s'adapter à la mondialisation. C'est la situation de « camisole dorée » (« *Golden Straitjacket* »), ce qui est difficilement compatible avec la démocratie.

Citation :
« Le système commercial mondial ne doit pas se préoccuper uniquement d'efficacité économique, il devrait également traiter des questions d'équité », Dani Rodrik, « Démocratiser le système commercial mondial », *La Tribune*, 2016.

Le trilemne de la mondialisation de Dani Rodrik

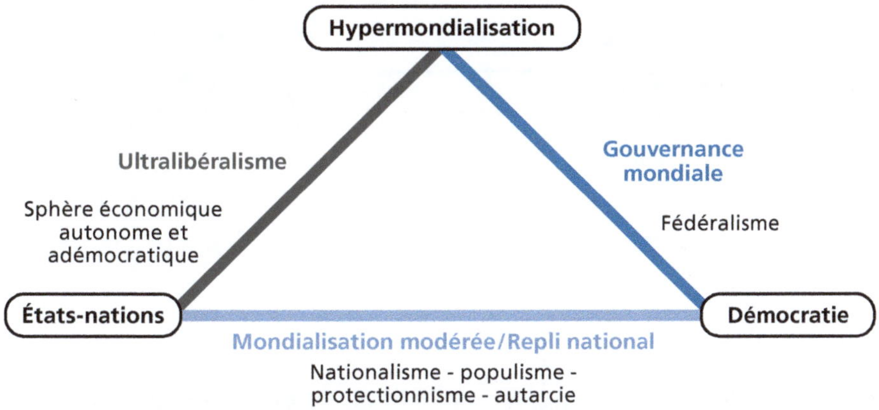

Triangle institutionnel européen (pol)

On parle de triangle institutionnel, mais en réalité il s'agit plutôt d'un quadrilatère. La dynamique des décisions européennes est la suivante. Le Conseil européen donne les grandes orientations européennes qu'il communique à la Commission européenne. Celle-ci prépare les textes législatifs qui découlent de ces grandes orientations. Lorsque ces textes concernent les domaines du vote à l'unanimité, le Conseil des ministres est le seul à avoir le pouvoir législatif. Lorsqu'ils concernent les domaines du vote à la majorité qualifiée, le Conseil des ministres est colégislateur avec le Parlement européen. Cela signifie que le texte adopté au Conseil des ministres est ensuite soumis au vote du Parlement. La Commission européenne se charge de l'application des textes législatifs adoptés. La politique extérieure et de sécurité commune (PESC) est définie par un vote à l'unanimité des ministres des Affaires étrangères et du Haut Représentant de l'UE. C'est ce dernier qui en assure l'exécution.

Le triangle institutionnel européen

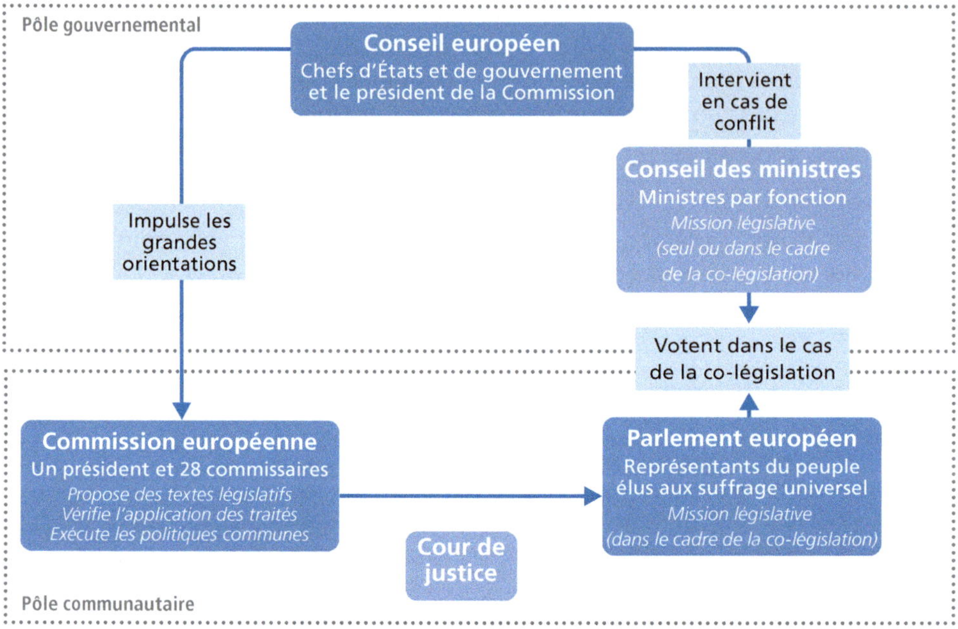

■ Voir Intégration et PAC

Tribu (éco)

Formation sociale antérieure à la formation d'une organisation politique de type étatique.

Triffin (dilemme de ; éco)

Pour l'économiste Robert TRIFFIN, Gold and the Dollar Crisis, 1960, le SMI de Bretton Woods n'est pas viable car il repose sur une contradiction qui tient aux deux fonctions incompatibles du dollar, à la fois monnaie nationale et internationale : soit les États-Unis respectent la convertibilité-or du dollar et doivent avoir une balance des paiements équilibrée ce qui freine la croissance et les échanges mondiaux ; soit ils font le choix inverse, et l'émission de dollars devient disproportionnée par rapport à la quantité d'or détenue (c'est le dollar glut, l'abondance de dollars ne pouvant plus respecter la convertibilité-or). Quel que soit le choix, l'instabilité est inévitable.

Trois D (théorie des)

■ Voir Déréglementation

Tsunami (géo)

Vague provoquée par l'onde de choc d'un séisme. Celui de 2004 qui est lié à un tremblement de terre au large de l'île de Sumatra a fait environ 250 000 morts.

TURQUIE : 25 informations clés (année 2018, sauf autre indication)

PIB : 771 milliards de dollars (19e rang mondial)
Superficie : 783 526 km^2
Capitale : Ankara
Nature du régime : république, 81 départements
Chef d'État en 2020 : Recep Tayip Erdogan
Population : 82 millions d'habitants
Espérance de vie : femmes 81 ans et hommes 75 ans
Indice de fécondité : 2,1 enfants/femme
PIB/hab en ppa : 28 100 dollars
Croissance moyenne 2010-2019 : + 5,81 %/an
Monnaie : livre turque
Coefficient de Gini : 0,42
Part de la recherche et du développement dans le PIB : 1 %
Taux de couverture énergétique : 25 %
Réserves officielles : 93 milliards de dollars
Émission de CO_2/hab : 4,7 tonnes
Ressources renouvelables en eau douce intérieure par habitant en m^3 en 1962 : 7 873
Ressources renouvelables en eau douce intérieure par habitant en m^3 en 2014 : 2 947
Dette publique en % du PIB : 30
Budget militaire : 13,8 milliards de dollars
Prévision de population en 2050 en millions de personnes : 95,6
Prévision du PIB à parité de pouvoir d'achat en milliards de dollars en 2050 (rang mondial) : 5 184 (11e)

Sources : *Année stratégique 2021*, INED, *Images économiques du monde 2018*, ONU et PwC.

■ Voir Europe et Moyen-Orient

Ultra-riches

Personnes dont le patrimoine dépasse un milliard de dollars en prix de 1987 aux États-Unis (ce qui correspond à 2 milliards de dollars en 2013).

United Nations Educational, Scientific and cultural Organisation ou Unesco (cult)

Organisation des Nations unies pour l'éducation, la science et la culture, fondée en 1946, dont le siège est à Paris.

Union africaine ou UA (géopol)

Organisation née en 2002 et héritée de l'Organisation de l'unité africaine.

■ Voir Afrique

Union eurasiatique (géopol)

Vladimir Poutine veut faire de l'union eurasiatique un nouveau pôle de puissance dans le monde afin de concurrencer l'Union européenne et les États-Unis. Pour l'instant, la première étape du projet, l'Union économique eurasiatique (2015), regroupe la Russie, la Biélorussie, le Kazakhstan, l'Arménie et le Kirghizistan.

Union européenne ou UE (géopol)

Organisation régionale née du traité de Maastricht en 1992 et héritée de la Communauté économique européenne. Aujourd'hui, premier pôle économique et commercial mondial.

Citation :

« L'Europe n'est ni une fédération appelée à suivre le modèle américain, ni une confédération d'États souverains. Elle est, pour reprendre le mot juste de Jacques Delors, forgé après Maastricht, une "fédération d'États-nations", combinant un véritable lien fédéral et l'existence de nations restées distinctes », Maxime Lefebvre, *La Construction de l'Europe et l'avenir des nations*, 2013.

■ Voir Europe

Uti possidetis (intangibilité des frontières) (géopol)

Principe de droit international selon lequel on ne revient pas sur un découpage territorial existant.

« Un pays, deux systèmes » (géopol)

Principe défini par Deng Xiaoping après la rétrocession de Hong Kong et de Macao, l'autorisant à conserver un système économique capitaliste.

Urbanisation (géo)

Phénomène démographique se traduisant par une tendance à la concentration de la population dans les villes.

Vatican (pol)

Plus petit État du monde (44 ha) fondé en 1929 par les accords du Latran. Le chef d'État en est le pape, qui est à la fois chef d'État temporel d'un État de type westphalien mais aussi avec une forte influence liée au pouvoir spirituel.

- Voir Chronologie des papes

Vieillissement démographique (soc)

On parle de vieillissement démographique lorsque la part des personnes âgées augmente dans une population, et en contrepartie, celle des jeunes diminue. Ce phénomène, qui concerne un groupe, est à distinguer du vieillissement tout court, propre à un individu, et qui se manifeste au fur et à mesure qu'il avance en âge. Le vieillissement démographique est lié à la diminution de la fécondité et à l'allongement de la durée de vie. Dans le premier cas, le vieillissement se fait par le bas et dans le second par le haut. Un vieillissement qui se fait à la fois par le bas et par le haut est très rapide.

Part des 65 ans et plus dans la population totale en % en 2016

	France	Italie	Allemagne	Japon	États-Unis	Chine	Iran	Ouganda
Part des plus de 65 ans dans la population totale	19,5	22,8	21,5	26,9	15,2	10,0	5,2	2,5

Source : Ined, 2016

Ville (géo)

La ville a un triple sens. Elle est d'abord pour les Français un cadre politique de vie, identifié par un maire. L'INSEE définit une commune urbaine à partir du seuil de 2000 habitants agglomérés. Le second est plus physique et géographique ; l'agglomération réunit une commune urbaine centrale et d'autres communes. Enfin, l'aire urbaine est une notion économique qui unit des communes par des flux humains ou de produits. Ainsi, aujourd'hui, la commune de Toulouse a une population d'environ 450000 habitants, son agglomération d'environ 700000 habitants et enfin son aire urbaine d'un peu plus de 1,2 million d'habitants. Dans l'ancienne région Midi-Pyrénées, les pôles urbains et leurs couronnes périurbaines qui ne représentent que 18 % des territoires régionaux concentrent trois actifs sur trois.

■ Voir Aire urbaine, Mégapole ou Ville

« Village global » selon Mac Luhan (soc)

Métaphore formulée en 1962 par le sociologue canadien pour illustrer un nouveau monde où l'information circule aussi vite que dans un village. L'expression est aujourd'hui utilisée pour témoigner du raccourcissement des distances et des temps qui découle de la mondialisation.

Ville mondiale/globale (géo et éco)

La puissance des agglomérations selon le Global Power City Index

Type	Nom	État	Rang	Population en millions d'hab en 2014
Ville mondiale majeure	Londres	Royaume-Uni	1	10,2
	New York	États-Unis	2	18,6
	Tokyo	Japon	3	37,9
	Paris	France	4	10,8
	Singapour	Singapour	5	5,5
	Séoul	Corée du Sud	6	9,8
Autre ville mondiale	Amsterdam	Pays-Bas	7	1,1
	Berlin	Allemagne	8	3,5
	Hong Kong	Chine	9	7,3
	Sydney	Australie	10	4,5
	Los Angeles	États-Unis	11	Nc env 10-15
	Francfort	Allemagne	12	0,7
	Beijing	Chine	13	19,5

Type	Nom	État	Rang	Population en millions d'hab en 2014
Autre ville mondiale	Vienne	Autriche	14	1,7
	Shanghaï	Chine	15	23
	Stockholm	Suède	16	1,5
	San Francisco	États-Unis	17	3,3
	Zürich	Suisse	18	1,2
	Toronto	Canada	19	5,9
	Copenhague	Danemark	20	1,3
	Bruxelles	Belgique	21	2,0
	Chicago	États-Unis	22	8,7
	Dubaï	Émirats arabes unis	23	2,3
	Barcelone	Espagne	24	5,2
	Boston	États-Unis	25	4,3
	Osaka	Japon	26	20,1
	Madrid	Espagne	27	6,1
	Vancouver	Canada	28	2,4
	Washington	États-Unis	29	4,9
	Istanbul	Turquie	30	14,0
	Kuala Lumpur	Malaisie	31	6,6
	Milan	Italie	32	3,1
	Bangkok	Thaïlande	33	9,1
	Genève	Suisse	34	0,6
	Moscou	Russie	35	12,1
	Taï-Peï	Taïwan	36	6,8
	Fukuoka	Japon	37	5,5
	Mexico	Mexique	38	20,8
	São Paulo	Brésil	39	20,8
	Buenos Aires	Argentine	40	15
	Jakarta	Indonésie	41	10,2
	Mumbaï	Inde	42	20,7
	Le Caire	Égypte	43	18,4
	Johannesburg	Afrique du Sud	44	9,2

Sources : http://www.mori-m-foundation.or.jp/

■ Voir exemples de Paris, Londres, New York et Tokyo

Ville nouvelle (géo et pol)

Urbanisation créée *ex nihilo*, en lointaine périphérie d'une grande ville pour déconcentrer une agglomération saturée. Elle est souvent un maillon d'une politique d'aménagement du territoire.

■ Voir Politique d'aménagement du territoire. Exemple : voir carte

Vol d'oies sauvages (éco)

Décrit par l'économiste japonais Kaname Akamatsu en 1937, ce modèle se décompose en plusieurs phases. Un pays débute son industrialisation avec des produits à faible valeur ajoutée qu'il exporte (pays-atelier), puis se tourne vers des produits à plus forte valeur ajoutée, et la production à faible valeur ajoutée est délocalisée vers les pays voisins, qui initient par effet d'entraînement leur propre industrialisation.

Le modèle du développement en vol d'oies sauvages

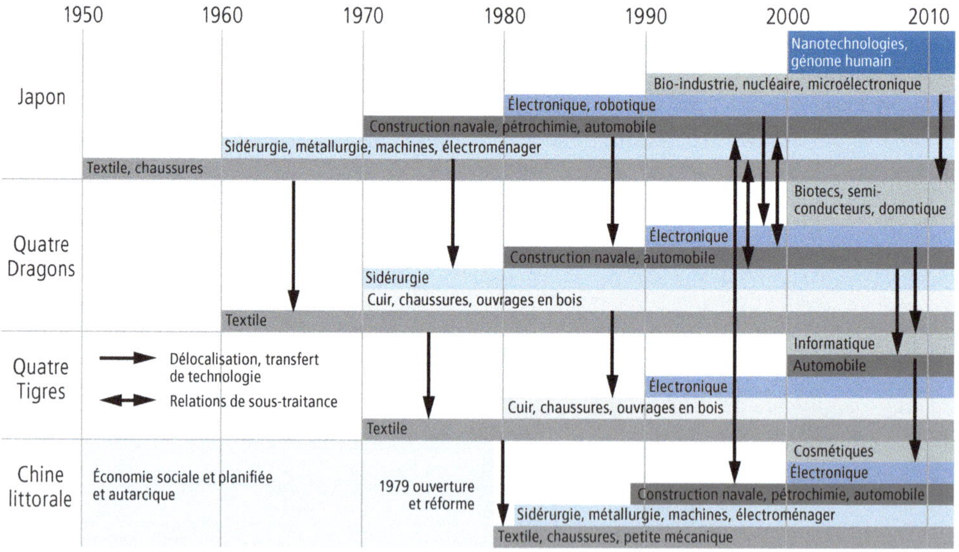

Vulnérabilité (soc éco)

La vulnérabilité exprime le niveau d'effet prévisible d'un phénomène naturel (un aléa) sur des enjeux (les sociétés humaines et leurs activités). Elle est traduite en anglais par les termes vulnerability ou sensitivity. La notion de vulnérabilité évalue dans quelle mesure un système socio-spatial risque d'être affecté par les effets d'un aléa et cherche à quantifier ce qui est perdu. La vulnérabilité humaine évalue d'abord les préjudices potentiels aux personnes dans leur intégrité physique (décès, blessés, etc.). La vulnérabilité économique traduit généralement le degré de perte ou d'endommagement des biens et des activités exposés au phénomène. L'analyse de la vulnérabilité s'appuie sur une description de l'impact du dommage selon différents critères : sensibilité au dommage, degré de dépendance, la transférabilité, qui mesure la capacité d'adaptation et la résilience, qui mesure la capacité de cicatrisation après l'événement. Les principaux facteurs socio-spatiaux de la vulnérabilité sont, pour la plupart, liés à la pauvreté. C'est en effet elle qui pousse les populations démunies des grandes villes des pays du Sud à s'installer sur des zones à risques d'éboulement et d'inondation (Mexico, Quito, Guatemala City, etc.) et c'est elle qui, en intensifiant la dégradation écologique de l'environnement (par la déforestation pour la mise en culture de nouvelles terres notamment), aggrave les conséquences de l'aléa naturel. Ainsi, rapportés à la population, les chiffres sont éloquents : sur 1 million d'habitants, le risque annuel de mort par séisme est de 92 en Arménie, 41 au Turkménistan, 29 en Iran et 25 au Pérou, alors qu'il n'est que de 0,6 en Californie, pour prendre des localisations à forte sismicité. Néanmoins, les populations de pays dits développés ne sont pas pour autant exempt de toute vulnérabilité et s'installent parfois dans des zones à risque faute d'information nécessaire, ce qui est à l'origine de catastrophes majeures (cas de l'ouragan Katrina à la Nouvelle-Orléans en 2005). Les défauts de perception de la vulnérabilité s'expliquent en partie par les défauts de perception de la part de responsabilité des individus et des sociétés dans la catastrophe, parce qu'il est relativement difficile d'accepter ses propres fragilités. Percevoir la vulnérabilité, implique d'accepter le fait que les risques sont aussi le résultat de facteurs internes aux sociétés, et pas seulement le fruit du hasard (aléa). Cette faible perception génère (autant que l'absence de perception d'un aléa) une sous-estimation du risque. Source : site Géoconfluences.

Des catastrophes naturelles de plus en plus fréquentes

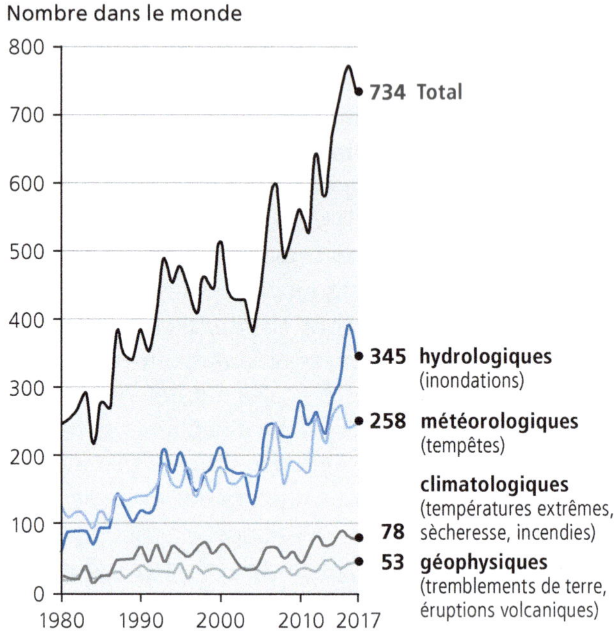

Source : *L'espace mondial. Atlas 2018*, science po, 2018

Westphalie (traités de) (pol)

Signés en 1648 à l'issue de négociations entre de nombreux pays européens. Outre un remodelage territorial du continent européen, ces traités consacrent l'adoption de nouveaux principes politiques : sécularisation des États (au détriment de la papauté), affirmation des États (au détriment de l'empire autrichien) qui renforcent leur identité, leur souveraineté à l'intérieur de frontières. Ainsi naît l'État moderne.

■ Voir État

Zaibatsus (éco)

Conglomérats d'activités industrielles et commerciales intégrées au complexe militaro-industriel constitués autour d'une banque, comme Mitsui ou Mitsubishi. Ils sont remplacés par les *kereitsus*.

Zonage (géo)

Technique qui consiste à délimiter sur une carte des espaces aux caractéristiques communes. Faire un croquis, c'est d'abord zoner des espaces.

Zone économique exclusive ou ZEE (géo et éco)

Bande côtière de 200 milles de large, soit 370 km, sur laquelle est autorisée la navigation maritime internationale, mais qui reste du ressort de la souveraineté de chaque État du point de vue économique (pêche, exploitation minières offshore). Les revendications portant sur de minuscules îlots se justifient par la possibilité d'étendre une ZEE autour de chaque îlot possédé.

Les limites de juridiction et de souveraineté

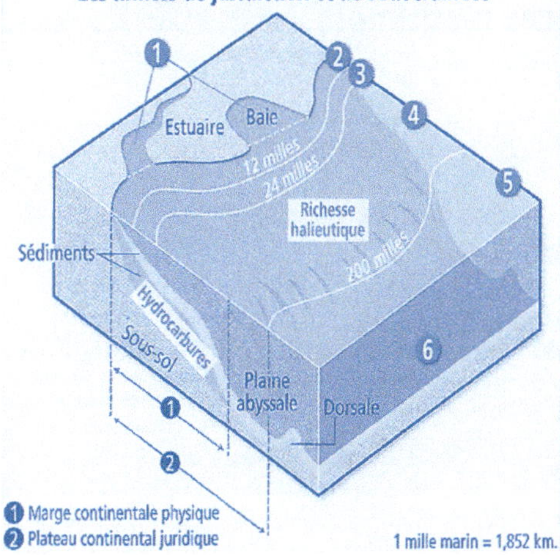

Les enveloppes successives du droit à la mer

Types d'espaces	Caractéristiques	Niveau de souveraineté
1 *Eaux intérieures*	Ports, havres, rades, estuaires, baies	Souveraineté totale
2 *Mer territoriale*	12 milles (22 km)	Souveraineté sur les eaux, le fond et le sous-sol
3 *Zone contiguë*	24 milles (44 km)	Espace tampon avec contrôles policiers, fiscaux, sanitaires...
4 *Zone économique exclusive*	200 milles (370 km)	Droits d'exploitation des eaux, des fonds et du sous-sol
5 *Zone de haute mer*	Plus de 200 milles 64 % surface des océans	Liberté de navigation, survol, pêche, pose de câbles sous-marins, pipeline
6 *Zone internationale des fonds marins*	Espace géré par l'autorité internationale des fonds marins	« Biens communs de l'humanité »

Source : d'après *Questions internationales* n° 14 – Documentation Française.

■ Voir Convention de Montego Bay

Zone franche (géo et éco)

Territoire dans lequel un État concède une fiscalité attractive pour les entreprises par des exonérations de charges et des aides à l'investissement. Il existe des centaines de zones franches dans le monde. Si la plupart sont littorales, leur implantation peut être différente, par exemple, en banlieue pour favoriser l'emploi. La zone franche est le pivot de la réussite des modèles de développement extravertis comme à Singapour dans la zone du Jurong (1979) et surtout en Chine à Shenzhen (1980, qui profite de la proximité de Hong Kong) et à Pudong (Shanghaï en 1992).

■ Voir ISI, Économie extravertie et Taux d'ouverture

Zone grise (pol)

Pour Jean-Christophe Ruffin, la zone grise est un «espace de non-droit». On peut différencier deux types: d'une part, la zone grise stato-centrée, marquée par l'effondrement de l'État et, d'autre part, la zone grise économique où des acteurs illégaux comme les mafias exercent une partie des fonctions régaliennes. On peut aussi voir la zone grise en fonction des échelles: au niveau mondial, ce sont les États faillis; au niveau national, les populations indigènes souvent mal intégrées; enfin, au niveau local, les bidonvilles du Sud et les quartiers défavorisés du Nord sont des zones grises.

34/38, rue Camille-Pelletan - 92309 Levallois-Perret cedex
Evoluprint - 31151 Fenouillet Cedex
Imprimé en France - 2e trimestre 2021

Service éditorial : Charlotte Debroise, Benjamin Dias Pereira, Deborah Lopez, Myriam Pasek
Conception graphique : Soft Office
Cartographie : Carl Voyer

Dépôt légal à parution
ISBN 978-2-7590-4717-8